Sparta

윤진(尹進)
고려대학교 사학과를 졸업하고 동 대학원 서양사학과 석사(「아이톨리아 연방의 정체에 관한 연구」, 1991년 8월)와 박사(「헬레니즘 시대 스파르타 '혁명'에 관한 연구」, 2000년 2월) 학위를 받았다. 논문으로는 「헬레니즘 시대 스파르타의 사회경제적 변화」(신양사, 『서양 고대와 중세의 사회』, 1993) 외 3편이 있으며, 현재 고려대학교·한남대학교·경희대학교 사학과 등에 출강중이다.

스파르타 sparta

◆ 신서원은 부모의 서가에서
자식의 책꽂이로
'대물림'할 수 있기를 바라며
책을 만들고 있습니다.
잘못된 책은 연락주십시오.

지은이 · 험프리 미첼
옮긴이 · 윤진
만든곳 · 도서출판 신서원(발행인:임성렬)
초판1쇄 인쇄일 2000년 11월 15일
초판1쇄 발행일 2000년 11월 30일
주소 · 서울특별시 종로구 교남동 47-2
　　　(협신빌딩 209호)
등록 · 제1-1805(1994.11.9)
Tel　(02)739-0222·3
Fax　(02)739-0224

값 15,000원

스파르타

험프리 미첼 지음 · 윤진 옮김

도서출판 신서원

서 문

'스파르타인의 신비'를 모두 풀어내는 것은 누가 시도하든 간에 불가능한 일이다. 이 책에서 필자는 이 특이한 민족의 생활방식에 관한 연구에서 학자들이 직면하곤 하는 가장 어려운 문제에 대한 해결책을 제시하려고 노력하였다. 우리가 알고 있는 증거가 미약하기 때문에 명확한 결론을 내릴 수 없어 어떤 경우에는 완전히 실패했다는 것을 필자 스스로 인정하지 않을 수 없었다. 본문 전체에 걸쳐서 필자는 많은 이 분야의 많은 선학의 연구를 인용하였고, 필요하다고 생각되면 필자의 견해뿐만 아니라 그들의 견해도 제시하였다.

필자가 가설적으로 내렸던 많은 결론은 상당한 비판을 받게 될 것이다. 그러나 필자는 어떤 어려운 문제도 회피하지는 않았다고 말할 수 있으며, 저 유명한 탐정 셜록 홈즈의 규칙을 따르려고 노력하였다. 즉, "불가능한 것을 배제하였을 때 남는 것은 아무리 있을 법하지 않은 일일지라도 진실임에 틀림없다"는 것이다. 필자는 동료인 새먼(E.T. Salmon) 박사와 웨이드-게리(Wade-Gery) 선생의 지속적인 격려와 도움에 감사한다. 이들은 몇 가지의 중요하고도 시사적인 제안을 해주었다.

스파르타에 관한 작품의 범위는 매우 광범위해서 필자는 단지 그 일부만을 골라서 참고문헌으로 제시하는 것이 최선이라고 생각했다. 그래서 큰 도서관에서 학생들이 찾아볼 수 있는 학술적인 출판물에 속한 책과 논문만을 포함시켰다. 보다 상세한 것은 독일학자들의 박사논문에서 찾아볼 수 있고, 이 논문들은 본문 속 주에서 인용하였다.

H. 미첼

목 차

서 문 ·· 5

제1장 서 론 ·· 9
    라코니아 / 메세니아 / 도리아인 / 스파르타의 출현 / 승리의 결과 / 알크만 시대/
    튀르타이오스 / 뤼쿠르고스 / 스파르타 생활방식의 변화/
    스파르타국력의 신장 / 클레오메네스 1세와 감독관제도 / 대지진 /
    스파르타의 패권

제2장 스파르타인 ·· 41
    시민권의 조건 / 세습귀족의 부재 / 시민권의 상실 / 스파르타 여성 /
    여성생활의 다른 면 / 결혼관습 / 아내공유 / 장례풍습

제3장 페리오이코이・헤일로타이・열등시민 ····················· 71
  1. 페리오이코이
    자유로운 라코니아인
  2. 헤일로타이
  3. 열등시민
    파르테니아이 / 다른 열등시민 / 모타케스 / 네오다모데이스 / 브라시데이오이 /
    유태인과 스파르타인

제4장 스파르타의 정치체제 (1) 부족・왕・감독관 ············· 101
  부족・왕・감독관
    정치체제의 형태 / 스파르타 정부 / 스파르타의 부족구성 / 왕권 / 장례식 / 왕세자 /
    2왕제의 종언 / 감독관직 / 아스테로포스와 킬론 / 선거 / 감독관직의 권한 /
    감독관직의 몰락 : 파트로노모이

제5장 스파르타의 정치체제 (2) 장로회・민회 ; 민사적 사법적 기능 ··· 139
  장로회와 민회 : 민사적・사법적 기능
    장로회 / 민회 / 민회의 장소 / 일반 공직자 / 프록세니아 / 크세넬라시아 /
    사법행정 / 크립테이아

제6장 스파르타식 훈련 ··· 167
또래집단 / 음악경연과 운동경기 / 아르테미스 오르티아 제단에서의 채찍질 /
소년들의 도둑질 / 정규교육 / 음악 / 춤 / 격투와 경기 / 로마시대의 운동경기 /
어두운 면 / 소녀들의 훈련 / 스파르타 교육에 대한 철학자들의 견해

제7장 스파르타의 토지보유 제도 ····························· 207
공유지 / 스파르타에서의 토지의 균등분할 / 할당지의 수여 / 상속법 /
정사 상속재산의 보유 / 여타 지역의 정사 상속재산의 보유 / 에피타데우스법 /
아리스토텔레스와 스파르타 토지체제 / 토지가 없는 계층 / 할당지의 규모 /
감소해 가는 스파르타인

제8장 스파르타의 육군과 해군조직 ·························· 237
스파르타 군조직의 신비 / 스파르타군의 발전 / 병역의무 / 네오다모데이스 /
팔랑크스 / 궁수[용병] / 기병대 / 기사(技士) / 전장에서의 기동 / 군령 / 진지 /
장비 / 스파르타인의 성격 속에 있는 두려움 / 스키탈레[부신] / 스파르타 해군 /
제독

제9장 공동식사 ··· 281
다른 국가의 공동식사 관습 / 시시티아의 유지 / 결론

제10장 화폐와 공공재정 ······································ 297
1. 화폐
2. 공공재정
전쟁재정

제11장 아기스-클레오메네스-나비스 ······················ 315
스파르타의 쇠퇴 / 아기스왕 / 클레오메네스 3세 / 스파이로스와 스토아철학 /
메갈로폴리스의 케르키다스 / 클레오메네스의 개혁 / 나비스 / 종언

역자후기 ··· 339
참고문헌 ··· 341
미주 ·· 351
찾아보기 ··· 405

제1장

서 론

스파르타인은 기이한 사람들로, 스파르타인들과 스파르타의 정치·사회적 제도를 연구한다는 어렵고 때로는 당황스럽기까지 한 작업을 하는 사람들의 호기심을 항상 자극했고 또 앞으로도 그럴 것이다. 고대세계에서 당대인들은 스파르타인을 둘러싸고 있는 '신비함'이나 비밀, 특이한 생활방식과 그들이 틀어박혀 실시했던 완고한 쇄국정책 등에 흥미를 갖고 있었다. 나름대로 그들은 위대한 면을 갖고 있었다. 그러나 그 위대함은 전형적으로 그리스적인 면과는 놀라울 정도로 다른 특성에서 나타났다. 그리스인이 후세에 남겨준 유산은 매우 큰 것이다. 그들은 예술과 문학, 과학과 철학 등, 영혼을 고양시키고 고상하게 만들어 인간을 동물 이상의 존재로 끌어올리는 지적인 활동의 모든 면에서 우리에게 불멸의 유산을 남겨주었다. 그러나 그 중에는 자신의 운명에 결정적인 영향을 미치는 일을 체험하고는 모든 문화적인 일에서 고의로 관심을 돌려버린 사람들이 있었다. 이들은 다른 그리스인과는 아주 다른 생활방식에 전념하게 되었고, 당대인의 흥미를 끄는 고행과 훈련에 대해 자부심을 지니고 있었다.

스파르타의 생활방식을 고수하는 자들이 받아야 했던 훈련은 기이한 것이었고 엄격함에서 어느 시대, 어느 곳과도 비교할 수 없을 정도였다. 어린이들은 체육훈련과 최소한의 보살핌, 빈약한 의복으로 단련되었다. 그들은 아마도 읽기와 쓰기를 배우고, ─그러나 이 점은 완전히 확신할 수는 없다─ 스스로의 힘으로 빈약한 식사를 보충하면서 자립하도록 훈련받았다. 그들은 병영(barrack)에서 살았고 30세가 되어서야 자신의 가정을 가질 수 있었다. 그러나 이 시기에도 아직 군사상급자에 의한 훈련과 행정관의 감시하에서 공개적인 생활을 해야 했다. 그들은 육체가 쇠퇴하여 군대에서 필요가 없어지는 60세까지는 일상생활 속에서도 끊임없이 긴장하고 있어야 했다. 그들은 '강인하고', 과묵하며 ─'laconic'이라는 영어단어는 이를 입증한다[1]─ 명령에 의문을 품지 말고 복종하도록 훈련받았고, 행동이 느리다는 소리는 들었지만 실제로 우둔한 것과는 거리가 멀고 오히려 지성적이었다. 이런 스파르타인과 경박하고 머리가 빨리 돌아가며 수다스러운 아테네인을 비교해 본다면 놀라울 만큼 대조적일 것이다.

스파르타인의 전반적인 '기묘함'—이런 용어를 써도 좋다면—은 그들의 특이한 생활방식을 관찰했던 사람을 항상 자극해 왔다. 스트라본(Strabon)[2]은 이 같은 생활방식이 의도적인 선택이었음을 확신하고 있었다.

> 인간의 다양한 기예와 능력·제도에 관한 한, 대부분 인류가 삶을 시작한 이래 어떤 지역에서도, 어떤 경우에는 심지어 지역적으로 불리한 위치임에도 불구하고 번성한다. 그리하여 어떤 지역적 특성은 자연히 나타난 것이고 또 일부는 훈련과 습관에 의해 형성된 것이다. 예를 들어 아테네인은 생래적으로 문학에 전념한 것이 아니고 오히려 습관과 훈련 때문에 그런 것이며, 반면에 스파르타인은 [아직도 아테네인과 더 유사한 테바이인도 역시] 그러한 예술에는 별 흥미를 느끼지 않는데 이 역시도 습관에 의한 것이지 타고난 것은 아니다.

계속해서 그는 스파르타인은 라코니아(Laconia)에 살았고 아테네인은 아티카(Attica)에 살았다는 사실이 그들을 다르게 한 것은 아니라고 주장하고 있다. 이들의 특성은 아테네인이 자신의 의지로 하나의 생활방식을 선택하고 스파르타인은 다른 종류를 선택한 결과라는 것이다. 이들은 모두 스스로가 그렇게 부르듯이 같은 조상을 가진 그리스인 혹은 헬레네스(Hellenes)이며, 거주지의 지정학적 환경도 아주 비슷하였다. 그러므로 그들의 생활방식도 닮았어야 하지만 놀랍게도 전혀 그렇지 않았다. 이렇게 가정해 볼 때, 스트라본이 그 차이의 원인을 '자연'이 아니라 '습관'에서 찾았던 것은 옳았다.

그러나 이 가정이 옳은가? 이에 대해서는 매우 단호하게 '아니다!'라고 말할 수 있다. 비록 모든 그리스인은 자신들이 같은 종족이라고 생각했지만 사실 그렇지 않았던 것이다.[3] 스파르타인은 도리아인이었고 아테네인은 이오니아인이었다. 이들은 서로 완전히 달랐고, 이들의 저변에 깔려 있는 화해할 수 없는 적대감은 계속해서 그리스 세계를 괴롭혀 왔다. 이는 펠로폰네소스(Peloponnesos) 전쟁이라는 재난으로 절정에 달했다. 아테네인과 스파르타인, 이오니아인과 도리아인은 그리스의 패권을 쟁취하고자 투쟁했고 그 결과, 모두 괴롭고 파멸적인 종말을 맞게 되었다.

그러나 스파르타도 아테네와 문화적으로 같은 방향을 추구하는 듯한 시기도 있었는데, 그 시기에는 라코니아에서 예술이 융성하였고 시인과 음악가들이 환영받았다. 그러나 마치 그런 노력이 그들에게는 너무 벅찼던 듯이, 그 경향은 점차 사라져 갔고 스파르타인은 좁은 의미의 형식주의와 엄격한 훈련에 빠져 문화의 일부인 예술이 시들어 버렸다. 이는 정말로 스파르타의 '미스터리'였지만, 돌이켜보면 그렇게까지 불가사의한 것이 아님을 알게 될 것이다. 한동안 예술면에서 융성과 발전이 있은 후, 스파르타인은 표면상 그들의 소박한 문화로 되돌아가게 되었다. 라코니아와 메세니아(Messenia)의 헤일로타이(heilotai:스파르타의 예속농민층으로서 일종의 '국가노예'. 자세한 설명은 제3장을 참조) 중 불만에 차서 분개한 농민층을 억누르는 일이 너무 중요했기 때문에, 예술방면에서 다른 그리스인과 겨루기가 버거웠던 것이다. 스파르타인은 그리스인의 성과물에 대한 목록을 살펴본다면 그들만의 특별한 공헌을 하였다. 그들 역시 결점은 많았지만, 적어도 위험에 직면했을 때의 절조와 조직된 훈련, 스스로의 생활방식에 대한 헌신이라는 면에서 불멸의 기억을 세계에 남겨놓았다. 테르모필레(Termopylae)에서 전사한 사람들의 무덤에 새겨진 것보다 더 고상한 묘비명은 아마도 없을 것이다.

낯선 이여, 스파르타인에게 우리가 여기 법률에 복종하여 누워 있노라고 전해주오.

라코니아

펠로폰네소스 반도 내의 라코니아의 면적4)은 대략 1,600제곱마일 정도이고 그 대부분은 산지로 세 부분으로 나눌 수 있다. 그 첫번째는 에우로타스(Eurotas) 계곡인데 면적은 50제곱마일 이하이며 비옥하고 급수가 잘되어 있어 고대와 마찬가지로 오늘날에도 인구밀도가 높다. 이 계곡의 서쪽은 타이게토스(Taygetos) 산맥으로 가로막혀 있는데 이 산맥은 북쪽으로는 아르카디아(Arcadia) 접경에서부터 남쪽으로 타이나룸갑(Taenarum 岬)까지 뻗어 있다. 동쪽의 두번째 지역은 여럿으로 나뉘어 있는, 언덕이 많은 지역으로서 파르논(Parnon)산이 가장 높은 곳이며 남쪽으로 말레이아만(灣)까지 걸쳐 있다.

스파르타의 평원은, 3분의 1이 되는 지역이 에우로타스강이 흐르는 협곡의 암벽 때문에 남부와 북부로 나뉘어 있어서 쭉 펼쳐지지는 않다. 이곳은 늪이 많고 건강에 좋지 않은 지형이었지만 해안에 인접한 아주 비옥한 평원이었다. 에우로타스강을 통해 바다로 가는 것은 암벽의 방해로 불가능했기 때문에 유일한 통로는 타이게토스 산지를 가로질러 오늘날의 칼라마타(Kalamata)인 파라에(Parae)의 항구로 나가는 험한 길밖에 없다. 남쪽의 다른 항구는 기티온(Gythion)밖에 없는데 에게해에 면한 동부해안은 바위투성이로, 정박지가 없기 때문이다. 에우로타스의 비옥한 계곡에는 스파르타 시민들의 정규할당지가 있는데 이것은 수많은 수수께끼에 싸여 있는 토지제도의 핵심이다. 그러나 메세니아의 토지 역시 그들에게 상당한 부를 제공해 주었다. 메세니아 상실이 스파르타에 얼마나 큰 타격을 주었는지는 차후에 보게 될 것이다.

리이크(Leake)[5]는 오래되었지만 아직도 큰 가치를 갖고 있는 그의 『모레아(Morea) 여행기』에서 다음과 같이 언급하고 있다.

> 라코니아를, 특히 북부의 통로 중 하나를 통해 떠나면 누구나 그리스 이 지방의 옛 운명이 대부분의 다른 나라와 마찬가지로 얼마나 그 지리적 구조와 위치에 의해 결정되었는지를 회고해 보지 않을 수 없다. 그 자연의 장벽이 고대 그리스 여러 국가의 범위를 결정지었고, 또 여러 독립적인 소국으로 분할해 놓았던 진정한 원인이 되었다. 그리고 여기에서 파생한 질투심과 경쟁심이 모든 좋

은 영향과 악영향을 미치게 되었는데 라코니아에서 가장 뚜렷한 예를 찾아볼 수 있을 것이다. 해안선의 4분의 3을 차지하는 험한 해안은 육지방면의 험준하고 높은, 연속적인 산맥과 함께 외부로부터의 침략에서 안전을 보장해 주었다.… 우리가 스파르타의 힘의 일차적인 원인으로서 추적해야만 하는 것은 국경의 튼실함과 그 내부에 있는 비교적 넓은 영토인 것이다.… 라코니아로 들어가는 모든 주요한 통로는 한 지점으로 향하게 된다는 것은 주목할 만하다. 그 지점이 스파르타인바, 이 사실은 이 지방의 방위를 위해 스파르타의 위치가 얼마나 적합한지를 바로 보여줄 것이다. 그리고 특히 경쟁자가 없이 지내오는 동안 잠들지 않는 불침번으로써 방위태세를 갖추는 데 얼마나 잘 적응하고 있었는지, 그리고 그것이 정복활동의 성공을 위한 가장 확실한 수단이었다는 것을 보여줄 것이다.

●●●●● 메세니아

메세니아6)는 '서쪽으로 전망이 트여 있고, 부드럽고 개방된 지형으로 라코니아의 재현'이며, 기후는 더 온화하고 강우량도 더 많았으며 아주 비옥한 토지이다. 메세니아를 가로질러 프사미오스(Psamios)강이 흐르고, 라코니아처럼 그렇게 구분이 뚜렷하지는 않지만 고대의 파미소스(Pamisos)는 북부지역과 남부지역이 있었다. 전통적으로 비옥함과 물산의 풍부함으로 평판이 난 지역은 타이게토스강과 해안지대 사이의 두 평원이다. 이 평원은 이토메(Ithome)로부터 타이게토스 산맥의 산록까지 이르는 낮은 언덕에 의해 상부·하부지역으로 나뉘어 있다. 이 평원에 고대의 유적이 많지 않은 것은 아마도 가능한 많은 토지를 경작지로 이용하려 했기 때문일 것이다. 이 토지는 해안지대와 팔리안 산맥·타이게토스 산맥으로부터 배수로를 통해 잘 관개(灌漑)되고 있다. 서쪽 경사지의 메세네(Messene)시는 이 모든 지역의 중심지로, 이 곳에서 도로가 북으로 뻗어 상부 평원지역과 연결되고 아르카디아와 서부해안으로 향해 있었다.

서부해안의 산맥은 동부보다 낮고 산과 산 사이에 열린 부분이 있어서 바다와 내륙 사이가 막혀 있지는 않다. 서부해안에는 관개가 잘된 대지(臺地)와 계곡이 있고 비옥한 해안평원도 있다. 오늘날의 나바리노(Navarino)인 퓔로스(Pylos)는 가장 괜찮은 항구였고, 모테네(Mothene)와 퀴파리시아(Cyparissia)는 동부해안의 정박지였다. 로우벅(Roebuck)7)은, 서쪽해안 중심부에 있는 퓔로스를 제외한 해안지대는 종속민 혹은 페리오이코이(perioikoi)8)의 도시인 데 반해, 스파르타인들은 파미소스강의 더 낮은 서쪽에 있는 상부평원을 이용하고 술리마(Soulima) 평원을 자신들을 위한 토지 혹은 정규할당지로 이용했던 것에 대해 훌륭히 설명하고 있다.

●●●●● 도리아인

호메로스의 서사시에서 도리아인이 크레테에 존재하고 있었다는 언급이 한 번 있는데, 이것은 중요한 사실이다.

> [크레테에서]언어의 혼란이 생기게 되었다. 거기에는 아카이아인과 크레테의 용감한 크레테인·키도니아인(Cydonians)과 도리아인의 세 부족9) 그리고 상당수의 펠라스기아인(Pelasgians)이 살았다.10)

확실히 그 시기에 도리아인은 섬 전체를 장악하지는 못했다. 그들은 도착한 지 얼마 안 되었고, 그 땅에 살고 있던 다른 부족과 아직도 투쟁하는 중이었다. 도리아인이 테메노스(Temenos)와 그 형제들의 지휘하에 펠로폰네소스의 남쪽과 동쪽으로 진출한 헤라클레이다이, 즉 헤라클레스의 후손이라고 주장하는 고대의 전통11)에는 기본적으로 진실이 들어 있을지도 모른다. 그들과 함께 왔던 또 다른 족장인 옥실루스(Oxylus)는 아이톨리아(Aetolia)인 종족을 이끌고 엘리스(Elis)로 갔다. 반면에 다른 이들은 테살리아(Thessalia)를 석권하고 그 곳의 원주민을 남쪽 보이오티아

(Boeotia)로 내몰았다. 펠로폰네소스 반도의 이전 정복자인 아카이아인은 에우로타스 계곡으로부터 반도의 북단까지 내몰렸고, 그 외에는 아르카디아와 아티카에만 남아 있었다. 펠로폰네소스에서 정착지를 찾지 못한 도리아인은 바다를 건너 크레테와 로도스(Rhodos), 소아시아의 남서해안으로 갔다.12)

도리아인에 의한 펠로폰네소스의 정복이 언제 이루어졌는가? 이 질문에 확실하게 답하는 것은 불가능하지만 기원전 1200년에서 기원전 1100년 사이의 어느 때라고 추측한다면 그리 많이 틀린 것은 아닐 것이다. 이 일이 언제였든지, 호메로스는 생생히 묘사했고, 이미 아카이아인에 의해 옛 영광의 흔적만 남아 있던 뮈케나이 문명의 마지막 자취는 완전히 파괴되어 버렸다. 도리아인은 일급전사이기는 하지만, 문화적인 면에서는 아카이아인과 확실히 다르고 그들에게 뒤떨어지는 후진적인 종족이었고, 확실히 그들이 펠로폰네소스를 침입함과 동시에 '암흑시대'가 시작되어 예술이 정체되었다. 고고학자들은 도기에서 기하학적인 문양만을 발견하였다. 이것은 모든 원시부족의 공통적인 특징이었다.13)

만약 도리아의 침입이 기원전 12세기에 일어났다고 가정한다면,14) 확실히 그 이후 몇 세기에 걸쳐서 그들에 대해서는 아무 것도 알려진 바가 없다. 스파르타시가 위치했던 지역을 발굴한 고고학자들은 이 도시가 기원전10세기에 건설되었다고 보고 있다. 그러므로 그들의 침입과 정착시기 사이에 대해서는 결론을 내리지 못하고 있다. 휠레이스(Hylleis)·뒤마네스(Dymanes)·팜필로이(Pamphyloi)라는 세 부족 혹은 가문이 존재했으며, 각 부족에는 족장이 있어 이들을 통솔했다는 것은 잘 알려진 사실이다. 이들은 도리아인의 옛 부족이며 계보를 거슬러 올라가 보면 거의 전설적이기는 하지만 아이기미오스(Aegimios)의 아들들인 팜필로스(Pamphylos)·뒤마노스(Dymanos)와 헤라클레스의 후손(Heraclid)인 휠로스(Hyllos)가 나온다. 그럼에도 이 세 부족이 같은 혈통임을 주장하지 않는 것은 특기할 만한데, 이는 도리아 부족이 혼합적이었다는 특징을 나타내는 좋은 증거이다.15)

이들과 이스라엘 12부족 사이의 유사성은 흥미롭다. 증거가 확실하지는 않으나 아마도 그들은 아기아다이(Agiadai)와 에우리폰티다이(Euripontidai) 두 왕가의 왕들에 의해 통솔되었을 것이다. 그러나 왜 세 부족의 세 '왕들', 혹은 족장들이 아니었는지, 또 두 왕과 세 부족의 관계가 정확히 어떤 것이었는지를 밝히는 것은 불가능하다. 어쩌면 세번째 '왕가'는 후손이 끊겼을 것이다. 그렇지만 이 두 왕가가 아주 오랜 기원을 가지며 그들이 방랑하던 시기로까지 거슬러 올라갈 수 있다는 것은 확실하다.[16]

●●●●● 스파르타의 출현

역사시대에 알려진, 스파르타라는 국가가 출현하기까지 일련의 사건을 재구성한다는 것은 어려운 일이며, 이를 정확하게 검증하는 것은 정말로 불가능하다. 그들 두 왕가는 서로 적대시하고 있었고, 에우로타스 계곡의 좁은 경계선 내에서 불화는 견디기 어려운 것이었다. 이 불화(κακονομία)의 시기는 영구적인 동맹과 여럿으로 나뉘어 있던 인민이 집주(集住)함으로써 대략 기원전 800년경에 안정되었다고 추정할 수 있다.[17] 두 왕이 동일한 권한을 갖고 함께 통치하는 것에 동의했다고 생각할 수밖에 없다. 이것이 스파르타 정치체제의 발전을 위한 첫걸음이었다. 그들이 집주하게 되면서 스파르타인의 힘과 인구는 증가하기 시작했다. 에우로타스 계곡만으로는 더 이상 늘어난 인구를 감당할 수 없었고, 보다 많은 영토를 찾는 것이 필요해졌다. 확실히 메세니아의 풍요한 땅은 팽창을 위한 최적지로 보였고, 기원전 743~724년이라고 추정되는 제1차 메세니아 전쟁이 일어났다.[18] 19년 동안의 긴 투쟁 끝에 스파르타인이 승리하였고, 정복자들은 토지를 나누어 가졌다.

그러나 그들이 집주를 통해 통일성을, 정복을 통해 팽창의 여지를 마련했음에도 불구하고 아직도 해결해야 하는 심각한 문제가 남아 있었다. 대략 이 시기에 스파르타 정치체제 발전의 제2단계가 된 체제상의 위기가 발생했다. 제1차 메세니아 전쟁에서 스파르타 측의 영웅이었던 테오폼포스(Theopompos)왕이 관련되었다고 전해지기 때문에, 이 사건이 이 때 일어났다고 보는 것은 상당히 확실하다고 하겠다. 플루타르코스의 『뤼쿠르고스 전』 5장과 6장을 연구해 본다면, 스파르타 체제의 발전을 연대순으로 보았을 때 상당한 시간 차이가 있고, 뤼쿠르고스의 공적으로 잘못 돌려지고 있는 두 가지 완전히 다른 단계가 끼워져 있다는 것을 알게 될 것이다. 그 첫 번째 것은 테오폼포스가 원로원 혹은 장로회(Gerousia)를 창설하는 데 동의했다는 것을 왜곡시킨 것이다. 그 다음은 민회(Ecclesia)[19])에 장로회가 제안된 안건을 찬성하거나 반대하는 최종결정권을 주었다는 것이다. 이것은 본문의 6장에서 인용된 대레트라(大rhetra) 혹은 '의회법'에 수록되어 있었다.[20]) 그 외에 스파르타 시민 중에서 선출된 대표자들인 5명의 감독관단(ephoroi)이 정권을 장악하는 최종단계가 있었다. 이 조치는 확실히 민회가 장로회의 무제한적인 권력을 제한한 후에 취해졌기 때문에 '민주적인' — 스파르타같이 뚜렷한 과두정인 곳에도 이 용어를 적용시킬 수 있다면 — 혁명을 이루었다.

승리의 결과

메세니아를 정복하고 한동안 체제상의 문제를 해결한 후, 스파르타는 소규모 족장 혹은 '왕들' 치하의 완전히 문명화되지 않은 부족연맹체에서, 풍요한 지역을 다스리면서 정복의 열매를 한껏 즐기는 긴밀히 결속된 민족으로 바뀌었다. 원주민들[헤일로타이]은 그 이래로 오랫동안 스파르타인을 위해 토지를 경작해야 하는 농노신분으로 떨어지게 되었다. 에우로타스 계곡과 메세니아의 스파르타인 토지 밖에서는 자유민이지만 시민으로서의 권리를 모두 누리지는 못하는 협력자인 페리오이코이의 거주지가 있다.

스파르타사(史)의 암흑시대는 새로운 문명이 그리스에 퍼져가기 시작하는 때인 기원전 8세기에 끝났다. 경제생활이 번창하면서 동시에 인구도 늘어났고 이로 인해 이민이 시작되었다. 기원전 8세기 말에 조국을 떠나 해외에서 운을 시험해 보려는 일단의 젊은 스파르타인들인 파르테니아이(Partheniai)에 의해 타렌툼이 개척되었다.21)

알크만(Alcman) 시대

이 시기에 스파르타의 '동등자' 즉, 시민은 커다란 물질적인 번영을 누렸다. 메세니아 정복은 그들에게 토지와 농노를 함께 제공하였다. 아테네와 코린토스인이 해외교역을 시작했을 때, 스파르타는 알크만의 시에서 묘사되듯이 평온한 생활을 즐기며 평화적인 기술을 개발하고 있는 토지귀족들의 내륙지역으로 남아 있었다.22) 지금까지 남아 있는 이 시의 단장(斷章)에서 사냥을 즐기고 여성들을 하고 싶은 대로 내버려두는 시골지주의 근심없는 생활에 관한 묘사를 찾아보는 것은 어렵지 않다. 아가씨들의 노래는 매혹적이다.23) 노래하는 이들은 '얼룩무늬 뱀 같은 순금의' 허리띠를 매고서 자주색 옷으로 차려입고 있다.24) '모두 금으로 된' 거대한 꽃병과 '정금(精金)의 식탁용 포도주병'에 대해서도 묘사되어 있다. 알크만(그 스스로 방탕하기로 정평이 있는25)]은 술 마시고 춤추며 즐기고 열렬히 사랑하는, 풍족한 토지귀족의 행복한 생활을 우리에게 보여준다. 그들은 항상 부유한 상류층의 오락인 사냥 역시 열렬히 즐겼다. '경주에서 승리하는 잘 울리는 발굽을 가진 튼튼한 말'에 대해서도 나와 있다.

카스토르(Castor)와 고귀한 폴리데우케스(Polydeuces)여, 날쌘 말의 조련자, 노련한 기수(騎手)들이여.26)

스파르타의 사냥개는 유명했는데, '카스토르 사냥개'라 불리는 큰 개와 폭스 테리어라고 생각해도 좋을 작은 개가 있었다.27) 이 기간 내내 짐승과 새와 꽃에 대한 사랑이 명백히 나타나고 있다.

아테네에 위치한 영국연구소(British School at Athens)가 스파르타시 위치에서 행한 발굴28)로 라코니아에서 예술과 수공업이 융성한 상태였다는 것이 밝혀졌다. 비록 전부가 라코니아 장인의 솜씨는 아니었겠지만, 적어도 외국의 예술가는 환영받으며 자신들의 솜씨를 발휘하였다.〔그보다 후기에는 의심의 눈길을 받게 된다〕. 특히 도자기에서 나타나는 높은 예술적 완성도는 주목할 만하다. 이제까지 퀴레네(Cyrene)에서 만들어졌다고 알려진 꽃병이 지금은 라코니아 장인들의 공방에서 나온 것이라고 추정되고 있다.29) 납과 테라코타의 소상(小像)-후자는 '다이달로스(Daedalic)' 양식으로 만들어졌다- 상아와 보석으로 만들어진 조상(彫像)과 장식틀, 욕실의 장식품과 진흙가면 등은 모두 예술이 융성했던 상태임을 나타내준다. 가장 유명한 예로, 확실치는 않지만 퀴레네 도공(陶工)에 의해 스파르타에서 만들어졌다고 여겨지는 이른바 아르케실라스(Arcesilas) 꽃병이 있다.30)

건축물 중에는 아르테미스 오르티아(Arthemis Orthia)의 성역이 높은 완성도를 보여준다. 이 건물은 원래 기원전 9세기에 지어졌으나, 기원전 6세기에 재건축되고 장식되었다. 스파르타의 예술가인 기티아다스(Gitiadas)는 아테나 칼키키코스(Athena Chalcicicos)의 신전벽을 청동에 저부조(底浮彫, bas-relief)로 장식하였다.31) 사모스의 테오도로스(Theodoros)는 천막모양의 지붕을 가진 건물인 스키아스(Skias)를 건축하고 장식하였다.32) 마그네시아(Magnesia)의 바티클레스는 아뮈클라이(Amyclae)에서 아폴론상과 옥좌를 제작하였다.33)

'고졸기 양식'에 있어 저명한 예술가들의 이름을 거명하는 것은 쉬운 일이다.34) '라케다이몬인(人)' 도뤼클레이다스(Dorycleidas)는 올림피아에 있는 금과 상아로 만든 테미스(Themis)상을 조각한 조각가였다. 그의 형제인 메돈(Medon)은 아테나상35)과 메가라인의 보고에 있는 금으로 상감

된 삼목조각상을 만들었다.36) 올림피아에는 또한 아리스톤(Ariston)과 텔레스타스(Telestas)가 만든 제우스의 거상(巨像)이 있다.37) '스파르타인'인 쉬아드라스(Syadras)와 카르타스(Chartas)는 조각학교를 운영하였다.38) 엘리스(Elis)에 있는 '레슬링시합에서 소년들을 이긴' 필레스(Philles)상은 스파르타인 크라티노스(Cratinos)에 의해 만들어졌다.39) 올림피아에는 테오클레스가 만든 다섯 헤스페리데스상(Hesperides像)도 있다.40) 또한 라코니아의 술잔은 높이 평가되었던 것 같다. 라코니아의 칼리크라테스(Callicrates)는 이러한 받침이 달린 잔에 부조를 새기는 명장으로 알려져 있다.41)

음악과 시도 장려되었다. 스파르타에는 음악의 여신들의 성소가 있었다.42) 플루타르코스는 음악에 관한 논문43)에서 스파르타의 음악에 관해 다음과 같이 언급하고 있다.

> 스파르타에서 음악을 처음 확립시킨 이는 테르판드로스(Terpandros)였다. 그 다음으로는 고르틴(Gortyn)의 탈레타스(Thaletas), 퀴테라(Cythera)의 크세노다모스(Xenodamos), 로크리(Locri)의 크세노크리토스(Xenocritos), 콜로폰(Colophon)의 폴륌나스토스(Polymnastos), 아르고스(Argos)의 사카다스(Sacadas)의 덕으로 돌릴 수 있다. 스파르타 청년들의 나체축제 제도는… 이 음악가들에 의해 시작되었다고 들었기 때문이다.

그리스 음악발전에 있어 테르판드로스의 위치는 이후에 다루어질 것이다.44)

시인들도 활약하고 있었고 환영받았다. 그 중에서 테르판드로스와 알크만·테오그니스(Theognis)의 이름은 기억해야만 한다.45) 다른 곳에서 언급되는 튀르타이오스와 키나이톤(Cinaithon)46)·탈레타스(Thaletas),47) 퀴도니아(Cydonia)의 뉨파이오스(Nymphaios)48) 모두는 얼마 동안 스파르타에서 지냈고 스파르타의 황금기를 살아가면서 자신들의 운율로써 상당히 인정받은 괄목할 만한 시인 대열에 속한다.49)·

초기 스파르타 사회생활에서 다음 두 측면은 중요한 것이다. 테오그니스50)는 "'갈대 우거진 에우로타스 강변의 영광스러운 도시' 스파르타는 나를 따뜻하게 맞아주었다"고 말하고 있다. 역사시대(historic age)에 사업이나 외교를 목적으로 스파르타에 갔던 사람들이 빈약하고 인색한 대접을 받은 것과는 달리, 당시에는 확실히 호메로스 시대처럼 후한 환영받았다. 알키비아데스(Alcibiades)가 스파르타에서 망명생활할 때 겪었던 고생은 흥미롭다. 그러나 그는 소박한 생활에 대한 열정으로 모든 것을 극복했다.51) 두번째, 알크만의 시에 나타나는 바다에 대한 언급은 주목할 만하다. 확실히 스파르타의 부자들은 선박을 갖고 있었다. 처녀들의 노래에서 나타나는 '배에 탄 우렁찬 목소리의 조타수'·'파도의 꽃'·'바다처럼 화려한 봄의 새'·'화려한 바다의 깊이'·'바다의 여왕 이노(Ino)'·'바다에 잠긴' 같은 표현은 여인들의 시야가 자신의 거주지인, 산에 둘러싸인 골짜기에 한정된 것이 아니었음을 보여준다. 여인들은 남자들로부터 바다와 바다의 경이로움에 대해 들었을 것이다 — 헤로도토스는 50개의 노를 가진 스파르타의 선박에 대해 언급하고 있다.52) 아마도 이들 초기 스파르타 뱃사람은 상인이거나 더 확실하게는 해적이었을 것이다. 오르티아를 선원의 수호여신이었다고 추정할 만한 이유가 있다.53) 성역에서 발견된 '가장 크고 좋은 상아'라고 불리는 것은 배의 형상이며 오르티아에게 헌납된 것이 분명하다.54) 초기에 스파르타가 바다와 밀접한 관계였음은 거의 의심할 여지가 없는 것 같다. 어쨌든 관습이나 의복양식, 장신구나 가구 등이 스파르타로 들어올 수 있는 외국과의, 특히 이오니아(Ionia)와의 외교창구가 있었음은 확실하다.55) 또한 아르케실라스 꽃병56)을 통해 북아프리카와의 관계를, 호박(琥珀)으로 만든 물품57)의 발견을 통해 북유럽과의 관계를, 납유리 조각과 갑충석(甲蟲石)58)을 통해 이집트와의 관계를 추적해 볼 수 있다.

아마도 스파르타가 동방과 제일 처음 해우한 시기는 기원전 700년경으로, 에페소스(Epesos)와의 접촉일 것이다.59) 사르데스(Sardes)에서 행해진 최초의 발굴에서는 라코니아 스타일의 자기류가 발견되었다. 또한 헤로도토스[60]에 의하면, 기원전 560년 크로이소스(Croesos)와 굳은 동맹을 맺은 스파르타는 그가 즉위할 때 선물을 보냈다. 이 선물은 300암포라(amphora) 용량의 놋쇠로 만든 그릇으로 돋을무늬로 세공된 조각이 바깥쪽에 새겨져 있었다. 암포라는 대략 물 1제곱피트에 해당하는 액체를 재는 단위였기 때문에 ―그리스의 1피트는 영국식으로 하면 0.97피트에 해당한다― 이 그릇은 굉장히 거대한 것이었음에 틀림없으나, 이 묘사는 과장된 것이라고 추정해 볼 수 있다.

●●●●● 튀르타이오스

메세니아인이 반란을 일으켰다. 전술한 제1차 메세니아 전쟁의 연대표를 믿고, 튀르타이오스가 말한 것처럼 메세니아 정복자의 손자들이 2차 메세니아 전쟁에서 싸웠다는 기술[61]에 주목한다면, 이 사건은 아무리 늦어도 기원전 650년에 일어났다는 결론에 도달할 수밖에 없다. 왜냐하면 군복무 연령이 되는 조부와 손자 사이의 시간간격은 60년에서 70년이라고 추정하는 것이 가장 그럴 듯하기 때문이다. 17년간 지속되었던 이 전쟁은 스파르타인의 힘과 용기를 극한까지 사용하도록 했다고 전해진다. 그들을 고무하기 위해서 델포이 신탁의 명령에 따라[62] 시인 튀르타이오스[63]가 스파르타로 초빙되었다. 튀르타이오스가 누구이고 어떤 사람이었는지 말하기는 힘들다. 아테네에서는 별 명성을 얻지 못했던 절름발이 교사였던 그가, 갑작스럽게 무사(Musa:뮤즈)의 영감을 받아 호전적인 시로써 당시 스파르타를 구원했다는 이야기는 믿기 어렵다. 그러나 그가 누구였든지 간에 메세니아인과의 투쟁에서 맥이 빠져가는 스파르타인에게 용기를 준 것이 전쟁의 전환점이 되었다는 것은 확실한 듯하므로 이를 받아들이는 데 지나치게 머뭇거릴 필요는 없을 것 같다.

그는 "조국을 위해 죽는 것은 기쁘고 아름답다(dulce et decorum est pro patria mori)"라는 새로운 생각을 표현하였다.64) 그의 시에는 다음과 같은 지속적인 반복구가 나타난다.

그대들은 무적의 헤라클레스의 후손이로다. 그러므로 그대들 기운을 차리라. 아직 제우스의 머리가 외면하지 않나니. 그대들 사람의 많음을 두려워하거나, 움츠리지 말고 모든 이들이 적과 죽음의 검은 넋이 햇살처럼 친근하도록 삶을 만들어 가며, 방패를 바로 선봉을 향해 쥐도록 하라.

만약 전장에서의 승자가 아니라면, 운동경기에서의 용감함이나 올림픽게임의 승리가 별 가치가 없는 것이었다.

한 사람이 심지어 퀴클롭스의 키와 힘을 가지고 트라키아의 북풍을 능가할지라도, 또 그가 티토노스(Tithonos)보다 미남이고 미다스(Midas)나 키니라스(Cinyras)보다 부유하며, 탄탈로스(Tantalos)의 아들인 펠로프스(Pelops)보다 위대한 왕이고 아드라스토스(Adrastos)처럼 말을 잘하고 비록 큰 명성을 가질지라도 전사다운 힘이 없다면, 나는 그를 떠올리거나 용감함에 관한 이야기에 써 넣지 않을 것이다.

조국을 위해서 기쁘게 죽으라고 명하는 것은 새로운 것이었다. 그와 같은 호소는 호메로스의 서사시에서는 나타나지 않는다. 처음으로 시민의 최고의무가 국가의 명령에 복종하는 것이라는 사상이, 위험에 처해 있는 사람들에게 제시되었다.65)

메세니아인의 반란은 결국 진압되었지만, 튀르타이오스에게는 또 다른 과업이 기다리고 있었다. 중대한 헌정상의 문제가 안정되어야 했기 때문에, 그는 고대의 정부형태 - 하늘로부터 그들에게 주어졌던 왕과 장로회·시민 - 를 스파르타인에게 상기시키도록 강요받았다.

튀르타이오스의 「조화(Eunomia)」의 구절은 분명히 다음과 같이 헌정상의 안정을 언급하고 있다.

그들은 포이보스(Phoebos)의 목소리를 들었고, 그리하여 신의 신탁과 그것을 확실히 보충하는 말을 피토(Pytho)로부터 가지고 왔다. 은궁(銀弓)의 주인이며 멀리까지 활을 쏘는 금발의 아폴론께서 풍요한 그의 성소에서 다음 답변을 주셨다. 기쁨의 도시인 스파르타를 관리하는 신처럼 존경받는 왕들과 장로가 협의를 시작하며, 그 뒤 시민은 곧은 법령으로 그들에게 화답할 것이다. 시민은 존경할 만한 일을 말하고, 모든 옳은 일을 행하며, 작성된 어떠한 권고도 국가에 하지 않는다. 그리하여 시민은 승리와 권력을 가질 것이다. 이 문제에 관해 포이보스는 그들의 도시에 이같이 선언하였다.66)

시인이 언급하는 것은 대단히 명백하다. 왕들과 장로회는 행정과 입법상의 모든 활동에서 발의자이나, 찬성과 거부의 권한은 있지만 발의권은 없는 시민의 동의가 있어야만 활동할 수 있었다. 이는 플루타르코스가, 뤼쿠르고스가 제정했다고 언급한 법령(rhetra)에서 볼 수 있는 바로 그 「국제(國制)」이다. 감독관제도가 아직 나타나지 않았거나, 권한이 너무 작아서 언급조차 되지 않는 것에 신중하게 주목해야 한다.

튀르타이오스가 '신처럼 존경받는' 왕과 장로회 구성원이 정권을 잡는 것을 변호한 반동적 인물이라고 비난할 필요는 없다. 그는 헌정개혁에 대한 인민의 요구 속에 고제(古制) 중 없어지는 것이 있을지도 모른다고 우려한 보수주의자이다. 그는 최종적 권한이 시민에게 있는 것을 충분히 인정하면서도, 제도상에서 정부의 다른 두 구성요소를 위한 여지도 변호하고 있다. 그는 두 왕을 폐위하거나 장로회를 없애버리지 못하게 하는 오랜 전통에 호소하고 있다. 이러한 제도의 정착에 튀르타이오스가 얼마나 영향을 미쳤는지 말하기란 불가능하다. 하나의 요인이나 한 명의 시인, 혹은 입법자나 조정자에 의해 평화가 정착되었다는 것은 역사에서 가장 선호되는 주제이다. 튀르타이오스의 시가 격앙되었던 분노의 감정을 진정시키는 데 일정한 역할을 했을지도 모른다는 것을 부인할 수는 없다. 아마도 테르판드로스의 음악 역시 도움이 되었을 것이다. 우리는 테르판드로스가 분쟁을 조정한 것에 대해 공헌을 인정받았다는 것을 수이다스

(Suidas)67)를 통해서 알고 있고, 그 가능성을 부인할 자료는 갖고 있지 않다. 감독관제도는 왜 언급되지 않았을까? 튀르타이오스나 플루타르코스의 『뤼쿠르고스전』에서 감독관에 대해 한 번도 언급하지 않은 것은 주목할 만한 일이다. 나중에 보겠지만,68) 그 당시 감독관제도는 확실히 존재했다. 이것은 이전시대의 사제단이었거나, 또는 이전의 세 부족이 재편되어 형성된 5부족의 수령들로 구성되었던 것 같다. 그러나 분명한 것은 이 당시의 감독관은 후대보다는 권한이 작았다는 것이다. 이들이 최고권력을 장악하게 된 것은 제2차 메세니아 전쟁 직후의 어느 시기였을 것이다.

그리고 마지막으로 뤼쿠르고스를 고찰해 보자. 그를 어디에 끼어넣을까? 그와 같은 입법자가 과연 있었을까? 있었다면 활동시기는 언제이며, 스파르타의 제도적 형태를 발전시키는 데 어떤 공헌을 했을까?

●●●●● 뤼쿠르고스69)

그로트(Grote)가 말하듯이 플루타르코스는 입법자『뤼쿠르고스전(傳)』을 다음과 같은 부정적인 말로 시작한다.

스파르타의 입법자 뤼쿠르고스에 대해 역사가들이 우리에게 알려준 바는 아주 불분명하여 역사가 중 하나가 주장한 설명이 다른 역사가에 의해 의문시되거나 반박되지 않은 적이 거의 없다. 그의 가문(家門), 그가 했던 여행, 죽은 장소나 방식 등에 대해 의견이 상당히 다를 뿐 아니라, 무엇보다도 그가 제정한 법률과 기초를 세운 국가에 대해 말할 때 더욱 그러했다. 그들은 결코 그가 살았던 시대에 대해 합의에 도달하지 못했던 것이다.

그러나 플루타르코스는 이런 어려움에 구애받지 않고 스파르타에 나타났다고 추정했던 전기와 「국제」·교육제도를 서술하였다. 그러나 그의 서술에서는 어느 한 구절도 확실하지는 않다고 생각하는 것이 안전할 것이며, 심지어 뤼쿠르고스가 존재했는지조차도 강한 의문이 제기되고 있다. 뤼쿠르고스가 신으로 간주되었다는 추정도 상당히 많이 있다. 헤로도토스70)에 의하면 뤼쿠르고스가 델포이에 갔을 때, 여사제는 그를 신성한 존재로 맞이했다고 한다. 여러 나라에서 뤼쿠르고스라는 이름의 신성한 혈통을 가진 여러 신 혹은 영웅들을 발견할 수 있다.71) 뤼쿠르고스는 적의 습격을 받아 한쪽 눈이 멀었다.72) 그러므로 그는 아마 태양신이었을 것이다. 아니면 늑대산(山)과 늑대들의 정복자인 아르카디아의 제우스 뤼카이오스(Zeus Lycaeos)와 동일시될 수 있을 것이다.73) 라코니아에는 분명히 그를 모시는 성역, 즉 헤룸(heroum)이 있었다.74) 그러므로 아마 도리아인은 선주민인 아르카디아인에게서 그에 대한 숭배를 배웠을 것으로 짐작된다.

모든 저자가 그와「국제」의 창시자를 동일시한 것은 아니다. 핀다로스75)는 아이기미오스(Aegimios)왕이 스파르타의 법을 제정했다고 말한다. 헬라니코스(Hellanicos)76)는 유리스테네스와 프로클레스가 제정했다고 말하고 있다. 스파르타왕의 명단에 있는 에우노모스(Eunomos)라는 이름은 그가「조화」를 쓴 사람임을 암시한다.77) 튀르타이오스78)는「국제」가 아폴론신에게서 직접 온 것이라고 하는데, 이는 뤼쿠르고스가 델포이를 방문했다는 이야기를 암시한다. 비록 그가 왕가의 후손이라는 것에는 모두가 동의하고 있으나, 스파르타 왕가의 가계에서의 위치도 명확하지 않다. 헤로도토스79)는 그를 레오보타스(Leobotas)의 숙부이자, 아기스 1세의 아들로 기술한다. 그 후에는 에우리폰티다이 가계의 에우노모스의 아들인 카릴라오스의 후견인으로 생각되었다.80) 그러나 플루타르코스는 이런 것을 모두 포기하고, 아마도 그는 프뤼타니스(Prytanis)왕의 아들이요, 에우노모스의 형제일 거라고 말한다.81) 그렇지만 확실히 에우노모스는 원인을 규명하기 위해 생겨난 것이라고 어느 정도 의심받고 있는 이름이다.

그의 계보가 불분명한 것처럼 그가 살았다고 추정되는 시기도 역시 불분명하다. 크세노폰82)은 그가 헤라클레이다이 시기, 즉 기원전 8세기 전반에 살았다고 말한다. 에포로스(Ephoros)83)는 그가 왕가들이 창설된 지 6세대 뒤에 살았다고 한다. 플루타르코스에 의하면,84) 아리스토텔레스는 기원전 776년 올림픽게임과 여기에 수반되는 신성한 휴전을 창설했던 이피토스(Iphitos) 시기에 올림피아에 보존되었던 고리쇠에 새겨진 이름의 주인공과 그를 동일시하는 여러 연대기에 동의한다. 그와 같은 고리쇠가 존재했었고 아리스토텔레스가 그것을 실제로 보았다는 것은 확실히 가능성이 있지만, 새겨진 이름인 뤼쿠르고스와 입법자가 동일시 될 수 있다는 것은 그보다 훨씬 더 믿을 수 없다. 에라토스테네스(Eratosthenes)와 아폴로도로스(Apollodoros)는 뤼쿠르고스의 연대를 올림픽 게임이 창설된 때보다 훨씬 더 전으로 올려서 생각했고, 티마이오스(Timaeos)는 서로 다른 시기에 살았던 두 사람이 있었는데, 그 중 이전 시기의 인물은 호메로스 시대에 살았고 그 뒤의 인물은 그보다 상당히 나중 시기에 살았다고 추정한다.85)

이 진술 속에서 뤼쿠르고스가 아주 오래 전에 살았다는 것을 제외하고는 동의할 수 있는 공통된 기준을 찾는다는 것은 확실히 불가능하다. 따라서 우리는 이 혼란스런 문제에 대해 기껏해야 추측을 통해서 어느 정도 시험적인 결론에 도달할 수밖에 없다. 먼저, 이 모든 이야기를 한 켠으로 치워버리고 이것은 전설이며 입법자 뤼쿠르고스라는 사람은 없다고 말하는 것은 어려움을 해결하는 데 지나치게 과격하고 간편한 방법을 택하는 것이다. 분명히 뤼쿠르고스는 모세나 드라콘(Dracon)·솔론(Solon) 같은 다른 지역의 입법자들과 같은 대열에 속한다. 그들은 심각한 불화의 시기에 안정을 가져온 조정자들이었다. 그런 일을 했던 사람이 누군가 선택되어야만 했다. 이런 종류의 업적은 항상 이 같은 방식으로, 다시 말해 혼자 해냈던 것이었다. 스파르타의 체제가 발전적 과정의 소산, 즉 '선조 대대로부터 확장되어 온 것'이라는 것은 믿기 어렵다. 닐슨(Nilsson)이 말하고 있듯이,86)

모든 것이 하나의 목적을 향하게 했던 규칙적이고 의도적인 방식으로부터, 우리는 그것을 의식적으로 만들어낸 사람의 개입을 생각할 수밖에 없다.… 같은 방향으로 일하며 원시적인 제도를 '교육(agoge)'과 '질서(kosmos)'로 재구성했던 한 사람 혹은 여러 사람의 존재는 필요한 가설이다.

내부의 불화를 조정했던 뤼쿠르고스라는 이름의 조정자가 있었음은 결코 불가능한 것이 아니며 사실 가능성 있는 일이라고 말할 수 있다. 그의 존재를 결정적으로 확언할 수도 없지만, 똑같이 부정할 수도 없다. 그리고 가능성을 따져보자면 뤼쿠르고스가 실제로 살아서 스파르타를 위해 일했다는 쪽으로 더 기울어진다.

다음으로 그런 조정자가 있었다면, 스파르타 역사에서 위기의 시대에 존재했었을 것이다. 알려지기로는 스파르타 초기에는 두번의 비상시기가 있었다. 1차와 2차 메세니아 전쟁 후에 정치체제의 위기가 있었는데, 첫째 위기는 왕에 대한 스파르타 시민의 승리, 그리고 왕의 특권과 권한에 대한 억제로 해결되었다. 이는 귀족적 혁명이었고 소위 뤼쿠르고스의 조정에 상응하는 것이 전혀 없다. 2차 메세니아 전쟁 이후 정치체제의 위기는 적어도 스파르타인의 계급 내에서는 ―만약 이런 애매한 용어가 허용된다면― '민주적인' 것이었다. 그러나 뤼쿠르고스는 그렇게 간주하지 않았음이 분명하다. 국가에 민주정을 확립하자고 우기는 사람에게 뤼쿠르고스는 "먼저 당신의 가정에서 민주정을 확립하시오"라고 답하였다."[87]

사실상 '뤼쿠르고스적'인 체제는 순수한 민주정이 아니었다. 이 체제는 민회에다가 법적인 기반을 마련하고 그 절차를 규정해 놓아, 민회를 입법의 최종적인 조정자로 만들었다. 이는 부족민이 모여 수장의 제안을 듣고 그들이 할 일을 결정하던 옛 관습으로의 회귀였다. 이 관습은 중단되어 있었고 왕과 장로들은 더 이상 시민과 협의하지 않게 되었다. 확실하지는 않지만 아마도 이 체제가 옛 관습의 재현이라는 사실은, 뤼쿠르고스의 이름과 관련된 전설을 설명해 준다. 그들은 이 두 가지 사실 즉, 도리아족의 옛 관습과 그 재현결과를 혼동하였고, 그래서 이것을 그보다 수세기 전에 살았을 신의 영감을 받은 입법자의 창조로 간주한 것이다. 그러면 뤼쿠르고스가 언제 살았고, 언제 개혁을 수행했을까? 그 시기는 첫번째보다는 두번째 정체의 위기 때였을 가능성이 더 높으며, 이는 기원전 7세기 후반이었을 것이다.88)

그의 생애 세세한 부분까지 탐구할 필요는 없을 것이다. 그가 여행을 떠나 크레테를 방문하고 그 곳에서 몇 가지, 스파르타에서 계획한 개혁의 개선점을 채택했다는 이야기는 불가능한 것이 아니다. 비록 이것이 이 두 나라 사이의 놀랄 만한 유사점을 쉽게 설명할 수 있는 방법이기 때문에 좀 의심스럽지만 말이다. 그러나 나머지 여행은 전적으로 전설이라고 간주해도 좋을 것이다. 스페인에서 인도에까지 이르는 그의 여정은 관심의 대상이 되지 않는다. 이런 부분은 분명히 상상력이 풍부한 작가들에 의해 후대에 첨가된 것이다. 여러 나라에 가서 그 나라의 정체를 관찰한다는 것은 위대한 입법자가 꼭 해야만 하는 하나의 행동이므로, 솔론이 그랬듯이 뤼쿠르고스도 입법가의 성격에 꼭 맞추기 위해서는 여행을 떠나야 했을 것이다. 또한 기록된 사건의 전부 혹은 대부분도 역시 마찬가지이다. 예를 들어 그가 적의 손에 한쪽 눈을 잃고 관대하게 용서했다는 것은 상상의 연대기와 아주 잘 들어맞는다.89) 그는 적에 의해 고난을 당했을 것이고 이를 용서함으로써 사람들에 의해 위대한 인물로 이해되었다.

과업을 마치고 나서 그는 단식으로 세상을 떴다. 그러나 그의 삶의 다른 부분처럼, 그가 어디서 죽었고 어디에 묻혔는지는 알 수 없다. 그의 무덤이 있는 곳이라는 영예를 갖고 싶어하는 장소는 예닐곱 군데나 된다. 또한 매우 그럴 듯하게도 이 위대한 입법자는 모세처럼 사라짐으로써 그의 존재를 둘러싸고 있는 신비함을 늘리는 것이다.

그의 업적으로 돌려지는 정체(政體)와 생활방식이 그의 지혜의 산물이라는 것을 심각하게 받아들일 필요는 없다. 전부는 아니더라도 대부분의 스파르타식 훈련의 특징적인 면은 도리아인의 초기 관습으로 볼 수 있을 것이다. 그러나 또한 뤼쿠르고스 같은 조정자 겸 입법자가 시민들에게, 부의 증가와 편한 것을 추구함으로써 폐지상태가 되어 버린 소박한 생활양식으로 돌아가자거나 강화하라고 권고, 혹은 강제했다는 상상을 부인할 수는 없다.

그러나 바로 이 점에서 가장 어려운 문제에 봉착하게 된다. 뤼쿠르고스가 2차 메세니아 전쟁 이후의 상황을 안정시켰던 사람이라는 추측이 맞는다면, 그가 어디에서 튀르타이오스와 조화를 이루는가? 튀르타이오스의 시「조화」속에서의 포이보스의 목소리와 피토의 신탁이, 뤼쿠르고스의 가상의 델포이 방문과 관계가 있을까? 물론 불가능한 생각은 아니지만, 이 시가 뤼쿠르고스의 델포이 방문을 언급했던 것이라면 왜 튀르타이오스가 그의 이름을 언급하지 않았을까라는 상당히 만만찮은 반론에 시달리게 된다. 이에 대해 시인은 헌정상의 위기가 닥친 중대한 시기에 사람의 손이 아닌 신탁에 의해 레트라가 스파르타로 돌아왔음을 강조하고 싶어했다는 설명은 꽤 설득력 있다. 확실히 튀르타이오스 시 속의 구절과 플루타르코스의 『뤼쿠르고스전』에 나타난 대(大)레트라는 같은 것이다. 튀르타이오스가 뤼쿠르고스에 대해 아무 말도 하지 않은 것과 마찬가지로 플루타르코스도 튀르타이오스에 대해 언급하지 않았다. 이는 시인과 입법자 사이의 자연적인 질투심을 볼 수 있는 아주 인간적인 부분이라 하겠다.

뤼쿠르고스가 동등하게 토지를 분할했다는 것이 기원전 3세기 개혁왕들의 창작이라는 그로트의 주장은 받아들일 수 없다. 정복했던 토지를 승리한 스파르타인이 어느 정도 분할해 가진 것은 틀림없을 것이다. 또한 스파르타 전사에게 스스로 부양하기에 충분한 토지를 부여하기 위해 특유한 토지제도(a system of lots or cleroi)를 창안했음은 확실하다. 토지의 재분할과 부족의 재편성이, 한 개혁자의 작품이라는 것도 불가능한 것은 아니다.

결론적으로 이 모든 혼란스럽고 모순되는 진술 속에서 다음과 같은 입법자의 모습이 떠오른다. 즉, 그는 내부적 위기와 무질서의 시기에 시민들로 하여금 국가의 재난을 치유할 수 있는 조치를 선택하도록 설득할 수 있었던 인물이었다. 비록 뤼쿠르고스의 사실성(史實性)을 확언할 수는 없지만, 이를 부정할 수도 없다. 그의 이름을 계속 남아 있게 만든 것은 '역사상 가장 성공적인 기만책 중의 하나'라고 한 앤드류즈의 말90)은 지나치게 개략적인 진술이다.

스파르타 생활방식의 변모

스파르타의 역사를 크게 변모시켰던 스파르타인의 생활과 풍속에 변화가 시작되었다는 것은 확실하다. 하지만 이 변화가 뤼쿠르고스의 '개혁'에 의해서, 국정을 안정시키기 위한 치유수단으로서 계획적으로 실행되었다는 설명은 사실이 아닐 것이다. 엄청난 반란을 진압한 뒤에 나타나는 환경상의 변화에 굴복하여 모든 것을 바꾸고, 역사상 매우 특징적으로 나타나는 질박한 생활과 의무에 대해 헌신을 다하는 전형적인 스파르타인을 만들어내려는 변화가 있었다. 예술분야에서의 쇠퇴를 스스로 인식한 스파르타인은 『플루타르코스 영웅전』의 한 구절91) 속에 있는 뤼쿠르고스의 행동을 통해 이를 설명하려 애썼다. 이 영감을 받은 입법자는 "모든 쓸데없고, 불필요한 예술의 금지를 선언했다." 그러나 그는 이미 귀금속의 유통을 금지함으로써 장인이 기술을 발휘하거나 상인이 외국상품을 수입할 동기를 빼앗아가 버렸는데, 구태여 예술까지 금지할 필요가 있었는지는 의문이다.

그 결과, 이제 외국의 상품과 작은 기물을 구입할 수단이 없어졌다. 그리하여 상인들은 더 이상 라코니아의 항구로 화물을 보내지 않았으며, 어떤 수사학자나 떠돌이 점쟁이·포주·금은세공인·조각사·보석상도 이 돈없는 나라에 들리지 않게 되었다. 그러므로 사치는 점점 설 땅을 잃게 되고 마침내 사라지고 말았다.

이로 인해 스파르타의 장인들은 장식적이지는 않지만 실용적인 물품·침대·의자·탁자를 만드는 데 정력을 쏟았다. 라코니아의 컵은 불순물이 섞인 거슬리는 물색깔을 감출 수 있는 색채와, 진흙을 가장자리로 몰아주는 형태를 가졌다고 크리티아스(Critias)는 말한다. "그들은 이 또한 쓸모없는 물건을 만드는 수고로부터 장인들을 해방시키고 매일 사용하는 필수품을 아름답게 만드는 일에 기술을 사용하게 했던 입법자 덕분이라고 생각했다."

라코니아에서의 발굴작업을 행했던 고고학자들 덕분에 우리는 이 중요한 변화에 대해서 보다 정확하게 알게 되었다. 블레이크웨이(Blakeway)[92]는 우리가 사실이라고 받아들였을 법한 것에서 출발해서, 고고학적 증거를 가지고서 기원전 600년경에서 기원전 550년경 사이에 스파르타의 외국물품 수입이 사실상 중단되었다는 것을 밝혀냈다. 초기 혹은 '원(原)코린토스(proto-Corinthian)'기에 스파르타에 흔했던 코린토스식 도기가 기원전 600년경 이후에는 매우 드물었다. 상아, 호박, 이집트의 스크라베와 페니키아의 물품 역시 기원전 550년경 이전에 수입되지 않게 되었고, 금은 보석류도 마찬가지였다.

> 이에 반해, 이 시기 스파르타의 예술은 퇴보하지 않았다. 라코니아의 꽃병그림은 기원전 6세기 2사분기가 전성기였고, 기원전 600년에서 기원전 550년경 사이에 상아를 대신한 뼛조각이 기원전 7세기 예술의 타락을 가져온 것도 아니다. 기원전 6세기 2사분기까지는 라코니아 예술이 퇴보한 어떤 징후도 없었고, 그 이후에도 일상의 가구에서만 퇴보의 징후가 있었을 뿐이다.

이 견해를 확신하면서 마이어[93]는 그 변화가 기원전 6세기 2사분기를 얼마 지나지 않아서였음을 지적했다. 외국 예술가들이 스파르타에서 활동했었고, 파우사니아스[94]에 따르면 아뮈클라이(Amyclae)는 기원전 520년까지 있었다. 기원전 540년경이 전성기였던 사모스의 테오도로스(Theodoros)는 그 시기에 분명히 라코니아에서 일하고 있었다. 기원전 6

세기 말이 되자 퇴보는 빠르게 진척되었다.

우리가 지금까지의 이 재구성을 받아들인다 할지라도, 수입중단이 '정치적이거나 사회적 원인이라기보다는 경제적 요인', 즉 기원전 600년경 그리스 전역에서 거의 소멸해 가고 있던 철제화폐를 계속 유지하고 있었기 때문이라는 블레이크웨이의 견해에는 동의할 수 없다.

> 이 구식화폐를 유지하는 것이 어리석은 수구주의라기보다는 사려 깊은 정책이었다고 충분히 간주할 만하다. 그러나 그와 같은 정책은 고고학적 증거에서 종종 추론되었던 군사적 효율성에 대한 관심에서 만들어진 일련의 훈련상의, 그리고 도덕적인 방식과는 매우 다른 것이다.95)

소위 철제화폐를 유지한 것이 이 변화와 관련이 깊다거나, 적어도 관련이 있다는 견해를 받아들이는 것은 어려운 일이다. 아니 더 정확하게 말하자면 불가능하다. 하지만 비록 자신들이 주조한 것은 아니지만 스파르타인 역시 다른 그리스인처럼 자유롭게 화폐를 사용했다. 철제화폐를 유지했던 동기는 밝혀지지 않았기 때문에, 이것이 의도적인 정책이었다는 것을 보여줄 증거는 없다. 그러면 이 변화의 원인을 무엇으로 보아야 할까? 이는 스파르타의 특수한 내부사정 때문이었다고 말해도 좋을 것이다. 즉, 외래정복자가 지배계급으로서 피지배종족 위에 군림하고 있었기 때문이다. 수적으로 결코 많지 않고, 그나마 그 수도 사실상 줄어가고 있던 이 계급은 피지배층 일부—메세니아와 라코니아의 헤일로타이—의 저항으로부터 자신들의 지위를 유지해야만 했던 것이다. 이 저항이 폭발력 있는 요소로 가득 차 있었다는 것은 제2차 메세니아 전쟁이 충분히 보여주거니와, 계속되는 헤일로타이의 반란과 끊이지 않는 선동은 그 후에도 매우 강력하게 나타났다. 스파르타인은 언제라도 터질 수 있는 화산꼭대기에서 살고 있는 셈이었고, 지속적인 경계라는 대가를 치러야만 안전을 얻을 수 있었다. 뤼쿠르고스의 '개혁'이 스파르타인 자체의 내부투쟁을 치유하기 위해 다소간 일반적 원칙에 입각해 촉발된 운동이었다는 것은 분명히 사실이 아니다.

●●●●● 스파르타 국력의 신장

주민의 노예화와 토지의 분배를 수반하는 메세니아 정복은, 스파르타로서는 내부의 완벽한 동화를 위해 사용한 수단으로 최후의 영토획득이었다. 그 후 스키리티스의 작은 영토와, 그보다 넓고 중요한 의미를 갖는 테게아 정복사업이 동맹의 체결로 해결되었다는 것은 특기할 만하다. 그 주민은 헤일로타이가 아닌 동맹의 지위를 부여받았는데, 이것은 매우 중요한 차이점이다.96) 왜 그랬을까? 이는 스파르타인이 점거하는 사실상의 영토를 제한하려는 목적에서 시작된 신중한 정책이었다고 추측할 따름이다.

만약 테게아와 스키리티스를 메세니아처럼 취급했다면, 스파르타는 더 많은 할당지 즉, 클레로이(cleroi)를 확보할 수 있었겠지만 그들은 이미 충분한 토지를 가지고 있었다. 그들은 시민권을 줘서 스파르타 시민을 늘리려고 하지 않았고, 따라서 정복된 테게아인을 노예로 만들기보다는 동맹으로 하는 편이 더 손쉬웠다. 그들은 이미 감당하기 어려울 정도로 많은 헤일로타이를 소유하고 있었고, 더욱더 곤란해지는 것을 원하지 않았다. 우리는 여기에서 전(全)그리스에서 가장 배타적인 정치·경제적 특권계급으로 만들었던 스파르타 동등자(homoioi)계층의 의도적인 폐쇄정책을 볼 수 있다. 당시에는 예견할 수 없었지만, 이것은 시민수의 점진적인 감소와 매우 혹독한 경제적 어려움이 발생함으로써 자신들의 운명을 얽어매는 요인이 되었다. 그러나 이런 현상은 아직 나타나지 않았고, 그 후로도 2세기 동안 스파르타의 귀족은 우월한 지위를 맘껏 향유하였다. 그렇다고 해도 사실 동등자 계층이 게으름과 사치를 누린 것은 아니었다. 오히려 스파르타인이 된다는 것은 무거운 책임을 수반하며 괴로운 훈련에 복종해야 하는 힘든 일이었다.

국내의 어려움에도 불구하고 스파르타의 국력은 지속적으로 신장되었다. 기원전 550년경으로 추정되는 테게아와의 전쟁을 성공적으로 수행하고 나서 이른바 펠로폰네소스동맹이 성립되었다. 이 동맹은 아르고스와 아카이아를 제외한 펠로폰네소스반도 내의 모든 국가를 포함하고 있었다.97) 정확한 성격에 대해서는 빈약한 정보밖에 없지만 이는 '라케다이모니아인과 그 동맹국들(οἱ Λακεδαιμόνιοι καὶ οἱ σύμμαχοι)'의 느슨한 동맹으로써 지배적인 파트너인 스파르타의 통솔하에 있었음은 틀림없다. 이 시기에 스파르타의 정치체제에 새로운 요소가 나타났다. 즉, 매년 선출하는 5명의 정무관 혹은 감독관으로, 이들의 기능은 후에 다시 자세히 검토할 것이다. 감독관의 권한은 최고의 권위를 갖게 되었고, 세 가지의 주요한 목적을 가졌다. 첫번째는 국내 방어유지와 메세니아와 라코니아로 스파르타의 지배력을 한정시키는 것이다. 두번째는 다른 그리스 국가에 세워진 참주정에 대해 계속 적의를 키워가는 것인데, 이것은 아테네의 피시스트라토스(Pisistratos)일가와의 투쟁과 그들의 추방98)에 간여하게 만들었던 정책이다. 세번째는 자국내 왕권의 주장에 대한 꾸준한 적대감이다. 이 정책이 어느 정도까지 실시되었는지는, 감독관이 클레오메네스 1세가 행동할 때마다 그의 야망을 방해했던 일, 파우사니아스의 파멸을 준비했던 일, 그밖에 아주 미심쩍기는 하지만 테르모필레에서 고의로 레오니다스를 구원하지 않았던 일99) 등으로 잘 알 수 있다. 이것은 스파르타의 정치사에서 중요한 전개였다. 감독관제도는 스파르타 경계선의 내외를 막론하고 참주정치를 두려워하고 거기에 대항했던 민주적인 제도였다.

●●●●● 클레오메네스 1세와 감독관제도

'민주적' 요소가 승리하긴 했지만, 그럼에도 불구하고 능력있고 야심

있는 왕과 장군들의 공격도 시작되었다. 감독관과 예비 '참주들'의 첫 투쟁은, 기원전 520년경에 통치한 것으로 추정되는 아기아다이 왕가의 클레오메네스 1세에 의해 시작되었다. 그다지 잘 알려져 있지는 않지만 테오폼포스라는 가능성 있는 예외를 제외하면, 가장 유능하고 매우 능력있는 이 스파르타왕은 큰 야망과 지칠 줄 모르는 그러나 불안정한 정열을 갖고 있었다. 그에게 광기가 있었을지도 모르지만, 그의 행동에 대한 증거가 심하게 편중되어 있어서 그에 대한 최종적인 판단을 내리기는 곤란하다. 그렇지만 그가 감독관에 대해 공격적이었다는 것과 우리는 그에 대한 최악의 일들만 알고 있다는 것은 분명 확실하다. 그의 마지막 광기의 발작과 자살에 관한 진술은 사실일 수도, 그렇지 않을 수도 있다. 감독관이 의도적으로, 과대망상에 시달려 정신착란을 일으켜 스파르타뿐만 아니라 그리스 전체를 위험에 빠뜨리고 자살한 반체제인물(enemy of the constitution)로 기록을 왜곡시켜 묘사했음은 명백하다.100) 디킨즈(Dickins)는 클레오메네스의 '제국주의적' 계획과, 펠로폰네소스 동맹 체결시 감독관들과 투쟁하는 과정에서 기원전 490년 헤일로타이의 봉기를 계획했다는 증거를 내놓았지만, 디킨즈가 제시한 증거는 빈약한 것이었고, 그런디(Grundy)에 의해 통렬하게 논박되었다.101) 책임이 클레오메네스에게 있든 없든 간에, 페르시아의 침입이라는 그리스 최대의 위험시기인 기원전 490년에 헤일로타이의 봉기 혹은 봉기의 기도102)가 일어났다고 추정할 만한 근거는 있다. 마라톤의 아테네군을 돕기 위해 겨우 2천명의 스파르타군이 파견되었다는 것은 스파르타의 상태가 그 이상을 할애할 수 없을 만큼 위급했음을 추측하게 해주는 것이다. 하지만 이는 추측에 불과한 것이고 그런 일이 있었다 해도 이를 뒷받침할 만한 사료가 없음은 인정해야만 한다. 사실이 어쨌든 간에 민주적 성격의 스파르타 정부는 클레오메네스가 위험하다고 판단했으며, 국내외적으로 위험한 이 야심있는 왕을 감독관이 제거했다는 것은 그럴듯하다.

그 다음 위험은 플라타이아의 승리자이며 페르시아 전쟁 이후 그리스의 지도자가 될 수 있었던 파우사니아스에게서 비롯되었다. 의심할 바 없이 그는 감독관들과 갈등을 겪었고,103) 그들에 대항하여 헤일로타이를 봉기시키려 했다. 그러나 감독관제도는 그가 감당하기에는 너무 강했고, 그 역시 클레오메네스처럼 파멸하였다. 이후 스파르타의 쇠퇴기에 이르기까지 왕이나 장군 중 어느 누구도 감독관의 지배권에 도전하려 하지 않았다. 아기스 4세와 클레오메네스 3세, 나비스의 개혁시도에 관해서는 뒤에 다시 다루게 될 것이다.

●●●●● 대지진

스파르타사(史)에서 다음으로 나타난 혹독한 시련은 기원전 464년 일어난 대지진이었다. 디오도로스104)는 지진으로 라코니아에서만 2만명이 사망했다고 기술하고 있으나, 이는 있을 수 없는 숫자이며 아마도 과장일 것이다. 플루타르코스105)에 의하면 이 지진은 인류가 기억하는 한 최대 참사였으며, 스파르타시에서 쓰러지지 않고 남아 있던 건물은 단지 집 다섯 채뿐이었다고 한다. 인명과 재산피해는 별도로 하더라도 이 재난으로 인해 페리오이코이 중에 투리아(Thuria) 및 아이타이아(Aithaia)와 손잡은 헤일로타이의 즉각적인 반란시도가 나타났다.106) 재난을 당한 스파르타시와 생존자에 대한 습격이라는 위험에 당면한 아르키다모스왕은 신속하게 대응하였다. 그는 생존자를 소집하여 전투대형을 취하고 공격해 오는 헤일로타이를 맞아 싸웠다. 스파르타시에 대한 공격기도가 좌절되자, 헤일로타이는 이토메산(山)으로 퇴각하여 저항했으나 결국 진압되었다.107) 비록 헤일로타이의 반란은 진압되었지만, 클레오메네스와 파우사니아스에 의해 더욱 촉진된 헤일로타이의 불만이 심각할 정도까지 커졌다는 것은 확실하다. 스파르타인이 자신들의 지배를 유지하기 위해서는 그들의 생활방식을 계속 유지해야 한다는 것도 명백해졌다. 지속적인 감시가 그들이 치러야 할 대가였던 것이다. 뒤에 보겠지만, 플루타르코스의 기록을 통해 추측해 본 비밀경찰－크립테이아(crypteia)－의 방법은 너무 무자비하다는 생각을 품을 수도 있다. 그렇지만 이 사건 이후, 헤일로타이에게서 나타나는 어떤 불만의 징후라도 모두 억압하는 것이 스파르타인의 가장 중요한 임무가 되었다고 생각해야 한다. 투키디데스108)가 상세히 묘사한 기원전 424년 일어난 무시무시한 2천명 헤일로타이 학살사건도 이해할 수 있다. 스파르타인은 경계가 느슨해진다면 언제라도 그들을 파멸로 이끌 수 있는 화산 위에서 살고 있었던 것이다. 그들이 스스로 부과한 유례없을 정도의 훈련도 다른 방식으로는 설명할 수 없다.

●●●●● 스파르타의 패권

기원전 469년 아르키다모스 2세가 즉위했을 때도 감독관의 왕권에 대한 적대는 계속됐지만, 그 방향은 바뀌었다. 대지진 이후 일어난 헤일로타이의 반란 때 보여준 강인함으로 큰 신망을 얻은 아르키다모스는, 만약 그가 원했다면 감독관의 만만찮은 적수가 될 수도 있었다. 그러나 그는 평화를 사랑하는 사람으로 제국주의자가 아니었다. 아테네에 대한 전쟁선포를 둘러싼 논쟁에서 행했던 발언이 그 증거이다. 감독관은 그들 스스로의 게임에서 의표를 찔렸고, 정책을 수정하여 제국주의자가 되지 않을 수 없었다. 펠로폰네소스 전쟁에 대한 책임은 왕에게 있는 것이 아니라, 지금까지의 반(反)제국주의적 전술을 바꾼 감독관들에게 있었다.

장기전이었던 펠로폰네소스 전쟁에서의 승리는 스파르타인을 특별하고 대단한 위치에 올려놓았지만, 그들은 거기에 잘 적응하지 못했다. 그리스 세계에 대한 스파르타의 패권은 확고한 것이었고, 승리의 전리품이 스파르타로 쏟아져 들어왔다. 그 결과 그들은 동요되었고, 큰 피해를 입었다. 부가 증가됨에 따라, 국가에 봉사하고 헌신하는 이전의 소박한 생활방식이 사라지게 되었다. 마치 스파르타인이 가지고 있던 모든 덕성은 사라진 듯했고, 이제까지 용감하고 소박했던 그들은 감당할 수 없는 부와 권력에 의해 타락되었다. 스파르타가 다른 그리스지역에 대한 패권을 확립한 지 겨우 23년 만인 기원전 371년 무적으로 여겨졌던 스파르타군이 테바이에 의해 패주했다는 것은 신기한 일이다. 이후 스파르타는 기원전 371년 레욱트라 전투의 패배로 더 이상 회복되지 못했다. 그들은 계속해서 패배했던 것이다. 그들은 내부적 갈등, 즉 그리스인이 스타시스(stasis)라 부르던 국가의 병인 당파싸움으로 인해 자신을 통제할 수 없게 되었다. 자만에 찬 스파르타 시민들은 스스로 함정에 빠져들었다. 그들은 뛰어난 적수가 나타나면 쉽게 사라지게 마련인 전투에서의 명성을 바탕으로 지배하려 했다. 스파르타인은 곧 무너질 것이 확실한, 그래서 그들 모두를 파멸로 몰아넣을 수 있는 불안정한 기초 위에 자신들의 경제를 세웠던 것이다. 에파미논다스(Epaminondas)가 레욱트라에서 스파르타의 밀집병대를 무너뜨렸을 때, 스파르타라는 명성의 마력도 함께 깨져버렸고 어떤 그리스인도 다시는 스파르타를 두려워하지 않게 되었다.

제2장

스파르타인

라케다이모니아인의 국가를 지배했던 자들은, 실질적으로든 이론적으로든 라코니아 지역의 원래 '도리아' 정복자를 대표했던 스파르타인(οἱ Σπαρτιαται)이었다.1) 그들은 사회적 특권층을 형성했고, 국가의 모든 정치권력을 장악하였다. 에우로타스계곡과 메세니아의 방대한 지역에 있는 클레로이, 즉 할당지를 소유하게 된 대가로 그들은 국가에 대한 복종의 의무를 지게 되었고, 자신들에게 부과된 훈련을 감수해야 했다. 그들은 신분적으로 '주변지역의 거주자' 즉 페리오이코이와 뚜렷이, 그리고 토지를 경작하고 스파르타인 주인을 부양했던 헤일로타이와는 더욱 더 명확하게 스스로를 차별화시켰다. 페리오이코이와 헤일로타이에 대해서는 뒤에 자세히 다루게 될 것이다.

법률적인 면에서 스파르타인은 호모이오이(ὅμοιοι), 다시 말해 동등자이며 '동료'였다. 그러나 경제적인 면에서의 평등으로까지 확대된 적은 한 번도 없었다. 스파르타인 중에는 언제나 부자와 빈자가 있었고, 앞으로 보겠지만 이 경제적 불평등이 결국 스파르타의 쇠망과 몰락을 가져온 문제의 근원이었다. 어떤 특정한 점에서는 스파르타인과 일본의 사무라이에게서 흥미롭고도 매우 흡사한 유사점을 찾을 수도 있다.2) 양자는 다같이 무기를 다루는 일에 전념하고, 엄격한 수준의 신사도를 준수하며, 그들에게는 종사하는 것이 금지되었던 상업이나 공업 같은 천박한 직업을 혐오하는 점까지도 같은 전사계층이었다. 그들은 농노에 의해 부양되고, 검소함과 기사도적인 행위를 하겠노라고 맹세한 봉건기사 같은 사람들이었다. 이러한 계층은 토지귀족이 정복되거나 경제적으로 억압된 농민층 위에 성공적으로 군림할 수 있었던 어느 시대, 어느 지역에서나 반드시 나타나고 있다. 그들의 정치적 지배를 유지한다는 것은 지나치게 어려운 과제가 아니었다. 결국 언제나 그들을 파멸로 이끈 것은 그들의 경제적 쇠퇴이다. 스파르타 시민・중세기사・일본 사무라이는 모두 적응할 수 없었던 변화하는 경제적 상황에 타격을 받았기 때문에 불우한 날을 맞게 되었다.

시민권의 조건

고대의 모든 도시국가는 거류외인이 참정권을 갖는 것을 거의 불가능하게 만드는 안전판을 만들어 시민권을 제한하였다. 따라서 스파르타 시민이 특권을 가진 단체 즉, '폐쇄적 집단'을 형성했던 것은 이상한 일이 아니었다. 이는 자신들의 권리를 빈틈없이 보호하고 배타성을 유지했던 아테네의 경우도 마찬가지였다. 아테네에서 거류외인이 시민권을 획득하는 일은 스파르타의 경우와 거의 같은 정도로 어려웠다고 말하는 것이 아마도 옳을 것이다.

라코니아지역의 거주자가 스파르타의 '호모이오이'에 포함되기 위해서는 세 가지 필요조건이 있었다. 즉, 출생, 공동식사단의 구성원, 스파르타 체제에 의해 부과된 교육과 훈련에의 복종이 그것이다. 언뜻보기에 수월하고 간단한 듯하지만 자세히 들여다보면 이 세 가지 모두 만만치 않게 어려운 일임이 드러난다.

조건 1)

출생 : 완전한 참정권을 지닌 스파르타시민은 라코니아 원래 정복자의 후손이어야만 한다. 어느 정도의 직계후손이었는지, 그 혈통이 얼마나 순수했는지는 당연히 의문의 여지가 있다. 그러나 합리적으로 생각해 본다면 적어도 혈통에 대한 상당히 납득이 가는 증거를 요구했던 부족의 장로들을 만족시킬 정도로 가계를 입증해야만 했다. 아테네 대부분의 경우에서 보는 것처럼, 우리는 시민권에 대한 요구를 입증한다는 것이 쉽지 않았음을 알고 있다. 서출은 확실히 뛰어넘기 어려운 장벽이었다. 그 문제는 매우 확실한 것 같지만, 한 가지 문제가 더 있다. 외국인이 스파르타의 생활방식을 고수하고 토지를 소유함으로써 시민권을 취득할 수 있었을까? 카르슈테트[3]는 세 구절을 인용함으로써 그럴 수 있었다는 결론을 입증하

려 했다. 즉, 스토바이우스(Stobaeus)의 『명문집(名文集)』에서 텔레스(Teles: 견유학파의 철학자-역주)4)는 "외국인이거나 헤일로타이의 자식이라 할지라도 그 생활방식에 복종하는 자는 누구든지 가장 나은 자들과 마찬가지다"라고 말한다. 플루타르코스5)는 좀더 신중하게 "외국인 중에서 누구든지 뤼쿠르고스의 소망에 따라 국가의 훈련에 스스로 참여하는 자는 옛 규정에 따라 할당지를 나누어 받을 수 있다고 말하는 사람도 있다"라고 언급한다. 헤라클레이토스6)의 저작에서 인용한 세번째 구절은 심지어 한 걸음 더 나가 스키티아인(Scythian)이나 트리발리아인(Triballi), 심지어 이름 없는 땅에서 스파르타로 온 누구라도 엄격한 뤼쿠르고스식 훈련에 순종하면 그는 사실상 라코니아인이 된다고 하고 있다.

그러나 여기에는 서로 모순된 증거가 있어 문제가 어려워진다는 것은 확실하다. 순수한 스파르타인 가계에서 출생하는 것이 완전한 시민권 취득의 필수요소가 아니었던가? 만약 그렇다면, 그리고 스파르타식 훈련에 대한 복종이 유일한 필수조건이라면 외국인에 대한 스파르타인의 소문난 혐오감과 배제는 어디서 생겼겠는가? 스파르타인이 외부인에게 시민권을 수여하는 것을 상당히 꺼렸다는 것은 알려진 사실이다. 시민권을 부여한 것으로 알려진 첫번째 사례는 스파르타가 도움을 절실히 원했던 유명한 점쟁이인 엘리스의 티사메노스(Tisamenos)와 그의 동생인 헤기아스(Hegias)7)로 헤로도토스는 그들이 '인류 중에서 스파르타 시민이 된 유일한 사람들'이라고 언급한다. 만약 플루타르코스8)가 전하는 이야기 즉, '외국인이 우리의 지도자로 보이게 하면 안되기에' 스파르타인이 아테네에서 온 시인 튀르타이오스에게 시민권을 주었다는 이야기를 받아들인다면, 헤로도토스는 여기서 잘못을 범하고 있는 듯하다. 그밖에 알려진 유일한 예는 그보다 꽤 늦은 시기에 시라쿠사이(Syracuse)의 디온(Dion)으로 플루타르코스에 의하면 그는 스파르타 시민이 되었다고 한다.9) 앞에 언급한 구절에서 플루타르코스가 '…라고 말하는 사람도 있다'라는 말로 자신의 진술을 조심스럽게 제한하고 있다는 점은 주의할 필요가 있다. 이는 그 스스로는 확신하고 있지 않다는 것을 분명하게 나타내준다. 헤라클레이토스의 그럴싸한 편지와 스토바이우스가 인용한 텔레스의 증거는 매우 뒤늦은 시기의 것이다. 그러므로 스파르타인이 원하는 외국인을 자신들 속에 포함시켰던 것은 로마지배 이후 변질되고 무기력해진 국가적 특징이라고 보는 것이 그럴 듯하다. 국력과 위신이 절정에 달했을 때는, 스파르타가 바라는 조건을 가졌다고 해도 원하는 누구에게나 시민권을 수여했을 것 같지 않다. 개연성은 고사하고, 가능성마저도 인정하기 어렵다.10)

우리는 비시민과의 통혼(通婚)에 관한 법률에 대해서는 풍부한 정보를 가지고 있지 못하다. 스파르타 시민이 외국인이나 심지어 페리오이코이 여성과 합법적으로 결혼할 수 있었을까? 그리고 만약 그랬다면 그 자식의 신분은 어땠을까? '외국인'과 결혼했던 레오니다스 2세11)를 고발했던 것으로 보아 이러한 결혼이 불법적이거나 통념상 매우 언짢은 일로 간주되는 듯하다. 만약 불법적인 것이라면 그 자식들도 서자가 되고 '열등시민'의 신분이 되어야 했을 것이다. 헤일로타이와의 결혼은 항상 불법적인 것이었다고 가정하는 것은 아마 무리가 없을 것이다. 비록 비교 자체가 무리이기는 하지만, 스파르타의 법과 평민(plebeians)·혈족귀족(patricians)이라는 두 사회적 계층 사이에 통혼권(jus connubii)을 둘러싸고 오랫동안 격렬한 투쟁을 벌였던 로마공화정의 법을 비교해 보는 것도 무방하리라 본다. 로마에서도 역시 해방노예의 아들인 리베르티누스(libertinus)는 씨족적인 권리를 전적으로 누리지 못하는 일종의 준시민인 인게누우스(ingenuus)가 되었다. 말하자면 그는 어떤 씨족이나 가문에도 속하지 못하고 상위행정관직에도 나갈 수 없었다. 비록 그의 손자대에서는 가능했지만 말이다.

조건 2)

공동식사단에 가입 : 확실치는 않지만, 아마도 공동식사단에 가입하는 것과 그 운영에 필요한 몫을 지불하는 능력이 '동등자(homoioi)'의 정치적

지위에 필요한 것이라고 주장해도 좋을 것이다. 그러나 불행히도 이 경우 증거가 서로 모순되어 대단히 곤란해진다. 할당된 몫을 치르지 못하면 정치적 참정권을 박탈당하게 된다는 아리스토텔레스12)의 언급은 매우 분명하고도 명쾌하며, 이어지는 구절에서 되풀이함으로써 강조하고 있다. 그러면 뤼쿠르고스가 "법적인 의무를 다하는 사람들은 누구나 신체의 허약함이나 빈곤에 관계없이 시민으로서의 똑같은 권리를 주었다"는 크세노폰13)의 구절은 어떻게 보아야 하는가? 이 상황에 적용할 수 있는 유일한 해석은 만약 스파르타인이 너무 가난하여 식사에 할당된 몫을 치를 수 없었다 해도 정치적으로 무자격자가 되지는 않았다는 것이다.

크세노폰의 언급에 비해, 아리스토텔레스는 이상적인 '뤼쿠르고스' 체제 후기의 냉혹하고 실제적인 사실을 서술하고 있다고 말할 수 있다. 그러나 거류인으로서 실제로 관찰하여 스파르타를 묘사한 크세노폰이 입법자의 좋은 의도가 어찌되었던 간에 당대에 '빈곤'이 정치적 권리에 장애가 되었음을 언급하지 않았다고는 쉽게 믿을 수가 없다. 반면 아리스토텔레스의 진술을 부인한다는 것도 분명 불가능하다. 스파르타 정치체제를 그렇게 생생하게 묘사하고 있는 그가 실수했을 것이라고도 믿기는 어려운 일이다.

이 난감한 상태를 해결해 줄 수 있는 한 가지 가능한 설명이 있는데, 그것은 크세노폰은 메세니아 상실 이전 시기에 서술하였고, 아리스토텔레스는 정치적·경제적으로 퇴조하던 시기에 글을 썼다는 것이다. 대부분은 아닐지라도 많은 스파르타인이 토지를 상실함으로써 가난해졌음에 틀림없다. 동등자 그룹은 그 수가 항상 작았지만, 이제 더욱 더 제한되게 되었다. 남아 있는 스파르타인은 줄어드는 수효에 주의를 기울이지 못하고, 공동식사의 몫을 치를 수 없었던 사람들에게 민회에서의 권리나 공직피선권 등을 박탈함으로써 자신들의 지위를 유지하려 했다. 모든 것이 풍부하고 넉넉했던 좋았던 시절은 지나갔고, 이기심과 궁극적인 결말에 대한 통찰력 부족으로 그들은 자신들 계급의 문을 닫아버렸다. 궁지에 몰린 그들에게는 이런 조치가 필요했던 것인지도 모르겠다. 심지어 이 조치는 레욱트라의 패전에서 스파르타 국가가 최종적으로 붕괴하기까지는 성공적이었다고 말할 수도 있다.

조건 3)

훈련에의 복종 : 완전한 시민권을 위해 요구되는 세번째 조건, 즉 어린 시절에 받도록 되어 있는 혹독한 훈련인 교육은 다른 두 조건보다는 규정하기에 어려움이 약간 적다. 만약 스파르타인 남자 어린이가 이수해야 하는 여러 훈련단계를 거치지 못해서 공동식사단에 들어갈 자격을 갖추지 못하면 완전한 시민권을 주장할 수 없었다는 것은 매우 분명하다.14) 스토바이우스15)는 심지어 왕자라 해도 스파르타 청소년이 받아야 하는 훈련을 거치지 않았다면 완전한 시민으로서 대우받을 수 없었다고 말한다. 이 문제는 그밖에도 많은 점에서 명백하기에 더 논의할 필요도 없다. 그러나 모타케스(mothaces) 혹은 모토네스(mothones)라 부르는 또 다른 계층에 관해서라면 문제가 매우 애매해진다. 필라르코스(Phylarchos)16)에 의하면 이들은 스파르타 청소년의 젖형제로 자라며 귀여움을 받았던 헤일로타이의 자식이었다. "왜냐하면 모든 시민의 자식은 그들의 형편에 따라 하나나 둘, 혹은 그 이상의 젖형제를 선택한다. 그리하여 모타케스는 확실히 자유로운 신분이다. 그러나 소년이 받는 훈련과정을 전부 동일하게 이수하지만 신분상 똑같지는 않다." 확실히 그들의 교육에 필요한 비용은 스파르타 청소년의 아버지들이 부담하였다. 얼핏보면 이상한 체제인 듯하지만, 다시 생각해 보면 이점이 있다는 것을 알게 될 것이다. 선별된 헤일로타이 소년은 그들을 훌륭한 전사로 만들기 위한 훈련을 스파르타 소년과 똑같이 받았다. 비록 입증할 만한 증거는 없지만, 예를 들어 브라시다스(Brasidas)가 칼키디케(Chalcidice)에서 전투를 할 때 성공적으로 그를 수행했던 브라시데이오이(Brasideioi)처럼 군에 편제되었던 헤일로타이가 모타케스였다고 볼 수 있을 것이다. 그들이 완전한 시민권을 획득할 수 있었을까? 모타크스

(mothax:모타케스의 단수형 – 역주)가 공동식사단의 일원으로 선출된다면 시민으로 편입될 수 있다고 필라르코스[17]는 은연중 나타내는 것 같고, 이는 플루타르코스[18]와 아일리아누스(Aelianus)[19]의 비슷한 진술에서도 나타난다.

필라르코스[20]와 아일리아누스[21]에 따르면 뤼산드로스는 모타크스였다. 그러나 플루타르코스[22]에 따르면 그는 아리스토클레이토스(Aristocleitos)의 아들로 '실제로 왕가에 속한 것은 아니지만 헤라클레이다이의 혈통'이었다. 그러니 다시 문제는 꼬이게 된다.

우리가 내릴 수 있는 단 하나의 이성적인 결론이 있는 듯하다. 헤일로타이의 자식이며 스파르타 소년의 친한 놀이친구인 모타케스는 젊은 주인과 훈련을 같이 받고, 병영에 함께 거주하며, 연소자의 공동식사단이라고 부를 수 있는 곳에서 함께 식사하였다. 그리고 이같이 엄격한 상황에 적절한 단어일지는 모르겠으나, 모든 특권을 향유하였다. 그러나 그들은 결코 '동등자'는 아니었다. 그들은 할당지를 받지도 못했고, 민회의 일원도 아니었다. 그들의 지위는 그리 부러움을 살 만한 것은 아니었다. 그들은 수반하는 사회적 지위와 위신도 없이 다른 친척들은 받지 않았던 힘든 모든 스파르타식 훈련을 견뎌야 했다. 분명히 그들의 처지는 때로 짜증나는 것이었다. 그들은 결코 '향신(鄕紳, gentlemen)'이 아니었으며, 거만한 스파르타인에게 심하게 무시당했을 수도 있다. 이는 키나돈(Cinadon)이 그렇게도 참을 수 없다고 느낀 것이었다. 비록 그들이 보다 지위가 낮은 친척들처럼 들에서 일하지는 않았지만, 잠재적인 위험요인으로 항상 의심받고 있었다. 이 모타케스가 마음을 합하여 반란을 일으킨다면 스파르타인의 지배를 충분히 전복시킬 수 있는 만만찮은 적이 될 터였다.[23]

이 훈련을 감수하기를 거절하는 스파르타인은 치욕을 당했다. 그는 모든 사람에게 배척받았고, 아도키모스(ἀδόκιμος) 혹은 '평판이 나쁜 자'가 되었다.

누구든지 이 단계의 훈련을 회피하면 그는 모든 장래의 특권을 박탈당하게 되었다. 그리하여 그[뤼쿠르고스]는 이러한 의무를 게을리 하게 한다면 국가에 의해 임명된 사람들뿐만 아니라 각 청년의 친지까지도 국가에서의 지위를 박탈하였다.24)

여기서는 이 기피자가 시민적 권리를 실제로 상실했는지 분명치 않다. 확실한 것은 그들은 승진이나, 장로회의 일원 혹은 감독관이 될 희망을 버려야 한다는 것이다. 하지만 체격상 그 어려운 훈련과정의 부담을 견딜 수 없었거나, 스스로의 잘못은 아니지만 훈련을 이수할 수 없었던 소년은 항상 있었을 것이다.

스파르타인이 동맹국보다 군사적으로 우월함을 시위한 아게실라오스에 관한 플루타르코스25)의 일화는 만들어진 이야기일 수 있지만, 그래도 흥미로운 것이다.

아게실라오스는 모든 동맹국에 명하여 나라에 관계없이 한편에 섞어 앉도록 하고, 스파르타인은 다른 편에 앉게 하였다. 모두 자리에 앉자, 그는 전령을 보내 양편 도공(陶工)은 모두 일어나도록 했다. 그리고 나서는 차례로 대장장이·석공·목수 그리고 모든 장인(匠人)을 일어나게 하였다. 이 때 동맹국에서는 거의 모든 인원이 일어났으나, 스파르타인은 기술을 배우는 것이 법으로 금지되어 있었기 때문에 한 사람도 일어나지 않았다. 그러자 아게실라오스는 웃으며 다음과 같이 말했다. "친구들이여, 우리가 당신들보다 얼마나 더 많은 전사를 보냈는지를 보시오."

많은 세부사항이 불분명하고 모호하기는 하지만, 스파르타 동등자의 신분과 특권에 관한 개념이 상당히 명료하게 나타난다. 그는 원래 도리아 정복자의 후손임을 주장했고, 토지귀족에 특징적인 고집을 갖고서 특권적 지위에 그토록 집착하였다. 동등자 신분에 들어가는 길은 빈틈없이 감시되었고, 이 매력적인 집단에 도달했던 열등시민의 수는 극히 적었다. 이들의 바로 아래에서 그들의 사회적 위신을 매우 질시하고 있던 자들은 여러 계층의 열등시민 집단으로 이루어져 있으며, 자유로웠지만 완전한 시민권을 소유하지는 못했다. 이들 열등시민 중 일부가 누구였는지에 대한 질문에 충분한 답변을 줄 수는 없다. 하지만 일부 세부적인 점은 불명료할지도 모르지만, 그들의 지위에 대해서라면 상당히 명확히 알 수 있다. 다시 그 아래에는 전혀 자유가 없었던 국가소유의 농노, 헤일로타이가 있었다. 페리오이코이는 앞에서 언급한 계급과 상당히 다르며, 이들의 기원과 신분에 관해서는 후에 다룰 것이다.

세습귀족의 부재

스파르타인 중에 일반 동등자 대중과 구분되는 세습귀족이 있었다는 주장에 대한 근거는 매우 빈약하다. 아리스토텔레스26)는 장로회 의원들 혹은 게론테스는 οἱ καλοὶ κἀγαθοί 중에서 선출되었다고 말한다. 이는 매우 잘 알려진 구절이며 '최상의 가문'이라고 번역할 수 있을 것이다. 그러나 이 최상의 가문이 몇몇 주석가27)가 주장하는 바처럼 그들만이 장로회 피선출권을 가지고 있는 인정된 귀족계층을 구성하고 있다는 말에 전부 따를 수는 없다. 의심할 바 없이 장로회 의원이 되는 것은 매우 명예로운 것이고, 상당히 선망되는 공직이었으므로 부와 명망이 있는 사람만이 선출될 기회를 가질 수 있었을 것이라고 추정할 수 있을 것이다. 그러나 바로 '동등자'라는 단어의 용례는 모든 스파르타 시민이 동등하게 훌륭하며, 그 중에 배타적인 귀족계층은 존재할 수 없다는 것을 보여준다. 감독관 역시 이 귀족계층에 속하지 않는 동등자 중의 대표였던 것 같다. 감독관과 로마의 호민관을 비교하는 것은 매우 위험한 일이다. 그렇지만 세습귀족이 없었다면, 스파르타는 고대세계에서 매우 특이한 존재였다는 것을 솔직히 인정해야만 한다. 여기에 대해서는 스파르타는 이보다 여러 면에서 더 특이했다고 반박하는 것이 적절할 것이다.

시민권의 상실

시민권을 상실한 스파르타 동등자에게는 특별한 불명예의 법령, 즉 아티미아(ἀτιμία)가 적용되었다. 이 법령이 적용되고 있는 동안 그는 공동체에서의 명예로운 지위를 잃어버리고, 시민권이 회복될 때까지 공직을 가지거나 투표할 수도, 민회에 참여할 수도 없었다. 이런 불명예는 모종의 범죄, 주로 전투에서의 비겁함 때문이었다. 도망치거나 항복한 자의 운명은 매우 괴로운 것이 되었다. 이들의 삶은 사는 것 같지 않았다는 말을 듣는바, 모든 이들에게 조소의 대상이 되었다. 그들은 수염도 깍지 못하고 특별한 의복을 입어야 했으며, 누구에게나 길을 비켜주어야 했다. 누구도 그들과 함께 식사하거나 운동하려 하지 않았다. 축제에서도 떨어져 앉아 있어야 했으며, 가장 어린 사람에게도 자리를 양보해야 했다. 그들의 딸과는 어느 누구도 결혼하려 하지 않았고, 그들 자신이 결혼하려고 해도 누구도 딸을 주려하지 않았다.28)

비겁자, 즉 그들이 부르는 바 트레산테스(tresantes)에 대한 처우가 그렇게도 가혹하여 스팍테리아(Sphacteria)에서 항복했던 이들에게 아티미아가 선고되고, 시민권을 박탈한 후에 공직을 갖고 있던 자도 "이로 인해 시민권을 상실함과 더불어 공직을 유지할 수도, 물건을 사거나 팔 수도 없게 되었다." 결국 국가는 반란이 일어날까 두려워 법령을 파기하고 그들에게 다시 시민권을 부여하였다.29) 대대적인 불명예의 결과에 대한 유사한 공포가 레욱트라 전투 이후에도 나타났는데, 그 때에는 "범칙자가 너무 많고 그 중 일부는 저명한 자이며, 국가가 전사를 매우 필요로 하는 시기였기에 법 집행을 엄격하게 한다는 것이 너무 위험하다"는 것을 깨달았다. 따라서 아게실라오스는 이 문제를 처리하기 위해 일종의 타협책을 썼는데, 법률을 내일부터 다시 시행한다고 선언하여 어려운 상황을 극복하는 교묘한 재간을 부렸다.30) 그 후에 그는 만티네아의 한 작은 도시를 약탈하고 점령하는 원정을 행함으로써 사기를 높여 이 불행을 극복하게 하였다.31) 그들은 이렇게 하여 명예심을 다시 찾을 수 있었다. 스파르타의 엄격한 법률을 적용시킬 수 없었던 한계란 분명히 존재했던 것이다.

●●●●● 스파르타 여성

이 기묘한 국가의 특징 중에서 가장 이해하기 어려운 것은 스파르타 여성들의 상황과 특징이다.

그로트는 이 주제에 대한 뛰어난 개관을 위와 같은 말로 시작하고 있다. 점잔 빼는 초기 빅토리아조(朝) 역사가가 가볍게 당황했었다는 것은 그리 놀랄 일도 아니다. 그 글을 쓸 때만 해도 여성해방은 아직도 먼 미래의 일이었고, 그는 스파르타의 생활방식에 여성들이 상당히 기여했다고 칭찬했던 것만큼이나 이를 이해하기 어려워했다. 그렇지만 이 어려운 주제를 다루는 그의 방법만큼은 대단히 현명하고 공정했다는 것은 인정해야만 한다.

스파르타에 관련된 문제에서는 항상 그렇듯이, 어려움은 거의 전적으로 그 주제를 다루었던 여러 저작자의 견해와 관점의 차이에서 비롯한다. 스파르타의 체제는 여타 그리스인에게 놀랍고 당혹스러운 것이었고, 이에 그들은 개성에 따라 열렬한 칭찬을 하든지, 심각한 반대를 하든지 하는 식으로 서로 달리 해석했던 것이다. 스파르타인은 다른 그리스인과는 아주 달랐고, 스파르타 여성의 훈련과 행실은 독특하였다. 스파르타 여성과 아테네 여성 사이의 대조는 놀랄 정도여서, 마치 현대 서방세계의 해방된 여성과 아시아의 격리된 여성 사이를 비교해 보는 것과 흡사하다고 하겠다.〔역시 1950년대라는 시대상황을 생각해야 한다-역주〕 물론 아리스토파네스(Aristophanes)의 희극인 「뤼시스트라타(Lysistrata)」의 람피토(Lampito)

는 희화화된 인물이지만, 아테네에서 여성들이 어떻게 간주되었는지 그리고 무대에서 연기하는 인물이 어느 정도로 과장되었는지는 쉽게 상상할 수 있다.

스파르타 여성의 아름다움과 우아함은 도처에서 유명했고, 호메로스가 읊은 이래 스파르타 여성은 그리스에서 가장 아름답다고 인정되었다.32) 렘보스(Lembos)의 헤라클리데스(Heraclides)33)는 세상에서 가장 잘 생긴 남자들과 가장 아름다운 여자들은 스파르타 출생이라고 썼다.

이 칭찬은 치장하지 않은 아름다움에 대한 것인 듯 싶다. 왜냐하면 적어도 스파르타의 전성기에는 스파르타 여성이 치장하거나 보석류를 걸치는 것이 금지되었기 때문이다.34) 그 외에도 그들에게는 화장품이나 향수를 쓰는 것도 허용되지 않았다. 연고류의 제조 역시 향수 제조자들이 기름의 자연스러운 장점을 망친다고 하여 금지되었다.35) 또, 전사의 제복의 일부인 진홍색 망토를 제외하고는 나염이 금지되었기 때문에 여성들의 의상 역시 매력적인 것이 아니었다. "스파르타식으로 머리를 바짝 깎아서 사내아이처럼 보일 뿐 아니라 아주 남자 같은 여성"이라 말한 루키아누스(Lucianus)36)는 스파르타 여성에 대해 찬탄하는 것 같지 않다.

플루타르코스37)는 매우 호의적이다. 스파르타 여성은 남자와 자유롭게 어울리고 운동을 함께 하면서 스파르타 남성에게 적합하도록 훈련되었다. 그는 또 말하기를 뤼쿠르고스가 젊은 여성이 옷을 벗고 운동하고, 행진하도록 했는데, 이는 "지나친 소심함이나 밖으로 나오는 것에 대한 두려움 등 여성답다고 여겨지는 모든 태도를 버리도록 하기 위함이었다." 이꽤 놀라운 관습을 변명하기 위해 그는 곧 다음과 같은 말을 덧붙였다. "젊은 처녀들은 벌거벗었으나 부끄러움이란 없었고, 정숙했으며 음탕함은 배제되었다. 이는 젊은 여성에게 소박함과 건강에 대한 관심을 가르쳤고, 고상한 정신을 지니도록 했다. 그럼으로써 여성도 고귀한 행동과 영광을 추구할 수 있도록 기회를 준 것이다."38)

그로트가 적절히 지적했듯이 스파르타의 운동과 행진에서 벌거벗고 다녔다는 것은 매우 의심스럽다. 그들은 사지를 자유롭게 놀리기 위해 '옆이 터진 치마(σχιστὸς χιτών)'를 입었으므로39) 그들의 의상은 품이 넉넉한 편이 아니었다고 믿어도 좋을 것이다. 그와 같은 의상은 한때 그리스 전체에 공통적인 것이었다는 적절한 지적40)도 있다. 헤로도토스41)는 아이기나에 대한 아테네의 원정 뒤 유일하게 살아 돌아왔다가 여자들에 의해 살해된 이의 운명에 대해 이야기하면서 그녀들을 처벌하기 위해 아테네인들은 '도리아식'보다 더 거추장스러운 '이오니아식' 키톤[속옷의 일종]을 입도록 하였다는 것을 서술한다. "왜냐하면 고대의 모든 그리스 여성은 우리가 '도리아식'이라고 부르는 의상을 입었기 때문이다." 플루타르코스42)는 공공장소에 나갈 때 처녀가 베일을 쓰지 않는 것은 허용되었지만, 유부녀는 베일을 써야만 했다고 전한다. 왜냐하면 소녀는 남편감을 찾기를 원했고, 유부녀는 이미 얻은 남편을 지켜야 한다는 그럴듯한 이유 때문이라는 것이다. 남자의 경우에는 어떤 상황에도 사치는 엄격히 금지되었다.43) 이 원칙이 어느 정도나 준수되었는지는 추측에 의존할 수밖에 없다. 맞을 수도 틀릴 수도 있지만, 알렉산드리아의 클레멘스(Titus Flavius Clemens)44)는 스파르타에서 꽃무늬 의복은 단지 고급창부에게만 허용되었다라고 하였다.

이같이 자유롭게 양육된 스파르타의 소녀는 성년이 되어서는 고상한 남편에 걸맞은 배우자로서 정숙하고 착실하게 영웅과 전사의 어머니가 되었다. 플루타르코스에 의하면 적어도 스파르타식 관점에서는 간통이란 알려지지 않았다.45) 스파르타의 어머니들이 전투에 나가는 아들에게, 방패와 함께 돌아오든지 아니면 방패 위에 얹혀서 돌아오라고 했다는 이야기[전투에 승리하고 돌아오든지 아니면 전사하여 돌아오라는 뜻-역주]는 유명하다. 어느 외국여인이 레오니다스왕의 왕비인 고르고(Gorgo)에게 스파르타 여성이 세계에서 유일하게 남성을 지배하는 여성이라고 말하자, 그녀는 "남성을 낳는 것은 바로 여성이기 때문에 이는 매우 당연한 일이다"46)라고 대답하였다.

그녀들은 시련과 위험이 닥치면 남자들과 함께 싸웠다. 스파르타가 퓌로스(Pyrrhos)에게 공격을 받게 되자,47) 여자와 아이들은 크레테로 피난시키자는 의견이 나왔다. 그러나 여자들은 이 제안을 함께 거부했고, 아르키다미스(Archidamis)는 여성을 대표하여 손에 칼을 들고 장로회로 나가 "남자들은 여자들이 스파르타의 폐허에서 살아남기를 바라는가"라고 물었다. 여자들은 노소를 막론하고, 모두 의복을 졸라매고 노인들이 성 주위에 참호를 파는 것을 도우러 나갔다. 부인들은 다음날 아침에 있을 습격에 저항하게 될 청년들에게 사람과 작별인사를 하게 했고, 동틀녘이 되자 무기를 든 청년들에게 참호를 방어할 책임을 맡기며 용감하게 싸우라고 다음과 같이 격려하였다. "조국이 지켜보는 앞에서 싸워 승리하는 것은 행복한 일이며, 스파르타인으로서 싸우다가 쓰러져 어머니와 아내의 품에서 죽는 것은 영광스러운 일이다." 레욱트라 전투 이후 전사자의 가족들은 기뻐했던 반면 생환자의 가족들은 수치스러워 했음은 이미 알려진 사실이다.48)

플라톤49)은 유보조항을 붙이기는 했지만, 스파르타 여성의 훈련에 찬성하였고, 아테네 여성에게는 이와는 상당히 대조적인 태도를 보였다. "우리〔아테네인〕는 속담에도 있듯이, 네 벽안에 모든 물건을 뒤죽박죽 쌓아올리고 나서, 〔베틀의〕 북을 다루고 모든 종류의 옷감 짜는 일과 함께 그것을 사용하는 일을 여자들에게 맡겨버린다." 스파르타에서는 "소녀는 운동과 음악을 함께 익히고, 유부녀는 수놓는 일을 삼가고 대신 사소하지도 쓸모없지도 않은 힘든 삶을 엮어간다. 말하자면 그들은 가사를 돌보고 아이를 양육하는 일에 전적으로 매달리는 것도 아니고, 그렇다고 군복무에 동참하는 것도 아닌 생활을 한다."

●●●●● 여성생활의 다른 면

스파르타 여성의 또다른 그리고 훨씬 더 호감 가지 않는 모습은 매우 쉽게 묘사될 수 있었음은 어렵지 않게 추측할 수 있다. 크세노폰은 이 주제에 대해 침묵을 지키고 있어 그의 사료가 별로 중요하게 생각되지는 않는다. 그러나 그는 남성과 여성 모두의 교육제도를 묘사하겠다고 하고는 전적으로 우생학적 견지에서 운동을 칭찬50)한 것 이외에 소녀들의 훈련은 무시하고 전혀 묘사하지 않았음은 약간 주목할 가치가 있다.

아리스토텔레스51)는 스파르타 여성을 매우 탐탁치않게 생각했다. 스파르타 남성이 힘들고 금욕적인 삶을 시작함에 따라 그들은 여성을 버릇없이 만들어 놓았고, 그 결과 그녀들은 '모든 부도덕한 방종과 사치에 대해 구속이 없이 살고 있다.' 테바이의 침략이 있었을 때, 통제되거나 훈련되지 않았기에, '여성은 다른 도시의 여성과 마찬가지로 아무 쓸모가 없었을 뿐 아니라, 심지어 적보다 더한 소란을 피웠다.'52) 여성을 자신의 체제에 맞추려는 뤼쿠르고스의 모든 노력은 완강한 저항에 부딪혀 완전히 실패하고 말았다. 단지 여성상속인을 제외한 남성의 수가 적었기 때문에53) 토지와 부의 5분의 2가 여성의 손에 들어가게 되었다. 그리고 그녀들은 이 부를 올림픽에 내놓을 경주마를 기르는 것54)과 값비싼 마차, 좋은 옷에 낭비하였다. 그녀들은 국사(國事)에 간섭하였고, 정부활동에 부당한 압력을 행사하였다.

비록 플라톤이 이론상으로는 스파르타 교육제도를 찬성하기는 했으나, 그 역시 아리스토텔레스처럼 그녀들의 행위에는 개선되어야 할 점이 많다는 것을 알고 있었다. 스파르타 외부에서는 대체로 아니 적어도 아테네에서는 스파르타 여성의 도덕관념이 느슨하다고 받아들여졌던 듯하다.55) 그래서 그는 "여성을 사치와 지출, 무분별한 생활방식에 탐닉하게 했다"는 이유로 입법자들을 신랄하게 비난하였다.56) 공정하게 판단해 보자면, 스파르타 여성에 대한 이야기 중 상당수 혹은 거의 대부분이 심하게 왜곡되었거나, 매우 과장되고 오해되었다고 보아야 할 것이다. 예를 들어 코르넬리우스 네포스(Cornelius Nepos)57)는 스파르타에서는 아무리 고귀할지라도 남편없는 여성은 연예인 고용되어 만찬연회에 가는 것을 거부하지 않았다는 아주 터무니없는 진술을 하고 있다. 이는 어떤 근거에서도 납득이 가지 않는 얘기이고 무시해도 좋을 것이다. 또 아테나이오스(Athenaeos)58)의 "손님 앞에서 젊은 처녀들을 벌거벗기는 스파르타의 풍속은 매우 칭송받고 있다"고 언급했지만 이는 '노출증'의 계획적인 행동이 아니며, 소위 소녀들의 나체 체육연습을 그가 자의적으로 오해한 것임에 틀림없다. 플라톤학파의 철학자 하그논(Hagnon)59)은 결혼 전의 소녀들이 성년남성에게 인기있는 소년들처럼 취급되는 것이 스파르타인 사이의 관습이라는 또 하나의 색다른 단언을 하였다. 그러나 스파르타 여성이 실제로 난잡하고 부도덕했는지, 아니면 이는 단지 다른 그리스인에게 충격을 주었던 해방된 생활방식일 뿐이었는지는 말하기 어려운 문제이다.

키케로60)는 시민수 감소현상의 대부분의 책임을 아이를 갖고 싶어하지 않는 스파르타 여성들에게 돌렸다. 그는 해방된 여성은 자유를 포기하기를 거부했고, '야만적인 생식력(barbaric fertility)'을 위해 누릴 자격이 있는 쾌락을 포기하려 하지 않았다고 말하고 있다.

> 스파르타 처녀들의 관심은 야만적인 생식력보다는 레슬링·태양·에우로타스 강(江)·먼지와 훈련의 노고에 있나니.

현재까지의 의학적 관점에서는 여성의 운동과 생식력의 상실 사이에 어떤 관련이 있다는 증거는 없다. 오히려 최근의 연구결과는 대체로 강건한 여성이 잘 움직이지 않는 여성보다 자식을 많이 낳는다는 명확한 증거를 제시하고 있다.61) 플루타르코스가 수집한 스파르타 여성들의 언사(言辭)를 잘 읽어보면 교양있는 부인이라기보다는 야만적인 아내와 어머니에 더 어울릴 것 같은 거칠고 광포한 인상을 받는다. 다음의 이야기는 플루타르코스가 스파르타 여인들의 무정함을 인정한 것인지, 아니면 예외적인 이야기를 한 것인지는 확실치 않다.

아들이 다가오는 것을 보고 있던 한 여인이 "우리 조국은 어떠한가"라고 물었다. 아들이 "모두 죽었어요"라고 대답하자, 그녀는 "놈들이 그 나쁜 소식을 우리에게 전하게끔 너를 보냈구나"라고 말하며 기왓장을 집어 던져 아들을 죽여버렸다.62)

"싸우다 도망치는 자는 내일 또 싸우기 위해 살아 있는 것이다"라는 속담은 분명히 스파르타에서는 인기가 없었다. 전투에서 살해당하기보다는 방패를 버리고 도망치라고 병사들에게 충고했던 아르킬로코스(Archilochos)의 저작63)이 스파르타에서 금지되었던 것도 충분히 이해가 간다.

토인비64)는 주의를 보일 만큼 가치가 있는 그들의 행동에 관해 중요한 언급을 하고 있다.

> 만약 스파르타 남성의 도덕적 붕괴가 뤼쿠르고스식 기질의 지나친 엄격함에서 나온 도덕적 경직성의 응보라는 우리의 믿음이 옳다면, 스파르타 남성의 정신을 철저히 붕괴시켰던 호된 시련에 대한 반동으로, 굽혔다가 반발하는 도덕적 융통성을 그들에게 남긴 이 부자연스러운 긴장에서 여성이 상대적으로 벗어나 있었다고 추정할 수 있을 것이다.

그는 펠로폰네소스 전쟁이라는 엄청난 그리스의 재앙이 있었던 연후에 스파르타뿐 아니라 아테네에서도 여성의 지위향상이 있었다고 말한다. 그리고 그 증거로 여성들이 국사를 망쳐놓았던 남성에게서 국가운영을 넘겨받기로 되었던 아리스토파네스의 「여인들의 민회(Ecclesiazusae)」 같은 희곡을 들고 있다.

그러나 토인비의 견해를 수용하기란 쉽지 않다. 아테네 여성의 해방이 남성의 맥없는 정신에 자극을 가해 더 위대하고 영웅적인 노력을 쏟도록 하기 위해 사용되었다면, 그것을 충분히 정당화할 지금껏 생각해 보지 못했던 힘의 비축이 있었을 것이다. 하지만, 그랬다고 추정할 만한 증거는 없다. 스파르타 여성에게는 정반대였다. 분명히 그들에게는 전혀 관심 밖의 일이었다. 플루타르코스에 의하면65) 스파르타의 정체를 개혁하고 뤼쿠르고스식 소박함을 회복하려던 아기스 4세의 시도는, 부로 인해 가능했던 사치와 안락을 유지하기 위해 돈과 토지를 포기할 의사가 전혀 없는 여자들의 적대감에 부딪히게 되었다. '스파르타 남성의 정신을 철저히 붕괴시켰던 호된 시련'이 똑같이 여성들을 자극했을 것이고, 영웅시대에 특징적이었던 반야만적인 강인함을 더 이상 찾아볼 수 없었다.

오늘날 비난을 많이 받을 수도 있지만, 뤼쿠르고스 체제는 적어도 스파르타 전사를 세계 최고로 만드는 훈련을 유지시킨다는 목적을 지닌 생활방식을 갖게 한다는 점에서는 계산된 것이었고 그 실행은 성공적이었다. 이 체제가 실행되는 동안 여성은 이를 유지하는 데 필수적인 역할을 하였다. 이 체제가 붕괴되자 여성들은 그에 따른 부패를 저지하지 못했을 뿐 아니라 오히려 스파르타의 이상을 타락시키는 데 일조하게 되었다. 스파르타사의 위기상황에서 여성은 도움을 줄 수 없었고 여기에는 의문의 여지가 없다. 그녀들이 '굽혔다가 반발하는 도덕적 융통성'을 가졌다고 말하는 것은 전체상을 왜곡시키는 것이다.

● ● ● ● ● 결혼관습

플루타르코스66)와 크세노폰67)이 기술한 결혼관습은 전혀 독특한 것이 아니어서 모든 시대, 모든 지역에서 유사한 예를 찾아볼 수 있다. 결혼은 신부를 납치하여 이루어지게끔 되어 있었고, 신랑이 신부를 새 보금자리로 데려가면 신부 들러리들이 신부의 머리를 짧게 자르고 남자의 망토와 샌들을 신겨주었다. 신부의 머리카락을 자르는 것은 원시부족에게서는 어디서나 발견되는 것이라고 말할 수 있다. 이 삭발의식이 여성의 남편에 대한 순결, 혹은 복종을 상징하는 것인지 아니면 둘 다인지는 확실치 않다.68) 역시 널리 퍼져 있는 관습인 남자의 옷을 입히는 행위는 외양을 바꿈으로써 악령69)을 속이려는 의도인 것이 거의 확실하다. 신랑이 신부를 몰래 찾아가는 관습은 초기 게르만부족에서 아주 흔히 찾아볼 수 있는 것이고, 지금도 세계 도처에서 찾아볼 수 있다. 이 은밀한 관계에는 '시험결혼(trial marrage)'의 관습이 있었다는 것은 추정이 아니라 사실상 거의 확실한 것이다. 만약 그 결과 신부가 임신한 것이 밝혀지면 이 결혼은 지속되는 것이고, 그렇지 않았다면 그들 사이의 관계는 은폐되어 두 사람의 명예는 보존되는 것이었다.70)

뤼쿠르고스가 지참금(dowry)을 주는 것을 금지했다는 플루타르코스의 언급은 의문의 여지가 있다. 만약 스파르타 시민이 상업에 종사할 수 없었다면, 고갈된 재산을 보충하는 유일한 길은 상속받은 여성과 결혼하는 것이었다. 확실히 후대에는 지참금을 노리는 결혼이 심각한 스캔들이 되었다.71) 40세가 되기 전까지 법적 결혼이 연기되었다는 진술은 근거없는 것이다.72) 헤르미포스(Hermippos)는 『입법자』73)라는 저술에서 만약 사실이라면 스파르타만의 독특한 것이 틀림없는 놀랄 만한 관습에 대해 자세히 언급하고 있다. 즉, 젊은 처녀들은 모두 어두운 방안에서 입을 다문 채로 미혼의 청년들과 함께 있어야 했고, 각각의 청년이 어떤 처녀가 잡히건 그 처녀를 신부로 삼아 집에 데리고 갔다. 그러므로 뤼산드로스는 처음에 잡힌 처녀를 버리고 훨씬 더 아름다운 처녀와 결혼하려고 했기 때문에 벌금형을 선고받기도 했다는 것이다. 그밖에 솔리(Soli)의 클레아르코스(Clearchos)는 『속담에 관하여』74)라는 책에서 스파르타에서는 어떤 축제 때에 유부녀가 총각을 제단 주변에 끌어내어 채찍질한다고 적고 있다. 이러한 행위는 청년들이 이런 모욕적인 취급을 피하기 위해 자연적인 애정에 굴복하여 한창 때에 결혼생활을 시작하도록 하려는 목적을 담고 있다.

아테나이오스75)의 저술에 나타난 좀 애매한 구절은 크리바나이(kribanai)라 부르는 케익을 먹는 결혼잔치를 언급하고 있는 것 같다. 이 축제는 아폴로도로스에 의하면 알크만의 시에 언급되어 있다.

동일한 취지로 『알크만에 관하여』라는 저작의 제3권에서 소시비오스(Sosibios)는 다음과 같이 말하고 있다. 모양으로 볼 때 케익은 젖가슴을 닮았으며, 스파르타인들은 여성들을 위해 마련한 저녁식사에 이 케익을 사용했다. 합창단으로 따라오는 소녀들이 결혼을 앞둔 신부를 위해 찬미가를 부를 준비가 되어 있을 때마다 이것을 돌렸던 것이다.

분명히 결혼 전에는 신부와 신부의 여자친구를 위한 잔치가 있었고, 이 케익을 먹었으며 젊은 소녀합창단이 신부를 찬미하며 알크만의 시 중 하나인 파르테네이온(Partheneion)을 불렀다. 신랑과 신랑의 친구를 위한 비슷한 잔치가 열렸는지는 잘 알 수 없다.

아내공유

크세노폰과 플루타르코스[76]는 둘 다 스파르타인 사이의 어떤 관습에 특별한 관심을 가졌는데, 그들의 진술이 정확하다면 이 관습은 독특할 뿐 아니라 어느 시대 어느 장소의 사람들에서도 발견된 바 없는 것이다. 플루타르코스는 남편이 아내를 몰래 찾아가도록 뤼쿠르고스가 정해 놓은 규칙을 자세히 설명하고 나서 다음과 같이 말하고 있다.

이런 소박함과 자제로 결혼을 지키고 나서, 뤼쿠르고스는 헛된 질투심을 근절시키는 데도 똑같이 힘을 쏟았다. 그에 따라 모든 음란한 무질서는 배제하였지만, 남편이 적당하다고 생각하는 남자에게 자신의 부인을 허용해 주고 그들에게서 자식을 얻는 것을 오히려 명예로운 일로 여기게 하였다. 그리고 그런 일을 못마땅하게 생각하여 싸움을 벌이고 피를 흘리며 심지어 전쟁까지 벌이는 자들을 조롱하였다.… 다른 한편 정숙하고 아이들에 대한 애정이 가득한 부인을 보고 사랑에 빠지게 된 정직한 남자라면 형식에 얽매이지 않고 남편에게 부탁하여 그 부인과 가까이 할 수 있었다. 이는 마치 비옥한 토지에 씨를 뿌리듯이 그 자신을 위해서 가치있고 훌륭한 아이를 낳아 기르게 하기 위해서였다.

크세노폰은 플루타르코스에 동의하면서 자세히 검증되어야 할 두 가지 중요한 점을 덧붙이고 있다. 즉, 다른 사람의 부인을 '공유'하자고 청했던 사람은 그 부인과 함께 살기를 원치 않으면서도, '그럼에도 불구하고 자랑할 수 있는 아이'를 원하는 사람이어야 했다. 그리고 두번째로 이 비정상적인 관계에서 태어난 아들은 수양아버지의 재산을 물려받을 수 없었다.

앞서 언급했듯이 이 관습은 독특한 것이었고 웨스터마크(Westermarck)[77]는 고대나 현대의 야만적이거나 개화된 어느 민족에게서도 이에 대응할 만한 관습을 찾아볼 수 없었다. 그러나 적어도 한 명의 당대인은 이를 이상하게 보지 않았다. 플라톤[78]은 이상국가를 위한 우생학적인 법률을 구상할 때 이 관습을 마음에 두고 있었다고 추측할 수 있다. 이 색다른 관습을 설명하는 가장 쉬운 추정은 스파르타 시민의 수효를 유지하려는 계속되는 필요에서 나온 것이 틀림없다는 것이다. 다시 말하면 그들은 정치와 경제적 질서에서 자신들의 지배를 위태롭게 하는 수효의 감소를 어떤 대가를 치르고서라도 막으려 했다는 것이다. 스파르타 여성들이 더욱 더 해방을 구가하게 되자, 그녀들은 키케로가 진술했듯이 아이를 갖는 것에 대한 강한 혐오를 나타내었다. 광대한 부동산 형태의 부의 집적, 늘어가는 사치와 선조들의 소박한 생활방식의 포기, 이 모든 것은 급속한 출산율의 감소라는 익숙한 현상을 만들어내었다. 스파르타인들은 이러한 현상을 잘 알고 있었고, 위험할 정도의 수준으로 시민수가 떨어지는 것을 막아줄 수 있는 수단이라면 그것이 아무리 이상한 것이라고 생각될지라도 채택해야만 했다. 어떤 여성이 아이를 가질 능력이 있고, 또 그럴 의사가 있다는 것이 확인되면, 그녀는 열렬한 추종의 대상이 되었다.

이 설명은 일견 그럴 듯하기는 하나, 크세노폰[79]이 그 관행에 대해 언급한 것을 참고해 보면 난관에 부딪히게 된다. 크세노폰은 그와 같은 비정상적인 결합에서 태어난 아이들은 비록 그들이 가족의 일원이고 영향력을 나눠 가지더라도 아버지의 재산에 대해서는 어떤 법적 권리도 없다고 말한다.(οἳ τοῦ μὲν γένους καὶ τῆς δυνάμεως κοινωνοῦσι, τῶν δὲ χρημάτων οὐκ ἀντιποιοῦνται)

　　이 특이한 습관에 대한 플루타르코스와 크세노폰의 기술이 정확하고, 실제로 이 관습이 법적으로 인정되었다고 추정한다면, 타당성있는 유일한 설명은 다음과 같다. 비록 그렇게 태어난 아이가 부계유산에 대한 권리를 주장하지는 못하지만, 할당지의 배당을 요구할 수는 있었다는 것이다. 그들은 동등자였고, 이 한 가지 조건으로 관습의 목적은 달성되었다. 이 아들이 어머니가 가진 유산에서 몫을 요구할 수 있었는지 어떤지는 또 다른 문제이다. 이같이 비정상적인 관계에서 아들을 하나 혹은 그 이상 가진 어머니가 아버지의 유일한 상속인이라면, 그녀가 죽었을 때 이 아들이 법적으로 외조부의 유산을 받을 수 있었을까? 이 점에 관해 우리는 어떤 정보도 가지고 있지 않으며, 추측해 본다는 것도 별 도움이 되지 않는다. 그러나 이 아들이 원래 받은 할당지에 더하여 모계의 유산분배에 참여할 수 있었고, 그리하여 분배를 받는다는 것은 위험한 일일 수 있었다. 이런 비정상적인 결합을 추구하던 사람들이 그런 점을 계산 속에 넣었음은 충분히 상상할 수 있다. 기민한 상황판단이 그렇게 하게 했던 하나의 강력한 요인이었음직하다.

　　크세노폰이 기술한 '아내와 동거하기를 원치 않지만' 아이를 원하는 남편이라는 구절은 부인이 임신을 할 수 없거나 아이 갖는 것을 거절한 경우로 보는 것이 명백함으로 중요시된다. 스파르타의 이혼에 관해서는 알려진 바가 없지만, 이런 두 가지 어떤 경우라도 이혼을 위한 충분한 요건을 제공한다고 보아도 좋을 것이다. 그렇다면 왜 불만을 품은 남편이 이혼하고 다시 결혼하지 않았을까? 이는 아마도 첫 아내가 집을 나가면서 찾아 가지고 갈 지참금을 염려했기 때문이다. 확실히 이는 순전한 추측이지만, 이 기묘한 상황에 대해 어느 정도 만족스럽게 시험삼아 내놓을 수 있는 유일한 설명이기도 하다.

　　크세노폰의 이어지는 진술은 혼란을 줄이기보다는 가중시킨다.

아내들이 두 가정을 꾸려나가길 원하기 때문이다(αἵ τε γὰρ γυναῖκες διττοὺς οἴκους βούλονται κατέχειν).

새로운 남편이 이미 결혼을 했고 그의 아내가 가정을 장악하고 있다면, 새로운 '아내'가 법적인 남편과 새 남편의 가정 둘 모두를 꾸려나간다는 실제로 이해될 수가 없다. 이것이 스파르타 부인들의 유순함을 논증하고 있다는 생각은, 이미 잘 알려진 그녀들의 독립정신과 자기주장을 고려해 볼 때 믿을 수 없다. 부인은 남편과 마찬가지로 부부간의 권리가 있었고, 새 아내가 '가정을 꾸려나가'기 위해 온다면 전 부인은 분명히 이혼하기 위한 행동을 취했을 것이다. 물론 그렇지 않았다면 첫 아내는 이 새로운 상황을 묵인하였다. 대족장 아브라함(Abraham) 이야기에서 그의 아내 사라(Sarah)가 임신하지 못했을 때 일어난 일을 떠올려 보는 것도 재미있을 것이다. 아브라함이 이집트 노예소녀인 하가르(Hagar)와 관계를 맺도록 부추긴 것은 사라였지만, 그 결과 하가르가 잘난 척하자 사라는 질투심이 솟아 그녀를 쫓아내 버렸다.

이 경우 앙키스테이아(ἀγχιστεία)80)라고 알려진 법적 관계에 관한 법률을 참고해 볼 수 있다. 그리스의 법률에 의하면 딸이 유산을 상속하여 스스로 처리하는 것이 인정되지 않았다. 만약 딸이 고아가 되면 가까운 친척(ὁ ἐν ἀγχιστεία)이 스스로 그녀와 결혼하든가 아니면 그녀에게 지참금을 마련해 주어야 했다. 이런 고아소녀는 에피클레로스(ἐπίκληρος) 혹은 에피파마티스(ἐπιπάματις)라고 불렸다. 아테네의 법에는 만약 부계 남자친척이 없다면, 모계 남자친척이 같은 일을 해야 한다고 규정되어 있다. 같은 규정이 스파르타에서도 적용되었는지 알 수 없는 것이 사실이나, 그랬으리라 추측하는 것도 이치에 맞는 일이다. 그렇게 본다면 이 특이한 관습이 설명될 수도 있다. 나이든 남자친척(ἀγχιστεύς)이 법에 따라 고아가 된 상속녀와 결혼하였을 때, 이는 형식상(pro forma) 결혼이고, 아이를 갖는 의무와 가정을 꾸려나가는 것은 그 나이든 친척과 양자 혹은 의자(義

子)관계를 맺게 되는 청년에게 적절히 위임되었을 것이다. 늦게 결혼하지 못하게 하는 법률로 인해 앞에 언급한 경우처럼 법적인 인가를 받은 경우를 제외하면 노인이 젊은 아내와 결혼하는 것은 불가능했거나 적어도 있을 법하지 않았다는 것은 지적되어야 한다.

플루타르코스81)가 자세히 열거했던 클레오니모스(Cleonymos)와 켈리도니스(Chelidonis 혹은 킬로니스[Chilonis])의 이야기에서 이 관습을 참조해 볼 수 있다. 클레오니모스는 노년에 켈리도니스라는 젊고 아름다운 아내와 결혼하였다. 이런 경우에 종종 그렇듯이 켈리도니스는 남편의 질손(姪孫)인 아크로타토스(Acrotatos)와 사랑에 빠졌다.82) 통제할 수 없는 성질 때문에 왕위후보에서 배제되었던 클레오니모스는 그 간통에 격분하여 기원전 272년 스파르타를 침입하도록 퓌로스를 불러들였다. 그러나 아크로타토스가 용맹스럽게 대처한 덕분에 이 침입은 실패로 돌아갔고, 클레오니모스는 역사에서 그 자취를 감추었다. 이 이야기는 나이든 남편에게 불성실한 젊은 아내라는 도식을 따르고 있다. 그러나 클레오니모스가 묵인했는지 켈리도니스와 아크로타토스의 관계는 법적으로 인가되었으며, 후에 클레오니모스는 이를 후회하였을 가능성이 크다.

역사적 사실로 받아들일 수 있는 이 이야기에서 두 왕가 사이의 결혼이 나타나서 흥미를 더해 주는바, 잘 알려진 두 왕가 사이의 라이벌 관계에 비추어 상당히 이례적인 일이기 때문이다. 클레오니모스는 아기아다이, 켈리도니스는 에우리폰티다이 왕가의 사람이었다. 아크로타토스와 그의 아버지인 아레우스(Areus)가 스파르타의 소박함을 망쳤다는 필라르코스83)의 비난을 받아들일 필요는 없다. 소박한 옛 생활방식은 그들의 시대보다 훨씬 전에 이미 망가졌다.

특수한 예외를 제외한다면,84) 스파르타에서 한 남자가 여러 아내를 거느린다는 법적 의미에서의 일부다처제가 시행된 적이 있다는 증거는 전혀 없다. 한 여성이 여러 남편을 거느리는 일처다부제가 일반적으로 시행된 적이 있었는지 역시 의심스럽다. 비록 폴리비오스85)의 묘한 언급이 그 존재를 암시하는 것 같기는 하지만, 그는 티마이오스를 인용하면서 때때로 형제간 한 여자를 아내로 맞고 가족의 소유지에서 함께 산다고 말한다. 비록 일처다부제가 세계 곳곳에서 널리 발견되는 제도이기는 하지만, 웨스터마크가 밝혔듯이 이는 원시적 난혼의 결과가 아니며, 그는 난혼도 고려할 만한 수준으로 존재한 적이 없다고 하였다. 예상할 수 있듯이, 일처다부제는 특정한 부족이나 인구집단 사이에서 남성이 지나치게 많고 여성이 부족하게 되면 나타나는 것이다. 그렇지만 이런 상태가 스파르타에 있었던가? 치이엔(Ziehen)[86]은 있었다고 주장하였다. 그는 폴리비오스의 이 구절과 아내교환의 의심스런 풍속, 여성에 대한 이례적인 존중, 스파르타인 아버지와 헤일로타이 어머니 사이에서 비합법적으로 태어난 사람의 많은 수효를 강조하면서, 이 모든 것이 동등자 사이에 결혼 가능한 여성들이 적었다는 것을 가리킨다는 것이다.

그러나 이 주장을 받아들이기는 쉽지 않다. 인류사의 어느 한 시기에 남성보다 여성이 더 적었다는 것은 가능할 뿐 아니라 흔한 일이다. 이는 정착을 위한 개척지에서 가장 자주 나타나는 일이며, 얼마 전 그리고 심지어 현대에서도 북미대륙에 이민들이 건너왔던 초기에 특히 그랬다. 그러나 그와 같은 상황은 일시적인 것이며, 그 반대의 경우 즉, 오늘날 유럽에서 매우 특징적으로 나타나고 있는 여성의 수효가 남성을 능가하는 현상은 구대륙에서 거의 항상 발견된다. 치이엔의 주장은 도리아 침입자들이 주로 남성이었고, 원정에 다수의 여성을 데려가는 것이 거의 불가능했던 초기 라코니아에서는 분명히 사실이었을 것이다. 그랬다면, 그 시기에는 폴리비오스의 이 언급이 사실이었을 것이고 거기에는 의문의 여지가 없다. 그렇지만 성비가 조정되고 확실치는 않지만 아마도 여성보다 남성이 더 적은 편이기 쉬운 시기인 보다 후기에 어떤 형태로든 일처다부가 존재했다는 것은 매우 받아들이기 어렵고, 사실 부인해야 할 것이다. 폴리비오스의 이 놀랄 만한 단언에 대해서는, 여러 형제가 한 여성과 결혼하는 것은 아내의 지참금을 형제들이 공동으로 소유하기 위한 법적인 의제

(擬制, fiction)라는 조건이 붙어야 한다는 것이 타당성을 지닌 유일한 설명이다. 웨스터마크가 말하듯이 '형제간의 일처다부(fraternal polyandry)'는 통상 맏형이 진짜 남편인 법이고, 이는 스파르타에서도 마찬가지였을 것이다.[87]

그리고 마지막으로 이를 있었던 일로 받아들인다면 이 이상한 관습에서 후세가 아버지가 아니라 어머니쪽으로 연결되는 원시적인 여가장제(女家長制)가 살아남은 흔적을 보는 것도 불가능한 것은 아니다. 여가장제에서는 아이가 아버지를 알 필요가 없고, 문제가 되는 것은 어머니를 아는 것뿐이었기 때문에 부계란 거의 혹은 전혀 중요하지 않았다. 하틀란트가 지적했듯이,[88] 심지어 아테네의 법에서도 여가장제의 희미한 흔적이 있고, 이들보다 훨씬 더 보수적인 스파르타인 사이에서는 이 흔적이 더 뚜렷했을 것이다. 그러나 문제는 증거가 없다는 것이다.

필로 유다이우스(Philo Judaeus)[89]는 흥미롭고 신비스러운 단언을 함으로써 또 다른, 그리고 분명히 설명할 수 없는 난제를 내놓았다. 이에 따르면 '라케다이몬인의 입법자'—이는 분명히 뤼쿠르고스를 가리킨다—는 이부남매(異父男妹)간의 결혼은 허락했지만 이복남매(異腹男妹)간의 결혼은 금지했다. 이에 덧붙여 말하기를 이는 솔론이 아테네인에게 허용한 것과는 반대라는 것이다. 필로의 주장에서 아테네의 법률상 이복남매간의 결혼이 허용된다는 점은 확실하다. 에우불리데스(Eubulides)에 대해 데모스테네스(Demosthenes)가 논증한 경우[90]와 『테미스토클레스전(傳)』[91]에서의 예가 그 증거를 명확히 보여주고 있다. 만약 필로가 스파르타의 법률에 대해서도 정확히 말하였다면, 이복남매간에 결혼하게 될 경우에는 만약 그 중 누이가 외조부의 유일한 상속인이 아닌 한, 아버지 한 사람만의 재산을 물려받게 되는 것에 반해, 이부남매간의 결혼이 허용된다면, 두 아버지의 재산이 후에 합쳐지게 될 것이라는 것이 유일한 설명이다.

●●●●● 장례풍습

훌륭하고 모든 일에 현명한 '뤼쿠르고스'는 스파르타인의 행동을 요람에서 무덤까지 가능한 가장 현명한 방법으로 규정해 놓았다. 우리가 알기로는92) "그는 죽은 사람을 시내에 매장하고 성소근처에 기념물을 만들도록 함으로써 모든 미신적 공포를 일소하였는데, 그렇게 하여 젊은이들이 그러한 광경에 익숙해져서 시체를 만지거나 무덤 사이를 걸어다니면 더러워진다는 등의 미신을 갖지 않도록 하기 위함이었다." 물론 이는 고대에서는 매우 일반적이었던 장례풍습을 합리화하는 데 아주 성공적인 방법은 아니었다. 많은 이들은 죽은 사람을 도시 혹은 주거지 경계 내에 매장했을 뿐 아니라, 생활하는 데 극도의 불편함을 무릅쓰면서도 가문과 가정의 구성원으로써 죽은 사람의 정신을 이어나가겠다는 생각에서 집안에 매장하기까지 하였다.93) 왕은 시외에 특별히 마련된 묘지에 매장되었다.94) 아마도 사악한 의도를 가진 죽은 왕의 영이 산사람과 너무 가까이 지내지 못하게 하려는 의도에서 그들의 묘지를 도시 내에 설치하지 못하게 했다고 보는 편이 좋을 것이다. 또한 죽은 왕의 영혼을 달래기 위해 아낌없는 찬사를 포함하는 공들인 장례절차가 거행되었다.95)

뤼쿠르고스는 진홍의 겉옷과 올리브 잎새로 시체를 덮어주는 것 외에는 죽은 자와 함께 아무 것도 부장하지 못하게 했다. 진홍색의 겉옷은 스파르타 전사의 제복이었다. 여성들과 어린아이들이 어떤 옷차림으로 매장되었는가에 대해서는 알 수 없다. 올리브 잎새를 죽은 자에게 뿌려주는 것은 정화의식으로서, 지상의 더러움을 씻어 죽은 사람이 영혼의 세계에 더러운 상태로 들어가지 않게 하기 위함이었다.96)

죽은 사람의 이름을 묘비에 새기는 것은 전쟁에서 죽은 사람이거나, 신성한 직무에 종사하다가 죽은 여성의 경우를 제외하고는 허용되지 않았다. 우리는 여기서 묘비나 석비·장례기념물이 죽은 사람의 영혼이 거주하거나, 돌아오는 장소가 된다는 원시적 믿음의 증거를 볼 수 있다. 무덤에 이름이 없다면 영혼은 무덤을 찾을 수 없을 것이다. 그렇지만 전투에서 죽은 이들 영혼이나 신성한 직무에 종사하다 죽은 여성의 영혼은 살아있는 사람들에게 용기를 북돋아주고, 여성들의 덕을 고취시켜 주기 위해 돌아와야 할 영웅이었다. 애도기간은 11일밖에 되지 않았고, 12일째는 데메테르 여신에게 희생을 바치고 의식을 마쳤다. 이러한 장례의식의 극단적인 간소함97)은 다른 모든 나라에서 거행되었던 매우 공들인 의식과 큰 대조를 이루고 있다. '뤼쿠르고스'가 장례와 기념물에서의 사치를 성공적으로 억제했다고 하면, 똑같은 시도를 했지만 뚜렷이 실패했던 솔론에 비해 더욱 성공을 거둔 셈이었다.98) 아테네에서는 팔레룸(Phalerum)의 데메트리오스(Demetrios) 시대까지 장례비용이 감소되지 않았다.

제3장

페리오이코이 · 헤일로타이 · 열등시민

1. 페리오이코이

　스파르타를 구성하는 두번째 주요한 요소는 페리오이코이, 즉 '주변 거주자들'이었다. 이들은 국가의 필수 구성요소였으며, 자유민이었고 어느 정도 불명확하게 정의하자면 자치를 하였지만, 스파르타인과 동일한 정치적 지위를 갖지 못하였다는 것은 아주 명확한 사실이다. 그들이 원래 누구였는지, 즉 '도리아인'인지 '아카이아인'인지 그리고 지배계층인 스파르타인과의 관계는 정확히 어떠했는지 하는 것은 그렇게 명확한 것은 아니며 상당한 논쟁을 불러 일으켜왔다.

　아마도 라슨(Larsen)[1]이 그들을 가장 잘 정의하였을 것이다. 그에 의하면 그들은 한 그리스 국가의 외곽에 살고 있는 종속민으로서 자신들의 공동체와 자치정부·지방시민권을 가지고 있지만, 항상 보다 큰 국가의 지배하에 있고 그 국가에 대해 여러가지 봉사를 해야 했다. 스파르타에서 '라케다이모니아인'이라는 포괄적인 명칭은 스파르타인과 페리오이코이 양자를 모두 포함한다. 그러나 페리오이코이는 전체적으로 스파르타 정부에서 아무 역할도 하지 못했고, 외교정책의 형성과정에서도 참여할 수 없었다. 반대로 어느 정도 그들은 지배계층인 스파르타 시민의 엄격한 통제 하에 있었다. 페리오이코이라는 단어가 항상 '피지배층'이라는 의미를 함축하고 있는 것은 아니었고, 때때로 인접국민과 동맹국민을 의미하기도 했다는 사실은 신중하게 주목되어야 한다. 예를 들면 헤로도토스가 카르타고인(Carthaginians)과 티레아인(Tyrrhenians)을 키르누스(Cyrnus)의 포카이아인(Phocaeans)의 '이웃'으로서 언급할 때 페리오이코이라는 단어를 사용하였고 할리카르나소스(Halicarnassos) 근처의 페다시아인(Pedasians)의 '이웃'에 대해서도 언급했던 것이다.[2] 다른 여러 나라의 예를 들면, 아

르고스・엘리스・크레테・테살리아・키레네 등에서도 페리오이코이가 또한 발견된다는 것은 주목할 만하다.3)

하제브룈(Hasebroek)4)은 호메로스에서 초기 페리오이코이의 분명한 흔적을 찾을 수 있다고 아주 적절하게 지적하였다. 예를 들어 메넬라오스는 텔레마코스(Telemachos)에게 한 도시를 증여하면서 '근처에 사는 사람들도 나의 지배하에 있다(αἳ περιναιετάουσιν, ἀνάσσονται δ' ἐμοὶ αὐτῷ)5)'고 말한다. 푀닉스(Phoenix)가 프티아(Phthia)로 도망갔을 때, 펠레우스(Peleus)왕에게서 프티아의 변경에 사는 돌로피아인(Dolopians) 가운데 있는 땅을 증여받았다.(ναῖον δ'ἐσχατιὴν φθίης, Δολόπεσσιν ἀνάσσων)6) 아가멤논(Agamemnon)은 아킬레스(Achilles)에게 '해안에 있고… 수소와 양을 많이 가지고 있으며, 그에게 신에게나 어울릴 선물과 왕의 지위를 바치며 충성을 맹세하는 주민이 있는… 일곱 개의 도시'를 약속한다.7) 이 주변부 토지는 완벽하게 정의된 것은 아니지만, 왕에 속한 영토이거나, 왕의 재량 하에 있는 영토라는 것은 분명하다. 이를 봉건제도와 비교하는 것은 문제가 있지만, 이 관습을 왕이 봉토를 수석귀족에게 하사하는 것과 비교하는 것은 적절한 일이다. 비록 스파르타사 초기에 왕이 뤼쿠르고스 체제 내에서 '적절한 수준에 미치지 못하거나, 지나치지 않은 재산이 될 만큼 충분한 크기로 이웃도시의 영토 내에서 최상급의 토지를' 받았지만, 그들도 귀족에게 토지를 하사하는 권리를 가지고 있었는지를 밝힐 증거는 없다.8) 호메로스 시대와 후대 사이의 비교는 어떤 것이든 주의 깊게 실행되어야 할 것이다.

페리오이코이에 관한 가장 큰 문제는 그들의 기원에 관한 것이다. 그들이 누구였는가? 그들이 도리아인이었다면 왜 스파르타인처럼 유사한 권리를 향유하지 못했는가? 그들이 도리아인이 아니었다면 정복된 주민과 동일한 운명을 겪어 헤일로타이처럼 농노적인 위치에 떨어지지 않았는가? 이 점에 관한 증거는 모호하고 혼란스러운 것이어서 완벽하게 만족스러운 결론을 내린다는 것은 불가능하다.

이소크라테스(Isocrates)는 『판아테나이코스(Panathenaicos)』에서9) 페리오이코이의 기원에 대한 진술을 하고 있는데 이는 신중하게 검토되어야만 한다. 몇몇 과장된 표현을 별도로 하면, 이 증거는 비록 그로트의 맹렬한 비판10)에도 불구하고 쉽게 젖혀 버릴 수 없는 것이다. 이소크라테스에 의하면 헤라클레이다이[헤라클레스의 후손들-역주]에 의해 펠로폰네소스가 정복되었을 때, 모든 토지는 휠레이스(Hylleis)·뒤마네스(Dymanes)·팜퓔로이(Pamphyloi)의 세 부족에게 나뉘어졌다. 그러나 정복자들간에, 즉 귀족과 평민 사이에 갈등이 일어났고 이 갈등은 귀족 혹은 과두파의 승리로 끝났다. 승리자는 에우로타스 계곡의 가장 비옥한 지역을 차지하였고 평민을 주변의 덜 비옥한 지역으로 몰아냈다. 스파르타시 근처에 살았던 과두파는 스스로 지배층의 모든 특권을 행사하였다. 그리고 자신들의 지배를 강화하고 영속시키기 위해 그들끼리 평등한 체제를 만들어 동등자가 되었다. 밀려난 자들은 농노로까지 떨어지지는 않았지만, 중앙정부와 관련된 모든 권리를 잃어버리고 지배권을 장악한 이들에 의해 거친 대접을 받았다. 여기까지의 이소크라테스의 기술은 적어도 페리오이코이의 기원에 대한 이성적인 설명을 제공해 주고 있다. 그러나 불행하게도 그는 스파르타인이 위험한 상황에 처하면 이를 모면하기 위해 페리오이코이를 이용했다고 다소 과장함으로써 신빙성을 떨어뜨린다. 스파르타인이 자신들의 위험을 모면하려 했다는 말은 분명히 진실이 아니다. 어떻든 간에 스파르타인은 최소한 겁쟁이는 아니었던 것이다.

페리오이코이의 기원에 관한 이 진술은 에포로스의 진술11)과 비교될 수 있다. 에포로스에 의하면 라코니아를 정복할 때 에우리스테네스(Euristhenes)와 프로클레스(Procles) 두 왕은 선주민에게 도리아 정복자와 같은 권리를 허용하였다. 그러나 유리스테네스의 아들인 아기스가 이를 뒤엎고 페리오이코이를 열등한 위치로 떨어뜨렸다는 것이다. 이소크라테스의 진술에 의하면 페리오이코이는 정복민인 도리아인이고, 에포로스에 의하면 그들은 피정복민이었다. 이는 세심히 주목해야 할 점이다. 에포로스의 진술을 받아들이기에는 풀 수 없는 의문이 남아 있다. 즉, 왜 이 피정복민은 헤일로타이의 신분으로 떨어지지 않았는지, 뒤집어 말하면 왜 헤일로타이는 페리오이코이의 신분을 받지 못했는가라는 의문이다. 여하튼 이소크라테스의 진술이 이 두 진술 중에서 문제점을 보다 적게 갖고 있다.

　그로트가 지적[12]한 바에 의하면, 이소크라테스의 설명은 "단지 추측에 불과할 뿐 아니라, 헤라클레이다이 전설을 역사적 진실처럼 밑에 깔고서 이소크라테스 당대에 있던 과두파와 민주파 간의 분쟁을 그와 같은 분쟁이 없었던 초기시대에 옮겨놓은 것이기 때문에 그럴듯한 추측은 아니다." 여기에 관해서는 앞서 언급한 것처럼, 헤라클레이다이 전설을 받아들이지 않을 어떤 이유도 없을 뿐 아니라, 과두파와 민주파 간의 투쟁이 초기시대에 없었다는 그로트의 단언 역시 아무 근거가 없다고 말할 수 있을 것이다. 오히려 그와는 반대로 분쟁은 초기시대부터 종종 일어났다. 도리아인의 라코니아 정복은 긴 시간을 들인, 선주민(先住民)에 대한 점진적이고 지속적인 잠식이었다는 그로트의 비평은 분명히 적절한 것이다. 그렇지만 이 비평이 이소크라테스의 설명을 무효화시키지는 않는다. 즉, 선주민에게 승리하여 그들의 땅을 완벽하게 정복한 직후 갑작스럽게 과두파의 쿠데타가 일어났다고 상정할 필요는 없는 것이다. 이것은 오래 지속된 진행 과정 즉, 도리아 부족 중에서 빈곤한 성원을 점차 '냉대하여 쫓아내는' 것이었을 수도 있고, 혹은 에우로타스 계곡의 원래 배당지 대신에 더 먼 곳에 있는 더 큰 할당지를 제공하겠다는 것이었을 수도 있다. 이 설명을 받아들인다면, 그리고 이것이 완벽하게 이성적인 설명이라면, 페리오이코이가 누구였는가에 대한 문제를 아주 만족스럽게 해결할 수 있다. 그로트가 이미 도달했고 파레티(Pareti)가 동의한 것처럼,[13] 페리오이코이는 도리아인이었다는 결론이 나온다.

　페리오이코이는 도리아인이 아니라 피정복민 중의 잔존자라는 주장에 대해서는 이미 언급한 점 이외에도 여러가지 근거를 들어 반박할 수 있다. 제일 먼저 기억해야만 할 것은 스파르타시는 도시국가라는 그리스적인 의미에서 좁은 의미의 폴리스(πόλις)였다는 것이다. 한 국가의 시민이 되어 완전한 법적 권리를 가지고 국정에 참여한다면, 그가 실제로 시경계선 내에 살고 있지 않아도 스파르타 '시민'임에 틀림없다. 하지만 적어도 민회(Ecclesia)의 회기 동안에는 참여해야 하기 때문에 공공활동에 참여하지 못할 정도로 먼 곳에 거주해서는 안되었다. 페리오이코이 도시 또한 자신들만의 권리를 지닌 '폴리스'라면14) – 그렇게 추정할 충분한 이유가 있다 –, 페리오이코스[페리오이코이의 단수형 – 역주]는 자기 도시의 시민이면서 동시에 스파르타시의 시민일 수는 없었다. 비록 라코니아 혹은 메세니아가 그렇게까지 큰 것은 아니지만 많은 페리오이코이가 중심지를 자주 방문할 수 있을 정도로 가까이 살지 않았음은 틀림없다. 비록 지지할 만한 증거가 없다는 것은 확실하지만, 도리아 정복자들이 토지를 배분했을 때, 주변부에 있는 토지를 가진 자들은 자치권을 갖는다는 결정을 했다고 상상해 볼 수 있다. 처음에 라케다이모니아 국가는 스파르타가 지배적이긴 했지만, 자유롭고 동등한 부족민 동맹이었다. 수세기가 지나면서 스파르타의 지배력이 증대되었고, 비록 자치적인 정부는 계속 보유하고 있었지만 페리오이코이 도시가 자유롭고 동등한 동맹으로서의 지위와 외교정책을 실행하는 데 참여하는 권리를 잃어버렸다고 보는 것도 가능한 일이다. 그러므로 페리오이코이가 스파르타인과 똑같은 정치적 지위를 향유하지 못했다고 말함으로써 그들이 도리아인이 아니었음을 증명할 수는 없다.

두번째로 그들이 아카이아인이었다면, 그들이 아주 강하여 스파르타 정복자들이 농노로 만드는 것보다 동맹을 맺는 것이 더 쉬웠을 것이라고 말해서 '헤일로타이' 같은 처지가 되지 않은 이유를 설명하는 것은 근거없는 추측이다.

확실히 침묵논증이란 좀처럼 만족스럽지 않다. 그렇지만, 불편하고 정복되지 않은 적과 그와 같은 조약을 맺는 것에 대해 어떤 고대 작가도 언급하지 않았다는 것을 지적하는 것으로 충분할 것이다.

세번째로 몇몇 사람이 찾아보았듯이 페리오이코이와 스파르타인 사이에는 문헌학적 근거에서는 어떤 차이도 발견되지 않았다. 분명히 그들은 도리아어를 썼지만, 도리아어에는 상당히 많은 아카이아어 형태가 포함되어 있다. 이제까지 발견되었던 것과 같은 그런 비문은 도리아어였다.15) 도리아인은 단일한 인종이 아니라 여타의 부족과 혼합되어 있었다. 라코니아를 정복했을 때, 분명히 그들은 모든 아카이아인들을 몰아내거나 전멸시키지 못한 채 이들과 섞이게 되었으며, 일부 아카이아인의 단어도 받아들였다. 그리고 그 단어 중에서 몇 개가 순수한 도리아어로 쓰여진 비문 속에서 나타나게 되었다.

네번째로 에렌베르크가 지적했듯이16), 페리오이코이와 헤일로타이 사이에 일치된 행동이 없었다는 것은 그들이 확실히 같은 종족이 아니라는 것을 보여준다. 만약 그들이 열등감과 압박감에 시달리고 있던 피지배민이었다면, 헤일로타이의 반란에서 공통의 대의를 갖지 않았을 것이라고는 믿기 어렵다. 레욱트라에서의 재난이 있기 전까지는 그들에게서 어떤 불만도 나타나지 않았다.17)

다섯번째로 이른바 '뤼쿠르고스의' 토지분배시에도 페리오이코이는 몫을 나누어 받았다. 뒤에 밝히겠지만, 분배된 땅의 수효를 전적으로 신뢰할 수는 없다. 그러나 그럼에도 불구하고 어느 정도 분할이 이루어졌다는 결론을 피할 수는 없다. 만약 페리오이코이가 도리아인이 아니라면 정복자와 같은 방식으로 다루어지지는 않았을 것이다.

여섯번째로 페리오이코이는 올림피아 경기에 참여했다. 심지어 그 참여자 중의 하나인 니코클레스(Nicocles)의 이름도 알려졌는데, 그는 아크레아이(Akreai)라는 페리오이코이 도시에서 왔다.18) 그들은 분명히 스파르타인과 동등한 자격을 갖고 '라케다이모니아인'으로서 참여하였다. 그들이 노예와 같은 지위였다면 경기참여자로서 인정받는다는 것은 불가능하다.

사실 페리오이코이가 스파르타인과 같은 도리아인이라는 가설을 뒷받침하는 이러한 이유가 완전히 확증적인 것은 아니다. 그러나 전반적으로 이 결론을 지지하는 강력한 증거가 제시되고 있다. 마이어(Meier)가 밝혔듯이,19) 현대의 학자들은 점점더 페리오이코이가 도리아인이라는 견해에 접근해 가고 있다. 아니 그로트가 내린 초기의 결론20)으로 돌아가고 있다고 말하는 편이 더 정확할지도 모른다. 길버트(Gilbert)21)는 그들이 뒤섞인 기원을 갖고 있다고 본다. 즉, 북부는 아르카디아인, 메세니아에서는 어쨌건 부분적으로 도리아인, 퀴누리아(Cynuria)에서는 이오니아인, 그 외의 지역은 아카이아인이라는 것이다. 이는 추측이기는 하나, 그들이 순수한 도리아인은 아닌 것 같다고 말할 수 있다. 정복자가 피정복민이 완전히 일소되지 않은 곳에 정착할 때 결혼으로 선주민과 융합한다는 것은, 노르만인이 앵글로색슨족과 결혼하여 '영국인'이 되었던 것처럼 사례가 있는 일이다.

그들이 원래 스파르타인과 같은 선조를 갖는 도리아인에 의해 식민지화된 스파르타의 전초기지인 요새도시의 주민이라는 니이제의 주장22)은 적어도 라코니아에서는 매우 그럴듯하다는 것이 사실이지만, 아마도 메세니아에서는 조금 의심스럽다. 페리오이코이는, 스파르타인이 농노화하는 것이 적절하지 않다고 본 피정복민이 아니라는 것이 우리가 무리없이 내릴 수 있는 결론일 것이다. 그들은 아마도 시간이 지남에 따라 섞여버리긴 했지만 '도리아인'이었고, 그리하여 스파르타시와 에우로타스 계곡 주변에 중심을 둔 지배적인 스파르타 귀족의 동맹이었다. 그들은 '라케다이모니아인'이었고, 통상 헤일로타이는 참여할 수 없었던 중갑보병으로서 군무에 종사했던 것이다.

플라타이아(Plataea)에서 싸웠던 군대의 소집에 관한 헤로도토스의 기록23)은 중요한 점을 포함하고 있다. 파우사니아스는 먼저 5천명의 스파르타인을 거느리고 은밀하게 이스트모스(Isthmos)로 행군하였다. 아테네의 사절이 도달했을 때, 그들은 군대가 이미 출발한 것을 알지 못하고 지체한 것에 대해 감독관을 비난하였다. 스파르타군이 이미 오레스테이온

(Orestheion)에 가 있다는 것을 듣자, "그들은 매우 놀랐고, 주변에 거주하는 라케다이모니아인 중에서 선발된 5천명의 중무장군과 함께 서둘러 그들을 따라갔다."24) 플루타르코스에서 적어도 스파르타인과 페리오이코이가 독자적으로 편성되었던 것은 분명하다. 항상 행동을 취할 준비가 되어 있던 스파르타인은 먼저 전장으로 나갔고, 흩어져 거주했기 때문에 보다 느리게 편성되었던 주변에 거주하는 라케다이모니아인 즉, 페리오이코이는 늦게 행군했던 것이다. '선발된'이라는 단어는 중요한 의미를 지니며, 이는 두 가지 해석이 가능하다. 이는 단지 전장에 나가기 위해 페리오이코이 중에 최고의 사람들이 선발되었다는 것을 의미할 수도 있고, 파병을 요구할 때, 페리오이코이 자신들이 선택하여 파견하도록 위임했다는 뜻일 수도 있다. 숫자가 많기 때문에 이 경우에는 두번째 추측이 더 정확할 것이다. 페리오이코이가 요구받은 장정의 수효를 제공하는 한, 그들은 스스로 선택하는 것이 허용되었다. 페리오이코이 남성 전체가 병역을 면할 수 없었다는 것은 분명하다. 그러나 그들은 스파르타인처럼 전적으로 전쟁준비에만 매달려 있지 않고, 소집이 있을 때 전투에 적합한 자들만이 소집되었다. 각 분견대마다 5천명이었다고 지나치게 그 수효를 높이 잡을 필요는 없다. 그 정도의 상당한 숫자는 항상 그릇된 인상을 준다. 그러나, 두 분견대가 같은 규모라는 데 주목하여 적어도 페르시아 전쟁시기에 요구받은 페리오이코이의 수효가 전투에 투입된 스파르타인의 수효에 필적한다고 상정하는 것은 중요한 의미가 있다. 훗날 스파르타 남성시민의 수효가 감소할 때에는 스파르타인보다 페리오이코이의 숫자가 더 많았다.

아르카디아 국경에 있는 스키리티스(Scritis)에서 선발된 연대의 사람들이 페리오이코이였는지 여부는 판단하기 쉽지 않다. 그들은 스파르타인은 아니었지만, 또한 전투에서 페리오이코이와는 떨어져 싸웠다는 것도 확실하다. 그들의 정치적 지위가 어떠했는지를 알아볼 증거는 없다. 만약 그들이 파레티가 생각하듯이 아르카디아인이고 기술적으로 페리오이코이가 아닐 뿐이라면, 그들은 분명히 페리오이코이의 모든 권리를

향유하였을 것이고, 따라서 정치적으로는 페리오이코이와 구별할 수 없었을 것이다.25)

　페리오이코이와 스파르타 왕 사이의 관계에는 설명하기 곤란한 또 다른 문제가 있다. 카르슈테트26)는 이 문제가 그들 사이의 개인적 결연의 형태에 있었다고 보았다. 페리오이코이는 '왕의 사람'이었고, 왕을 자신들의 보호자로 보았다.27) 이 점에서 그는 한편은 신하의 의무를 다할 것을, 다른 한편은 보호해 줄 것을 정규적으로 맹세했을 것이라 추정하는 쉐퍼(Schaefer)28)의 견해를 따르고 있다. 그럴 수도 있었겠지만, 사실여부에 대한 증거는 전혀 없다고 말할 수밖에 없다. 반면에 감독관은 페리오이코이를 통제·지휘하였고, 처벌할 수도 있었다29)고 주장할 수도 있다. 이 권한은 감독관직이 왕의 특권을 잠식해 가는 과정에서 획득한 것일 수도 있다. 만약 페리오이코이가 왕에게 직소(直訴)할 권리를 가졌다면, 아마도 거기에 대한 기록이 남았을 것이다. 아리스토텔레스가 그같이 중요한 헌법상의 조문을 간과했을 것 같지는 않다.

　스파르타인이 페리오이코이를 거칠게 다루었거나, 그들 양자 사이에 어떤 좋지 않은 감정이 있었다는 증거는 없다. 여기에 관한 그로트30)의 언급은 인용할 만하다.

　　자신의 출생도시를 떠나 하급계층과 관계를 맺게 된 총독(harmost)으로서의 스파르타인은 다른 그리스인보다 더 인기가 없었을 것 같고, 그들이 페리오이코이를 다루는 데 이와 비슷하게 거칠고 오만하게 했었을 것이라 추정할 수 있을 것이다. 왜냐하면 페리오이코이는 분명히 어떤 애정이 없이 종속되어 있었고, 그들 대부분은 레욱트라 전투 후에 에파미논다스가 상황을 만들어주자 반란을 일으켰기 때문이다.

　적어도 페리오이코이에 대한 스파르타인의 이런 태도는 사실일 것이다. 확실히 스파르타인은 특이한 태도 때문에 다른 종족으로부터 사랑을 받지 못했다. 그러나 스파르타인이 페리오이코이를 '거칠고 오만하게'

다루는 것 이상으로 나쁘게 취급했다고 볼 수는 없다. 아마 페리오이코이는 거기에 익숙해져서 스파르타인이 그들에게 해를 끼치지 않는 한, 그와 같은 취급에 별로 신경 쓰지 않았던 것 같다. 분명히 스파르타인은 그들을 적대시하지는 않았고, 오히려 상당부분 의지했다. 스파르타인은 헤일로타이의 육체를 노예화한 것처럼 페리오이코이의 영혼도 노예화했다는 이소크라테스[31]의 진술을 너무 심각하게 받아들일 필요는 없다.

그들은 스파르타인과는 달리 상업과 수공업에 종사하였고, 아마도 스파르타의 귀족적인 동등자에게 물건을 판매함으로써 부유해졌을 것이다. 분명히 이로 말미암아 스파르타인은 그들을 대할 때, 더욱 경멸감을 가졌을 것이다. 사실 실질적 직업에 대한 경멸감은 언제나 귀족계층의 특징이었으니 말이다. 경제인으로서 그들은 꼭 필요했음에 틀림없다. 사실상 스파르타인에게 페리오이코이나 헤일로타이 어느 한 쪽이 없으면 곤란하였다. 우리는 그들이 신발, '자주색' 의상[이는 분명히 스파르타 병사의 제복인 진홍 혹은 자주색의 망토를 의미할 것이다], 목제품과 철제품 등을 만들었다는 것을 알고 있다.[32] 키나돈이 시장을 돌면서 반란에 유용하게 쓰일 철제도구를 거명했을 때, 분명히 그는 페리오이코이 장인이 팔기 위해 스파르타 시로 들여온 물건을 보고 있었을 것이다. 이들 장인이 그들의 수호신으로 그 직업의 시조가 되는 영웅들을 가지며 자신들만의 관습이 있는 세습적인 조합으로 조직되었다는 것은 알려진 사실이다. "그들의 전령·음악가·요리사는 부친의 직업을 이어받아서 음악가는 음악가의 아들, 요리사는 요리사의 아들, 전령은 전령의 아들이다."[33] 해안에 사는 사람들은 분명히 어부였고, 스파르타 해군에서 최고의 선원이었으며, 그 중의 일부는 제독이 되기도 했다. 또한 기티온에 있는 해군조선소의 조선공은 페리오이코이였다고 말해도 좋을 것이다.

헤로도토스[34]는 '라케다이몬인의 많은 도시'를 언급하고 있고, 스트라본[35]은 이전에는 매년 제물을 바치는 100개 도시가 있었으나, 그 자신의 시대에는 30개밖에 없다고 말한다. 로마통치기에는 '자유로운 라코니아인'

의 도시가 24개 있었다.36) 100이라는 숫자는 호메로스가 '100개의 도시를 가진 크레테'를 언급한 것처럼 수사적인 표현이라 생각해 무시해도 좋을 것이다.37) 그러나 결국 그 추정은 그렇게 많이 차이나지는 않으므로 별 상관은 없을 것이다. 고전적 지명색인인 비잔티움(Byzantium)의 스테파누스(Stephanus)의 『에쓰니카(Ethnika)』에서 80개를 골라낼 수 있다. 어쨌거나 현대적 의미에서의 '도시(city)'라는 명칭은 오류이다. 기껏해야 마을(village)에 지나지 않았기 때문이다.

소시비오스(Sosibios)38)는 페리오이코이에 대해 말하면서 그들은 "사람들을 군에 보내도록 강요당하면서 잔인하게 착취당했으며, 언제나 민주적 이상이 유행하던 그리스에서 반독립적인 지위로 떨어졌다"고 쓰고 있다. 그렇지만 그들이 가혹한 대우를 받았고, 어떤 정치수단에 의해 중앙정부로부터 고통을 받았다는 개념은 잊어버리는 것이 좋을 것이다. 어떤 경우에건 그들의 생활은 스파르타인보다 견딜 만한 것이었다고 말할 수 있다. 그들은 적어도 삶을 그토록 이상하게 만들었던 특별한 훈련을 겪어야 하지는 않았으니 말이다.

●●●●● 자유로운 라코니아인39)

나비스의 실패 후, 스파르타가 아카이아 연방에 들어가도록 강요당했을 때 해안의 페리오이코이 도시(town)도 포함되었다. 그리고 기원전 148년 연방이 해체되었을 때, 이들 도시는 다시 스파르타 지배하에 들어간 것이 아니라 별개의 연방(κοινὸν τῶν Λακεδαιμονίων)을 결성하였다.40) 스트라본은 계속해서 이들에 관한 이야기를 서술하고 있기에 이 페리오이코이 도시가 스파르타에서 완전히 독립적으로 되었다고 볼 수 있을 것이다. 그렇지만 결정적으로 아우구스투스가 그들에게 자유를 주어 자유 라코니아 연방(κοινὸν τῶν Ἐλευθερολακώνων)을 형성시켰다는 파우사니아스41)의 말 때문에 문제가 모호해진다. 아마도 이 문제에 대해서는 증거가 모순되지는 않을 것이다. 아우구스투스는 단지 그들의 자유를 조정했거나, 확인해 주었을 것이기 때문이다. 연방을 형성했던 도시는 처음에는 24개였던 듯하지만, 파우사니아스는 18개만을 거론하고 있다. 그들의 정부형태는 세세한 부분까지 스파르타의 것을 본떴으므로 특별히 주의를 기울일 필요는 없다.

2. 헤일로타이

스파르타의 세번째 계급인 헤일로타이의 기원과 지위를 알아보는 것은 페리오이코이 경우보다는 훨씬 쉽다. 그들은 주인에게 소출의 일정량을 바치게 되어 있는 토지에 종속된 농노(ascripti glebae)였다.[42] 그들은 국가농노였고, 개별적인 스파르타인에 의해 개인적으로 소유되었던 것이 아니기 때문에 국가가 주체가 되어 해방시켜 줌으로써만 자유를 얻을 수 있었다. 그들은 또한 어떤 정치적 권리나 이동의 자유도 갖지 못했으며, 불평을 하는지 반란의 기미가 있는지에 대해 항상 감시당했다. 그들은 종종 심한 대우를 받았으며, 남아 있는 자료가 정확하다면 때로는 잔인한 처우를 감수해야 했고, 크립테이아에 의해 특별한 감시를 받아야만 했다. 하지만 그들의 상황에 대한 묘사가 아무리 암울한 것일지라도, 그들의 환경이 견딜만 했다는 것 역시 사실일 것이다. 그들 중 상당수는 풍족한 생활을 했으며, 일부는 전장에서의 공훈 덕분에 해방되기도 하였다. 그들이 때로 국가로부터 가혹한 대우를 받기는 했지만 적어도 개별적인 주인들의 변덕에 매여 있어야 하는 존재는 아니었던 것이다. 얌전하게 행동하고 해마다의 연공을 바치는 한 그들은 별 간섭을 받지 않았다. 분명히 다른 나라의 노예들이 처한 것 같은 비참한 처지는 아니었다고 하겠다.

모든 주석가들은 라코니아의 헤일로타이가 도리아인이 아닌 그 땅의 선주민의 후예들이었고, 정복자에 의해 농노의 지위로 떨어졌다는 데에 일치된 의견을 갖고 있다.43) 메세니아에서는 이 선주민이 도리아인과 섞였을 수도 있는데, 이는 확실히 스파르타인이 그들을 대하는 데 있어 많은 문제를 야기시켰다. 이것은 매우 명백하고 흡족한 설명이기 때문에 그들의 다른 기원을 추적할 필요는 없을 것 같다. 그렇지만 흥미를 불러일으키는 매우 재미있는 가설이 카르슈테트44)에 의해 제시되었는데, 이는 주의깊게 살펴볼 가치가 있다. 이 견해에 따르면 헤일로타이는 '도리아인'이었으며, 그들의 기원은 비(非)도리아 지역(non-Dorian country)에 대한 정복과 아무 관계가 없었다. 그들은 빚을 져서 그런 처지에 놓이게 된 사람들이었다. 이와 유사한 일은 아티카반도에서도 일어났었다. 하지만 아티카에서는 솔론이 '무거운 짐을 흔들어 떨쳐버리는 것', 즉 세이삭테이아(seisachtheia)를 통해 채무예속 상태에 있는 많은 대중을 구해냈다. 불행스럽게도 스파르타에서는 솔론 같은 개혁가가 없었고, 부유한 지주와 채권자들은 아무 거리낌없이 불운한 채무자를 농노상태로 만들었다.

실제적으로 이 견해에 대해 말할 수 있는 반론은 그것이 옳다고 하기에는 지극히 개연성이 없다는 것뿐이다. 아마 일반적으로 인정된 가장 개연성 있는 견해는 헤일로타이는 정복자에 의해 농노가 되어버린 비도리아인 선주민이었다는 것이다. 카르슈테트의 견해에 대해서는 증명도 반박도 불가능하며, 증거가 없는 상황에서는 전통적인 설명이 가장 만족스러운 설명이라 하겠다. 카르슈테트가 앞에 내세우는 헤일로타이와 스파르타인은 같은 언어를 사용하였고, 따라서 같은 기원을 가진다는 논의는 사실 논증이라고 하기 어려우며 매우 빈약한 것이다. 카르슈테트의 견해에 반해, '헤일로타이가 국가소유의 농노였다는 확실한 사실은 정복시에 선주민이 국가포로로 받아들여졌고, 그 성격은 변하지 않았다는 것을 보여준다'는 말이 보다 설득력이 있다. 만약 그들이 개인적인 채무자였다면, 그같이 국가에 속하지는 않았을 것이고 확실치는 않지만 아마도 각각 채권자의 농노로 남아 있었을 것이다.

헤일로타이의 기원에 대한 통상적인 견해와 다른 주장은 아마도 이름에서 나왔을 것이다. 그리스 저자들은 모두 서투른 어원학자로 악명 높으며, 헤일로타이는 원래 헬로스(Helos)라는 도시의 주민이었다는 파우사니아스45)가 제시한 어원은 매우 공상적인 것으로 생각해 볼 필요도 없을 것이다. 헤일로타이가 포로를 나타내는 헬(ἑλ-)이라는 어근에서 나왔다는 것이 가장 그럴듯하다. 그러나 이 단어가 헬레(ἕλη:소택지(의 거주자들)),46) 즉 에우로타스 강의 저지대 소택지 수로를 나타내는 말에서 나왔다는 것도 가능하다고 인정해야만 한다.

헤일로타이는 땅에 매여 있어서 거주지로부터 떠날 수 없었다.47) 그들은 정부의 명령에 의해서가 아니면 해방될 수도 점유하고 있는 땅에서 이동할 수도 없었다.48) 헤일로타이가 스파르타인의 부양을 위해 할당지에서 일하여 정해진 연공을 바치는 한, 그들은 자신이 매여 있는 토지에서 자유스럽게 이익을 추구할 수 있었고, 심지어 스스로 토지를 소유하거나 어느 정도의 재산을 모을 수도 있었다.49) 플루타르코스50)에 의하면 클레오메네스 3세 시기(기원전 228~219)에 6천명의 헤일로타이가 적어도 각자 5므나(minas)의 재산을 소유하고 있었다. 비록 이 수치를 받아들이지 않을 특별한 이유는 없는 듯하지만, 조건부로 받아들여야 하겠다. 클레오메네스는 자금이 필요했었고, 이를 모으기 위해 헤일로타이 중에서 상기 금액을 지불한 자들에게 자유를 주었다. 플루타르코스는 그가 이런 방법으로 500타란톤을 모았다고 한다.51) 전통적인 스파르타의 정치·경제 체제가 무너져 가던 시점에서 많은 헤일로타이가 가난해진 주인 덕분에 스스로 돈을 모아 부유해졌을 가능성은 충분하다.

폴룩스(Pollux)52)는 헤일로타이를 '반은 노예, 반은 자유민'이라고 불렀는데 이는 그들의 상황을 잘 표현한 말이다. 크세노폰53)은 각각의 스파르타인은 자신의 할당지에 속해 있건 아니건 어떤 헤일로타이든지 일을 시킬 수 있는 권리가 있었다고 하였는데 이는 분명히 그의 개인적인 관찰에서 나온 말이었다. 확실히 이는 긴급상황에서의 일시적인 조력에 대한 요구만을 언급한 것일 게다. 비록 그렇게 하지 않을 이유는 없었지만,54) 스파르타인이 자신들의 가정에서 가사를 돕는 하인으로 헤일로타이를 부렸는지는 불분명하다. 스파르타인이 전쟁에서 포로로 잡았거나, 해외에서 구입하였거나 하여 노예를 소유했었는지 확실히 알지는 못하지만, 아마도 다른 그리스인처럼 노예를 소유했을 것이다. 그 점에 관해서는 자료를 갖고 있지 못하다.55) 전쟁시에 헤일로타이는 당번병으로 스파르타인을 따라갔다. 그러나 플라타이아(Plataea) 전투에서 5천명의 스파르타인이 각자 7명의 헤일로타이를 대동했다는 기록은 명백한 과장이다.56)

그들은 주로 경무장 척후병(εὐζωνοι)57)이었고, 종종 중무장 장갑보병(hoplites)이기도 했다. 브라시다스는 700명의 중무장 헤일로타이를 칼키디케(Chalcidice)원정에 데리고 갔었다.58) 그러나 전쟁에서 헤일로타이는 믿을 만한 존재가 아니었는데,59) 전쟁터에서 용감하게 싸웠던 보답이 결국 살해되는 것이었다고 한다면 그들의 행동은 그다지 놀랄 만한 것도 아니다. 그들은 함대에서는 노잡이로서 봉사하였다.60) 헤일로타이가 높은 관직에 올랐던 적이 있었는지는 의심스럽다. 협력하였던 국가에 대한 스파르타의 처우에 관해 아테네인에게 호소하는 테바이의 신랄한 불평61)은 모두 사실이겠지만, 스파르타인이 헤일로타이를 각 지역의 지사(governor)로 삼았다는 것은 과장처럼 들린다. 그 자리는 스파르타인 자신들에게도 너무 탐나는 것이었기 때문에 헤일로타이에게 제공하지는 않았을 것이다.

헤일로타이에 관한 풀기 힘든 문제는 스파르타인이 헤일로타이에 대한 처우와 태도이다. 어떤 이는 스파르타인이 헤일로타이에게 잘 대해준다고 하고 또 어떤 이는 나쁘게 대한다고 말하기 때문에, 이는 그리스에서 가장 난처한 문제라고 플라톤62)은 말하고 있다. 아마도 대부분의 경우 그렇듯이 진실은 양자의 중간쯤 있기 쉬울 것이다. 어떤 위험도 감지되지 않았을 때에는 스파르타인은 분명히 지배자의 오만하고 위압적인 태도를 잃지 않는 범위 내에서 헤일로타이에게 잘 대해 주었을 것이다.

농노의 수가 지배층의 수보다 월등히 많은 나라에서 농노를 너무 강하게 억압하거나, 절망에 빠지게 만들지 않는다는 것은 확실히 현명한 조치이다. 그렇지만 이것이 사소한 불평에 대해 아주 잔인한 방법으로 억압하지 않았다고 말하는 것은 아니다. 오히려 그렇게 억압했다고 믿어도 좋을 것이고, 때로는 아주 극단적인 잔인한 방법이 쓰여졌다. 예를 들어, 기원전 424년 가장 용감한 헤일로타이 2천명을 살해했다는 투키디데스[63]의 진술이 있다. 아주 극악한 배신행위라 불러도 좋을 이 행위가 만약 사실이라면 최악의 상황을 두려워했던 정부가 당황하여 취한 방책이었을 것이고, 그것은 어떤 대가를 치르고서라도 가차없이 처리되어야 했던 일이었을 것이다. 어쨌건 투키디데스가 솔직히 인정했듯이, 이 일의 전말은 불가사의하다. 아마도 브라시다스가 칼키디케에 데리고 갔던 700명은 그 중의 일부일 것이며, 제1차 만티네아 전투에 나섰던 기록이 있으므로 그들은 분명히 살해되지 않았다.

플루타르코스[64]에 의하면, 매년 감독관은 공식적으로 헤일로타이에 대한 전쟁을 선포하였고, 그 결과 어떤 잔인한 학살도 합법적이었다고 아리스토텔레스는 말하였다고 한다. 그로트[65]는 아리스토텔레스가 그의 『정치학』에 그렇게 눈에 띄는 관행을 언급하지 않았다는 것은 있을 법하지 않다고 지적하면서, 아주 그럴듯하게 의문을 표시하고 있다. 그러나 아리스토텔레스를 전적으로 신뢰할 수는 없으며, 스파르타의 관습에 관한 그의 지식은 여러 면에서 불완전하다. 일반적으로 헤일로타이에 대해 가장 잘 알고 있다고 자타가 공인하는 크세노폰은 여기에 대해 아무 언급도 하지 않고 있다. 만약 헤일로타이에 대한 전쟁선포가 매년 실제적으로 이루어졌다면, 이는 초기에 스파르타가 위험했던 시기였을 것이고, 국가적 안전이 확보됨에 따라 무의미해진 고풍스런 의식의 일부였을 것이다. 어느 경우에건 그 관습의 중요성을 지나치게 부풀릴 필요는 없다. 뒤에 살피겠지만,[66] 암살이라는 수단으로 반란의 기미를 없앴다는 '비밀경찰' 즉 크륍테이아(crypteia)의 활동 역시도 과장된 것으로 볼 수 있는 좋은 이유가 있다.

헤일로타이를 수치스럽게 취급했다는 프리에네(Priene)의 미론(Myron)의 진술67)을 글자 그대로 믿을 필요는 없다. 헤일로타이 중 일부가 나머지 사람들의 마음을 다잡기 위해 매년 채찍질당했다는 것이 사실이라면, 스파르타인은 자신들의 자식도 훨씬 더 잔인하게 채찍질했다는 것을 언급하는 것으로 족하다. 그들이 차별을 나타내는 옷을 입었다는 진술은 그들에게 굴욕감을 주기 위해 강제된 표시로는 그렇게까지 특별한 것이 아니다. 우리가 알기에 그들은 개가죽으로 만든 모자와 가죽조끼를 입었지만, 다른 그리스의 시골사람들도 비슷한 복장이었다. 노예 이상의 체력을 가진 헤일로타이는 죽음을 당하게 되고, 그들이 비만해지도록 했다는 이유로 주인이 처벌받았다는 진술은 무시해야 할 것이다. 마지막으로 "헤일로타이에게 땅을 경작하도록 넘겨준 후, 스파르타인은 자신들에게 항상 바쳐야 하는 곡물의 일정량을 요구했다"는 진술은 옳다. 플루타르코스68)의 진술이 옳다면, 그리고 진술을 의심할 아무 근거도 없기 때문에 이 같은 조치가 그리 심한 것은 아니었다고 인정해야 한다. "헤일로타이는 미리 정해진 대가를 정기적으로 납부하면서 땅을 경작하였다. 스파르타인들은 보다 높은 지대를 받고 토지를 임대하는 것이 허용되지 않았다. 그것은 헤일로타이가 이익을 보아 기쁜 마음으로 주인을 위해 일하도록, 그리고 주인들은 보다 많은 수익을 기대하지 않도록 하기 위한 것이었다." 이는 농노체계의 필수적인 부분이었다.

플루타르코스69)는 말하기를 때때로 스파르타 젊은이들에게 폭음에 대한 경고용으로 헤일로타이를 취하게 해서 보여주었다지만, 이는 아마 사실이 아닐 것이다. 그렇지만 이런 식의 시범을 위해서는 쉽게 찾을 수 있는 적합한 대상이었다는 것은 확실하다. 아일리아누스와 파우사니아스70)는 헤일로타이가 왕이 죽었을 때 애도하고, 장례식에 참석하도록 강요당했다고 한다. 이러한 의무조항이 아주 귀찮거나 불명예스러웠던 것 같지는 않다. 모든 스파르타인 역시 왕의 죽음에 애도해야 했을 뿐 아니라, 아마도 헤일로타이는 장례행렬을 고된 일을 쉴 수 있게 해주는 휴식으로 간주했을 것이다. 테살리아와 아테네에서는 주인이 노예를 죽일 수 없었던 반면, "헤일로타이는 이러한 법적 보호를 누릴 수 없었다"는 부졸트[71]의 서술은 신중하게 해석되어야 한다. 만약 주인이 정부의 승인없이 한 헤일로테스의 거주를 옮기게 할 수 없었다면, 임의로 죽일 수는 더더욱 없었다는 것은 매우 확실하다. 그러나 정부는 어떤 법적 구실없이도 헤일로타이를 살해할 수 있었고, 또 종종 그렇게 했다.

헤일로타이에 대한 처우가 나빴다는 진술이 과장되었다는 것이 진실일 것이다. 프리에네의 미론은 별로 믿을 수 있는 저술가가 아니며, 어쨌건 그의 진술을 검토해 본다는 것도 별로 중요한 일은 아닌 듯하다. 어느 시대 어느 장소에서건 농노제도는 학대행위를 발생시켜 왔으며, 그것이 스파르타에서만 없었다고 추측할 필요는 없다. 오랫동안 이 제도가 존속되었고, 로마시대까지도 지속되었다[72]는 사실은 그들의 처지가 그렇게까지 견딜 수 없는 상황은 아니었다는 충분한 증거가 될 것이다. 헤일로타이는 토지를 경작하기 위해 주인에게 필요한 존재였고, 따라서 그들을 견디기 어려울 정도로 만드는 것은 잘못된 정책일 터였다. 어느 정도의 너그러움은 분명히 필요한 것이었을 테고, 그렇지 않았다면 불만과 비탄의 무게에 짓눌려 이 제도는 붕괴해 버렸을 것이다.

그러나 이것이 스파르타인이 헤일로타이에게서 지속적인 위협이 되는 면을 보지 못하였다는 의미는 아니다. 투키디데스[73]는 "언제나 대부분의 스파르타 제도는 특히 그들에 대해서 방어하려는 의도에서 짜여졌다"고 말하고 있다. 스파르타가 위험에 처했을 적마다 말썽은 헤일로타이에게서 터져나올 것으로 예측되었다. 농노들이 주인에 대해 봉기하도록 만들려는 시도가 페르시아 전쟁 중 적어도 두번은 있었다. 첫번째는 클레오메네스 1세 재위기이고, 두번째는 파우사니아스 재위기였다. 비록 여기에 관한 정보가 빈약하다는 것은 인정해야 하겠지만, 이 두번의 기도는 분명히 실패로 돌아갔다. 그러나 기원전 464년의 대지진 직후 심각할 정도의 헤일로타이 반란이 일어났다는 것은 틀림없다. 기원전 425년에 있었던 필로스(Pylos)에서의 재난으로 인해 아테네 진영으로 대규모 탈주할 기회가 있었고, 헤일로타이 중의 2천명을 기원전 424년에 학살했다는 증언은 분명히 이 위기의식의 소산이었을 것이다. 기원전 421년 평화조약이 맺어졌을 때, 그 조약의 두 개 조항을 주목할 필요가 있다. 암피폴리스(Amphipolis)에 대한 대가로 아테네는 필로스 주둔군으로 활용하던 메세니아인과 헤일로타이를 철수시켜야 했다. 후에 이들은 케팔레니아(Cephallenia)의 크라니이(Cranii)에 정착했다고 알려진다. 중요한 두번째 조항은 만약 '노예들'이 반란을 일으킨다면, 아테네가 스파르타를 도우러 와야 한다는 것이다.74) 확실히 큰 반란이 일어날까 염려하고 있었고, 스파르타 당국이 이를 진압하기 위해 외부의 도움을 요청할 지경이었던 것이다.

레욱트라 이후 스파르타는 메세니아를 상실하여, 메세니아의 페리오이코이와 헤일로타이는 적대적인 국가의 자유민이 되었다. 혹은 적어도 메세니아 헤일로타이는 더 이상 농노노릇을 계속하지 않았다고 생각해야 할 것이다. 그러나 라코니아 헤일로타이에게서는 불만의 소리가 터져나오지 않았다는 것은 주목할 만한 중요한 사실이다. 그들 중 6천명이 군에 징집되었다는 것을 알고 있기에, 이와 같은 충성이 단순히 두려움에서 비롯한 것이라는 말은 사실일 수 없다.75) 만약 그들이 심각할 정도로 불만을 갖고 있었다면, 스파르타인이 자신들에게 위협이 될지도 모르는데도 불구하고 그들을 무장시켰을 리는 없다. 그만한 병력이 반란을 기도했다면 쉽게 국가를 전복시켰을 것이다. 사실은 이렇다. 메세니아 헤일로타이는 항상 문제를 일으키는 존재였는데, 이는 우선적으로 사회적·경제적 무자격 때문에 그런 것이 아니라 오히려 그들이 메세니아인이었고, 스파르타의 통치를 불만스럽게 생각했기 때문이었다. 라코니아 헤일로타이는 확실히 잘 대우받은 편이었고, 우리가 알기로는 형편이 어려운 것도 아니었다. 그들은 농노이긴 했어도 얌전하게 처신하고 바칠 것만 제대로 바치는 한, 간섭을 받지 않았다. 헤일로타이가 '계속 반란을 일으키고 있다'는 아리스토텔레스76)의 말은 과장이다. 그로트는 다음과 같이 그들의 상황을 아주 잘 정리하고 있다.

스파르타에서 그들의 처우와 관련된 여러 일화는 잔인함보다는 경멸의 태도를 드러내는 것으로, 그런 감정표현은 공동식사에 참여하는 시민들 속에서도 볼 수 있는 것으로, 의외의 것이 아니었다.

다른 곳에서도 말하고 있는 것처럼,77) 스파르타 청년들을 산야로 파견하고 잠복해 있다가 전혀 예상치 않고 있던 무고한 헤일로타이를 냉혹하게 살해한다는 플루타르코스의 이야기는 아주 기괴해서 정말 믿기 어렵다. 하지만 사료에 마지막으로 나타난 이야기는 틀에 박힌 것이었다. 로마인이 스파르타를 침공하여 곤경에 처해 있을 때, 나비스는 '제5열'을 겁내 경호를 받았고 의심이 가는 헤일로타이는 거리로 끌고 다니며 채찍질한 뒤에 죽였다.78)

3. 열등시민

노예제가 경제의 한 부분인 고대세계의 모든 다른 나라 혹은 그 문제를 겪었던 현대의 나라에서처럼, 스파르타 역시 노예는 아니지만 시민도 아닌 여러 종류의 '열등시민'의 문제로 골치를 썩었고 때로는 심각할 정도로 위협을 받기도 했다. 스파르타의 경우 '열등시민'은 여러 계급으로 나뉘어 있어 몇몇 설명하기 아주 어려운 문제가 생겼다. 모타케스에 대해서는 이미 언급한 바 있지만 그 문제도 다시 논의할 필요가 있을 것이며, 파르테니아이(Partheniae)라는 용어가 의미하는 바를 알기 위해 스파르타사의 초기까지 거슬러 올라가 검증할 필요가 있을 것이다.

파르테니아이

　제1차 메세니아 전쟁이 끝나고 얼마 후에 이른바 파르테니아이의 '봉기'사건이 일어났고, 그들을 타렌툼으로 이주시켰다.79) 얼핏보기에 이야기는 간단하고 수월한 듯 보이지만, 자세히 검토해 보면 아주 기묘하며, 또 심각한 어려움이 내포되어 있다는 것이 드러난다.
　스파르타인이 메세니아를 정복하러 진군해 갈 때, 그들은 결정적으로 승리할 때까지는 집에 돌아오지 않겠노라고 맹세했었다. 전쟁은 19년이나 지속되었고, 많은 사상자가 생겨났으며, 스파르타 여인들은 남편없이 지내야 했기에 출생률이 위험할 지경으로 감소하였다. 이를 해결하기 위해 여성들은 임시적 결합을 해야 한다는 법령이 공포되었고, 그리하여 많은 자손을 볼 수 있었다. 전쟁이 끝난 후, 스파르타인은 이러한 비정상적 결합에서 생긴 사람들과 파르테니아이로 불리던 미혼의, 혹은 법적으로는 처녀인 여자에게서 태어난 자식을 경멸하였고, 그들에게 시민권을 주는 것도, 정복한 메세니아에서 할당지를 마련해 주는 것도 거부했다. 이러한 처사에 분개한 그들은 히아킨티아(Hyacinthia) 축제시기에 봉기하자며 정부전복 음모를 꾸몄다.80) 그러나 그들의 지도자인 팔란토스(Phalanthos)가 배신자였는지, 아니면 마지막 순간에 용기가 꺾였는지 아무튼 계획이 누설되었다. 확실히 거기에 가담한 숫자가 너무 많아 그들에 대한 즉결재판이 안전하게 진행될 수 없었고 그에 따라 식민으로 사태를 해결해야 했다. 팔란토스는 신탁을 구하기 위해 델포이로 파견되었다. 그는 그의 동료들과 함께 시키온으로 가고 싶었지만, 신탁은 타렌툼을 추천하였다. 확실히 멀리 떠날수록 그들과 스파르타 정부, 양자가 모두 더 안전할 것이었다. 그는 이에 따랐고, 그래서 마그나 그라이키아(Magna Graecia)에 스파르타 식민지가 건설되었다.
　이제까지의 사건개요는 아주 간단한 듯하다. 만약 플루타르코스가 전하는 어느 정도 놀라운 '우생학적' 결혼관습, 혹은 스파르타인의 결혼 외의 관계·관습을 있는 그대로 받아들인다면, 이 이야기를 지나치게 의심적은 눈으로 볼 필요는 없을 것이다. 스파르타 시민단의 수효를 유지하고자 하는 긴박한 필요는 항상 있었으며, 가문이 끊이지 않게 하겠다는 것도 몸에 깊이 밴 갈망이었다. 따라서 과감한 행동이 필요했던 것이고, 이 계획은 진정 스파르타식으로 수행되었던 것이다.

그러나 이야기를 조금 더 숙고해 본다면 이를 그대로 받아들이기에는 매우 심각한 문제가 있다는 것을 알게 된다. 먼저 이들 파르테니아이의 아버지들은 누구였던가? 테오폼포스[81]는 그들이 헤일로타이였고, 그 결과 보상으로 에퓨낙타이(epeunactai)라는 이름으로 시민이 되었다고 한다. 그는 시키온에서도 카토나코포리(catonacophori)라는 이름을 가진 비슷한 계급이 만들어진 적이 있다고 덧붙이고 있다. 부가적으로 언급할 수 있겠지만, 이는 아마도 팔란토스가 시키온에 가고 싶어했던 이유를 설명해 줄 것도 같다. 그러나 이 해석을 받아들일 수 있을까? 자존심 강한 스파르타인의 아내와 딸들이, 원했건 원하지 않았던 간에 지위가 낮아지는 것이라고 할 수 있는 일을 겪어야만 했다고 생각하는 것은 이상하다. 이 헤일로타이 아버지들이 완전한 스파르타 동등자인 시민이 되었다고 보기는 매우 의심스럽다. 이왕에 이 이야기를 받아들일 바에는 그들의 봉사에 대한 대가로 그들을 해방시켜 주기는 했지만 그 이상은 아니었다고 추정해야 할 것이다.[82]

그러나 이 헤일로타이설과는 달리 아리스토텔레스[83]는 이 비정상적인 아버지들이 이런저런 이유로 메세니아 전쟁에 나가지 않고 남아 있던 스파르타인이라고 말한다. 아마도 그들은 늙었거나 군복무가 부적격한 자들이었을 것이다. 그렇지만 만약 그들이 단순히 정부의 명령에 복종했을 뿐이었다면, 처벌받은 이유와 그들의 후손이 시민권을 받지 못했으며 또 메세니아에서 나온 전리품에 대한 몫을 받지 못한 이유에 대해 의문이 남는다. 스트라본의 저서 같은 절에 수록된 에포로스의 견해는 이 사건에 대해 전혀 다른 해석을 담고 있다. 그에 의하면 메세니아에 출정했던 스파르타인은 승리할 때까지 결코 돌아오지 않겠노라 맹세했었다. 그러나 10년이 지나자 스파르타 여성들이 남편없이 남겨진 상황과 태어날 아이가 없어서 전체 스파르타인의 미래가 위협받는 것을 불평하였다. 그리하여 전선에 있는 남성 가운데 10년 전에는 너무 어려서 그 맹세를 하지 않았던 가장 젊고 혈기왕성한 자들이 소환되어 여성들과 동거하도록 명령받았다. 군의 주력이 그로부터 9년이 지나 돌아갔을 때, 이 결합에서 나온 자식들이 크고 있던 중이었고, 돌아온 그들은 그 아이들에게 메세니아의 할당지 주기를 거부하였다. 팔란토스의 음모가 뒤를 이었고, 그 결과가 만만찮음을 알게 된 그들은 반항자를 타렌툼으로 보냈지만, 만약 그 곳이 만족스럽지 못하다면 스파르타로 돌아와도 좋으며, 그러면 메세니아의 5분의 1을 줄 것이라고 약속하였다.

　이상의 세 이야기는 모두 만족스럽지 못한 면이 있다. 메세니아 토지 분배는 전쟁 직후에 시작했을 것이라고 추정해야 할 것이다. 이 시기는 에포로스의 설에 따르면 이 파르테니아이가 8살쯤 되었을 때이고, 이는 과감한 수단을 써서 겨우 조정할 수 있었던 심각한 정치적 상황에 대한 묘사와는 잘 어울리지 않는다. 스파르타 남성들이 원정에 나가 있을 때 태어난 이 젊은이들에 관한 이야기는 매우 신뢰하기 힘들며, '또 다른 설명에 의지해야 한다. 스파르타에서는 언제나 '열등시민'이 있었는데, 이들은 완전한 스파르타 시민이 아니라 여러 이유로 동등자 대열에서 밀려난 사람들이었다. 그들 중 다수는 스파르타인 아버지와 헤일로테스인 어머니 사이에서 태어난 사생아들이었다. 스파르타인 어머니와 헤일로테스 아버지 사이에서 태어난 아이들이 많았다고 추정하기는 어려운 일이다. 그러나 이들이 누구였던 간에 파르테니아이라고 모욕적으로 불리는 '열등시민'은 메세니아에서의 전리품을 분배받지 못했고, 국가를 위협할 정도로 수가 많았으며 그 결과 제거되어야 했다. 펠로폰네소스 전쟁 후의 키나돈의 음모도 이와 비슷한 일이었는데, 이는 위협요소가 되기 전에 저지되었다.

파르테니아이가 제1차 메세니아 전쟁기간 동안 비정상적인 관계에서 나타나게 된 소생이라는 이야기는 사실일 가능성이 너무 적어 받아들이기 곤란하다. 이것은 잘 생각해 보면 불가능한 수많은 이야기 중 또 다른 한 예일 따름이다.84)

●●●●● 다른 열등시민

스파르타 역사에서 후기에는, 노예도 헤일로타이도 페리오이코이도 아니면서 완전한 스파르타 동등자도 아닌 완전히 다른 계급에 속하는 사람들이 있었다. 그들 중의 일부는 사회적으로 추락한 예전의 호모이오이의 후손이라는 것은 확실하다. 그 추락의 원인에 대해 명확히 말할 수는 없지만, 그들이나 그들의 선대가 불명예스러운 일을 했거나 불운을 겪어 더 이상 동등한 권리를 주장할 수 없게 된 사람들이라는 것은 틀림없다. 다른 이들은 국가에 공훈을 세워 해방된 헤일로타이라는 것이 확실하다. 이제 이 다양한 계층을 살펴보겠다.

단 한 번만 쓰였을 뿐인 휘포메이오네스(hypomeiones)85)라는 용어는, 헤일로타이에 속하지는 않지만, 동등자와 같은 사회적 신분을 갖지도 않았던 자들을 통칭하는 것으로 쓰였던 것 같다. 왜 반란음모를 꾸몄는지 묻자 키나돈은 스파르타에서 누구에게도 '열등시민'이 되고 싶지 않았다고 대답했었다. 파르테니아이의 봉기와 실패로 끝난 휘포메이오네스의 반란 기도를 비교해 보면 매우 밀접한 관계가 있다는 것을 알 수 있다. 두 경우 모두, 특권계급의 배타성에 항의했다. 토인비86)는 휘포메이오네스가 공동식사단에 참가하는 것을 반대투표로 거부당한 청년들일 것이라고 상정하고 있다. 이는 믿기 어려운 가설로, 4세기 초 이미 수효가 감소해 가고 있던 스파르타 시민단에 들어갈 후보자는 남기는커녕 모자랄 지경이었기 때문이다. 부졸트는 그들이 공동식사단에 제공해야 할 몫을 치를 수 없었던 사람들이었다고 그럴듯한 추정을 했다.

모타케스

모타케스는 분명히 스파르타 소년들의 놀이친구였던 젊은 헤일로타이로, 어느 정도 훈련과 교육을 함께 받았을 것이라고 추정해야 할 것이다. 앞서 보았듯이 특별한 경우를 제외한다면 그들이 시민권을 취득했을지는 매우 의심스럽다. 그들의 건방진 행동을 묘사해서 생긴 이름이라는 모토네스(mothones)는 거의 쓰이지 않았을 것이다. 아리스토파네스[87]의 희곡에서 모톤(Mothon)은 몰염치의 신이며, 다른 곳에서도 이 단어는 천박한 춤을 묘사할 때 쓰이고 있다. 이들이 크세노폰[88]이 언급했던 트로피모이(trophimoi)인지는 확실하지 않다. 기원전 380년 아게시폴리스(Agesipolis) 왕과 함께 올륀토스(Olynthos)원정을 떠났던 사람들 중에는 '트로피모이라 불리는 많은 외국인들과 스파르타인의 사생아들, 훌륭한 외양을 하고 있지만 국가의 명예로운 훈련을 받지 않았던 사람들뿐만 아니라 명예롭고 존경할 만한 사람들인 많은 페리오이코이'가 있었다. 이 구절은 트로피모이가 크세노폰의 두 아들의 경우처럼 교육을 위해 스파르타로 보내졌던 외국인 자제라는 것을 시사하는 듯하다. 당연히 그들은 스파르타 시민이 될 수 없었을 것이다.

네오다모데이스

한 계급에 관해서는 보다 확실히 말할 수 있다. 국가에 대한 공적으로 자유를 얻은 헤일로타이는 네오다모데이스(neodamodeis)[89]라 불렸다. 그들이 동등자의 신분을 획득하지는 못했지만, 자유의 대가로 병역의 의무를 져야 했다는 것은 확실한 것 같다. 아게실라오스가 그들 중 2천명을 아시아로 데려갔고,90) 모든 중요한 군사적 행동에 종사했던 것으로 기록91) 되어 있기에 그들의 수효는 상당했음에 틀림없다. 스파르타군에서의 그들의 역할에 관해서는 후에 상세히 고찰할 것이다.92)

호모이오이 즉, 동등자들의 수효는 매우 엄격하게 제한되어 있었고, 그 계층에 들어가는 것은 불가능하거나 극단적으로 어려웠다는 것이 도달할 수 있는 결론이다.

그들 밑으로 정체를 알 수 없는 일련의 사람들이 있다. 이들은 자유인이지만 여러 이유로 상위계급에서 축출되었고, 시민이 갖고 있던 정치·사회적 특권을 누릴 수 없었다. 그 이상을 말한다는 것은 부질없는 일일 것이다.

프리에네의 미론93)은 말하기를 스파르타인들은 종종 노예를 해방시켜 주며, "일부를 아페타이(aphetai:풀려난 자들), 일부를 아데스포토이 (adespotoi:주인이 없는 자들), 일부를 에룩테레스(eructeres, 조종자들), 그리고 다른 이들을 데스포시오나우타이(desposionautai:능숙한 선원들)라 불렀는데, 마지막 이들은 수병으로 배치되어 있었다." 분명히 처음의 두 가지 명칭은 별칭이었고, 뚜렷한 해방노예 계층을 이루고 있지는 않았다. 에룩테레스에 관해서는 누구의 추측이나 마찬가지이다. 뮐러94)는 그들이 전장에서 부상자들을 후송할 때 들것을 드는 사람이라고 생각하였다. 카르슈테트95)는 그들이 전쟁에서 주인을 수행하는 종자였으며, 전장에서 주인의 생명을 구한 공적으로 자유를 얻은 자였다고 생각한다. 이런 생각 가운데 실증할 수 있는 의견은 없다. 그들이 에피멜레테스(epimeletes)96) 의 지휘하에서 경찰관 역할을 하던 자들이라는 것이 아마도 이 수수께끼 같은 자들에 관한 가장 그럴듯한 설명일 것이다. 아테네에서는 그 역할을 노예와 유명한 스키티아 궁수가 했다. 데스포시오나우타이는 분명히 해군과 관련이 있을 것이다. 아마도 그들은 전장에서 무용을 떨친 것에 대한 보답으로 자유를 얻어 함대의 하급장교로 복무했을 가능성이 있다. 헤일로타이가 노잡이로 승선했다는 것은 알려진 사실이다.

●●●●● 브라시데이오이(Brasideioi)

브라시다스를 따라 칼키디케에 원정을 가서, 전장에서의 공훈으로 해방된 700명의 헤일로타이를 브라시데이오이라 불렀다. 그들은 분명히 하나의 예외적인 계급이었다. 그들에 관해서는 단편적인 정보 – 그들은 원하는 곳에 정착할 수 있도록 허락되었으며,97) 더 이상 스파르타인의 할당지에 매여 있지 않았다는 것 – 만이 알려졌을 뿐이다. 그들이 어떤 직업에 종사했는지 알 수 없지만, 아마도 상인이나, 장인 혹은 경찰이나 해군에 종사했을 수도 있다. 하지만 직업이 무엇이었든 간에 그들은 원거주지를 떠나야 했다는 것은 분명한데, 이전 주인 아래서 토지를 경작하는 일을 더 계속할 수 없었기 때문일 것이다. 투키디데스가 같은 절 뒷부분에서 그들과 네오다모데이스 일부가 후일 라코니아와 엘리스의 경계에 있는 레프레온(Lepreon)에 정착했다고 묘사하고 있는 것은 주목할 만하다. 그들이 페리오이코이 신분을 얻었다고 추론할 수도 있지만, 이 시점에서는 어떤 결론을 내리는 것도 불가능하다.

●●●●● 유태인과 스파르타인98)

「마카베」1서(1st Book of Maccabees)99)에는 주목할 만한 한 구절이 있다. 대제사장 오니아스(Onias)는 스파르타의 아레우스왕100)에게 보내는 편지에서 유태인과 스파르타인은 아브라함 가계의 형제이며, "그러므로 당신들의 가축과 재산은 우리의 것이며, 우리의 것은 당신들의 것입니다"라고 쓰고 있다. 후일 기원전 2세기 중엽에 요나단(Jonathan)은 우호조약을 갱신하기 위해 스파르타로 사절단을 보냈으며,101) 다시 그 몇 년 후에는 시몬(Simon)이 또 다른 사절을 보냈고, 감독관단은 그에게 답신을 보냈다.

이 사건은 의문스러운 점이 있고, 그 전거도 완전히 신뢰할 수 있는 것이 아니다. 물론 스파르타에 유태인 주거가 있었다는 증거는 확실한 듯하다. 왜냐하면 기원전 168년 대제사장 이아손(Jason)이 스파르타로 도망친 일이 있고,102) 기원전 139년 루키우스 칼푸르니우스 피소(Lucius Calpurnius Piso)의 편지도 이를 입증해 주기 때문이다. 외스털리(Oesterley)103)는 「마카베서」의 그 구절을 검토하고 나서 이는 삽입된 것이라면서 이 이야기 전체를 부정했다. 반면 바일러(Vailhe)104)는 이 사건을 액면 그대로 받아들였다. 그의 견해로는 비록 문서자료가 뒤섞여 있기는 해도 이를 부정할 만한 확실한 근거가 없다는 것이다. 이 문제에 대해서 어떤 단정적인 결론을 내릴 수는 없다. 유태인이, 혹독한 훈련을 하는 민족인 스파르타인에 관해 듣고 자신들의 생활양식과 비슷하다고 생각하여 그들이 자신들의 동족, 즉 '사라진' 10부족 중 하나가 아닌가 잘못 생각했을 수도 있다. 이 사건은 유태인이 큰 위기를 겪고 있을 때 일어났고, 따라서 그들이 동맹군을 찾고 있었거나 만약 일이 여의치 않게 되면 망명지를 확보하려 했다는 추론도 그럴 듯하다.

제4장

스파르타의 정치체제(1)
부족 · 왕 · 감독관

1. 부족 · 왕 · 감독관

●●●●● 정치체제의 형태

　철학자와 관찰자들은 스파르타의 다른 면에 대해서는 어떻게 생각하든 간에 정치체제에 대해서만은 찬미 일색이었다. 마음에 들지 않는 몇 가지 모습에 대해서 신랄하게 비평했던 아리스토텔레스조차도 스파르타 정치체제의 성격 전반에 대해서는 부득이 수긍해야 했다. 스토아철학자들은 소리 높여 칭찬했으며, 다른 나라의 과두주의자나 귀족주의자는 한층 더 했다. 그들이 보기에는 그야말로 이상적인 정부형태였던 것이다.
　보통 이런 정체체제를 뤼쿠르고스 아니면 다른 왕이나 철학자 중 한 사람의 작품이라고 생각한다. 바로 이것이 사람이 항상 법이나 체제에 대해 생각하는 방식이기도 하다. 즉, 하나님의 손으로 쓰여진 십계처럼 신적 기원을 가지는 것이 틀림없다는 것이다. 사실상 이것은 사회발전 초기단계의 잔존물이 분명하다. 정복부족이 새 땅에 정착할 때, 그들의 옛 지도체제를 새로운 상황에 적응시킬 필요가 있다는 것은 당연한 일이다. 방랑하는 정복단계에서는 전장에서의 절대적 지휘권을 위임한 족장이 그들을 이끌었다. 그리고 모두에게 관련된 중요한 문제, 즉 전쟁이냐 평화냐의 결정은 부족의 모든 전사가 모여 결정하였다. 전사들은 한군데 모여 제시된 문제에 대한 찬반을 소리쳐 결정했던 것이다. 족장은 노인과 명성과 용기를 지닌 현자로 구성된 자문회를 갖고 있었는데, 이들이 족장과 더불어 모든 전사가 찬성한 정책을 추진해 나갔다.
　그 때까지 이것은 간단하면서도 매우 효율적인 지도체제였다. 그러나 부족이 정착하여 복잡하고 귀찮은 문제—토지소유, 토착의 피지배 종족에 대한 지배, 국경선 밖의 여타 민족과의 관계, 그리고 국가를 압박하는 복잡한 경제적 문제-와 부딪혔을 때, 과연 그 지도력은 정착경제에서도 통할 수 있었을까?

스파르타는 이런 문제를 천천히 그리고 힘들게 해결해 나갔다. 이 모든 문제를 해결하는 것은 쉬운 일이 아니었고, 질서가 잡히기 전에는 무질서하며 내부분쟁에 시달리던 재난(κακνομία)의 시기가 있었다.1) 참주정이나 민주정 같은 새로운 정부형태로 혼란해진 사람들을 폭력적인 방법으로 강제해서가 아니라, 부족적 지도체제의 옛 형태-부족장·장로·전사-를 강화하고, 후에는 앞의 세 요소와 균형을 이루게 하는 네 번째 요소인 감독관직을 추가함으로써 증오감이 완화되었다. 그들은 매년 시민들에 의해 선출되는 행정관인 감독관직에 권력을 독점시킴으로써 국가를 혼란하게 했던 헌정문제를 해결했다. 옛 형태를 유지시킴으로써, 지속성을 잃지 않으면서도 정부의 원시적 단순성은 개선되었고, 후기의 보다 복잡한 요구에 상응하도록 변화되었다. 스파르타 정치체제가 고대와 현대의 관찰자 모두의 흥미를 끄는 것이 놀랄 일은 아니다.

●●●●● 스파르타 정부

스파르타의 정부형태에 관해서는 잘 알려져 있다. 두 명의 왕이 있는데, 얼핏보면 이상한 현상 같지만, 자세히 탐구해 보면 전혀 독특한 것이 아니라는 것을 알게 된다. 따라서 스파르타를 제한적 양두정치라고 부를 수도 있지만, 왕에게 헌정적 권력은 거의 없다고 할 정도로 극단적으로 제한되어 있어서 스파르타 정부에 제한없이 적용한다면 이런 용어는 결코 옳지 못한 것이 될 것이다. 다음으로 매년 시민들이 선출하는 5명의 행정관단인 감독관이 있었다. 그들의 행정상 권한은 매우 광범위해서 스파르타를 관료정치체제라 불러도 좋을 정도였다. 그러나 장로의 선출체로서 무시할 수 없을 정도의 권한을 지닌 장로회, 즉 게루시아(gerousia)의 존재를 생각해 보면 그렇게 부르는 것을 주저하게 된다. 그리고 마지막으로 출생에 의한 신분계급인 스파르타의 동등자가 모두 소속되어 있는 민회 혹은 에클레시아(ecclesia)가 있다. 에클레시아의 권한은 자문역으로 한정되어 있지만, 그럼에도 불구하고 확실하게 기능하고 있었고, 국가의 가장 중대한 문제를 관할하고 있었다.

그렇다면 스파르타 헌정상의 주권은 어디에 있었을까? 스파르타 정치체제에 있어서 최고 주권을 의미하는 여러 용어(τὰ τέλη, οἱ οἶκοι, οἱ οἶκοι ἄρχοντες, τὰ οἶκοι τέλη, οἱ ἐν τέλει ὄντες)[2] 때문에 혼란스럽다. 여러 주석가는 이 용어를 감독관에게만 연결시키고 있는 반면, 다른 주석가들은 이 용어를 왕·감독관·장로와 총회중 민회에 관련있는 것으로 보았다. 필자에게는 후자의 견해가 더 정확하게 보인다. 이 점에 관해 크세노폰의 한 구절은 거의 결정적인 단서를 제공한다. 스파르타인은 엘리스인과 반목하고 있었고, 이 때문에 격분한 감독관과 민회의 시민들은(οἱ ἔφοροι καὶ ἡ ἐκκλησία) 엘리스인을 정신차리게 해주기로 결의하였다. 그리고 엘리스에 사절을 보내 라케다이몬인의 정부(τὰ τέλη)에 적합한 듯한 것을 통고하였다. 여기서 보면, 영국에서 '정부'라는 용어가 내각에 적용되기도 하고 현존 행정기구 전체에도 적용될 수 있는 것과 마찬가지로, τὰ τέλη와 οἱ ἐν τέλει ὄντες는 정부를 지칭하는 포괄적인 용어라는 점이 명확한 듯하다.

스파르타의 정체(政體)를 정확히 분류하는 일이 철학자들을 얼마나 곤란하게 했는가? 플라톤은 스파르타의 체제가 민주정과 참주정 양자의 특징을 다 지니고 있어서 어떻게 불러야 할지 난감해 했다.[3] 그러나 어쨌건 두 정체의 타락한 면을 제외하고, 좋은 면만 잘 섞였다고 생각하여 만족하였다. 아리스토텔레스[4]는 이 문제에 더 깊숙이 파고들어 이것은 '민주정과 과두정이 잘 섞인 것'이라는 결론에 도달했다. "스파르타의 정부형태가 따르고 있는 많은 점이 민주정의 면모를 가지고 있어서 이를 민주정으로 보는 사람들이 많다." 여기서 '많은 점'이란 교육과 훈련이 공적인 것,

빈부간에 특별한 차이가 없다는 것이다. "더욱이 최고의 지위인 두 개의 직위에 대해서 시민들이 피선출권을 가지고 있고, 이는 장로회와 감독관 직이다."5) 그러나 다른 이들은 '예를 들어 추첨이 아니라 투표로 관리를 뽑는 것 같은 여러 가지 세부적인 점'에서 그리고 '중대사안에 대한 평결권을 가진 자들이 소수'라는 점에서 과두정이라고 간주하고 있다. 후에 보겠지만 마지막 인용문은, 형사재판권은 감독관과 장로의 특권이라는 사실을 나타낸다. 이소크라테스6)는 스파르타의 정치체제는 민주정이며, 라케다이몬인이 가장 민주적이기에 가장 훌륭하게 통치되고 있었다고 확신하였다.

> 행정관을 선출할 때, 일상생활과 전반적인 관습에서 공정함과 평등의 원칙이 세상 어느 곳보다 큰 영향력을 행사하고 있다는 것을 알 수 있을 것이기 때문이다. 그 원칙은 과두주의자는 거기에 대해 적대적이며, 잘 조직된 민주주의자는 지속적으로 실행하는 것이다.

키케로7)는 보다 신중하여 스파르타의 체제가 '혼합된(mixta)'이라고 말하는 것 이상의 정의는 하지 않았다.

정부형태가 순수하게 과두정적인 것이라는 것은 확실하며, 이 경우 과두정은 스파르타 동등자 특권집단의 것이었다. 과두정 내에 분명히 '민주적' 면모가 있었다는 것은 그리 중요하지 않다. 특권계층 구성원들은 모두 같은 권리를 가져야 했기에 어떤 과두정도 민주적 면모가 없이는 전혀 기능을 다할 수 없기 때문이다.

실제적으로 경험적인 측면에서 스파르타의 헌정체제는 뛰어난 것이었고, 아테네의 극단적인 민주정과 현대의 민주정치에서 보이는 허약한 면과 위험한 면을 피할 수 있었다. 그 형태가 발현되는 과정에서 어떤 부도덕한 면모가 보일지라도, 이는 그 자체의 특질이 아니라, 오히려 스파르타인에게 내재해 있는 허약함에서 비롯한 것이었다 하겠다. 그들의 힘 역시 스파르타인의 덕성에서 나온 것이었다. 스파르타 정부체제를 주의깊게 분석해 본다면 이 두 가지 측면을 매우 명료하게 드러내 보일 수 있을 것이다.

스파르타의 부족구성

라코니아에 침입했던 도리아인은 원래 세 부족-휠레이스(Hylleis)·뒤마네스(Dymanes)·팜필로이(Pamphyloi)-으로 구성되어 있었다.8) 이 부족의 이름을 튀르타이오스9)의 전쟁시(詩)에서 확인할 수 있으므로, 이들은 정복 이후에도 상당기간 존속하고 있었다는 것을 알 수 있다.

메세니아 반란의 진압이 있은 후 얼마 있다가, 알려지지 않은 어떤 이유로 이 세 부족편제는 씨족, 혹은 보다 작은 단위의 부족으로 바뀌었다. 라틴어로는 gentes라고 해야 할 이 단위는 코메(kome)·퓔레(phyle)·프라트리아(phratria)·오바(oba) 등 여러 가지로 불렸다. 앞의 세 이름은 같은 단위를 표시하므로 서로 바꾸어 써도 큰 상관이 없지만,10) 마지막의 것은 앞의 것과 어느 관계인지 명확하지 않으며, 알기 어렵다.

여기서 첫번째로 봉착하는 어려움은 이런 최소단위가 몇 개인지 그것의 이름은 무엇인지이다. 파우사니아스11)는 림나이(Limnai)·메소아(Mesoa)·피타네(Pitane)·코노수라(Konosoura)라는 네 개의 이름을 언급한다. 그러나 헤시키오스(Hesychios)는 여기에 뒤메(Dyme)라는 다섯번째 이름을 추가한다. 이 마지막 것은 매우 애매한데, 다른 어느 곳에서도 같은 이름이 나타나지 않으며 헤시키오스는 비교적 늦은 시기의 저술가로 신뢰성이 의심스럽기 때문이다. 로마시대에는 파우사니아스의 네 개의 이름에 아뮈클라이(Amyclae)·네아폴리스(Neapolis) 두 개가 더해져서 6개가 되었다.12) 그러므로 우리는 시민들의 주된 편제단위의 이름을 6개 내지 7개를 알고 있는 셈이다.

파우사니아스가 언급한 4부족의 경우는 확실히 매우 그럴 듯하고, 이로서 각 부족마다 7명씩 계산하여 28명의 장로회 구성원의 신비스러운 숫자를 이해하려는 시도를 할 수도 있다.13) 그러나 이는 매우 엉뚱한 추측이며, 무시되어야 할 것이다. 5부족의 경우가 더 그럴 듯하다. 5라는 숫자 [혹은 5의 배수]는 지속적으로 나타나고 있으며, 중요하게 취급되어야 할 것이다. 예를 들어 다섯 명의 감독관과 역시 다섯 명의 아가테오에르기(agatheoergi)14)가 있다. 니키아스의 평화조약에 서명할 때도,15) 기원전 404년 아테네의 항복을 협상할 때도 15명의 위원이 있었다.16) 기원전 464년 대지진 때에는 한 부족에 하나씩 오직 다섯 채의 집만이 무너지지 않고 서 있었는데, 이는 아마 어법상의 과장이었겠지만, 그럼에도 불구하고 여전히 중요한 의미를 지닌다.17)

그러나 만약 4개가 아니라 5개의 코메가 있었다면 다섯번째 것의 이름은 무엇이었을까? 뒤메·아뮈클라이·네아폴리스 이 세 개중에서 골라야 할 것이다. 부졸트18)가 추론하기로는, 뒤메가 원래명칭이었지만 스파르타 시민의 수효가 줄어들면서 사라지게 되었고, 클레오메네스 3세가 네아폴리스라는 새로운 코메를 창설하였다고 한다. 이 가설이 불가능한 것은 아니지만, 증명할 수가 없으며 뒤메에 대한 증거는 매우 빈약하다는 것을 지적하지 않을 수 없다. 웨이드-게리가 지적하듯이19) 비록 명확한 증거는 없지만, 네아폴리스가 헬레니즘 시대 후기에 기원했다는 것은 거의 의심할 여지가 없다. 따라서 남은 것은 아뮈클라이밖에 없는 셈인데, 이에 대한 증거는 훨씬 풍부하다. 이 곳은 스파르타시로부터 3마일밖에 떨어져 있지 않았고, 페리오이코이 '구역'이 아니고 완전히 스파르타인의 거주지인지 비록 확신할 수 없기는 하지만, 그랬다고 보는 편이 유일하게 논리적인 결론일 것이다. 또 확실히 로마시대 비문20)에서 같이 나타난 게론트라이(Geronthrai)라는 읍락과 달리 오바로서 표현되었다. 따라서 아뮈클라이가 아마도 다섯번째 부족명일 것이라고 조심스럽게 결론지을 수 있을 것이다.21)

스켑시스의 데메트리오스(Demetrios of Scepsis)22)의 글 속에는 간략하게나마 훑어보아야 할 구절이 있다. 그는 9개 부족과 27개의 프라트리아가 있었다고 한다. 하지만 여기서는 카르네이아축제에서의 배치만을 언급하고 있는데, 텐트 혹은 차양(σκιάδες)이 세워졌을 때, 각각에는 9명씩 머물게끔 되었다. 각 스키아스는 세 형제단을 포함하며, 축제는 9일간 계속되었다. 확실히 이는 축제만의 특별한 배치였다. 톰슨은 *Journal of Hellenic Studies*에 수록된 그의 논문 "The Greek Calendar"에서 이 축제에 관해 언급하면서 9는 미노아-미케네 시대의 종교에서 성스러운 수였고, 분명히 8년 주기(octennium)와 관련이 있다고 한다. 그러나 이 모든 문제는 매우 불명료하다.

부족단위에 대해서 어느 정도 의문이 있다고 할 정도라면, 오바가 무엇인지에 대해서는 더욱 심한 편이다.23) 이외에도 오바는 우리가 아는 바가 거의 없는 아주 오래된 편제단위이다. 플루타르코스24)가 인용한 레트라에 의하면 오바가 퓔레나 코메와 같지 않다는 것은 명백한 듯하다. 델포이의 신탁은 다음의 말로써 뤼쿠르고스에게 장로회를 출범시키라고 했다고 전해진다.

> 그대는 제우스 쉴라니오스(Zeus Syllanios)와 아테나 쉴라니아(Athena Syllania)의 신전을 세우고 사람들로 하여금 퓔레들은 퓔레하고(phyled the phyles, φυλὰς φυλάξαντα), 오바들은 오바한(obed the obes, ὠβὰς ὠβάξαντα) 후에 지도자들을 포함한 30명의 장로의 협의체를 설립할 것이다.

분명히 이 구절은 틀린 것이 있다. φυλὰς φυλάξαντα가 중요한 의미가 있다면 이는 분명히 '퓔레를 방어하거나 보호한'을 의미할 것이다. 적어도 이는 이해가 가능한 것이다. 그러나 ὠβὰς ὠβάξαντα는 매우 이상하다. 하지만, 이 말의 문자적 해석을 주저할 수밖에 없음에도 불구하고, 전반적인 의미는 어렵지 않다. 레트라가 의미하는 바는 사람들을 서로 다른 부족, 퓔레와 오바로 나눈 후에 안정적 정부형태를 출범시키라는 것이다.

분명히 오바는 사람들을 나누는 일종의 편제단위였다. 길버트(Gilbert)25)는 이는 퓔레의 하부단위였다고 결론을 내렸고, 노이만(Neumann)26)도 여기에 따르고 있다. 파레티27)는 세 개의 오바는 원래의 도리아 세 부족에 상응하는 것으로 그 각각은 다시 세 개의 트리에카데스(triecades)로 세분되고, 장로회는 원래 27명에 에우리폰티다이・아기아다이・아이게이다이(Aegeidai)의 세 왕가의 족장 혹은 왕들이 더해진 것이라는 견해를 채택한다. 이 생각은 매우 독창적인 것이지만, 거의 증거를 내세울 수 없다. 프랑꼬뜨(Francotte)28)는 신중한 학자로 오바가 무엇인가에 관한 문제는 해결할 수 없는 것으로 보고 포기하고 있다. 하제브뢱29)은 오바는 시민의 편제였고 로코스는 군의 편제였으며, 둘 다 다섯 개 구역단위에 기반하고 있다고 제시한다.

웨이드-게리30)는 다음과 같이 본다.

부족적 군편제가 다섯 개 연대[morai 혹은 lochoi]로 대체되었을 때, 이들은 그 명칭을 스파르타시의 네 개 구획과 새로운 구역인 아뮈클라이에서 따왔다. 이 편제단위가 오바라 불렸고, 이 '신형군(new model army)'을 '오바군(obal army)'이라 부를 수 있다. 아마도 사실상 모든 스파르타인들은 스파르타시 혹은 아뮈클라이—후자는 더 의심스럽지만—에 법적으로 등록되어 있었을 것이다. 시민들의 할당지는 에우로타스 계곡이나 메세니아의 바깥에 있었을 수 있지만, 헤일로타이가 일을 잘하는지 정기적으로 감시하기 위해 가지 않는 한 거의 그 곳을 방문하지는 않을 것이다.

이 이론은 정확한 증거는 없지만 논리상으로는 완벽하다. 그러나 φυλὰς φυλάξαντα라는 말에서 한 가지 난제가 남는다. 그 난제란 새로운 오바체계가 부족적 분류 혹은 퓔레의 분류를 대체하기 시작했다면, 왜 퓔레가 확실히 남아 있느냐는 것이다. 거기에 대해서는 스파르타인의 타고난 보수주의 때문에 옛 부족단위를 버리지 않았다는 것이 유일하게 가능한 답변일 것이다. 이 편제단위는 법적 중요성이 사라졌을지라도 공식적으로는 존재했다는 것이다. 예를 들어 사실상 군을 소집할 때 이는 무시되었지만, 자부심 강한 스파르타인이 자신은 명성높은 뒤마네스 부족의 일원이라고 뻐기는 것을 충분히 상상할 수 있다. 중요한 문제는 어느 오바에 속했냐는 것이었다.

왕 권

스파르타는 단일군주제가 아니라 2왕제였다. 두 개의 왕가와 두 명의 왕이 있었는데, 이 사실로 말미암아 관찰자들은 항상 놀라고 당혹스러워 하며 이것은 고대나 현대의 어떤 국가에도 없던 독특한 제도라고 생각하기 일쑤이다. 그러나 사실상 이런 생각은 옳지 않으며, 고대에도 상당히 많은 예를 찾아볼 수 있다. 예를 들어, 리키아(Lycia)의 왕은 벨레로폰(Bellerophon)을 제거하는 데 실패한 뒤 제거계획을 포기하는 대신 공주와 결혼시켜 '왕권의 반'을 넘겨주었다.31)

메세니아에서도 스파르타가 정복하기 전에 두 명의 왕 혹은 족장들이 통치하고 있었음이 확실하다. 파우사니아스는 "메세니아에서 핀테아스(Phinteas)의 아들들인 안티오코스(Antiochos)와 안드로클레스(Androcles)가 통치했다"32)고 서술한다. 그는 또 기술하기를 후에 이 둘 사이에 내분이 일어나 안드로클레스가 죽고 안티오코스 혼자 다스렸다고 한다.33) 안티오코스가 죽었을 때, 그의 아들 에우파에스(Eupaes)가 왕권을 계승하여 2왕제는 끝났다.34) 그러나 후일 제1차 메세니아 전쟁 이후에 스파르타는 안드로클레스 가문의 왕권에 대한 주장을 인정하고 아버지가 죽은 뒤 자식들과 함께 스파르타로 망명했던 그의 딸에게 히아미아(Hyamia)로 불리던 왕권을 수여하였다.35)

파라이(Pharae)에서는 디오클레스(Diocles)가 사망하자, 니코마코스(Nicomachos)와 고르가소스(Gorgasos)가 계승하였다.36) 또, 엘리스에서는 아우게아스(Augeas)가 아마린케오스(Amarynceos)에게 통치권의 일부분을 떼어주었다.37) 그 후 놀랍게도, 아우게아스가 사망하면서 그의 아들 아가스테네스(Agasthenes)와 함께 암피마코스(Amphimachos)와 탈피오스(Thalpios)가 공동으로 통치하였다.38) 그밖에 투키디데스는 카오니아(Chaonia)에 대해 "이 나라는 왕이 통치하는 것이 아니라 두 가문의 족장들이 다스리는데, 포티스와 니카노르가 일년씩 돌아가며 한다"39)고 기술한다. 퀴메(Cyme)40)·미틸레네(Mytilene)·퀴지코스(Cyzicos)·에피로스(Epiros)41)에서도 2왕제 혹은 다왕제(多王制)의 흔적을 찾을 수 있다. 닐슨(Nilsson)42)은 호메로스시대와 후기의 스파르타 군주제와 튜튼족의 제도를 비교해 보았는데, 둘 다 공동통치자가 드문 것이 아니었다. 알바니아와 고대 스웨덴 역시 왕이 두 아들을 두고 죽은 경우에는 공동통치를 하는 경우가 일상적이었다. 고대 샴(Siam)에서도 역시 2왕제의 흔적을 찾아볼 수 있다.43) 따라서 2왕제 혹은 다왕제나 공동통치제가 결코 드문 것이 아니며, 스파르타의 2왕제를 독특한 것으로 보는 것은 잘못이라 하겠다.

    족장제나 군주제하의 국가에서 둘이나 그 이상의 부족동맹이 중앙정부로 이행해 가는 과정을 겪을 때, 이와 같은 체제가 나타나는 것은 매우 당연한 것이라고 생각할 수 있다. 스파르타의 경우에는 에우로타스계곡을 정복했던 도리아 부족이 집주하는 과정에서 이 제도가 생겨난 것이 매우 확실하다.44) 부족이 몇 개였든 간에, 즉, 그들이 원래 휠레이스·뒤마네스·팜필로이라는 세 개의 부족이었는지 아니면 그 이상이었던지 간에,45) 아기아다이·에우리폰티다이46)라는 두 가문의 수장들이 있었다는 것은 매우 명백하다. 그리고 정치적으로 연합할 것에 합의하고 이 두 왕가는 헌정상 같은 권리를 나누어 가졌다. 따라서 스파르타의 '신비' 중 하나는 결국 신비한 것이 아니라고 해도 그다지 무리는 없을 것이다. 2왕제는 둘이나 그 이상 사이의 지배권에서 실제적 타협을 추구했던 족장제의 원시적 체제가 유지된 것이지, 결코 독특한 것이 아니며 다른 여러 나라에서도 찾아볼 수 있는 것이다.

"만약 아버지가 왕이 되기 전에 자식을 보았어도, 왕이 된 후 낳은 아들이 왕위를 계승해야 한다"는 것이 헤로도토스47)가 전하는 왕위계승의 원칙이었다. 만약 왕이 아들을 남겨놓지 않고 죽으면, 왕위는 직계 상속자 중에서 그 다음 순위의 남성에게 돌아갔다.48) 새로운 왕이 아직 미성년이라면, 다음 계승권을 가진 남자 친척이 후견인과 섭정, 즉 프로디코스(πρόδικος)의 의무를 져야했다.49) 왕을 부르는 공식적 명칭은 아르카게테스(ἀρχαγέτης)였다.50) 헤시키오스는 바실레우스(βασιλεύς : 왕)와 스트라테고스(στρατηγός : 행정관)의 합성어인 바고스(βανός)가 왕의 명칭이었다고 하지만, 이는 너무 그럴 듯해서 오히려 실없이 들리며, 심각하게 받아들일 필요는 없다. 어찌되었건 이 명칭은 다른 어느 곳에서도 찾아볼 수 없고, 무시해도 좋을 것이다.

   왕은 체제를 유지하겠다는 맹세를 해야 했고, 한편으로 그들이 헌정적 질서에 맞추어 행동하는 한, 감독관 역시 왕권유지를 보장하겠다는 맹세를 하였는데, 이로써 왕이 감독관의 뜻에 따라야 했다고 추론할 수 있다. 만약 왕이 감독관이 원치 않는 일을 한다면 이를 비헌정적 행위라고 쉽게 몰아붙일 수 있었을 것이라는 것은 상상하기 어렵지 않다. 감독관이 하려는 것은 무엇이든지 대충 묵인하는 것이 왕에게 가장 안전한 길이었다. 왕의 이러한 맹세가 즉위할 때 한 번만 이루어졌는지,51) 아니면 다른 사료가 나타나는 것처럼 매달 새로 했는지는 그렇게 중요한 문제가 아니다. 만약 두 왕이나 혹은 그 중 하나가 맹세를 잘 지키지 않는다면, 감독관단이 공식적으로 왕의 행동을 확인하고 위협할 기회를 가질 수 있기 때문에 매달 맹세했다는 견해가 더 타당한 것 같다.

   스파르타에서 왕권의 발전과정을 추적해 볼 때, 호메로스에 나타난 왕권과 비교해 보는 것으로 해석의 실마리를 잡을 수 있을 것이다. 아가멤논 같은 호메로스시대 왕은 전쟁의 지도자이자 신과 인간 사이의 중개자였다. 전장에서는 무한대의 권한을 휘둘렀고, 신과 인간의 중개자로서 모세가 이스라엘에 대해 그랬던 것52)처럼 사제적 기능을 수행하였다. 예를 들면, 전염병이 돌자 아가멤논은 정화를 명했고, 희생물을 바쳤으며,53)

오뒷세오스는 아폴론 신의 분노를 진정시키기 위해 황소 100마리의 희생을 바쳤다.54) 재판은 분명히 왕의 권한에 있어 핵심적인 것이 아니었다. 오뒷세오스가 신을 두려워하고 '정의를 유지하는' 순결한 왕이라 언급할 때55)를 제외하면, 왕이 재판관으로 나타난 적은 없었다. 전체 구절은 매우 흥미로운데, 이는 왕이 순결하고 그의 행위가 신들을 기쁘게 하는 한 그 백성이 하늘의 축복을 받아 번성하기 때문이다. 이 생각은 프레이저가 『황금가지(Golden Bough)』에서 많은 예를 들듯이 원시종족 사이에서는 공통적으로 나타나는 것이다. 호메로스시대의 왕은 일정한 특권을 누렸다. 그들은 '좌석과 식탁에서 고기를 먹을 때, 넘쳐흐르는 잔의 특별한 경의'를 누렸고, 신처럼 존경받았다.56) 또, 전쟁의 전리품을 나눌 때에도 특별한 몫을 분배받았다.57)

스파르타에서 왕들은 거의 이와 비슷한 기능과 특권을 행사했던 것을 알 수 있다. 그들은 전장에서 지휘관이었거나 적어도 지휘관 중 하나였다. 클레오메네스와 데마라토스의 의견의 불일치가 불행한 결과를 가져오자, 전장에는 한 명의 왕만 나가는 것이 더 낫다고 생각하게 되었다.58) 그들은 공식적으로 전쟁선포권을 갖고 있었으나,59) 그것을 행사했던 적은 없었다. 아테네에 대한 전쟁선포를 결정하는 문제로 스파르타에서 큰 논쟁이 벌어졌을 때, 아르키다모스왕은 사려깊게 조언했으나 그의 충고는 기각되었다. 사실 이 시기 왕의 권한은 그런 중요한 문제에 대한 결정은 내리지 못할 정도까지 떨어졌으며, 전쟁터에서의 행동도 감독관의 엄밀한 감독을 받아야 했다. 전쟁에서 왕이 실패하면 엄하게 처벌되었을 것이다.60)

당대인들은 2왕제가 신적 기원을 갖고 있다고 생각하고 설명했는데, 두 왕가는 틴다레오스(Tindareos)의 후예로 디오스쿠리(Dioscuri), 즉 라케다이몬의 왕이었던 틴다레오스왕61)의 아들로 부왕이 죽은 후 스파르타의 두 왕으로 통치했던62) 위대한 쌍둥이 형제 카스토르(Castor)와 폴룩스(Pollux)의 후손이라고 보았다. 프레이저가 여러 예를 들어 설명했듯이, 원시부족은 쌍둥이에 대해 항상 경외심을 가졌다.63) 스파르타에서는 디오스쿠리의 후손이라는 주장으로 두 왕가에 신성한 성격을 부여하기 충분했다. 두 왕은 사제적·군사적 기능에서 디오스쿠리의 인도를 받는 것으로 여겨졌다. 즉, 전쟁시에는 디오스쿠리 중 하나가 스파르타 왕과 정신적으로 동행하고 다른 하나는 뒤에 남아 있는 왕과 함께 스파르타에 남아 있다는 것이다.64) 스파르타인이 '카스토르의 가락'에 맞추어 전장에 나아갔던 것으로 미루어보면, 그들은 전장에는 카스토르의 영이 함께 있고 폴룩스는 본국에 남아 있다65)고 믿었을 것이다.

전쟁을 개시하기 전에 왕은 군대를 이끌고 제우스신에게 제사를 지내야 했다. 그 결과 징조가 좋으면, '성화를 옮기는 자가 제단에서 성화를 취하여 국경까지 옮기고', 왕은 다시 한 번 제우스와 아테나 여신에게 희생을 올렸다. "두 신으로부터 좋은 징조를 받는다면, 국경을 넘게 되고 이 때, 희생제에서 취한 결코 꺼뜨려서는 안되는 성화를 앞세우는데 갖가지 희생물도 함께 가지고 간다." 이 희생물은 보관했다가 전투 전에 왕이 마지막으로 징조를 볼 때 쓰였다.66) 왕이 전장에 나갈 때는 디오스쿠리의 성스러운 표지인 도카나(δόκανα)를 앞세웠다.67)

왕은 신과 인간 사이의 중개자로서 신비스러운 특성을 갖고 있었다. 국사가 잘되어 나가면 신들은 즐거워하였고, 잘 풀리지 않으면 왕의 중개 행위가 실패한 것으로 여겨 불공정하게도 그들에게 책임이 돌아가 사람들의 분노가 쏟아지기도 했다.68) 왕의 지위는 신들이 호의를 보이는 동안만 유지되었으며, 매9년마다 신들이 흡족해 하는지 아니면 불쾌해 하는지 징조를 관찰하였다. 이는 분명히 8년간 만 재위하는 고대의 관습에서 나온 것이다.69) 이 8년통치의 관습은 뤼산드로스가 레오니다스 2세를 폐위할 때, 교묘하게 쓰여졌다.

매9년마다 감독관단은 구름도 달도 없어 별이 잘 보이는 밤을 골라 한 군데 조용히 모여앉아 하늘을 관찰한다. 그리고 만약 유성을 보게 되면 곧 왕들이 신들에 대해 죄를 지었다고 선언하고 그에 따라 델포이나 올림피아에서 신탁을 받아 면 죄될 때까지 모든 왕권의 행사는 정지된다.70)

파크71)는 이런 과정이 한 번 이상 있었을 것이라고 지적한다. 레오니다스 2세는 기원전 243~242년에 폐위되었고, 8년주기로 역산해 보면 클레오메네스가 아리스톤왕의 아들이 아니라는 이유로 데마라토스를 폐위한 것이 기원전 491~490년이라는 결론에 이르게 된다. 이 경우 델포이의 신탁은 그에게 불리하게 나왔다.72) 기원전 476~475년의 레오티키다스 (Leotychidas), 기원전 446~445년의 플레이스토아낙스(Pleistoanax), 기원전 395~394년 파우사니아스의 세번의 폐위사건의 경우는 훨씬 더 불분명하다. 앞의 두 경우는 주기에 맞지 않지만, 마지막 경우는 들어맞는다. 카르슈테트73)는 이미 파우사니아스의 경우 폐위시에 유성을 관찰하는 방법을 사용했을 것이라고 추측했고, 이는 대단히 편리한 방법이었을 것이라고 보았다. 그러나 파크는 이 사건은 왕의 정통성이 의심되는 경우가 아니었고, 왕과 감독관 사이의 정치적 견해 차이가 신탁에 의해 판결받기에는 그리 적절한 사안이 아니었기 때문에, 이것이 전형적인 경우가 아니라고 생각하여 이 추측을 의심하였다. 따라서 이 경우는 확실하지 않다고 해야 할 것이다.

시민을 위해 델포이 신탁의 지침을 받아내는 것이 왕의 의무였고, 이를 위해 두 명의 퓌티오이(pythioi)74)를 임명하였다. 이들은 필요시 신탁을 묻고 왕에게 보고하기 위한 특사였다. 그러나 그들은 헤로도토스가 말하듯 발표될 신탁을 보존하여 "왕에게도 또한 비밀을 유지했었다." 감독관은 이노 파시파이(Ino Pasiphae) 성역에서 영감을 얻고 있었는데, 그것이 왕의 신탁에 필적하는 것이었음은 흥미롭다. 왕은 또한 그들 가문의 수호신이었던 제우스 라케다이모니오스(Zeus Lacedaemonios)와 제우스 우라니오스(Zeus Uranios)75)의 신관이었다.

왕은 신성한 성격을 갖고 있었지만, 왕 중의 하나를 폐위시켰던 네

번의 사건 즉, 데마라토스·레오티키다스·플레이스토아낙스·파우사니아스의 경우는, 신성함이 그들을 지켜주지 못했다. 마지막 경우는 사형까지 선고받았지만 테게아로 달아나서 겨우 모면할 수 있었다.76) 그러나 아기스 4세가 살해되었던 것은 경악스러운 일로, 병사들 중 일부는 왕에게 폭력을 행사한 것에 항의하기도 했다.77) 또한 왕은 완전해야 즉, 장애인이 아니어야 했다. 신탁이 절름발이 왕에 대해 경고했지만, 뤼산드로스는 레오티키다스가 서출이라고 단언하면서 그의 주장을 반박하고, 절름발이 아게실라오스를 왕위에 오르게 하기 위해 이 신탁을 교묘히 해명하였다.78)

스파르타왕의 사법적 기능은 매우 제한적이었고 거의 존재하지 않는 것이나 마찬가지였다. 형사사건은 장로회가 다루었고, 민사사건은 감독관이 재판하였다.79) 왕들은 고아인 상속녀를 약혼시킬 의무가 있었다. 또 양자 결연식은 왕들이 임석한 자리에서 이루어졌고, 공도(公道, public highways)를 건설하는 것도 그들의 소관이었다.80) 공도를 건설하는 것이 왜 그들의 소임이 되었는지는 분명하지 않다. 이에 대해 선조들의 유해가 깔려 있는 땅을 도로가 잠식하는 것을 막는 일과 관련있는 종교적 기능 때문이라는 의견이 있다.81) 아마 이보다 나은 설명은 군사령관으로서의 기능 때문이라고 보는 것으로, 사실상 도로의 유지란 군의 이동에 매우 중요하기 때문이었다.82) 오늘날에도 '왕의 공도(King's Highway)'라고 말하고 있다. 이 점에 관해서는 명확하게 결론을 내릴 수 없다. 아게실라오스가 재판관 역할을 했다는 언급은, 이 사건이 전시에 일어난 것이었고 그는 사령관으로서 모든 분규를 해결해야 했다는 점으로 설명해야 한다.83)

왕의 대권을 이해하는 데 있어서, 불행히도 명확한 결론을 얻기는 어렵지만, 그래도 다소 중요한 사항이 하나 있다. 그것은, 만약 두 왕이 합심하여 행동한다면 감독관들의 명령을 무시할 수 있다고 뤼산드로스와 만드로클레이다스가 아기스 4세에게 탄원하고 있는 대목이다. 그들은 다음과 같이 말하였다.

　　감독관단은 두 왕 사이에 의견충돌이 있어 공익에 관한 의견이 서로 다를 때, 보다 옳다고 생각되는 의견을 선택함으로써 권력을 갖게 되는 것이다. 그러나 두 왕이 합심하면 왕의 대권은 확고하여 감독관이 그들에 대해 자신들의 권력을 주장하는 것은 법률에 맞지 않을 것이다. 비록 왕들이 서로 불화가 있을 때면, 그들 사이의 중재자로서 행동하는 것이 감독관의 특권이지만 왕들이 한 마음이면 간여할 수 없는 것이다.84)

　　둠과 카르슈테트는 이를 정당한 헌정적 원칙으로 받아들였다.85) 개별적인 왕은 한 행정관에 지나지 않아 왕에 반대하여 일을 진행시킬 수 있지만, 두 왕이 합심하면 적어도 이론적으로는 절대적인 왕권을 행사할 수 있는 것이었다. 단독왕으로서는 자신의 법적 지위가 변칙적인 상태에 있다고 느낀 ―사실 그랬다― 클레오메네스 3세는 '균형을 맞추기 위해 왕권이 전부 회복된다면 감독관의 권한이 줄어들 것이라고 생각하여, 다른 왕가의 적법한 계승자'인 아기스의 동생 아르키다모스를 메세니아로부터 불러들였다. 불운한 아르키다모스를 살해한 후, "그는 절대로 권력을 탐한다는 느낌을 주지 않기를 바라면서 동생인 에우클레이다스와 왕권을 나누었다. 그리고 이것은 스파르타에서 두 명의 왕이 동일한 왕가에서 나온 유일한 경우였다."86) 두 왕이 협력하면 절대권력을 행사할 수 있다는 견해를 입증하기 위해 인용할 수 있는 예가 있다. 만약 두 왕이 모두 공동식사장이 아니라 집에서 식사하기를 원한다면 그들의 식사를 날라다 주지만,87) 한 명만이 그렇게 하기를 원한다면 전쟁에서 돌아왔던 아기스 왕의 경우88)에서처럼 행정관은 그 요구를 거절할 수 있다는 규칙이 그것이다. 매달 하는 맹세는 개별적으로 하는 것(ὑπὲρ ἑαυτοῦ)이었고, 두 왕이 한데 모여서 하는 것은 아니기 때문에, 그들이 함께 체제를 유지하겠다는 맹세를 강요당하지는 않았다.89) 클레오메네스와 레오티키다스가 아이기나의 인질을 잡은 뒤 안전유지를 위해 그들을 아테네에 넘겼던 것에 대해 아이기나인들이 불평한 사건[90]에서 보이는 것처럼, 두 왕이 협력하면 이에 반하는 어떤 법적 절차도 밟을 수 없었다. 이처럼 두 왕에 대해서는 어떤 고발도 할 수 없었지만, 클레오메네스가 사망하자마자 아이기나인은 레오티키다스에 대해 법적 절차를 밟았다.[91] 스파르타인이 자신들의 왕을 아이기나인에게 넘겨준다는 것은 특별한 일이었다. 그러나 아이기나인은 재임중인 스파르타 왕에 대해 폭력을 행사한다면 심각한 결과가 야기될 것이라는 현명한 충고에 따라 자제하였다. 그리하여 레오티키다스와 아이기나인들은 아테네로 가서 인질을 돌려줄 것을 요구했다. 그러나 아테네인은 두 왕이 데리고 왔던 이들을 한 사람의 왕에게 내줄 수는 없다는 이유로 그 요구를 거부하였다.

그러나 이 증거가 결정적인 것은 아니다. 플루타르코스가 감독관이 별을 관찰하는 의식에 대해 말하면서 신들이 불쾌해 한다는 징조가 나타나면 왕은 신탁으로부터 판결이 나올 때까지 직권행사가 정지된다고 한 점을 주목할 필요가 있다. 만약 왕들이 합심하여 감독관이 하는 요구를 거절한다면 어떻게 되었을까? 이 경우는 왕의 직권이 더 우월하게 작용하며, 감독관은 신들의 명령을 따를 뿐으로 왕을 폐위하거나 권한을 일시정지시키는 그들의 권한은 문제가 되지 않았다고 주장할 수도 있을 것이다. 그러나 이 점에 관해 결론을 내린다는 것은 불가능하지는 않더라도 어려운 일이다. 왕권은 매우 약해져서 감독관의 권한이 이론적으로 한계가 어디까지였건 간에, 거기에 완전히 종속되다시피 하였다는 것이 우리가 알 수 있는 유일한 것이다.

두 왕가 사이의 반목과 질시는 유명했고,[92] 만약 두 왕 중 한 하나가 다른 왕에게 모욕받았다고 생각한다면, 교활한 감독관들이 이런 감정을 고의로 부추겼다고 상상하기는 어렵지 않다. 그들은 단연 헌정상의 통치자였으며, 전제주의적 방법에 의해 자신들의 지위가 위협받지 않도록 주의해야 했는데, 특히 그들 전에 레오티키다스의 전례가 있었기 때문에 더욱 그랬다. 어느 쪽이건 만일 다른 쪽이 사망한다면 그 자신이 살아남은 자로써 두 사람의 행위에 대한 책임을 추궁당할지 모른다고 생각하는 것은 기분좋은 일이 아니었다.

왕은, 상당한 정도로 존경받았다. 생활비는 국가에서 보조받았으며,93) 페리오이코이의 땅 중에서 토지를 분할받아 수입을 얻었다.94) 그들이 '스스로 생활했는지' 즉, 자기 토지에서의 수입만으로 살았는지 아니면 일반세(general tribute)도 받았는지는 확실하지 않으며 주석가들도 거기에 대해서는 의견이 날카롭게 대립되어 확실한 결론을 내릴 수가 없다. 어떤 경우일지라도 그들은 그리스 전역에서 가장 부유했다고 소문이 났다.95) 이는 분명히 과장된 것이겠지만 상당한 재산을 보유했던 것은 분명하다. 예를 들어 아기스 4세가 부의 평준화를 제안했을 때, 자신의 재산 6천 타란톤을 내겠다고 했고 그의 어머니와 할머니가 스파르타에서 가장 부유한 여성이었다고 플루타르코스도 전하고 있다.

그들은 전쟁에서는 전리품의 한 몫을 분배받았다. 헤로도토스96)는 플라타이아 전투가 끝난 후 파우사니아스가 전리품의 10분의 1을 받았다고 전한다. 그러나 클레오메네스 3세는 메갈로폴리스를 점령한 후, 6천 타란톤의 3분의 1을 취했다.97) 클레오메네스는 전권을 가지고 있었고 두려워해야 할 감독관도 없었기 때문에 하고싶은 대로 행했을 것이 분명하다. 그들은 희생제에서는 제물의 껍질과 등심을 받았고, 한 배에서 새끼를 낳을 적마다 돼지 한 마리씩을 받았다.98) 공동식사를 할 때 왕은 두 몫을 받았는데, 크세노폰이 신중하게 덧붙이고 있듯이 자신들이 더 먹으려는 것이 아니라 그들이 선택한 사람에게 여분의 분량을 줌으로써 경의를 표시할 수 있게 하기 위함이었다. 아게실라오스는 그보다 한 수 더 떠서 자기 몫을 모두 주어버려서 저녁식사를 하지 못했던 적도 있다.99)

왕은 당연히 장로회의 일원이었다. 그들이 장로회에 법안을 제출할 수 있었는지는 의문스럽다. 아기스 4세는 채무를 탕감하고 토지와 재산을 균분하자는 내용의 유명한 법안(rhetra)을 장로회에서 채택해 주기를 바라며 감독관 뤼산드로스를 시켜서 제출하였다. 아직 매우 젊었던 아기스는 그런 혁명적인 제안은 감독관 중의 하나가 제출하는 것이 더 적절하다고 생각했을 수도 있기에 이 사건은 결정적인 증거가 되지 못하며 아직도 의문점으로 남게 된다. 그렇지만 왕이 토의에 참여했다는 것은 확실하다.

두 왕가는 권한에서 동일했으며, 아기아다이 가문이 에우리폰티다이 가문보다 더 유명하고 힘이 있었다는 몇몇 학자의 주장은 증거가 없다. 공식적으로 두 왕 중에서 더 오래 재위한 사람이 선임자이며 그의 이름을 모든 공식문서에 먼저 쓰게 되어 있었다.100)

새로 왕이 즉위하게 되면 신왕은 자신이나 국가가 받을 모든 채무를 소멸시킨다는 포고를 내렸다.101) 그들은 종교적 축제에서 영예의 좌석에 앉는 것이 허용되었으며, 민회에 입장할 때는 감독관을 제외하고 모두 일어나야 했다.102) 투키디데스103)는 일반적으로 생각하는 바와 달리 그들이 장로회에서 각각 두 표의 투표권을 가지지 않았다는 것을 애써 설명하고 있다. 이 오해는 헤로도토스의 한 구절에서 파생된 듯하다.104) 그러나 이 구절에서는 확실히 그들이 두 표의 투표권을 가진 것이 아니라, "만약 그들(왕들)이 참석하지 않는다면 그들과 가장 가깝게 관련된 장로회 구성원이 왕의 권리를 행사하고 자신의 권리도 행사한다"고 되어 있다. 왕은 공식적인 궁전이 있었고,105) 그 곳에서 집무를 보고 왕가만의 공동식사를 했다고 추정할 수 있다. 그것은 분명히 매우 오래된 것이었으며, -적어도 출입문은 두 왕가의 조상인 아리스토데모스(Aristodemos)에 의해 건축된 것이었다- 소박하고 불편했음이 확실하다. 공식적인 거처 혹은 궁전 이외에도 각각의 사저가 있었다.

왕에게 어떤 명예와 특권이 주어졌다 해도 감독관에 대한 완벽한 종속을 대치할 수는 없었다. 우리가 알기로106) 왕들은 감독관에게 '아이가 부모에게 복종하듯이' 순종했으며, 조금만이라도 명령을 무시하는 경향을 보이면 처벌되었던 것은 확실하다. 하지만 감독관이 세 번 부를 때까지는 그 소환명령을 거부할 수 있는 관례107)가 있는 것처럼 얼마간의 자율성의 징후가 없었던 것은 아니었다.

장례식

헤로도토스[108]는 왕 중 하나가 사망했을 때 사람들이 지켜야 했던 세밀한 애도절차에 대해 자세히 기록하고 있다. 왕의 부음(訃音)은 전국에 공표되었고, 여자들은 냄비를 두드리면서 시내를 돌았다. 비문명 종족에게 특징적인 이 신기한 방식은 아마 아주 옛날부터 전래되어 온 것으로, 이는 국가의 수호자인 왕이 죽었을 때 국가를 넘볼지도 모르는 악령을 소음으로 놀라게 해서 쫓으려는 의도인 것 같다. 아니면 죽은 왕의 혼령이 앙심을 갖는 것에 대한 대비책일지도 모를 일이다. 각 가정마다 자유민 남녀 하나씩 비탄의 표식으로 남루한 행색을 취해야 했는데, 그렇게 하지 않으면 많은 벌금을 물어야 했다. 이 관습은 아시아의 비문명인들도 시행하고 있었다고 헤로도토스는 언급한다. 스파르타인과 페리오이코이 중에서 수천 명의 대표가 소집되어 장례식에 참여하였다. 그들은 한데 모여 장례식에 참여할 때, 이마를 치며 끝없이 슬퍼하면서 죽은 왕이 가장 훌륭한 왕이었다고 외쳤다. 이러한 애도는 아마도 망자의 영혼을 달래어 죽은 후에 사람들에게 해를 끼치지 못하게 하려는 의도였을 것이다.[109] 아마도 '고인에 대해서는 좋은 말이 아니면 하지 말라(de mortuis nil nisi bonum)'는 로마의 옛 속담도 같은 취지에서 나왔을 것이다. 만약 왕이 전사했다면 유해를 방부처리하여 스파르타로 운구하였다. 아게실라오스가 이집트에서 귀환하는 도중 스파르타에 도달하기 전에 사망했을 때, 병사들은 꿀이 없어서 -꿀은 일반적으로 방부처리할 때 쓰였다- 밀랍으로 유해를 감쌌다고 코르넬리우스 네포스(Cornelius Nepos)[110]는 전한다. 죽은 왕의 조상(彫像)은 호사스러운 긴 의자에 눕혀져 대중에게 전시되었다. 장례가 끝나고 10일까지는 어떤 회합도 가질 수 없었고, 애도기간 중에는 행정관의 선거도 할 수 없었다.

왕세자

왕세자의 지위와 특권에 관해서는 거의 알려진 것이 없다. 플루타르코스111)를 신뢰할 수 있다면, 솔직히 말해 엄격한 훈련은 지나치게 순종적이고 책임을 지는 것을 두려워하게 만들기 때문에 왕에게는 어울리지 않는 특성을 갖게 한다는 이유에서 다른 스파르타 소년이 이수해야 하는 훈련을 왕세자는 받지 않았다. 따라서 그는 기술적으로는 전혀 스파르타 시민이 아니며, 아마 왕이 되지 않는다면 어떤 공직도 맡을 수 없었을 것이다. 부왕이 정무를 수행할 수 없었을 때 왕세자가 정무를 수행했을지는 의심스럽다. 아게실라오스가 병들었을 때 아르키다모스가 그를 대신하도록 국가에서 지명한 적은 있지만, 이는 예외적인 지명이었을 것이다.112) 아르키다모스를 위해 이소크라테스(Isocrates)가 작성한 연설문으로 판단해 보건대 왕세자는 민회에서 연설하는 특권을 가졌다고 결론을 내릴 수 있을 것이다.113)

2왕제의 종언

이 특이한 제도인 2왕제가 수세기 동안이나 지속될 수 있었던 것은 스파르타의 보수적 기질 덕분이라고 설명할 수 있을 것이다. 또한 이 체제가 대체적으로 그렇게 나쁘지는 않았다고 할 수 있다. 경쟁관계인 두 왕가 사이의 다툼은 끝없이 일어났으며, 이 다툼으로 인해 재임중의 왕은 모든 기력을 다 소비하게 되어 국사에 관여할 시간이나 의향이 거의 없을 정도였는데, 이것이 바로 감독관이 노렸던 점이기도 하다. 한 왕이 문제를 일으킬 소지가 있다고 보이면 종종 감독관은 다른 왕을 교묘하게 부추겨서 그에게 대항하도록 했다고 추측할 수 있고, 이는 사실 골칫거리를 제거하는 간단하면서도 매우 효율적인 방법이기도 하다.

왕권의 위신은 대단한 것이어서 어떤 감독관도 군주제도를 폐지할 엄두를 내지는 못했다. 플루타르코스와 디오도로스114)가 기록한, 세습제에서 선거제로, 왕을 뽑는 방식을 바꾸려했던 뤼산드로스의 계획은 주목할 가치가 있다. 아테네를 정복했던 뤼산드로스는 분명히 세습제는 비효율적일 뿐만 아니라 선거제로 바꾸게 된다면 자신이 매우 적합한 후보자라고 결론을 내렸을 것이다. 그는 그렇게 된다면 후보자를 자신도 포함되어 있는 왕가의 후손에만 국한시킬 것인지, 아니면 모든 시민에게 기회를 줄 것인지 고민한 듯하다. 사실인지는 모르지만, 그는 할리카르나소스의 클레온에게 자신의 제안을 옹호하는 연설을 써달라고 요청했다고 한다. 또한 그는 델포이·도도나(Dodona)·제우스 암몬(Zeus Ammon)의 신탁을 물어보면서 뇌물로 매수하려 했지만 긍정적인 답변을 얻지 못했다고 전한다. 그는 심지어 신의 후예임을 주장하고 또 누군가의 사주를 받아 델포이의 서고에서 왕의 선거제에 관한 예언을 발견했다고 주장하는 한 사기꾼을 비호하기까지 했다.115) 뤼산드로스가 이 계획을 실제로 극단적으로까지 밀고 나가려 했었는지 말하기는 어렵다. 그러나 감독관단이 이 계획에 동의하는 것을 주저했기 때문에 중단되었다고 말할 수 있을 것이다. 뤼산드로스 사후 아게실라오스가 그의 유품 중에서 클레온의 연설문을 발견하고 이를 공표하려 했다고 전해진다. 그 해 수석감독관이었던 라크라티다스(Lacratidas)는 감독관직에까지 영향을 미칠 심각한 반향을 불러올지도 모른다고 충고하여 이 공표를 막았다.116) 군주제는 그보다는 훨씬 후, 참주 나비스가 제거되었을 때 끝났고 다시는 부활하지 못했다.

감독관직

매년 선출되는 5명의 행정관으로 구성된 감독관단에 스파르타의 행정권이 맡겨졌다. 이 감독관직의 기원에 관해서는 오랫동안 논쟁이 있어왔고, 아직도 결론이 나지 않았다.117)

감독관직의 기원에 관해서는 신중하게 고려해 보아야 할 다음의 세 이론이 있다.

① 감독관은 도리아 부족에서 아주 오래된 옛날부터 직책을 맡고 있었던 사제, 혹은 점성술사였다. 이들이 점진적 단계를 밟아 대권을 행사하게 되었고 왕의 지위를 침해하게 되었다.
② 감독관직은 왕이 전장에 나갈 때, 통치기능을 수행하도록 임명한 직책으로 왕의 창작물이었다.
③ 그들은 원래 다섯 개 부족의 수령이었고, 그리하여 민주적 지도자들이 귀족의 지배를 뒤엎고 스파르타에 '민주적' 정부형태를 들여왔다.

1. 신비스러운 힘을 소유했던 사제단이 있었고, 그들이 세속권력을 점차 침해했다는 것은 상당히 가능성있는 일이다. 유사한 제도가 퀴레네(Cyrene)·테라스(Theras)·헤라클레아(Heraclea)·메세네(Messene)에서도 발견되었기 때문에.118) 그 기원이 매우 오래되었다는 것은 명백하다. 이 견해에는 '감독관(ephoros)'이라는 말의 어원에 관한 문제가 같이 따라 다닌다. 이 단어는 통상 감시자 혹은 감독자를 나타내는 것으로 생각된다. 하지만 이 단어가 원래 유성이나 일식 같은 현상을 해석하여 신들의 호오(好惡)를 알아내는 선지자·마술사 혹은 주술사·점성술사 혹은 하늘을 관찰하는 자를 의미했다고 보는 것도 전혀 불가능한 이야기는 아니다.119) 그들은 달력을 조정했고, 그들 중 우두머리 즉 대사제의 이름을 따서 임기 중 해(年)의 이름을 붙였다.120)

감독관직의 옛 성격에 대한 이 견해를 굳이 배척해야 할 이유란 없다. 사제계급은 계속해서 권리를 주장해 왔고, 이들이 국가의 실세가 되었던 경우는 거의 모든 시대와 지역에서 아주 많았다. 추장이나 왕이 허약하고 사제계층이 강하고 능력있는 경우, 마술적 힘을 내세워 국민을 통치해야 한다는 주장으로 편리하게도 법적으로는 왕의 통치권을 유지하면서도 거의 성직정치를 행하는 것이다. 예를 들어 앞서 기술했던 것과 같이, 매9년마다 왕의 통치에 대한 신들의 응답을 알기 위해 하늘을 관찰했던 것처럼, 스파르타 감독관직에 점성술적인 흔적이 있다는 것을 부인할 수는 없다. 그들은 신들의 뜻이 그들에게 꿈으로 나타날 때, 이노 파시파이(Ino Pasiphai)의 신전에서 잠을 잠으로써 신의 가호를 얻는다고 자처하였다.121)

그러나 감독관직의 이런 고대사제적 성격을 완전히 무시할 수는 없지만, 위에서 예를 든 것은 예외로 보는 것이 적절하며, 감독관에게서 모든 종교적 속성은 사라진 듯하다. 사제계급이라면 결코 이런 특별한 기능이 소멸되도록 하지 않았을 것이다. 그들은 자신들이 갖고 있는 권력 내에서 모든 수단을 동원하여 그 종교적 기능에 집착하고 또 강화할 것이다. 따라서 세속권력과 바꾸어 그들의 사제로서의 성격을 대부분 포기한다는 것은 거의 있을 수 없는 일이다. 사제로서의 권한이 세속권한보다 더 효과적이므로 이를 포기할 것 같지는 않다. 스파르타에서 감독관직이 대권을 얻게 된 이론으로서 이 설명은 불완전한 면이 있다.

감독관직의 기원에 대한 보다 평범한 설명은 뮐러122)가 제시하였는데, 그는 그들이 원래 시장 감독자였다는 설을 제시한다. 감독관들이 계약을 포함하는 모든 사건을 판결하는 자들이었다는 그의 주장은 이 경우 거의 설득력을 가지지 못한다. 시장을 통제하는 것이 그들의 의무 중 하나였다는 것은 매우 개연성이 있으나, 기원에 대해서는 거의 설명해 주지 못한다.

2. 감독관직은 왕이 만든 제도라는 가설, 즉 행정수반인 왕 중 한 명, 혹은 두 명이 모두 전장에 나가 있을 때, 행정과 사법 기능을 수행하도록 하기 위해 감독관을 임명했다는 이야기는 플루타르코스123)의 한 구절에서 나온 것으로, 이 구절은 면밀히 검토해 볼 필요가 있다. 클레오메네스 3세(기원전 238~219)는 스파르타의 정치체제를 전복하고 개혁을 시도하면

서 감독관들을 살해하고 자신의 행동을 정당화시키기 위해 다음과 같이
말하였다.

> 뤼쿠르고스시대에 장로회와 왕은 협력하고 있었고, 이 정부형태로 오랫동안
> 지내왔으며 다른 종류의 행정관은 필요치 않았다. 그러나 후에 메세니아와의
> 오랜 전쟁 중에 군을 지휘해야 하는 왕이 재판을 집행할 여가가 없었으므로,
> 친구들 중 몇을 뽑아 자신들 대신 시민들의 요구사항을 처결해 주도록 위임하
> 였다. 이들을 감독관이라고 불렀고, 이들은 처음에는 왕의 하인처럼 처신하였
> 다. 그러나 후에 그들은 점차로 권력을 독점하게 되었고 최고행정권을 장악하
> 였다. 아직까지도 남아 있는 그 증거 중의 하나는 감독관이 부르면 왕이 첫번
> 째와 두번째 부름에는 거부하다가 세번째에야 일어나서 출석하는 관습이다.
> 그리고 그 권력을 처음 최고로 높인 아스테로포스(Asteropos)는 그 제도가
> 확립된 이후에도 매우 오랫동안 살아 있었다. 따라서 그들이 자신들의 고유영
> 역에만 만족했다면, 소란을 일으키기보다 감독관을 용인하는 편이 더 나을 것
> 이다. 그러나 갑작스럽게 얻은 권력으로 왕을 추방하고 변명도 듣지 않고 고래
> 의 헌정질서를 정복하며 가장 훌륭하고 성스러운 체제를 스파르타에 회복하려
> 는 사람들을 위협하는 이 제도를 나는 용인할 수 없다.

플루타르코스가 보고하였든 창작하였든 간에 연설 전체의 의미는 일
종의 특별한 변호이며 따라서 가능한 한 의심해야 하겠다. 클레오메네스
는 감독관직이 왕의 칙령에 의해 창설되었던 것이며, 왕의 대권을 비헌정
적으로 침해하였기 때문에 이를 폐기하는 것이 정당하다고 말하며 자신의
폭력적 쿠데타를 변명하고 있다. 이를 검증해 보면, 감독관직을 왕권으로
창설했다는 주장은 모든 고대의 저술가들에게서 나타난다는 것은 인정해
야만 한다. 크세노폰124)·플라톤125)·디오게네스 라에르티오스(Diogenes
Laertios)126) 등처럼 헤로도토스127)는 왕가의 일원이었던 뤼쿠르고스가
창설했다고 했다. 아리스토텔레스128)는 플루타르코스129)가 다른 구절에
서 뤼쿠르고스가 죽은 지 130년 후에 이루어진 일이라고 덧붙이며 말했던
것처럼 테오폼포스왕이 창설했다고 보았다. 그러나 뤼쿠르고스가 언제 사

망했는지에 대해서 전혀 아는 바가 없기 때문에, -그가 실존인물인가 하는 것 자체가 논란거리이다- 여기에서는 전혀 힌트를 얻을 수 없다. 확실히 왕이 창설했다는 이론을 배척할 뚜렷한 이유를 찾을 수는 없다.130) 그러나 플루타르코스의 진술도 매우 상이한 점을 보이고 있다는 점을 주목해야 할 것이다. 그는 뤼쿠르고스전에서 테오폼포스 왕이 감독관단이 가한 압력에 깨끗이 손을 들었고, 왕비가 그에게 무기력함에 대해 힐난하자, 사실상 불가항력으로서 압력에 굴복하는 것이 오히려 스파르타의 왕권을 보존하는 길이었다고 변명했다고 전한다. 이 서술은 그가 클레오메네스전에서 왕이 군을 지휘하고 있을 때, 친구들을 임명하여 일을 처리하게 했다고 서술한 것과는 아주 다르다. 테오폼포스 왕이 메세니아 전쟁에서 스파르타인을 지휘했다는 데 대해서는 의견이 일치하고 있는데,131) 그것은 기원전 8세기 후반의 일로 보아야 할 것이다. 두 왕이 모두 전쟁에 전념해야 했기 때문에 감독관들의 권한이 증가했거나, 권한이 감독관에게로 위임되었을지도 모른다는 생각은 메세니아 전쟁이 오래 끌었던 사실과 맞물려 테오폼포스왕이 했다는 행동에 의해 어느 정도 인증되고 있다고 보는 것이 적절하다. 그러나 테오폼포스가 새로운 행정관단으로서 감독관 직을 '창설'한 것은 아니라는 것은 분명하다. 진본이건 아니건 간에 테오폼포스 시대 이전의 수석감독관의 명단이 남아 있고, 이는 적어도 매우 이른 시기에도 그들의 지위가 존엄하고 중요한 자리 중의 하나였다는 것을 보여준다.132)

 3. 감독관이 부족의 수령들이었던가? 다섯 명의 감독관은 다섯 개 부족과 어떤 밀접한 관련이 있음에 틀림없다. 다섯 개 부족, 다섯 개 로코이, 다섯 명 감독관이 있는 것이 단순한 우연의 일치일 수는 없다. 그들은 아마도 원래 왕의 최고고문 역할을 하던 부족의 수령들이었을 것이다.133) 이들이 처음에 그 지위를 어떻게 획득했는지는 모르지만 아마도 선거에 의해서였을 것이다. 그렇지만 역사시대에 감독관단은 시민 전체에 의해서 선출되었고, 자신의 부족을 대표한다는 성격은 모두 없어졌다는 것을 알

고 있다. 왕과 감독관이 매월 행하는 맹세는 왕과 부족 사이에 정기적으로 갱신되던 조약이었다.134) 이 조약은 정당하게 신임된 시민의 대표자들이 신적 기원에 의해 지명된 왕과 맹약하는 것을 보여주기에 중요하다.

감독관은 헌정상 왕의 고문이자 다섯 개 부족의 대표자로서의 지위에서 차근차근 권력을 장악하여, 결국 왕의 모든 중요한 권력을 침해하고 법적으로는 아니더라도 실제적으로는 스파르타를 통치하게 되었다. 이 전개과정은 6세기 말에서야 절정에 이른, 느린 것이었음에 틀림없다. 감독관은 클레오메네스에 의해 당시의 감독관이 살해될 때까지 최고의 권력을 갖고 있었다. 그 이후 감독관직은 영구적으로 억압받은 것은 아니지만 무력해졌고, 스파르타의 헌정질서상 파트로노모이(patronomoi) 다음 자리를 차지하였다. 그 직제는 로마지배시대까지 계속되었고, 상당한 권한을 가졌다는 증거가 있다.135)

아스테로포스와 킬론

감독관 아스테로포스가 감독관의 권한을 증진시켰다는 클레오메네스 왕의 진술을 좀더 숙고할 필요가 있다. 아스테로포스에 관해서는 알려진 것이 없을 뿐 아니라 존재했는지도 불투명한 인물이다. 그의 이름의 의미인 '별을 보는 자'는 의심을 불러일으키는데, 이는 분명히 감독관의 점성술적 기능과 관련되기 때문이다. 우리가 확신을 갖고 말할 수 있는 것은 그의 존재를 부정할 수도 확인할 수도 없다는 것이다.136) 감독관직 창설문제는 디오게네스 라에르티오스137)가 킬론이 이 체제를 만든 인물이었다고 주장하면서 더 복잡해졌다. 그는 킬론이 52차 올림피아 제전이 열리던 해(기원전 572)에 노인이었고, 56차 제전기(기원전 556)에는 수석감독관이었다고 단언하였다. 그는 그리스 '7현인' 중 하나로 꼽혔다.138) 헤로도토스는 그가 아테네의 참주인 피시스트라토스의 아버지

히포크라테스(Hippocrates)와 동시대인이었다고 했다.139) 수사학자인 알키다마스(Alcidamas)140)는 장로회의 일원이었다고 말한다. 킬론에 대해서는 그 이상 알려진 것이 없다. 그에 관한 증거는 상당히 강력하여 그가 역사적 실존인물이었음은 명백한 듯하다. 하지만 그가 감독관직을 창설했다는 것은 매우 불확실하여 사실상 그 가설은 받아들이지 말아야 할 것이다. 그가 감독관직을 강화하여 큰 권력과 위신을 실어준 것은 실제로 있었을 법하다. 그같이 명망있고 지혜로운 이가 감독관직을 맡았기 때문일 것이다.

하지만 아스테로포스나 킬론 혹은 아마도 뤼쿠르고스와 동일시되는 입법자가 감독관직을 '창설'했는지(즉, 스파르타 헌정상 지도적 위치를 부여했는지) 아닌지는, 실제로 그다지 중요한 문제는 아니다. 분명한 것은 어느 시기에 －기원전 7세기인지 6세기인지는 확실치 않지만 기원전 6세기였을 개연성이 매우 높다－ 스파르타는 '민주화'되었고, 권력균형이 왕과 장로회에서 시민(Demos)이 공개적으로 선출하는 감독관에게로 기울어졌다는 것이다. 킬론의 시기와 들어맞는 기원전 6세기 중반에 감독관단은 상당한 영향력을 행사했으며, 기원전 5세기 동안 이 영향력이 점진적으로 커져갔다는 것은 확실하다. 기원전 480년에 그들은 외교문제를 전담했으며, 펠로폰네소스 전쟁 말기에는 군사문제까지 장악했다.141) 감독관들이 아낙산드리데스(Anaxandrides)왕으로 하여금 다른 왕비를 맞아들이도록 했다는 헤로도토스142)의 서술은 그들의 왕에 대한 지배권을 나타낸다는 점에서 중요한 사례이다.

선 거

감독관들은 전체시민 중에서 선출되었고 따라서 전적으로 민주적이었다는 것은 의심할 바가 없는 듯하다. 여기에 대한 아리스토텔레스의 언급143)은 아주 분명한 것은 아니지만 혼동의 여지는 없다.

두 개의 가장 중요한 관직 중에서, 전체시민이 선거권을 가지고, 다른 하나에는 피선권을 가진다.〔그들은 장로회 구성원을 선출하고 감독관직에 선출될 권리를 갖는다〕

'감독관직에 선출될 권리'라는 것은 시민 즉, 스파르타 전체시민단이 자신들의 계층에서 그들을 선출할 수 있고, 감독관이 장로회 구성원일 필요는 없다는 것을 의미한다. 가숑(Gachon)144)은 장로회 구성원이 징조(omen)가 좋게 나온 사람들을 후보자로 지명하고 그들 중에서 인민의 투표로 감독관이 선출되었다고 추론한다. 이는 불가능한 것은 아니지만 전혀 증거가 없다. 아리스토텔레스145)는 장로회에 선출되려는 사람들이 선거운동을 하고 다녔다고 하였으며, 이 관행에 대해 아주 좋지 않게 말하면서도, 감독관직 후보자에 대해서는 언급하지 않고 있다. 그렇지만 그들 역시 마찬가지였을 것이다.

감독관직의 권한

감독관직의 기원과 발전에 관해 의문이 남아 있기는 하지만, 감독관직은 역사상 그 기능과 권한 면에서 유례를 찾아보기 힘들 정도다. 그들은 매년 선출되는 일단의 행정관료로서 겨울에 임기를 시작한다.146) 그들이 장로회 구성원 중에서 선출될 필요는 없고, 일반시민 중에서 누구라도 가능했다는 사실을 주목해야 할 것이다. 수석감독관은 그 중의 의장이었고, 장로회와 민회가 정식회기 중에 모일 때 이를 주재했다.147) 정책은 과반수 득표로 결정되었다.148) 그들은 에포레이온(ephoreion)이라고 불리는 관저가 있었거나, 아니면 아마 시장에 단순한 사무실을 갖고 있어서 거기에서 스파르타식으로 함께 식사했을 것이다.149) 그들이 관직에 취임하자마자 하는 일은 다소 놀랍게도 사람들에게 콧수염을 깎고 법률에 복종하라고 명하는 일이었다.150)

그들이 외교정책에 대한 권한을 얼마나 부여받았는지는 의문스럽다. 분명히 전쟁151)이나 평화,152) 조약을 맺는 일153)은 장로회와 민회가 함께 모인 자리에서 최종결정을 내렸을 것이다. 외국의 사절이 입국하려면 국경에 머물러서 감독관의 입국허가를 얻어야 했다.154) 스파르타에 도착하면 사절들은 감독관에게 용건을 제출하고, 감독관은 이를 민회에 상정할 것인지를 결정하였다.155) 전쟁이 선포되면 감독관의 권한은 더욱 커졌다. 그들은 군대를 구성하라는 명령을 내리고, 어떤 연령층이 소집될 것인지를 결정하였다.156) 또한 장군들에게 명령을 내렸고,157) 전장에서 실패하면 그들을 소환하였다. 왕 중의 하나가 전쟁에 나가면 구(舊)소련의 정치위원처럼 감독관 중의 두 명이 함께 나갔다.158)

아게실라오스왕은 약삭빠르게 그들에게 판단을 위임하고, 명령을 듣는 체하였다. 이를 정치적 기민함으로 돌릴 수도 있지만, 그가 왕위를 계승했을 때 일어났던 잡음 때문에 더 이상 갈등을 야기할 수 없었기 때문이라고 볼 수도 있다. 감독관을 같은 편에 두고 있는 한은 안전했다. 플루타르코스는 다음과 같이 말한다.

> 그는 그들과 다투는 대신에 비위를 맞추었다. 그가 착수하는 일마다 그들의 조언을 들었으며, 자신을 부를 때마다 항상 갈 준비, 아니 거의 뛰어갈 준비를 하고 있었다. 그가 왕좌에서 소송사건을 청취하고 있을 때, 감독관이 들어오면 그들을 보자마자 자리에서 일어났다. 장로회의 구성원으로 선출된 사람에게는 겉옷과 황소를 선물로 보냈다. 따라서 그는 복종하는 듯이 하면서 자신의 권력을 키우기를 원하여, 은밀히 자신의 세력을 키우고 우정을 통해 그에게 부여된 여러 자유를 이용하여 왕의 대권을 늘렸다.159)

비록 키나돈(Cinadon)과 아기스 4세와 그의 가족을 처형한 것처럼 때때로 그런 처분을 행하기도 했지만, 감독관이 사형을 언도할 권리를 가졌다는 증거는 없다. 그와 같은 행동은 매우 비합법적인 것이었고, 충격적인 것이어서 그들의 권위와 권한을 흔들어 놓았던 것이 분명하다. 클레오메네스가 그들을 쉽게 처리할 수 있었던 것이 그 증거이다. 또한 그들이 추방을 선고할 수 있었다는 증거 역시 찾을 수 없다. 감독관이 할 수 있었던 것은 피고에게 벌금형을 내리는 것뿐이라는 것이 분명하다. 그들은 스파르타에 돈을 반입한 것에 대해 벌금을 부과했던 적이 있다.160) 또한 어떤 게으른 남자에게 벌금을 매긴 것161)과, 놀랍게도 평판이 좋지 않은 것에 대해서 벌금을 부과했다는 것162)이 알려져 있다. 감독관은 아기스 왕이 희생제를 지내야 할 때 지내지 않은 것에도 벌금을 부과했다.

감독관이 훈련을 통제한다는 것은 그들이 청년들의 교육을 매우 중요하게 생각했던 증거라 하겠다. 청년들은 열흘마다 체력시험을 받아야 했다.163) 청년이 심각한 비행을 저지르면 그는 감독관 앞에 출두해야 했다. 그들은 매년 왕의 근위대장(hippeis) 세 명을 선택했는데, 이들은 스파르타군의 선발대를 형성하였다.164)

하급행정관에 대한 권한에는 제한이 없었다. "그들은 직무수행중의 행정관이라 해도 면직할 권한을 갖고 있었을 뿐 아니라, 투옥하고 재판에 회부하여 사형시킬 수도 있었다."165) 행정관의 임기가 끝날 때에는 감독관 앞에서 그에 대해 보고해야 했다. 그들은 또한 비밀경찰인 크립테이아(crypteia)를 통솔하고 있었다.166) 그밖에 국가재정을 통괄하였고, 모든 전리품을 분배받았으며 세금을 부과하였다.167)

감독관은 장로회와 민회를 소집하고, 회기 동안 주재하였다.168) 애매하기는 하지만,169) 법령발의권은 그들에게만 있었던 것 같다.170) 그들이 장로회에 대해 어느 정도로 직접적인 책임을 졌는지, 혹은 임기 중에 기소될 수 있었는지 아니면 퇴임한 후에나 기소될 수 있었는지에 대해서는 알 수 없다.171) 감독관은 장로회와 함께 형사법정을 구성하여172) 형사처벌을 하였다.173) 계약문제를 포함하는 민사사건은 감독관들 단독으로 혹

은 그들 중의 일부만으로도 판결하였다.174)

그러므로 그들의 권한이 매우 컸다는 것은 명백하다. 그들은 선출직이라는 것과 임기가 단지 1년이라는 것에서만 제한을 받았지만, 다시 평범한 시민으로 돌아갔을 때 이전의 행동에 대해 진술하도록 소환되거나, 보복당할 수도 있다는 것을 알기에 신중하게 행동했을 것이다. 아리스토텔레스는 감독관 선출방법에 대해 매우 못마땅해했고, 그 중 몇 가지에 대해서는 신랄하게 비판하였다.175)

이들 행정관은 가장 중요한 문제를 처리할 권한을 가지고 있지만 일반시민 중에서 선출된다. 그 결과 아주 가난한 사람이 선출되는 경우도 종종 있는데, 그들은 여건 때문에 쉽게 매수된다.… 그리고 이들은 돈으로 매수당하여 도시를 파멸시킬 수도 있는 일을 하였다. 그들의 권력이 너무나 크고 거의 참주에 가까울 정도이기에 왕도 그들에게 아부해야 했고, 국가에 크게 해를 끼친다.

아마도 수석감독관의 이름으로 수행되었을 의무 중의 하나는 음력과 양력을 맞추기 위해 매3년마다 윤달을 하나 만들어 선포하는 것이었다.

젊은 개혁가인 아기스 4세의 외삼촌인 감독관 아게실라오스는 적절하지 않은 윤달을 선포하고 거기에서 세금을 거두어 들여 비난을 받았다.176)

이 구절은 상당히 중요하여 몇 가지 결론을 이끌어내게 한다. 첫째로, 꼭 그럴 필요는 없지만 '감시자' 혹은 '별을 관찰하는 자'라는 고대의 역할이 아직 감독관직에 속한다는 것을 분명히 시사해 준다. 천문학자 혹은 점성술가로서 하늘을 관찰하는 것은 그들의 의무였고, 따라서 그들은 언제 달력을 개정해야 할지 아는 사람들이었다. 둘째로, 아게실라오스가 적절하지 않은 때에 윤달을 선포한 것이 책망받을 일이긴 해도 이것이 적어도 그의 법적 권한내에서 이루어졌다는 것이다. 셋째로, 윤달을 넣는 것이 수석감독관에 의해서 이루어졌다는 추론이 옳다는 것이다. 그 해가 그의 이름을 따서 붙여졌다면, 윤달을 삽입하는 것이 그의 책임이라고 추정하는 것이 당연한 일이다. 아테네에서 수석 아르콘이 같은 의무를 가지고 있었다는 것을 보여주는 증거도 있다.177) 넷째로, 필자의 추론이 옳다면 아게실라오스는 그 해의 수석감독관이었고, 다른 자료는 없다. 그의 고압적이고 불법적인 행동이 자행되었던 시기였기에 더욱 그럴 법하다.178) 수석감독관은 최고등급의 행정관이었고, 상당한 영향력을 행사할 수 있었기 때문에 아게실라오스도 그렇게 할 수 있었다. 다섯째로, 그가 끼워넣은 윤달에 대해 세금을 거두었다는 언급은 매우 불분명하므로 이후 자세히 논의하기로 하자.179)

감독관직에 대해 숙고하지 않은 까베냑(Cavainac)180)은 펠로폰네소스 전쟁 중에 직책을 맡았던 감독관 중 셋만이 중요한 역할을 했다고 말한다. 솔라리181)는 기원전 500년에서 기원전 184년까지 1,580명의 감독관들이 재직하였지만, 그 중 72명의 이름만이 남아 있다는 것을 지적한다. 그들이 '별로 유명하지 않은 사람들'이었다는 것은 확실히 사실이다. 그렇지 않았다면 불행한 일이었을 것이다. 그들은 단체로 행동했고, 개인의 독자성은 그 직책에 묻혀버렸다. '불온한' 사람이 선출될 가능성은 별로 없었다고 말할 수도 있겠다. 전체 행정체계는 "과두적이고 군사적이며, 왕들과 인민을 의심스럽게 보고 절대적인 훈련과 결정을 내리고 집행하기 위한 속도와 은밀성이 필요했던 정부에 훌륭히 적응되었다."182)

고대의 정치제도를 중세·현대의 제도와 비교해 본다는 것은 위험할 뿐만 아니라 별 효과도 없다. 감독관직은 어떤 면에서는 베네치아공화국의 10인위원회와 닮은 점이 있다. 확실히 겉으로 보기에는 유사해 보이지만 이를 더욱 심화시켜 비교해 본다는 것은 불가능하다. 분명히 스파르타의 두 왕과 베네치아의 총독은 유사한 점이 없었고, 감독관직의 존재로 인해 왕의 대권을 유지하는 것은 정지되었다. "인민과 지도자간의 권력분배라는 난제는 양자에게 최소한의 권위를 부여하고 체제의 전통적인 권위주의적 성격을 유지함으로써 해결되었다."183)

감독관직의 몰락 : 파트로노모이(patronomoi)

아기스몰락 이후, 감독관직을 오만하게 남용하면서 직책을 1년 더 수행하겠다는 전대미문의 대담한 주장을 했던184) 아게실라오스가 추방되자, 아기스가 지명했던 사람들 대신 들어선 감독관단은 직권을 되찾아, 클레오메네스 3세가 쿠데타를 일으킬 때까지 보수정책을 계속하였다. 그 쿠데타로 그들 중 4명이 죽고 나머지 1명은 겨우 도망칠 수 있었다.185) 이후 클레오메네스는 파트로노모이186)[6명인지 12명인지 숫자는 불분명하다187)]라는 행정관단을 출범시켜 감독관을 견제했음이 분명하다. 클레오메네스가 셀라시아에서 패하고 이집트로 망명해 그 곳에서 자살하자, 안티고노스 도손은 다시 예전의 정치체제를 복원시켰고, 감독관직도 다시 체제의 구성요소가 되었다.188) 감독관단은 매우 보수적인 성향을 보여주었고, 왕가의 혈통이 아닌 뤼쿠르고스라는 인물을 왕위에 올려놓고 자신들의 도구로 이용하였다. 폴리비오스189)에 의하면 뤼쿠르고스는 "감독관에게 1타란톤씩을 주고 헤라클레스의 후손이 되었고[즉 왕가의 후예로 인정받고-역주], 왕위에 올랐다." 감독관단은 정국을 완벽하게 장악하고 있었고, 그들이 뤼쿠르고스에게 참주가 되려는 것이 아닌가 하는 의심의 눈길을 던지자 뤼쿠르고스는 도망쳐야 했다. 후에 그들은 실수를 했다는 것을 깨닫고 그를 다시 불러들였다.190) 마카니다스(Machanidas)의 참주정 동안에 감독관직이 있었는지는 알 수 없지만, 그들을 정권에서 물러나게 만들었다고 추론하는 것이 적절할 것이다. 나비스는 감독관단을 폐지하고 파트로노모이 제도를 재도입했을 가능성이 있지만, 그 점에 관해서 확신할 수는 없다. 후기로 갈수록 자료가 불확실하여 어느 것도 단정지을 수 없다. 파트로노모이는 로마시대에도 확실히 그 기능을 하고 있었지만, 공존하던 감독관과 어떤 관계였는지는 역시 알 수 없다.191) 필로스트라투스(Philostratus)192)가 애매하게나마 언급하고 있는 바에 의하면 감독관은 기원 2세기에도 존재하고 있었다.

파트로노이의 기원과 권한에 관해서는 명확하게 알려진 바가 전혀 없으며, 신중하게 조사해 볼수록 모호하고, 만족스럽게 해결하기 어려운 여러 문제가 드러난다.193) 먼저 클레오메네스가 이 제도를 처음으로 창시했을까? 만약 파트로노모이가 체육담당관(gymnasiarchos)으로 감독관과 항상 어깨를 나란히 하던 주요한 행정관리였다는 필로스트라투스194)와 플루타르코스195)의 언급을 신뢰한다면, 이에 대한 대답은 '아니다'로 기울 수밖에 없을 것이다. 루키아노스196)에 의하면 아테네에서는 이와 유사한 관리들이 청년들의 행동을 감시하는 기능을 가졌다고 한다. 스파르타에서도 같은 기능을 했는지 확신할 수는 없지만, 그랬다면 적격이었을 것이다. 아마도 소년들은 파이도노모이(paidonomoi, 가정교사) 밑에서 몇 년간 훈련받은 후, 12~18세의 연령 집단으로 올라가서는 파트로노모이에게서 훈련받았을 것이다. 하지만 이는 순전히 추측이며 증거는 불충분하다.

다음으로 클레오메네스가 그들의 권한을 강화시켜 준 후, 지위는 어떠했는가 하는 문제가 있다. 파우사니아스197)는 "그가 장로회의 권한을 박탈하여 파트로노모이가 그 자리를 대신하도록 했다(τὸ κρατὸς τῆς γερουσίας καταλύσας πατρονόμους τῷ λονῷ κατέστησαν ἄντ' αὐτῶν)"고 한다. 그러면 장로회는 완전히 해체되었던가? 그 뒤 사료에 의하면 그것은 분명히 아니었다.198) 확실히 클레오메네스는 장로회와 감독관단을 모두 없애고 싶었겠지만, 모두 폐지하는 모험을 하지는 못하고 파트로노모이와 자리만 바꾸었을 것이다. 기원전 2세기 중엽, 자유를 위해 투쟁하던 유태인의 지도자인 요나단(Jonathan)이 로마에서 귀환하는 사절편에 스파르타에 보낸 우호의 편지에서 '스파르타의 장로회 · 시민 · 감독관단께'199)라고 쓰여 있었던 것은 특기할 만하다.

수석 파트로노모스의 이름을 따서 한 해의 이름을 붙였다. 비록 파우사니아스200)는 수석감독관의 이름을 따서 붙인다고 기록하고 있지만, 이 말은 별로 믿을 수가 없다. 정(正)파트로노모이와 함께 6명의 부(副)파트로노모이(σύναρχοι)가 있었다.201) 이들 부(副)파트로노모이가 정확히 어떤 역할을 했는지는 확실치 않으나, 대리 역할을 했던 듯하고 대리시에는 정(正)파트로노모이와 같은 권한을 가졌을 것이다. 이들에게는 그라마테우스(γραμματεύς)202)라 불리는 서기와 휘페레타스(ὑπηρέτας)라 불리는 관리가 배속되어 있었다. 휘페레타스는 아마 이들의 호위대를 지휘하고, 경찰국장으로서의 역할을 했을 것이다.203) 역시 확실하지는 않지만, 파트로노모이의 임기는 일년 이상이었을 것이다.

제5장

스파르타의 정치체제(2)
장로회·민회 ; 민사적·사법적 기능

1. 장로회와 민회 ; 민사적·사법적 기능

스파르타의 정치체제에는 세습적 2왕제와 선출직인 감독관 이외에도 한 번 선출되면 종신직인 장로회와 모든 성년 남자시민이 참여하는 민회가 있었다. 그러므로, 적어도 네 개의 행정부서가 있었고, 알력이 없지는 않았지만 -왕과 감독관 사이의 경쟁은 끊인 적이 없다- 적어도 그런대로 효과적으로 작동하고 있었다.

●●●●● 장로회(gerousia)

게론티아(gerontia) 및 게로키아(gerochia)라고도 불린[1] 장로회는 28명의 구성원과 의무적으로 참석하는 2명의 왕을 합쳐 모두 30명으로 구성되어 있었다. 장로회에 들어가기 위한 기본요건은 군복무를 하지 않아도 되는 나이인 60세가 된 스파르타 시민이어야 했다.[2] 아리스토텔레스가 심히 못마땅하게 여긴[3] 선출방법은 다음과 같다. 각 후보자가 추첨에 의해 정해진 순서대로 군중 앞에 나서면, 근처에 있는 집에 문을 닫고 들어가 있는 심사관들이 그들의 환호성 크기를 듣고 평가하였다. 그래서 가장 큰 환호를 받은 사람이 선출되었다고 공표하였다. 분명히 이 방법은 시끄러운 박수부대를 동원하여 큰 소리를 지르게 함으로써 오용될 가능성이 있다. 하지만 비록 아리스토텔레스가 이 선출방법을 '유치'하다고 했어도, 무기명 비밀투표 외에는 가장 효과적이고 가장 적당한, 또 가장 인기있는 후보자를 선출한다는 면에서 좋은 방법이기도 하다. 선출된 후보자는 화관(花冠)을 쓰고 환호하는 청년과 처녀들의 무리를 이끌고 신전주위를 돌

앉다. 마지막으로 선출된 후보자는 자신의 공동식사장으로 가서 경의의 표시로 주어지는 두 몫의 식사를 받았다. 문 앞에는 자기 가문의 여성들이 모여 있게 되는데, 그는 그 중에서 가장 적절하다고 생각하는 여성에게 나머지 한 몫을 선사하였다.

이미 앞에서 레트라의 일부를 인용한 바 있었다. 그것에 의하면 성역을 정하고 퓔레와 오바를 확인한 뒤 해야할 다음 단계는 두 왕을 포함하는 장로회 구성원 30명을 채우는 일이었다. 이 일이 마무리되고 난 뒤, 시민들은 철마다 바비카(Babyca)와 크나키온(Cnacion) 사이에서 집회를 가져야 한다.〔즉, 매달의 특정한 날, 아마도 만월의 날〕4) 장로회 구성원들은 안건을 시민(demos)에게 상정하든지, 안건을 상정하기를 거부하든지 하고, 시민은 이 안건을 심의하고 최종결정은 투표로 한다. 그리고 만약 시민이 잘못된 결정을 법령화하면, 장로회와 왕이 이를 받아들이기를 거부한다.5) 여기서 의미하는 것은 분명하다. 현대적 용어로 표현하자면, 법안은 상원에서 발의되지만 하원의 동의를 얻어야만 발효된다는 것이다. 따라서 장로회는 예심기관이었다. 장로회는 제기된 법안을 다듬어서 최종토론을 위해 제출하였다. 이런 과정은 아테네에서도 마찬가지여서, 위원회(boule)가 안건을 시민 앞에 제출하기 전에 토론을 거친다.6) 완벽하게 이해할 수 있는 이 과정은 법안이 양원 가운데 어디에서 발의되어도 되는 현대적 관행과는 퍽 다르다. 만약 장로회에서 발의한 법안이 민회에서 통과되지 않으면, 정회하고 법안을 철회하든지 개정하여 다시 제출했을 것이다.

장로회가 두 왕을 포함해서 30명으로 구성된 이유 때문에 모든 주석가들이 골머리를 앓고 있고, 그 문제는 아직도 해결되지 않고 있다. 왜 28명이었을까? 아마도 플루타르코스가 추정하듯이 이는 고유한 요소들의 합이기 때문에 어떤 신비한 중요성이 있었을 것이다.7) 모든 고대인들이 수에 관심을 보여왔다는 것은 알려진 사실이기에 이 설명이 불가능한 것은 아니다.8) 4개의 부족이 있었고 각 부족에서 7명씩 뽑아서 대표를 시켰다는 가설은 이미 제기되었으나 받아들여지지 않았는데, 부족의 수가 5개였을 가능성이 매우 크기 때문이다. 주목할 가치가 있는 또 다른 가설은 다섯 개의 부족에서 각자 5명씩을 대표로 장로회에 보냈다는 것이다. 그러면 25명이 되는데, 여기에 '지도자들'인 감독관 5명을 더하고 장로회에 참석하기는 하지만 공식적인 수효가 아닌 두 명의 왕은 빼는 것이다. 그 시기에 감독관이 정부조직에 참여했음을 시사하는 말이 레트라에 없다는 점만 아니라면, 게다가 '뤼쿠르고스' 체제가 시작될 때에 감독관단이 이미 훗날 아스테로포스나 킬론의 활약에 의해 누리게 된 권한에 도달해 있었다고 가정할 아무런 근거도 없다.

이러한 모호한 점을 제쳐 둔다면, 장로회의 지위와 의무에 관해서는 잘 알려져 있다. 장로회의 주된 기능은 하원 혹은 민회에 제출하는 법안들을 심의하는 것이었다. 뤼쿠르고스의 레트라로 판단해 본다면, 장로회는 원래 하원의 결정을 받아들여야 했다. 이것이 바뀌어 장로회가 민회의 결정에 동의하지 않으면, 민회는 산회되고 따라서 표결은 비준받지 못하는 상태가 되었다.9) 두 명의 왕과 다섯 명의 감독관과 함께 장로회는 정부의 행정조직을 구성하였다.10) 장로회는 형사법정이기도 했고, 살인사건을 재판하고11) 국가 반역음모를 다루었으며, 벌금을 부과할 수 있었고,12) 시민권 박탈(atimia)13)과 추방, 혹은 사형을 결정하였다.14) 감독관은 항고를 받는 최고법정이었다.15) 스파르타시민이 연루된 경우, 장로회에서 재판하는 사건은 대단히 신중하고 엄숙하게 진행되어, 재판은 여러 날이 걸렸다.16) 판결이 공표되고 피고가 언도를 받으면 그를 넘겨받아 법정의 판결이 집행되도록 하는 것은 감독관이었다. 비록 장로회의 권한이 컸어도, 장로회가 "모든 권한이 집중된 관리들 즉, 감독관들을 선택하는 권리를 장악하는 데 성공했다"는 안드레아즈(Andreades)17)의 언급은 옳지 않다. 이미 앞서 보았듯이 감독관은 인민의 투표에 의해 선출되었다.

장로회의 구성에 관한 가장 창의적인 설명을 한 학자는 토인비(Toynbee)18)이다.

각 부족은 왕가의 형제단(phratre)을 포함하는 10개의 형제단으로 나누어지고, 이 형제단은 다시 각각 10개의 게노스(γένη)로 나뉘어 모두 300개가 된다. 27개의 '평민'형제단은 각각의 우두머리를 장로회로 보내어 3명의 왕과 함께 30명의 구성원을 만들었다. 이 27개의 형제단이 카르네이아(Carneia) 축제를 거행하였는데, 그들은 여기에 3명씩 대표를 참석시켰고, 81명의 집전자들은 9명씩 9개 막사(skiades)에 모여 있었는데 각 막사(skias)에 모인 이들은 각 부족에서 나온 3개의 형제단의 대표였다.19) 마지막으로 각 게노스는 전쟁에서 한 명씩의 기병을 갖추고 있었는데, 기병대는 언제나 그 수효를 유지하였고 심지어 그 구성과 의무가 변한 다음에도 마찬가지였다.

이같이 깔끔하고 수학적인 논증을 검증해 볼 때면 으레 그렇듯이 불행히도 이를 뒷받침할 뚜렷한 증거가 없다. 토인비의 계산은 아이게이다이 왕가가 배제되기 전에는 다른 두 왕가와 동등했다는 가정을 근거로 하고 있지만, 증거는 없다. 더욱이 두 개 혹은 세 개의 왕가가 게노스로 세분되었다는 증거도 없다. 그밖에 아이게이다이 왕가가 배제된 뒤, 왜 장로회 구성원의 수가 28명으로 늘었는가에 대한 설명도 만족스럽게 하지 못하고 있다. 이 추가된 1명은 어느 형제단 소속이었을까? 토인비가 누구도 시도하지 않았던 카르네이아 축제 때의 9개 막사에 대한 설명을 했다는 것은 인정해야만 한다. 그렇지만 그의 가설이 전부 추측이라는 것도 사실이다. 마지막으로 직접 관련된 문제는 아니지만, 300개의 게노스마다 한 명씩의 기병을 갖추고 있었다는 그의 언급 역시 불가능한 것은 아니어도 실증할 수는 없다.

장로회 구성원은 종신직이었고, 자신의 행동에 대해 해명할 필요가 없었는데 아리스토텔레스는 이 점을 매우 못마땅하게 여겼다.20)

만약 이들이 인간의 모든 덕을 실행하도록 적절히 훈련받았다면, 모든 사람들이 곧 그들은 정부에 유용한 사람이라고 인정할 것이다. 그러나 마음도 몸과 마찬가지로 늙어가기 때문에 이들이 종신직으로 판사직을 수행하고 가장 중요한 문제를 결정하는 것은 논란의 여지가 있다. 그들의 성장방식은 입법자조차 그들을 선량한 사람으로써 신뢰할 수 없었던 것이기에, 그들의 권한과 국가의 안전이 일치하지 않음에 틀림없다. 왜냐하면 이 기구의 구성원이 많은 국사를 처리함에 있어 매수되었거나 편파적이라는 것이 알려져 있기 때문이다. 이러한 이유 때문에 그들의 행동에 책임을 지도록 하는 것이 더 좋았겠지만, 그렇게 하지 않았다. 사실 감독관이 그들을 감사(監査)했던 것으로 보인다. 사실상 이렇게 특별할 정도로 아주 큰 권력을 갖고 있지만, 이런 방식으로 그들에게 권한이 맡겨지지 않아야 한다는 것이 본인의 소신이다.… 입법자가 시민으로 하여금 명예욕을 갖도록 함으로써, 장로회가 그런 종류의 사람들로 채워지도록 했는데, 그렇지 않은 사람들은 그런 기구에 선출되는 것을 원하지 않았기 때문이다. 그렇지만 사람에 의한 범죄의 대부분은 야심과 탐욕에서 나온다.

●●●●● 민회(ecclesia)21)

스파르타의 민회는 단순히 전사인 부족민이 국가 전체의 중대사를 결정하기 위해 모였던 회합이었다. 참석자격은 모든 스파르타 자유인으로서 아마도 불명예로 인해 혹은 공동식사 분담금을 낼 수 없어서 정치적 권리를 박탈당했던 이들은 제외되었을 것이다.22) 민회는 '바비카와 크나키온 사이의' 야외에서 열렸다. 이 장소가 어디였는지는 알 수 없는데, 플루타르코스는 자신의 시대에 이곳이 오이노스(Oinos)라 불렸다고 하여 더욱 의문스럽게 만들었다. 아리스토텔레스는 '크나키온은 강이고 바비카는 다리'라고 말한다.23)

민회의 권한은 분명히 제한되었다.

사람들은 야외에서 모였으며, 누구에게도 발언하는 것이 허용되지 않았고 단지 왕이나 장로회가 제출한 안건을 인준하거나 거부할 수밖에 없었다. 하지만 후에 단어를 더하거나 뺌으로써 왕에게 제출된 안건의 의미를 왜곡시켰기 때문에, 폴리도로스(Polydoros)와 테오폼포스(Theopompos)는 레트라에 다음 구절을 첨가하였다 "만약 인민이 왜곡되게 결정하면 지도자들이 민회를 정회하는 것은 합법적이 될 것이다."즉 법안의 인준을 거부하고 협의에 있어 인민을 타락한 자, 그릇된 자들로 간주하여 해산했다는 말이다.

플루타르코스는 왕이 "신의 뜻이라 믿게 하여 이 레트라를 시민들이 받아들이도록 설득하였다"라고 언급하였다. 이는 그것이 스파르타 시민에게 실제적인 권력을 주지 않기 위한 '공작'이었음을 보여주는 주목할 만한 사실이다. 이것은 파시즘 시대, 독재자들의 결정을 듣고 환호하기 위해 소집되었던 독일과 이탈리아의 의회와 비교해 볼 만하다.

30세 이상의 명망있는 모든 스파르타 시민은 참석할 권리가 있었다. 초기에는 왕이 주재했으나, 후기에는 감독관으로 교체되었고[24] 아마도 수석감독관이 의장직을 수행했을 것이다. 보통시민[감독관이나 장로회 구성원이 아닌]이 민회에서 발언할 수 있었느냐는 확실히 결론을 내릴 수 없는 상당히 모호한 문제이다. 플루타르코스는 그럴 수 없었다고 뚜렷이 말하고 있고,[25] 여기서 벗어난 결론을 내기는 어려운 것 같다. 그렇지만 웨이드-게리[26]는 플루타르코스가 틀렸다고 시사하고 있어서, 양원의 구성원들이 민회에 주도적으로 참여했는지에 관한 논란이 계속되고 있다. 아이스키네스(Aeschines)[27]는 평판이 좋지 않은 한 인물이 민회를 거의 납득시켰던 사례에 대해 전한다. 또한 플루타르코스[28]도 데모스테네스(Demosthenes)라는 방종한 인물이 민회에서 타당한 제의를 했지만 거부되었다고 말하고 있다. 감독관들은 거부된 안건을 방치하기보다는 자신들 중 한 명에게 다시 그 안건을 발의하도록 하였다. 어떤 경우에건 발의한 자가 장로회 구성원이 아니었다는 소리는 듣지 못했다. 아테네에 대한 전쟁선포 문제가 안건으로 올라와 대논쟁이 벌어졌을 때,[29] 많은 사람이 나서서 의견을 내놓았다고 생각할 수밖에 없으며, 아르키다모스왕과 감독관인 스테네라이다스(Sthenelaidas)도 발언하였다. 그렇지만 민회에 참석하였던 시민이 발언했는지 여부는 확실히 알 수 없다.

레트라의 다음 문장은 필사과정에서 탈락된 단어가 있음이 틀림없다.

ναμωδᾶν γοριαν ἦ μὴν καὶ κράτος.

웨이드-게리는 이 문장을 δάμῳ δ'ἀντανορίαν ἦμεν καὶ κράτος로 수정해 읽기를 제시했는데, 즉 인민은 자신들에게 제시된 안건에 대해 비평하거나 발언할 수 있는 권리를 가진다는 것이다. 만약 이렇게 읽는다면(그리고 이렇게 읽는 것이 그럴 듯하다), 안건이 민회에 참석한 시민에게서 제출되지는 않지만 토론은 가능했던 것으로 보인다. 확실히 이는 아테네에서는 있을 수 없는 방식이었다.30) 진행과정은 감독관 중에 대표자가 안건을 제출하고, 이를 토론에 붙이는 방식으로 이루어졌을 것이다. 수정은 이루어지지 않았고, 안건을 받아들이거나 거부하는 것밖에 할 수 없었다. 이는 찬부를 소리 높여 외치는 방식으로 진행되었는데, 확실히 알 수 없는 경우는 표결에 붙였다.31) 만약 안건이 부결되고 이에 대해 감독관과 장로회가 '잘못된 판단'이라고 간주할 경우, 이를 철회할 수 있었다. 즉, 민회의 결정을 최종적인 것으로 받아들이지 않아도 되었으며, 민회의 다음 회기에 다시 제출할 수 있었다.

이렇게 수정하여 받아들인다면, 아리스토텔레스가 카르타고와 비교하여 스파르타 민회의 관행을 좋지 않게 평했던 구절에서 나타나는 또 다른 문제점에 부딪히게 된다. 후자에 대해 그는 다음과 같이 말하고 있다.

> 합의가 된다면 왕과 장로회 구성원은 인민에게 안건을 내놓을지 아닐지를 결정할 수 있지만, 그렇지 못하다면 인민이 안건을 상정할지를 결정할 수 있다. 그리고 인민은 무엇이든 왕과 장로회 구성원이 그들 앞에 상정한 것을 청취할 뿐 아니라, 결정을 내리며, 누구든지 반대할 사람은 반대할 수 있었다. 하지만 이는 지금의 스파르타와 크레테에서는 허용되지 않는다.

만약 아리스토텔레스가 묘사한 이 구절이 정확하다면, 민회에서의 토론에 관한 결론은 설자리가 없어진다는 것을 인정해야만 한다. 웨이드-게리32)는 다소 대담하게 아리스토텔레스가 실수를 했든지, 아니면 필사자가 문장의 순서를 바꾸어 넣었을지도 모른다고 주장한다. 그는 "이는 스파르타와 크레테에서는 허용되지 않는다"는 말을 '인민이 안건을 상정할지를 결정할' 것이라는 말의 바로 뒤에 넣어 읽어야 할 것이라고 한다. 따라서 이 구절의 의미는 카르타고에서 민회에 안건을 상정하기 위해서는 장로회의 합의가 필요하다는 것이다. 표결의 결과 합의가 되지 않으면 스파르타나 크레테의 경우와는 달리 민회에 절차가 이관되었다. 하원에 안건이 상정되면, 그 곳에서 논의되고 최종결정권도 역시 하원이 가지고 있었다. 이상의 추론은 상당히 과격한 수정인 듯하지만, 그렇게 볼 만한 근거는 충분히 있다. 알려진 바로는 스파르타의 장로회에서 완전히 합의를 해야만 하는 것은 아니었고, 카르타고의 민회에서 최종적인 결정을 위해 논의하는 과정을 가졌다는 단서도 존재하지 않는다. 이 문제는 아직 논의가 완결된 것은 아니며, 뚜렷한 결론을 내릴 수 없다.

한가지 문제가 더 남아 있는데, 즉 법안이 민회에 상정되어서 부결되었음에도 불구하고 행정부가 계속 밀고나가 하원에 도전할 수 있었느냐 하는 것이다. 이는 행정부가 거부하거나 무시하였을 '잘못된' 결정에 관한 플루타르코스의 인용구에서 추론할 수 있는 가정이다. 길버트[33]와 온켄(Oncken)[34]은 이 견해를 받아들였지만, 조금 문제가 있다고 생각된다. 만약 위에서 나타난 대로 민회의 반대표결을 무시했다면, 스파르타 민회의 의사결정은 겉치레인 것이 분명하다.

이것은 현직 감독관단이, 민회의 결정을 무시하고 장로회로 다시 돌려보내는 결정을 할 수 있을 만큼, 또 대중의 불만을 감수하며 임기가 끝났을 때의 고발에 맞설 수 있을 만큼, 강력하고 단호한 사람들인가에 달려 있었을 것이다. 그러나 그랬던 것 같지는 않다. 하원의 뜻을 무시하는 것은, 독재자가 물러나지 않을 수 있고 행정적 법령을 '민주적' 의회에 위임하는 것을 형식적으로 행하는 정부체제에서나 가능한 것으로, 파시스트와 나치 치하의 이탈리아와 독일의 경우나, 오늘날 러시아에서의 경우 정도이다.[이 글이 쓰여진 시기인 1950년대의 소련을 말한다-역주] 장로회 구성원은 불성실한 행동을 하지 않는 한 직책을 사임하지 않아도 되었지만, 감독관은 매년 선출되었고 따라서 시민이 싫어할 일은 하려하지 않았을 것이다. 그들은 자신들이 제안한 안건이 거부되면 받아들일 만한 형태로 수정하여 다시 제출하든지, 아니면 굳이 통과시키려 하지 않고 포기했을 것이다.

전쟁·평화에 관한 문제와 외교정책은 민회에서 결정하였다.35) 그리고 민회는 장군들을 임명했고,36) 장로회 구성원을 선출했으며,37) 왕위에 대한 요구를 결정했고,38) 상정된 법률을 표결에 붙였다.39) 그 외에 전투에서 두드러지게 용맹함을 보여주는 등 공헌을 한 헤일로타이를 해방시켜 주었다.40) 크세노폰41)이 언급한 '소위 소(小)민회'라는 애매한 구절 때문에 몇몇 주석가는 작은 집회나 일종의 행정위원회 같은 것이 있었을 것이라고 추정한다. 하지만 이 구절은 다른 곳에서는 나타나지도 않을 뿐 아니라, 왕과 감독관·장로회 구성원을 가리키는 것이 아니라면 이해하기도 어렵다. 이것은 감독관이 언제나 소집할 수 있는 일종의 내각이었을 수도 있지만, 어떤 설명도 충분하지는 않고 결국 의문점으로 남길 수밖에 없다. 만약 이것이 행정위원회였다면, 이들은 은밀히 회동했기 때문에 그 기능이 잘 알려지지 않은 것을 설명할 수 있다.

여러가지 애매함에도 불구하고, 우리가 개연성있게 도달할 수 있는 결론은, 키케로의 말을 빌리자면, 스파르타의 정치체제는 '혼합'정치라는 것이다. 시민권을 가진 스파르타인의 수효가 적고, 이들 특권층이 중앙정부에 대해 전혀 권리가 없는 페리오이코이와 헤일로타이를 통치한다는 점에서는 과두정이었다. 이 점에서는 스파르타도 다른 그리스국가와 크게 다르지 않은데, 다른 국가 역시 시민권은 '폐쇄적 공동체'에만 부여되어 있고, 아테네 시민의 수효보다 스파르타 동등자의 수효가 훨씬 적다는 것 외에는 아티카의 경우와 같기 때문이다. 주어진 훈련과정을 이수하고 자신이 속한 동아리에서 좋은 평판을 받는다면, 누구라도 민회의 구성원이라는 자격을 권리로 요구할 수 있었다는 점에서는 좁은 의미의 민주정이었다고 할 수 있다. 그 외에도 감독관단은 선출직이었고, 이들의 임기는 1년이며 재선출될 자격이 없었다는 점, 임기 후에는 재임시의 행위에 책임을 져야 했다는 사실로도 민주정이었다. 장로회 역시, 임기는 종신직이었지만, 시민의 투표로 선출되었다.

마지막으로 민회는 "모든 정치적 영향력을 상실하였다"는 에렌베르크의 말에는 동의하기 힘들다. 만약 모든 공민권을 가진 시민의 민회가 감독관과 장로회 구성원의 제안에 동의하기를 거부한다면, 타협점에 도달하기까지는 난관에 봉착했음에 틀림없다.

민회의 장소

장로회는 시장에 자신들의 회의장이 있었는데, 감독관 청사(ἀρχεῖα)42) 근처이거나 그 일부였다. 소규모였기 때문에 붐비는 시장에 있을 수 있었고, 확실히 행정청사 근처에서 감독관단과 지속적으로 접촉하는 것이 좋았을 것이다. 반면 민회의 개최장소는 시내의 붐비는 환경 때문만이 아니라, 확실히 시장의 산만함과 소음으로 인해 분명한 사고와 정숙한 심리를 할 수 없었기 때문에 의도적으로 시외에 자리를 잡았다.

플루타르코스43)는 모든 면에서 현명한 뤼쿠르고스가 민회의 회당이나 건물, 조상, 배경장식, 호화스럽게 단장한 회당의 천장 등을 만들지 못하게 했다고 전한다. 파우사니아스44)는 스키아스(Skias) 즉 '닫집'이라고 불렸던 민회의 건물에 대해 분명하게 언급하는데, 그 곳에서 스파르타인이 민회의 회합을 가졌다는 것이다. "그들은 이 닫집이 사모스의 테오도로스(Theodoros)에 의해 건축되었다고 말한다." 이 점에서 아주 심각한 난점에 봉착하게 된다. 스파르타 민회는 야외에서 회합을 가졌던가? 아니면 스키아스라 불린 건물에서였던가? 아마도 벽면이 없는 '닫집'형태의 건물이든지, 태양빛을 가리기 위해 기둥들 위에 지붕만 씌운 형태였을 거라고 상상하는 것이 가장 쉬울 것이다. 아니면 왕과 감독관들은 머리 위로 차양이 쳐진 홀의 상단부에 앉아 있었던 반면, 시민들은 야외에서 앉거나 서 있었을 것이다. 이 점에 관해서는 결론을 내릴 수 없다.

민회가 매달 열렸던 것은 확실한데, 새 달이 시작할 때가 아니면 만월 때였을 것이고, 그 중에서 후자였을 가능성이 더 높다.45) 이같이 지속적으로 회합을 가진 사실로 보아, 민회가 상당한 권한을 가지고 있었고, 감독관의 행동을 항상 주시하고 있었던 것을 알 수 있다. 이런 작은 공동체 내에서 비밀이란 거의 없는 것과 마찬가지이고, 감독관이 은밀하게 일하면서 시민들 모르게 비밀경찰을 시켜 명령에 복종하도록 강요할 수 있었다고는 상상할 수 없다.

대체로 장로회와 민회가 본회의 개최시에 함께 회동했다고 추정하는 것이 합리적일 듯하다. 그러나 웨이드-게리46)는 그들이 따로 모였을 것이라고 지적한다. 헌정적 위기47)가 진행되고 있던 아기스 4세 당시에는 분명 장로회의 표결 전에 민회가 회합을 갖고 법안을 논의하였다. 부결될 것 같은 징후가 있었지만, 아직 장로회에서는 논의가 진행중이었다. 뤼산드로스는 민회를 소집하였고 아기스는 그 앞에 나가서 연설했으며 레오니다스는 이에 반대하였다. 그 후 장로회는 그 법안을 부결시켰다. 웨이드-게리는 이것이 '아마 혁명의 징후'일 것이라고 보고 있지만, 이 사건을 어떤 결론의 근거로 삼는 것은 위험한 듯하다. 모든 것은 혼란의 와중에 있었고, 법안의 운명은 아직 정해지지 않았다. 뤼산드로스는 장로회 구성원을 위협하기 위해 인민에게 호소하였다. 디오도로스48)가 기술하고 있는 5세기 초에 일어난 또 다른 유명한 사건은, 장로회 구성원인 헤토이마리다스(Hetoimaridas)가 관련되어 있다. 양원은 분명히 따로 모였고, 그 기술한 내용이 분명치 않음은 인정해야 하지만, 헤토이마리다스는 장로회와 민회 모두에 자신의 의견을 받아들이도록 설득하였다.

물론 두 기관이 따로따로 회합을 갖지 못할 이유도 없었고 때로 따로 모였다고 추정할 수도 있지만, 이 두 경우 모두 확실한 것은 아니며 통상

양원이 함께 회합을 가졌으리라 생각한다. 비록 근거가 박약하기는 하지만, 따로 회합을 가지는 관행은 본회의 전에 안건상정을 거부할 권한을 장로회가 가지고 있었다는 사실에서 찾을 수 있으며, 이 사실에서 민회는 장로회가 이미 승인한 안건을 다루었다는 추정을 할 수 있다. 이는 장로회 구성원이 장로회에 제출한 안건에 대해서도 똑같이 적용되었을 수도 있지만 이 점은 문제점으로 남는다.

실제로 민회는 거의 열리지 않았으며, 국사(國事)는 감독관단과 장로회가 아예 인민들에게 회부하지 않거나 기껏해야 가끔 회부한 채 처리했다는 그로트[49]의 결론은 확인할 수 없다. 감독관들과 장로회가 민회에 어느 정도까지 비밀을 털어놓았는가 하는 것은 완전히 별개의 문제이다. 아마도 그들은 매일 행정에 관한 사소한 문제는 협의하지 않았을 것이고, 매우 중요한 문제만 민회에서 협의했을 것이다.

양원 구성원의 일반적인 명칭인 '에클레토이(οἱ ἔκκλητοι)'는 정부의 문제를 의논하기 위해 모인 사람들이라는 의미를 갖고 있다.[50]

일반 공직자(The Civil Service)

여타의 군소 관리와 행정관에 대한 정보는 빈약하다. 감독관의 감독 하에 일반행정을 수행할 의무를 가지는 일단의 선출된 관리가 있었는지에 대해서는 알지 못한다. 스파르타처럼 작은 공동체에서는 5명의 감독관만으로도 도시와 시골의 일상적 행정절차를 처리하기에 충분했다고 보는 편이 나을 것이다.

로마시대 스파르타의 관리 중 엠펠로스(empelos)라는 직급이 있었다고 하는데, 헤시키오스에 의하면 이는 아테네의 아고라노모스(agoranomos)에 해당하는 직급으로, 시장에서의 질서유지와 공정거래를 유지하는 업무를 맡았다. 스파르타시에서는 5명의 조수(συνάρχοι)를 두고 있는 공식적 감독이 있었던 것 같다.51) 그의 직책이 무엇이었는지는 알 수 없지만, 아마도 시의 소방서장 혹은 경찰서장이었던 것 같고, 그 조수로 앞서 말한 바 있는 노예출신 경찰인 에룩테레스(eructeres)가 있었는데, 이들은 질서유지를 책임지고 있었다.52) 헤시키오스는 여성들의 행동을 감시했던 아테네의 귀나코노모이(gynakonomoi) 같은 일종의 경찰 풍기단속반(police des mœurs) 역할을 했던 하르모수노이(harmosunoi)에 관해 말하고 있다. 이들에 대해서는 이 이상 알려진 바가 없으며, 로마시대 이후에 나타난 관직이었을 수도 있다. 또 인민이 결정을 내려야 할 때, 델포이의 신탁을 요청하는 의무를 지녔던 네 명의 퓌티오이(pythioi)가 있었다.53)

별로 알려진 바 없고, 라코니아와 메세니아에 있었는지도 의심스러운 관리로는 지사(知事, harmost)가 있다. 그들은 분명히 변경지역에 파견된 지사 혹은 대리인이었다. 퀴테라(Cythera)의 지사54)는 이미 알려져 있다. 약간 의심스럽긴 하지만 한 자료에 의하면,55) 아마도 페리오이코이 지역에는 20명의 지사가 주재하고 있었다고 한다. 파크(Parke)56)는 불완전하기는 하지만 그들이 존재했다는 증거를 받아들이고, 그들은 정부로부터 스키탈레(scytale), 즉 부신(符信)의 방법으로 훈령을 받았을 것이라고 추측하고 있다. 하지만 이들이 외국에서 스파르타 정부를 대표하여 행정권과 군권을 장악한 지사였다는 것은 확실하다. 그 때까지 스파르타를 그리스의 진정한 지도자로 여겨왔던 다른 나라들은 그들의 행위, 거만함과 가혹함, 부패 등으로 인해 스파르타에 대해 반감을 갖게 되었고 크게 실망하였다. 그들이 주재하였던 상당수 지역의 명단이 남아 있지만,57) 이 명단은 완벽하다고는 할 수 없다. 분명히 이외 다른 지역에도 주재했을 것이다. 그들은 '라케다이몬인에 의해' 임명되었다고 하는데, 이 구절은 애매하여 그 주체를 확실히 알기가 매우 어렵다. 그들이 인민에 의해 선출되었다고 믿기는 어려우며, 아마도 감독관들이 임명하고 민회에서 인준했을 것이다.58)

또 다른 행정관인 크레오다이테스(kreodaites)의 기능이 무엇이었는지는 풀기 어려운 수수께끼 같다. 그는 공적인 축제에 제물로 바치는 가축을 기르는 책임자나, 아니면 고기의 몫을 나누는 사람이었을 텐데 후자였을 가능성이 더 크다. 이는 분명히 명예직이었을 테지만, 아게실라오스가 뤼산드로스를 그의 크레오다이테스로 임명했을 때 뤼산드로스는 모욕을 느꼈다는 사례59)가 있다. 그밖에 충분한 증거가 뒷받침된 것은 아니지만, 크레오다이테스는 공동식사의 주관자로 이를 주재했을 가능성도 있다.

헤시키오스는 로마시대의 다른 행정을 맡은 관리의 명칭도 전하고 있지만, 거기에 대해서는 그 이상 다른 자료가 없다. 암파이데스는 확실히 소년들의 감독역할을 했거나, 파이도노모스(paidonomos)의 보조자였을 것이다(ἄμπαιδες οἱ τῶν παίδων ἐπιμελούμενοι παρὰ Λάκωσιν). 그들은 아마도 소년과 청년들의 운동경기를 전적으로 책임지고 있었던 비다이오이(bidaioi)를 보조했던 것으로 보인다. 그밖에 게로아크타이나 엠페산타스에 대해서는 아무 것도 알 수 없다(νεροάκται οἱ δήμαρχοι παρὰ Λάκωσιν, ἐμπεσάντας ἀρχεῖον τι ἐν Λακεδαίμονι). 헤시키오스가 이들의 명칭을 정확하게 기술했다면, 이 행정관직들은 아마 로마시대에 제정되었을 것이다. 부네타이(boonetai)는 아마도 희생물로 쓸 황소를 구매하는 사람이었을 것이다.60)

프록세니아(proxenia)

다른 국가와 마찬가지로 스파르타에서도 프록세니아는 두 가지 의미로 쓰였음이 확실하다. 먼저 프록세노스(proxenos)라 불린 이들은 다른 나라 상인을 관리하는 임무를 띤 정식관리였다. 두번째 의미로 프록세니아 법령은 외국인에게 '도시 내에서의 자유'를 제공하면서 수여하는 명예였다. 큰 규모의 모든 국가에는 일종의 영사관이라고 할 만한 곳이 있었고, 그 곳에서 일하는 사람들이 외국인에 관한 문제를 처리하였다. 다른 나라에서 온 상인과 여행객은 이 곳에서 환대받았고, 아마 어느 정도 아테네나 코린토스・스파르타 등에 있는 자국 프록세노스의 보호를 받았을 것이다. 예를 들어 알키비아데스(Alcibiades) 가문이 스파르타의 프록세니아였던 것처럼 때때로 프록세니아는 세습되기도 했지만, 일반적으로는 국가에서 부유한 사람에게 강제적으로 부과하는 공공봉사의 의무라는 성격을 띠고 있던 것 같다.61) 스파르타에서는 왕이 그들의 임명권을 가졌다.62) 프록세노스의 정확한 지위와 권한에 관해서는 주석가 사이에서도 상당한 논란이 일고 있다. 길버트63)는 뵈크(Boeckh)의 견해를 따라, 이들이 외국인 접대임무와 함께 그들에 대한 사법권을 갖고 있는 행정관이었다고 간주한다. 이 견해에 대한 증거는 희박하고 매우 모호하여 뵈크조차도 이 견해를 확신하지 못했다.64) 또한 길버트는 왕은 모든 외국인에 대한 프록세노스가 되는 것이 의무였고, 임명된 여러 스파르타 시민은 왕의 대리인이었다고 주장한다. 이 견해에 대해서 뭐라고 말할 수는 없지만, 그다지 중요한 것은 아니다. 저명한 외국인에게 그 도시 내에서 자유를 제공하는 명예수여의 법령이라는 두번째 의미의 프록세니아는, 불친절을 특징으로 하는 스파르타로 볼 때 아테네나 다른 국가에서처럼 자주 수여하지는 않았다. 확실치는 않지만 기원전 188~184년경, 즉 스파르타가 아카이아 연방에 가입하는 것과 전통적인 '뤼쿠르고스'체제를 포기할 것을 강요받던 시기에 외국인에게 프록세니아의 명예를 수여했다는 기록을 담은 비문 두 가지가 현재 남아 있다는 사실은 흥미롭다. 얼마 지나지 않아 스파르타가 예전 체제로 되돌아간 뒤에는 더 이상 프록세니아 법령이 나오지 않았다. 이 두 개 비문사례에서 보면, 명예를 수여받게 된 당사자들이 스스로 신청하고 자신의 자격요건을 강조하였다는 사실은 재미있다. 순수한 라코니아식인 이 규칙은 스파르타의 일 처리방식의 솔직함을 잘 보여주고 있다. 다른 국가에서는 우호적인 다른 시민이 감사의 표결을 하도록 하는 데 반해 스파르타에서는 프록세니아 후보자가 직접 청구해야 했던 것이다.65)

여러 도시국가에서 프록세노스로서 봉직했던 스파르타 시민의 명단이 남아 있는데, 예를 들어 아르고스의 프록세노스였던 유명한 리카스

(Lichas),66) 비잔티움의 프록세노스였던 클레아르코스(Clearchos),67) 보이오티아의 파락스(Pharax),68) 아테네의 코로이보스(Coroibos)69) 등이다.

크세넬라시아70)

스파르타 정부에서 정규적으로 외국인을 접대하는 프록세노스를 임명했다는 사실은, 스파르타에서 외국인을 추방하고 영토와 관습이 탐지당하지 않도록 의도적으로 외국인을 입국시키지 않았다는 일반적인 관념을 재조명해 볼 단서를 제공한다. 그렇지만 이런 관념은 사실이 아니며, 일반적인 상황에서 외국인이 라코니아를 방문하는 것을 금지했다고 볼 근거도 없다. 감독관은 스파르타에 체류하는 것이 불쾌한 사람을 추방할 수 있었고, 또 추방하기도 했다. 하지만 이런 권한은 다른 국가의 정부에서도 사용하였고, 통상 생각하는 것처럼 스파르타가 모든 외국인을 추방했다는 것은 사실과 거리가 멀다. 스파르타에는 이와 같은 범주로 볼 수 있는 관행 즉 군복무 연령에 달한 자는 출국할 수 없게 했던 관행71)이 있는데, 이는 현대에도 엄격히 시행되고 있는 규정이다. 스파르타의 배타성을 과장할 필요는 없지만, 그 영향을 부당하게 과소평가하거나 축소해서도 안 된다. 그들의 배타성은 그리스 전역에 걸쳐 악명이 높았으며, 또 언제나 다른 그리스인의 흥미를 끌었던 부분이기도 했다.72) 항구에는 외국인 선원이 무리지어 돌아다니고, 거류외인이 경제활동의 중요한 부분을 차지했던 대도시 아테네의 주민에게는 이 배타성이 이상하고 비난할 만한 것으로 여겨졌다. 페리클레스73)는 유명한 장례연설에서 아테네인은 아테네를 전세계에 개방하고 있고 전시에 첩보활동을 할지 모르는 이들일지라도 결코 추방하지 않았다고 말하며, 스파르타의 크세넬라시아를 경멸조로 언급한다.

하지만 크세넬라시아 개념이, 스파르타에서 외국인이 첩보활동을 못하게 하려는 것이었든지 외국인이 스파르타인을 타락시키지 못하게 하려는 의도였든지 간에 관찰자를 당혹스럽게 하기는 마찬가지였던 것 같다. 뤼쿠르고스74)는 -그가 이 관습을 만들었다고 볼 수밖에 없다- 스파르타인이 나쁜 관습에 물들지 못하도록 외국여행을 금지했을 뿐만 아니라, 시민을 타락시킬지도 모르는 외국인은 스파르타로부터 추방하였다.

> 타국인은 낯선 신조를 들여오게 마련이고, 새로운 신조는 새로운 결정을 만들어 내는바, 현재의 정책질서의 조화를 파괴하는 많은 감정과 결의가 생겨나게 되는 것은 당연한 결과이다. 따라서, 그는 좋지 않은 예절과 관습이 [스파르타로] 들어와 퍼지는 것을 전염병 막는 것보다 더 긴요하다고 생각하였다.

펠로폰네소스 전쟁이 끝나고 스파르타의 정치영역이 펠로폰네소스반도 바깥까지 확장되자, 어느 정도로 실시되었는지 알 수는 없지만 시민의 해외거주를 금지하던 관행이 사라진 것으로 보인다.75) 크세노폰은 이를 개탄하면서, 뤼쿠르고스가 피하려 했던 모든 악덕 즉 스파르타인이 금전욕과 권력욕에 사로잡히고, 야망이 큰 지도층 인사들이 해외 지사직을 맡음으로써 부를 쌓은 것을 지적하고 있다. 만약 좀더 자유롭게 타국인과 어울리게 했더라면, 스파르타인이 이처럼 필연적으로 타락했겠는가 하는 의문을 가질 법도 하다. 거의 모든 면에서 스파르타를 일본과 비교해 보는 것은 합당해 보이는데, 수세기 동안이나 모든 외국인을 추방함으로써 외국의 영향을 막았던 일본의 쇄국정책이 쉽게 머리에 떠오르게 된다.

●●●●● 사법행정76)

우리가 추측하는 한, 스파르타인은 소송을 그다지 좋아하지 않았던 사람들이었다. 이 감탄할 만한 특색은, 도시생활에 분란을 일으키는 경우도 많고 시간도 많이 걸리던 소송을 종종 제기했던 아테네인들의 성향과 극명한 대조를 보여준다. 민사소송을 일으키는 것을 즐기지 않았던 스파르타인은 분란이 생기면 이를 중재하는 정규적인 체제가 있었다.77) 중재자는 양측이 동의하면, 이들을 청동신전(Bronze Temple)으로 데리고 가서 그의 결정에 따르겠다는 맹세를 시키고 분쟁이 해결될 때까지 신전 밖으로 나가지 못하게 하였다. 그밖에 직업적 변호사78)나 사건기록 같은 것도 없었다. '라코니아식'으로 간명하게 말하는 관습으로 말미암아 아테네법정에 기록된 것 같은 유명한 사건이 스파르타에서는 일어날 수 없었음을 확신할 수 있다.

 그렇지만 왕과 장군들의 행위가 문제된, 많은 국사범 심문기록은 남아 있다. 전투시의 판단착오는 고발되지 않았지만, 적에게서 뇌물을 받은 경우는 항상 기소되었다. 예를 들어 클레오메네스 1세는 뇌물을 받고 아르고스를 점령하지 않았다고 고발되었다.79) 플레이스토아낙스(Pleistoanax)는 기원전 446년 페리클레스에게서 뇌물을 받았다고 고발되어 15타란톤의 벌금을 물고 추방되었다.80) 또, 기원전 418년 아기스81)는 아르고스 진공실패로 기소되었다. 그는 1만 드라크메의 벌금을 물었고, 스파르타시에 있는 저택이 파괴되었다. 그는 불명예를 씻어낼 수 있도록 국가에 봉사할 기회를 달라고 호소하였고 결국 사면되었다. 기원전 403년 플라타이아 전투 승리자의 손자인 파우사니아스 2세82)는 감독관의 지시를 수행하지 못하였다고 기소되었다. 이 사건의 경우는 세세한 점까지 잘 알려져 있어 흥미롭다. 그는 동료왕과 5명의 감독관, 28명의 장로회 구성원 등 34명의 재판부 전원 앞에서 재판을 받았다. 그 중 15명은 유죄에, 19명은 무죄 방면에 표를 던졌다.83) 기원전 395년 그는 두번째로 기소되었으나, 이번에는 법정에 나타나지 않고 테게아(Tegea)로 도망쳤으며, 궐석재판에서 유죄선고를 받았다.84) 이전에 무죄로 판결이 났던 사건으로 피고가 다시 재판받을 수 있다는 것은 주목할 만하다. 스파르타에서는 추가증거로 인해 피고가 유죄인 것이 입증될 수 있었기 때문에 법률상 일사부재리

(exceptio rei judicatae)의 원칙을 적용하지 않았다.85)

　국가전복을 기도했던 기원전 398년의 키나돈 사건도 흥미롭다.86) 그 음모가 밀고자에 의해 알려지자 감독관단은 크게 놀라 전체 장로회의 판단을 불신하고 그 구성원 중 일부에게만 개별적으로 통보하였다. 키나돈을 제거하기 위해 짜여진 계획은 성공적이었다. 그들은 표면상으로 키나돈에게 몇몇 인물과 헤일로타이를 체포하도록 하여 아울론(Aulon)으로 파견했는데, 체포대상 중에는 '너무 아름답기 때문에 그 곳에 간 라케다이몬 청년들만이 아니라 나이든 사람들마저도 타락시켜 버릴 것 같은' 여성도 포함되어 있었다. 이전에 감독관단의 명령으로 비슷한 임무를 처리했던 키나돈은 의심하지 않고 떠났지만, 음모에 가담했던 자들의 명단이 밝혀지자 체포되어 압송되었다. 그는 심문을 받고 전모를 털어놓았다. 이 심문이 어떤 형태였는지, 또 고문을 받았는지 여부는 알 수 없다. 하지만 감독관들은 어떤 것에도 구애받지 않았을 것이고, 더욱이 키나돈이 '열등시민'이었기 때문에 스파르타 시민에게는 감히 시도하지 않았을 고문도 주저하지 않았을 것이다. 유죄선고 후, 키나돈과 그의 공범들은 '팔과 목에 나무차꼬를 차고서, 채찍질을 당하고 창에 찔리며' 거리를 지나 처형장으로 끌려갔다. 스파르타사 초기에 처형된 범죄자는 깊은 구덩이에 던져버렸지만,87) 후에는 교수형에 처하고88) 시체는 카이아다스(Caiadas)89)라 불리는 협곡에 매장하였다.

　기원전 382년 포이비다스(Phoibidas)는 전장에서 정부의 훈령없이 독단적으로 행동했다는 죄목으로 10만 드라크메의 벌금형과 지휘관직 박탈을 선고받았다.90) 기원전 379년에는 세 명의 지사가 충분한 여력이 있음에도 적군에 저항하지 않았다고 하여 소환되어 재판에 회부되었다. 그 중 두 명에게는 사형이 선고되었고, 나머지 한 명에게는 무거운 벌금형이 부과되었다.91) 기원전 378년 스포드리아스(Sphodrias)는 적에게서 뇌물을 받았다는 혐의로 기소되었다. 그는 목숨을 잃을까 두려워서 재판정에 나타나지도 않았지만, 상당히 놀라운 일은 궐석재판에서 무죄가 선고되었다는 것이다.92) 이 사건은 흥미를 끌 만하여, 뒤에 다시 다룰 것이다. 아기스 4세의 체제변화 시도가 비극적으로 끝나고 감독관의 권위를 무너뜨리려는 의도가 실패했을 때는 거의 법의 테두리 밖에서 처리되었다. 감독관단이 감독관직의 존폐를 걸고 투쟁하고 있었고, 젊은 왕과 그 가족에 대한 복수심에서 정당한 법적 절차를 밟지 않았기 때문이다. 이전에 스파르타에서 왕이 처형된 적은 없었기 때문에,93) 신성한 왕권을 유린한 이 행위는 스파르타인의 정서에 매우 충격적인 사건이었음에 틀림없다. 이 사건으로 인해 후일 클레오메네스 3세는 용이하게 감독관직을 폐지하고 그들 중 4명을 처형할 수 있었다.94)

왕위계승을 둘러싼 후보자의 주장 등을 포함하는 헌정질서에 관한 문제는 전체 인민에 의해 결정되었다. 명확한 증거는 없으나, 장로회와 민회가 동시에 열린 자리에서 감독관단이 이런 사건을 보고했으리라고 추정할 수밖에 없다. 이런 종류의 사건은 여러 번 있었다. 예를 들어 그 중에 기원전 491년 레오티키다스와 데마라토스가 왕위계승을 둘러싸고 각기 계승권을 주장했던 적이 있었는데, 이 경우 데마라토스가 적법한 계승자로 결정되었다. 왕족의 하나였던 레오티키다스는 데마라토스의 출생을 둘러싼 의혹을 제기하고, 선서하면서 정식으로 기소하였다. 그가 내세우는 가장 설득력 있는 증인은 그의 아버지인 아리스톤(Ariston)왕이 이 아이가 자신의 아이일 리 없다고 선언했을 때, 재직하고 있던 감독관단이었다. 법정에서는 결론을 내리지 못하고, 델포이에 신탁을 물었다. 무녀는 뇌물을 받고 데마라토스가 사생아라고 선언하였다고 헤로도토스는 별다른 설명 없이 이를 언급하고 있다.95)

기원전 398년에 일어났던 또 다른 레오티키다스가 연관된 훨씬 더 유명한 왕위계승분쟁은 아기스 3세의 왕비였던 티마이아(Timaia)가 알키비아데스에게 반했노라고 떠들고 다녔던 데서 생겼다. 크세노폰은 이 사건96)에 대해 흥미로워 하며 세세한 부분까지 기록하고 있다. 뤼산드로스는 젊은 레오티키다스 대신 선왕의 동생인 아게실라오스를 왕위에 올려놓고 싶어했다. 레오티키다스는 형제가 아니라 자식이 왕위를 계승해야 한다는 법을 인용하였다. 하지만 아들이 없다면 동생이 계승할 수 있었다. 아게실라오스는 적자가 없다고 반박하면서, 아게실라오스가 적법한 계승 후보자라고 하였다. 레오티키다스는 자신이 정당한 아들이라는 모후의 증언과 부왕인 아기스가 임종시에 자신을 인지하였다는 사실을 내세웠다. 아게실라오스는 이에 대해 그 당시는 지진이 발생했던 시기였음을 내세우며 아기스가 티마이아 곁을 떠난 지 10달 후에 레오티키다스가 태어났다고 응수하였다. 디오페이테스(Diopeithes)는 증인석에서 절름발이 왕이 즉위하는 것에 대한 경고했던 신탁에 대해 증언하고, 이 신탁은 다리를 절었던 아게실라오스를 가리키는 것이 틀림없다고 단정했다. 이 사건을 자신이 내세운 후보자를 위해 처리하고 있던 뤼산드로스는 이 신탁은 육체적 불구에 대한 것이 아니라, 오히려 레오티키다스의 비정통적인 출생에 대한 것이라고 교묘하게 둘러대었다. 시민단은 아게실라오스에게 유리한 결정을 내렸다. 주목할 만한 사실은 이 사건 전체에 대한 설명이 만족스럽지 못하다는 것이다. 알키비아데스에게 반했노라는 티마이아의 발언은 의심스러운 것이고, 많은 훌륭한 역사가들은 이를 받아들이지 않고 있다.

    왕위계승을 놓고 다툰 세번째 사건은 클레오니모스와 아레우스가 주인공으로 파우사니아스[97]에 의하면 이 사건은 장로회에서 다루었다고 한다. 이 문제가 장로회에 할당된 것에 대해 파우사니아스가 옳게 기술했는지 의문이 제기된다. 만약 모든 시민이 모인 민회에서 심의하지 않고 장로회에서 심의했다면, 이는 틀림없이 독특한 일이었다.

    스파르타 사법제도에 있어 가장 눈에 띄는 점은 감독관이 모든 형사사건에서 검사와 판사 역할을 모두 맡았다는 점이다. 이것으로 페리오이코이에게 '변명도 들어주지 않고(ἀκρίτους)' 유죄선고를 했다는 이소크라테스(Isocrates)[98]의 진술이 이해된다. 이 구절은 모든 주석가에게 골칫거리였다. 이 구절을 글자 그대로 받아들인다면 화자의 지식과 스파르타의 헌정적 법체계에 대한 그의 성실한 비판은 의심스러울 정도로 놀라운 것이다. 진술이 페리오이코이가 스파르타 시민과 전혀 다른 범주에 속했음을 의미한다면, 두 계급의 관계에 대한 우리의 생각을 수정해야만 한다. 한편 자유민이 그같이 취급되어, 페리오이코이가 법적 절차도 없이 체포되고 유죄판결을 받아야 했다면 매우 끔찍한 일인 듯 보인다. '변명도 들어주지 않고'라는 말은 그와 같은 사건의 경우에 왕과 감독관·장로회 구성원이 모두 모인 정식 재판정까지 가지 않고, 감독관단만이 판결을 내리는 상황을 의미했다고밖에는 설명할 수 없다.[99] 이소크라테스는 또 다른 구절에서 "라케다이몬인은 아테네가 창건된 이래 재판에 회부했던 사람보다 더 많은 그리스인을 재판없이 처형했다"[100]고 단언함으로써 스파르타의 사법체계를 비난하고 있다. 할리카르나소스의 디오니시오스[101]가 쓴 흥미로운 한 구절에서도 스파르타인은 좋지 않은 행동을 하는 자라면 누구든지 공공장소에서 태형을 가하도록 명령할 수 있는 권한을 '장로들(πρεσβότατοι)'에게 부여했다고 주장한다. 여기서 '장로들'이란 장로회 구성원을 의미했다고밖에 볼 수 없다. 이는 다루기 어려운 자들, 아마도 헤일로타이를 정식절차 없이 즉결처분할 수 있었던 것을 가리키는 듯하다.

　스파르타법정에서는 동등자, 즉 시민이 관련된 사건은 매우 신중히 취급했던 것이 분명하다.[102] 어떤 부유한 사람이 저녁식사에서 디저트를 먹지 못하는 처분을 받았던 적이 있다. 만약 이 처벌이 영구적인 것이라면 상당히 가혹한 처분이었던 듯한데, 디저트(epaikla)야말로 저녁식사에서 가장 기다려지는 부분이기 때문이었다. 그밖에 가난한 사람들은 나가서 갈대를 꺾어오거나, 월계수잎을 한 움큼 따오게 하는 처벌을 받기도 했다.[103] 알려진 한, 스파르타 시민이 투옥된 적은 없으며 최악의 범죄에 대해서는 사형에 처할 뿐이었다. 그들은 서로 돈독한 우정으로 맺어져 있었고, 자신들의 계급에 충실했다. 기원전 378년 스포드리아스(Sphodrias)가 훈령에 반하여 아티카로 진공해 피라이오스를 점령하는 데 심각한 차질을 빚게 되었다. 그가 책임을 져야 한다는 것은 명백했고, 처벌받게 될 것도 확실했다. 그러나 아게실라오스는 그가 스파르타 시민이라는 일반적인 원칙에 의거해 그를 구해주었다.

> 아이였을 때, 그리고 소년과 청년이었을 때, 지속적으로 스파르타인의 모든 의무를 다했다면, 그와 같은 전사는 스파르타에 필요하기 때문에 처형한다는 것은 어려운 일이다.104)

그들은 비겁한 행위에 대해서는 시민권 박탈이라는 중벌을 내렸고, 심각한 위법행위에 대해서는 추방형을 내렸다. 제1차 만티네아 전투에서 명령에 불복했던 두 명의 폴레마르코스(polemarchos)인 히포노이다스(Hipponoidas)와 아리스토클레스(Aristocles)는 추방되었다.105) 퀴로스(Cyros) 휘하의 용병대장이었던 클레아르코스(Clearchos)는 명령불복종으로 처벌받기를 두려워하여 스스로 스파르타를 떠났다.106) 팀브론(Thimbron)은 스파르타와 우호관계에 있던 지역을 군대가 약탈하도록 허용한 것에 책임을 지고 벌금형을 선고받고 추방되었다.107) 그는 고압적인 행동으로 상당한 물의를 일으켰기 때문에, 그의 배후에 누군가 있지 않았나 의심된다.

민사상 계약과 관련된 사건은 감독관이 판결을 내렸다. 아리스토텔레스는 '감독관 중의 일부'108)라고 말하고 있는데, 이 말이 맞는다면 그들은 모든 사건에 전원 참석하여 판결한 것이 아니라, 배당된 사건에 대해 개별적으로 참여하는 재판관으로써 합의체를 구성하였다고 해야 할 것이다. 감독관 전원이 판결하는 상고심이 있었는지는 알 수 없다. 아리스토텔레스는 이 체계를 못마땅하게 보았다.

> 감독관단이 최종심을 맡는 최고재판관이었지만, 그들은 무작위로 결정된 사람들이었고, 성문법이나 확립된 관습에 따르지 않고 자의적으로 판결하기에 이는 옳지 못하다.109)

이 부분에서는 아리스토텔레스가 별로 공정하지 않다고 보는 편이 적절하다. 참고할 만한 법적 판례집이 없었던 이상에는 상상할 수도 없던 일이었기 때문이다. 아마 후에 로마시대에나 와서야 법률전문가가 없다는 것이 인식되었을 것이다. '뤼쿠르고스 법의 해석자(ἐξηνητὴς τῶν Λυκουργείων)'가 있기는 했지만, 그의 신분이나 기능이 어떠했는지는 알려진 바가 없다.110) 스파르타의 토지체계는 감독관들이 이성에 비추어서만 판단하기에 충분할 정도로 간단하지는 않았다. 분명히 그들이 지켜야 하는 어떤 공인된 원칙이 있었을 것이다. 그렇지 않았다면 아리스토텔레스가 단언하듯이 재판관을 매수함으로써 용납할 수 없는 결과를 가져왔을 것이다.

확실히 우리는 스파르타의 사법체계에 대해 완벽하게 알지 못하고 있다. 사실상 거의 아는 바가 없다고 해야 할 것이다. 스파르타의 사법체계는 아테네나 현대의 기준으로 본다면 원시적이고 미숙하며, 불만족스럽게 보인다. 아리스토텔레스와 지식인들이 비난했던 것으로 미루어, —혹은 뇌물과 부패의 경우를 주장했다고 말하는 것이 더 나을 수도 있다— 사건 처리가 불만족스러웠다고 추정해야 할 듯 싶다.

> 뤼쿠르고스는 결코 자신이 제정한 법률을 문서로 정리하려 하지 않았다. 사실상 문서화를 공개적으로 금지하는 레트라도 있었다. 그는 가장 중요한 점, 그리고 공공복지에 직접 이바지하는 대부분의 것은 훌륭한 훈련으로 젊은이들의 가슴에 새겨짐으로써 확실히 남게 될 것이고, 최고의 입법자가 제공하는 강압에 의해서보다 교육에 의해 더 확실한 안전이 얻어질 것이라고 생각했다. 그리고 재정상의 계약 같은 보다는 덜 중요한 문제인 경우, 경우에 따라 형식이 바뀌어야 하므로 명확한 규칙이나 침범할 수 없는 관습을 적어 놓지 않는 편이 최선이라고 생각하였다. 그는 차라리 그들의 방식과 형태가 시간의 변화와 현자들의 의견에 따라 바뀌는 편을 선호했다. 교육이 모든 법률과 법령의 목표와 목적을 달성해야 한다는 것이 그의 의도였다.111)

플루타르코스의 이 특별한 변호는 사실로 들리지 않는다. 만약 스파르타 교육의 목적이 훌륭한 전사와 국가에 충성스러운 신민을 만들기 위해서만 고안되었다면, 좋은 법률가를 배출하는 것은 거의 생각할 수 없는 일이다. 현명한 입법자를 모든 면에서 이상화하는 플루타르코스는 스파르타의 법률체계가 심할 정도로 비판받았다는 것은 잘 알고 있었다. 그는 '비록 스파르타의 법률체계는 훌륭한 전사를 만들어내도록 잘 고안되었으나 정의의 측면에서 보면 불완전하다고 말하는 이들도 있다. 그러나 뤼쿠르고스의 법률에서 불의의 어떤 징후나 평등의 결핍은'112) 발견할 수 없다고 한다. 결론적으로 말해서, 성문법이 없음으로 해서 전통의 공식적 해석자인 감독관단이 막강한 권한을 갖게 되었다는 점은 특기해야 한다. 그들은 밤에 이노 파시파이 신전에 갔다가, 다시 나타나서 신적 영감을 받았는데 어떤 반대도 없었다고 말하면 그만이었다.

크륍테이아(crypteia)113)

스파르타의 제도 중에서 비밀경찰이라고나 해야 할 크륍테이아는 고대나 지금이나 변함없이 주석가를 소름끼치게 했다. 플루타르코스114)에 의하면 감독관단은 '때때로' 단검으로 무장한 스파르타 청년들을 산야로 파견했다. 그들은 낮에는 숨어 있다가 밤에 돌아다니며 무력한 헤일로타이를 발견하는 대로 무차별 살해하였다. 이는 확실히 다른 헤일로타이를 유순하게 만들기 위한 원칙에서 나온 것이었다. 따라서 크륍테이아는 명백히 테러리즘의 목적을 실천하기 위한 매우 전제적이고 사악한 종류의 비밀경찰이었고, 전해지는 정보를 신뢰해도 좋다면 그 점에서는 대단히 성공적이었음에 틀림없다.

암살은 언제나 모든 전제정에서 애호하는 정권유지 수단이었고, 스파르타의 감독관단이 불만분자들과 때로는 불온한 헤일로타이를 다룰 때, 이런 수단을 사용했을 것이라고 간주하는 것에 주저할 필요는 없다. 또한 그들은 특히 마음에 들지 않는 헤일로테스를 '없애기' 위해 암살자를 보냈을 수도 있다. 그러나 그것이 무차별한 살해가 정기적으로 이루어지고 있었다고 말하는 것은 아니다. 플루타르코스가 '때때로'라고 주의 깊게 말하고 있음을 주목해야 하며, 그러므로 우리는 이 비상수단은 예외적인 경우에만 사용되었다고 추정해야 할 것이다. 또 모든 스파르타 청년들이 정규훈련의 일부로서 살인이라는 과정을 거쳤음을 보여주는 사료는 어디에도 없다.

하지만, 그렇다고는 해도 '코만도'처럼 선발된 청년들로 구성되어 감독관이 특수임무를 맡겼던 일종의 비밀조직 - 크륍테이아라는 이름을 적용시킨 - 은 있었던 것으로 보인다. 폼페이우스 트로구스(Pomoeius Trogus)는 모든 스파르타인은 30세가 될 때까지는 이 기관에 복무하거나, 소집될 의무를 가졌다고 한다.115) 정규 복무기간은 2년이었던 것 같고, 지로(Giraud)116)는 아마도 신병보충은 18세에서 20세 사이의 청년들인 멜레이렌으로 이루어졌을 것이고, 그 후에는 특수임무를 수행하기 위해서 언제든지 소집될 수 있었을 것이라고 본다. 이 조직은 셀라시아 전투시117)에 참전한 것으로 나타나는데, 이는 적어도 이 시기에는 정규군의 일부로 편제되었다는 것을 시사한다.

이 조직에 대해서는 여러 학자들이 설명을 시도하고 있다. 장마이어(Jeanmaire)118)는 크륍테이아에 관한 그의 중요한 논문에서 청년들이 완전한 시민권을 받기까지 거쳐야 하는 긴 과정의 일부였다는 것을 보여주려 하고 있다. 그리고 그는 현대에 남아 있는 원시종족들의 관행에서 자신의 논의를 지지해 주는 여러 예를 들고 있다. 즉, 청소년들이 여타 부족민과 일정기간 떨어져 주거지 밖에서 살면서, 훔치거나 각자의 재주를 발휘해서 생존하는 것은 오스트레일리아·남아프리카·북아메리카의 인디언 부족에서 모두 발견된다는 것이다. 장마이어의 대비는 상당한 정도로 정곡을 찌른 것이어서 이 논의를 반박하는 것은 불가능할 정도이다. 크륍테이아에서 복무하는 것은 스파르타 시민이 되기 위한 힘든 수련과정의 일부였던 것은 의문의 여지가 거의 없다.

지로119)는 플라톤120)이 아그로노모이(agronomoi)라는 지역수비대를 묘사한 것에서 크륍테이아가 실제적으로 같은 기능을 했을 것이라는 추론을 이끌어냈다. 2년간 복무했던 이 젊은이들은 어느 정도 보이스카웃과 비슷하게 야외생활에서의 모든 '능숙한 행동'을 열심히 익히고, 전반적으로 스스로를 단련시켰다. 그렇지만 플라톤이 묘사했던 아그로노모이처럼 스파르타의 청소년들이 개울과 무너진 담벽을 보수하느라 바쁘게 움직이지는 않았을 것이 확실하다고 하겠다. 그런 잔일은 전사계급을 키워내는 스파르타 교육철학의 정신과 너무나 어울리지 않았을 것이다. 아테네의 에페베(ephebe)는 지역순찰대로 활동했다는 것이 알려져 있다.121) 그러나 크륍테이아가 이와 비슷한 역할을 했을 것 같지는 않다.

또 다른 그럴듯한 추리는 크륍테이아가 소년들이 먹을 것을 훔치는 것에 대비하여 경비하는 일을 했다는 것이다.122) 이 비밀경찰과 부족한 식사량을 훔쳐서라도 보충할 수밖에 없었던 배고픈 소년들과의 한판승부는 이 둘 사이의 일종의 게임 같은 것이 되었고, 이는 양측의 임기응변을 길러주기 위해 고안된 것이었다. 아마 그랬을 것이다. 하지만 그 이유에 대해서는 분명하게 말할 수 없다. 크륍테이아에 복무하는 것은 스파르타 청소년 교육의 한 부분이었고, 감독관들은 이들에게 재량껏 일을 시킬 수 있었다. 또한 때때로 탐탁치 않은 사람들은 이 조직을 시켜 제거했다는 것이 우리가 내릴 수 있는 유일한 결론이다. 분명하게 말할 수는 없지만, 키나돈을 체포할 때에도 크륍테이아에 복무중인 청년들을 시켰을 것이라고 추정해 볼 수 있다.123) 분명히 헤일로타이에 대한 감시기구로서도 유용했다. 청년들이 무차별하게 살인을 저지르도록 파견되었다는 끔찍한 기술은 믿을 수 없다.

제6장

스파르타식 훈련

고대 스파르타의 모든 생활방식, 국가의 정치체제, 교육제도는 어느 순간에도 국내의 반란을 진압하거나, 외부침입을 격퇴할 능력이 있고 또 준비가 되어 있는 훈련된 군을 유지한다는 단 하나의 목적하에 고안되었다. 스파르타 시민은 직업적 전사 이외의 다른 어떤 것도 아니었으며, 그 교육은 전적으로 육체적 건강과 정부에 대한 복종이라는 두 가지 목적을 만족시키기 위한 것이었다. 스파르타 시민은 이 두 가지 면에 있어서라면 매우 우수하였다. 스파르타 시민이라면 태어난 날로부터 너무 나이가 들어 전장에 나갈 수 없을 때까지 훈련을 받아야만 했다. 그리고 명령에 복종해야 했고, 개인의 개성은 다른 어떤 나라에서도 일찍이 보기 힘들 정도로 무시되었다.

플루타르코스[1])에 의하면 남자아이가 태어나면 부족의 장로에게 데려가서 레스케(Lesche)라고 불린 어떤 장소에서 검사를 받았다고 한다. 아이가 건강하고 장애가 없어 보이면, 부모에게 돌려주어 돌보게 하였다. 만약 이 육체적 검사를 통과하지 못하면 그 아이는 아포테타이(Apothetae)라 불리는 타이게토스 산록의 깊은 구렁에 죽게 내버려두었다. 유아시기부터 단련과정을 겪어야 했던바, 스파르타의 유모는 엄격하며 아이들의 응석을 들어주지 않는 것으로 유명하였다. 그녀들은 아이들을 소박한 음식에 만족하고, 어두운 곳에 있건 혼자 있건 간에 무서워하지 않으며, 투정 부리거나 언짢아 하며 울지 않도록 가르쳤다.

아이가 겪어야 하는 놀랍고도 쓰라린 시험은 갓난아기를 포도주로 목욕시키는 것이었는데, 이는 '성격과 외양을 개선시키기 위함이었고, 간질병이 있거나 허약한 아기는 이렇게 목욕시키면 기절하고 쇠약해지지만, 건강하고 활기찬 체질의 아이는 단단해지고 강철 같은 기질을 갖게 된다는 생각에서'였다. 갓난아기를 포도주에 씻기는 이 관습은 포도주가 약한 방부제 역할을 한다는 원시적인 위생학적 동기에서라고 말할 수도 있다. 플루타르코스는 계속하여 말하기를 스파르타인 유모는 유명하여 다른 나라의 부모들도 이들을 유모로 쓰고 싶어한다고 했다.[2]) 알키비아데스

(Alcibiades)의 유모인 아뮈클라(Amycla)도 그 중 하나였지만, 불행히도 그를 소박하게 양육하려는 그녀의 노력은 경멸스러운 가정교사 조퓌로스(Zopyros)에 의해 좌절되어 거의 성공을 거두지 못했다.3) 스파르타를 떠나 다른 나라에 유모로 갔던 여성은 헤일로타이 계층에 속했던 여성일 것으로 추측할 수 있다. 자유롭게 태어난 스파르타 여성이 그같이 지위가 낮은 직업에 종사해서 품격을 떨어뜨리는 처신을 했으리라고는 생각할 수 없기 때문이다.

●●●●● 또래집단

　스파르타 남성은 태어나서 60세에 이르기까지 국가로부터 훈련과 통제를 받았다. 인생에서 가장 활동적인 시기 동안 시기별로 각기 다른 또래집단에 속했다는 것은 확실하지만, 이 집단이 어떤 것이었고 그들에게 붙여진 명칭이 어떤 것이었는지는 약간 불확실하며, 주석가 사이에서도 상당한 논쟁과 견해 차이가 있다. 그러나 여기에 관해 아주 명확하지는 않더라도, 적어도 그 정확성에 대해서 지나치게 심각한 의문이 제기하지 않아도 될 만한, 꽤 만족스러운 결론에 도달하는 것이 불가능한 것은 아니다.
　먼저 생일에 대한 고대와 현대의 용례가 다르다는 것을 항상 명심해야만 한다. 오늘날 서구에서는 태어나서 12달을 보냈을 때, 첫번째 생일을 맞는다고 말한다. 그리스인은 태어난 후 첫 해에 관해 아마도 보다 논리적으로 이야기했다. 그들에게는 아기가 태어난 날이 첫번째 생일이고, 오늘날의 첫번째 생일이 두번째 생일이었다. 고대와 현대의 서로 다른 용어 사용이 이런 혼란과 오해의 원인이 된 적이 종종 있으므로 매우 주의해야만 할 것이다.
　남자아이가 태어나서 6년 동안 어머니의 보살핌 아래 있었던 것은 매우 확실하다.4) 추측상 이 유아기 단계에 대해 프로파이디온(προπαιδιον) 등급이라고 명명할 수 있을 것이다. 그리고 6년이 지나면, 혹은 그리스인의 말에 따른다면 일곱번째 생일이 될 때, 같은 또래집단에 속하는 다른 아이들과 함께 병영에서 살기 위해 집을 떠나야 했다. 푸스텔 드 꿀랑쥬(Fustel de Coulanges)5)는, 상당히 쉬운 훈련을 받고 스파르타 교육체계의 초기단계를 이수하고 있기는 했어도 아직 집에서 살고 있었다고 했지만 그의 주장은 받아들일 수 없다. 꿀랑쥬가 자신의 견해를 입증하기 위해 증거를 모으기는 했으나, 납득할 만한 수준의 증거는 되지 못하였다. 그는 아게실라오스가 아이들과 막대기를 타고 노는 것6)이 스파르타사를 통틀어 가장 인간적인 부분이라고 말하였다. 그렇지만 이는 그 아이들이 그렇게 간단한 놀이를 즐길 정도로 아주 어렸다는 것을 제시할 뿐일 것이다. 그는 또한 안탈키다스(Antalcidas)가 위기시에 가족을 퀴테라로 보낸 것7)을 인용하고 있다. 이는 그다지 설득력 있는 예가 아니며, 그가 아들을 몇 명을 가졌건 간에 그 아이들이 유아였다고 추정하는 것이 더욱 이해하기 쉽다. 그러나 이 경우 아이들이 어머니에게서 떨어지지 못할 정도로 아주 어린 나이였다고 생각할 필요는 없다. 그리고 아이가 어머니를 자주 찾아갔고, 어머니는 아들의 옷을 챙기며 건강에 신경을 썼다고 쉽게 상상할 수 있다. 스파르타에서 어머니의 영향력이 힘을 잃거나, 한 번 집을 떠나면 어머니가 아들을 영영 잃는다고 추정할 수는 없다. 오히려 그와 반대로 어머니의 영향력이 줄곧 아주 강하게 작용했음을 보여주는 수많은 일화가 있다.

    소년은 그 다음 6년간 파이디온(παιδιον)이라 부를 수 있는 등급에 속해 있었다. 그는 아마도 연대(agelle)를 구성하는 중대(bouai)의 하부단위인 소년소대(ilai)8) 중 하나에 소속되어 있었을 것이다. 이 6년간 그는 스승의 지도를 받고 엄한 스파르타 교육체제에 첫 발을 내딛기 시작했다. 그에 대한 교육은 어린 나이에 맞추어 엄격한 훈련을 조금씩 점차적으로 시켰을 것이라고 보는 것이 이성적이다. 그 한 예로 10살이 되기 전에는 음악이나 춤, 혹은 운동에서 경쟁적인 연습에 참여할 수 없게 한 것을 볼 수 있다. 이 시기 아이들의 옷이 훗날 보는 것처럼 아주 빈약하거나, 부족한 음식을 보충하기 위해 훔치도록 했다고 추정하기는 어렵다. 스파르타인이 아이들을 다루는 데 있어 어느 정도는 지혜로웠다고 믿어야 할 것이다. 사실상 이 섭생법이 세심한 주의를 하면서 계산된 것이고, 적어도 현대적인 기준에서 보아서는 비록 거칠기는 하지만, 건강에 좋으며 꾸준한 성장에는 적절한 것이었음은 분명하다. 육체적 활력을 높이 평가하는 민족에게 건강문제는 대단히 중요한 것이었고, 신중하게 생각해 본다면 그들의 훈련체계는 믿을 수 있는 것이었다.

 13세가 되면 소년은 훈련의 본 과정을 밟게 된다. 짧게 자른 머리에 신발도 신지 않고 속옷도 없이 한 겹의 옷만을 걸쳤는데, 놀거나 운동할 때는 벌거벗어야 했다. 잠자리는 에우로타스 강가에서 손으로 뜯은 골풀(rush:등심초)로 만들어야 했는데, 그 작업을 더 힘들게 하기 위해 도구를 사용해 자르지 못하게 하였다. 겨울에는 잠자리에 온기를 주기 위해서라고 추측되지만, 엉겅퀴의 관모(冠毛)를 추가하는 것이 허용되었다고 플루타르코스는 냉정하게 언급한다. 또한 플루타르코스에 의하면 소년들은 병영의 모든 일을 스스로 꾸려나가야 했고, 모자란 식사분량은 훔쳐서 채워야 했다. 만약 그러다가 붙잡히면 음식주인에게서 한 차례 얻어맞고, 잡혔다는 이유로 교사에게서 또 한 차례 얻어맞았다.9) 그리 가혹해 보이지는 않는 다른 처벌은 아르테미스 오르티아 제단 주변을 도는 것이었다.10) 그러나 이 부드러운 교정방법에는 아마도 감시자의 조롱과 모욕이 더해졌을 것이고, 지쳐 떨어질 때까지 돌아야 했을 것이다.

 여기까지의 훈련체계와 연령별 집단을 이해하는 데는 별 어려움이 없으며, 어느 정도는 만족할 수 있을 것이다. 세번째 6년기에 이르면 풀기 힘든 명칭의 어려움에 봉착하게 되고, 주석가 사이에도 의견이 첨예하게 대립되고 있는 실정이다.11) 13세에서 18세까지의 나이에 각각 특정한 명칭을 붙인 것이 확실하다. 문제는 오히려 이 명칭을 확실하게 갖다 붙이는 것이다. 확인된 바의 −조심스럽게 이야기해야 할 것이다− 명칭은 다음과 같다.

13세 – 흐로비다스('ρωβιδας)
14세 – 프로미키조메노스(προμικιζόμενος)
15세 – 미키조메노스(μικιζόμενος) 혹은 미키키조메노스(μικιχιζόμενος)
16세 – 프로파이스(πρόπαις) 혹은 시데우나이(σιδεῦναι[?])
17세 – 파이스(παῖς)
18세 – 멜레이렌(μελλείρην)

여기서 문제는 미키조메노스(μικιζόμενος) 혹은 미키키조메노스(μικιχιζόμενος)라는 단어이다. 그리스어 대사전에 따른 리델(Liddell)과 스코트(Scott)의 해석에 의하면 이 용어는 스파르타에서 태어난 지 3년 된 아기에게 적용되었다.12) 아이가 7세가 될 때 중대에 등록되었다는 플루타르코스의 진술을 따르는, 그보다 후기의 주석가들13)은 이 용어가 9세 아동에게 적용되었다는 것이고, 물론 이 주석가들은 당대 최고의 학자들이기는 했다. 그러나 이 견해는 분명히 15세까지를 지칭하는 비문14)에 의해 반증되었다. 이는 딜러(Diller)가 헤로도토스에 대한 주해에 기반을 두고 예증한 증거와도 일치한다. 하지만 그 주해를 여기서 길게 인용할 필요는 없을 것이다. 이렇게 감이 잘 잡히지 않는 단어인 '미키조메노스'에 관한 문제는 사람을 감질나게 하는 것은 말할 것도 없고, 또 흥미있기도 하지만, 그리 중요한 문제는 아니므로 이 단어가 15세 소년을 지칭했다는 것이 거의 확실하다는 추정으로 만족하도록 하자.

　13세에서 18세 사이의 연령대에 대한 전반적인 호칭은 '청소년'으로 번역할 수 있을 '헤본(ἡβῶν)'이라는 용어인 것 같다. 이것이 아니라면, 매우 의심스럽기는 하지만 '시데우나이(σιδεῦναι)'였을 수도 있다. '헤베(ἥβη)'15)라는 용어는 분명히 스파르타에서는 18세로 고정된 '성인' 혹은 '나이가 참'을 의미한다. 비록 이 점이 완벽하게 해명된 것은 아니지만, 이 용어는 아마도 군사적인 관점에서가 아니라 법적 의미에서 쓰였을 것이다. 이 나이에 소년은 '청원자'라고 부를 수 있는 멜레이렌(μελλείρην)의 위치에 도달하게 된다. 그는 에이렌(εἴρην) 등급의 후보자였고, 군에서 얼마나 단련되었는지를 보기 위해 군속이나 견습생도 혹은 '종자(sqire)'로 시험을 받았던 듯하다.

19세가 된 스파르타 청년은 에이렌 등급에 들어갔다.16) 그는 맨 앞줄(first-line)에서 싸우는 전사는 아닐지라도 전투원이 되었다. 다음 6년간의 연령대에 대해서는 확실한 것은 아니지만, 아마도 다음과 같은 명칭을 붙였던 것으로 보인다.

19세 - 에이렌(εἴρην)
20세 - 프로테이레스(πρωτείρης)
21세 - 디에이레스(διείρης)
22세 - 트리테이레스(τριττείρης)
23세 - 테테이레스(τεττείρης)
24세 - 펜테이레스(πεντείρης)

확실히 여러 연령대의 이름은 추측에서 나온 것이긴 하지만, 매우 적절한 것 같고, 벨로흐17)의 가정에 따르면 한 비문에서 트리테레네스(τριτίρενες)를 언급하고 있기 때문에 다른 이름을 인정할 수 있다고 한다.

여기서 모든 주석가를 당혹스럽게 하는 문제가 나타난다. 헤로도토스18)는 플라타이아 전투를 기술하면서, 스파르타 전사자들은 법적·사회적 지위에 따라 각 계급은 공동의 무덤에 배정되어 매장되었다고 전한다. 제일 먼저 에이렌들이 매장되었는데, 그 중에는 포세이도니오스(Poseidonios)·아몸파레토스(Amompharetos)·필로키온(Phylocion)·칼리크라테스(Callicrates)가 포함되어 있었고, 두번째로 남은 라케다이몬인들이, 마지막으로 헤일로타이가 매장되었다. 하지만 이 네 명의 지휘관들은 확실히 에이렌이 아니었다. 왜냐하면 그들은 나이가 들고 경력이 있던 자들이었고, 그 단계를 오래 전에 거쳤기 때문이었다. 비문의 글씨가 이레에스(ἰρέες) 혹은 이레아스(ἰρέας)로 읽히고, 아마도 맞겠지만 이레네스(ἰρένες)로 보정(補正)되었다는 사실로 인해 이 문제는 더욱 혼란스러워진다. 이레에스라는 단어를 받아들인다면, 그들이 어떤 사람들이었냐는 문제에 부딪히게 될 것이다. 그 경우 이들은 성스러운 직책을 맡고 있거나 혹은 맡았던 사람들이라고 해석할 수밖에 없다. 하지만 그 직책이 어떤 것이었는지에 대해서는 전혀 아는 바 없다. 이레네스로 고쳐 읽고, 헤로도토스가 에이렌에 대해서 정확히 모르고서 실수했다고 보는 것이 가장 그럴듯하게 보인다. 이 귀찮은 수수께끼에서 빠져나갈 다른 해법은 없는 듯 싶다.19)

24세가 지나면 스파르타 청년은 에이렌 등급을 마치고 맨 앞줄에 나설 수 있는 전사가 되었다. 파우사니아스20)에 따르면[어느 정도 의심스럽기는 하지만, 그래야 할 것이다], 이 등급은 스파이레이스(σφαιρεῖς)라 불리고, 특히 이후에 언급하게 될 격렬한 구기(球技)에 참가했다. 이 등급에 관한 더 이상의 정보는 없지만, 선발된 기사단인 히페이스(ἱππεῖς)가 이들 중에서 뽑혔을 것이라고 추정된다.21) 30세가 넘으면 완벽한 시민권을 갖게 되고, 민회에 참석하였다. 그리고 더 이상 병영에서 살지 않고, 자신의 주거를 갖고 아내와 가족들과 함께 지내게 된다. 시장에 들어가서, 스스로 쇼핑하는 것이 허용되었는데 분명히 가정을 가진 남자들의 필수품을 샀을 것이다. 그 전까지 필요한 물품은 가족이나 '연인'이 공급해 주었다.22) 아마도 아이였을 때 집을 떠난 이래 드디어 처음으로 어느 정도의 사생활을 누리고, 감독자들의 감시의 눈길이 이르지 못하는 정상적인 가정생활을 이끌어나갈 수 있었을 것이다. 할리카르나소스의 디오니시오스23)는 스파르타인의 가정은 적어도 자신만의 것이었고, 집대문은 다른 이의 감시의 눈길에서 벗어나기 위한 장벽이었다고 전한다.

스파르타 남성은 성년이 되면 머리를 기르는 것이 허용되었다. 그럼으로써 '더 크고, 보다 남자다우며, 적에게 두려움을 주게'24) 보인다는 것이다. 젊은이들은 전투시에 머리카락을 곱슬거리게 하고, 장식하는 것이 허용되었는데, 레오니다스가 지휘했던 영웅적인 부대가 테르모필레 전투 전에 머리형을 손질했던 것을 상기할 수 있다. 그들은 "자유로운 머리형이 잘생긴 얼굴에는 아름다움을, 못생긴 얼굴에는 공포감을 더해준다"고 믿고서, 항상 머리카락을 적절히 자르고 다듬는 데 매우 신경을 썼다. 성인이 된 후 머리를 기르도록 허용하는 관습에는 무서운 외관을 갖게 한다는 점과는 별도로, 종교적 중요성이 있었다고 볼 수도 있다. 아이들은 육체적 절정에 도달하지 못했기 때문에 머리를 짧게 깎게 했다. 머리를 기르게 되었을 때는 긴 머리가 육체적 강건함을 나타냈을 뿐 아니라, 신성한 상징이 되었다. 원시적 부족 사이에서 머리카락의 신성함에 대해서는 수많은 예가 있다.[25]

그들이 비록 머리형을 다듬는 데는 많은 공을 들였지만, 신체를 청결이 하는 데에는 그리 세심했던 것 같지 않다. 플루타르코스[26]가 자세히 전하는 한 일화에서 알키비아데스의 목욕물을 나르는 노예를 본 어떤 스파르타인이 "그렇게 많은 물이 필요하다니, 그는 매우 더러운 사람이로군"이라고 말했다고 한다. 분명히 청년들은 체육관에서 운동하고 난 후 씻고 기름을 발랐지만, 공공목욕탕에 대해서는 알려진 바 없다.

음악경연과 운동경기

경쟁심 고양은 교과과정에 일찌감치 도입되었다.[27] 10세가 되면 공적인 경연에 참가하였다. 모두 다 확실히 밝혀진 것은 아니지만, 그 중 두 가지는 음악경연[켈로이아(κελοῖα)와 모아(μῶα)[28]]이었고, 하나는 운동경기[운동의 카쎄라토리온(athletic καθθηρατόριον)]였다. 음악경연은 악기를 다루는 것이 아니었고, 성악이었는데 아마도 여러 모임(βοῦαι)으로 나누어진 합창의 형태로 진행되었을 것이다. 우승한 모임의 리더(βούανος)는 기념비에 새겨지는 명예를 누렸다. 상품으로는 잘 알려지지 않은 일종의 '낫' 같은 것을 받았는데, 오스트레일리아의 부메랑처럼 생긴 철제도구였으며, 그것의 의식적 중요성은 알려지지 않고 있다. 이 낫은 아르테미스 오르티아 여신에 대한 헌정물로서 기념비에 얹히게 되는데, 이 기묘한 물건 중에서 적어도 하나는 그 자리에서 그대로 발견되었다.29)

먼저 소년 혹은 소녀들이 리라나 플루트를 연주하는 법을 배웠는지에 대한 자료가 없다는 점을 밝혀둔다. 스파르타군이 전장에 나갈 때, 플루트를 연주했던 군악대가 있었다는 것이 알려져 있긴 하지만 이들이 전문적 군악대였는지 단언하기는 어렵다. 악기를 연주하는 것은 명예스러운 직업으로 간주되었을 수도 있고, 그들이 합창연습에 몰두했던 것으로 미루어 꼭 필요하고도 중요한 직업이었을 가능성도 있다. 하지만 긍지 높은 스파르타 청년들은 이를 경멸했을 수도 있다고 추정할 수 있다. 합창단에서는 기꺼이 노래 부를 수 있었지만, 악기를 연주한다는 것은 아마도 열등시민 · 헤일로타이 혹은 페리오이코이에게나 어울리는 또 다른 문제였다.

카쎄라토리온(καθθηρατόριον)이 무엇이었는지는 말하기 쉽지 않다. 이는 '거친 게임의 일종'으로, 적어도 거칠었다는 것은 틀림없다. 이는 쎄로마키아(θηρομαxία)라고 하고 소년들이 연기하는 가상 동물사냥이었을 가능성이 가장 높다. 어느 정도 위험이 없는 가장놀이였거나, 아마도 동물을 추적하는 것이었다고 쉽게 상상할 수 있다. 토드30)는 크노소스에서 발견되어 우리에게 친숙해진 투우의 일종이었을 것으로 가정하기도 한다. 그것이라면 스파르타인에게도 격렬한 것이었음에 틀림없지만, 참가자가 10세밖에 안되는 아이들이었기 때문에 그 아이들이 그렇게 위험한 게임에 참여했을 만큼 강했다고 상상하기는 어렵다. 크레타식의 투우가 스파르타에서 행해졌다고 볼 만한 증거는 없다.

아르테미스 오르티아 제단에서의 채찍질

모든 경연 중에서 아르테미스 오르티아 제단에서 청년들을 채찍질하는 의식은 가장 악명 높다. 파우사니아스31)는 제단이 인간의 피로 더럽혀졌을 때, 이 제단에서 희생을 올리던 스파르타 부족민들이 다툼을 벌인 이야기를 기록하고 있다. 신탁에 따르면 이 신성모독은 더 많은 인간의 피로만 속죄될 수 있는 것이었고, 그 결과 매년 인간을 희생물로 올리게 되었다. 뤼쿠르고스는 이 관습을 금지시키고, 채찍에서 제단으로 피가 떨어지도록 청년들을 채찍질하는 것으로 대체시켰다. 이 채찍질을 가장 오래 참아낸 청년을 보모니케스(βωμονίκης)32)라 부르고, 명예의 상을 세워 그의 인내를 찬미하였다. 이 시련을 견디다가 사망한 사람들도 종종 있었다고 전해진다.33)

청년들에게 채찍질이나 고문 같은 고통을 가함으로써 그들의 인내를 시험하는 일은 원시 종족 사이에 널리 분포되어 있는 풍속이며, 성인식에 수반되는 의식의 일부라는 것에 주목해야 한다.34) 하지만 이 경우 의식참석자의 피를 뿌리는 것은 신과 인간 사이의 '피의 결속'을 의미하며, 인간을 희생시키는 행위의 대체물이 아니었다는 것은 별로 의심할 여지가 없다.35) 보상끄(Bosanquet)36)는 이 의식의 가장 야만적인 형태는 로마시대에 생겨난 것으로 '뤼쿠르고스식의 재생'의 일부라고 상당히 논리적인 주장을 폈다. 인내심 경연이라는 개념은 꽤 후기의 것으로 보는 것이 확실한 듯하고, 제단 근처의 극장건물은 분명히 로마시대에 세워진 것이다. 이 비참한 일은 대단한 흥미를 불러 일으켰고, 여러 곳에서 언급되었다.37) 이 장면을 관람하는 가학적 즐거움은 티아나(Tyana)의 아폴로니우스(Apollonius)가 전하는 다음의 말에서 잘 나타나고 있다.

그리스인은 히아킨티아(Hyacinthia)와 김노파이디아이(Gymnopaediae) 축제에서 그랬던 것처럼 즐거움과 열정적인 흥미를 갖고 모여든다.

테르툴리아누스(Tertulianus)는 "우리 시대 축제의 절정은 스파르타의 것인데, 디아마스티고시스(diamastigosis) — 즉, 채찍질 — 는 악명높다"고 적고 있다. 이는 기원 4세기 후반까지 계속되었는데, 인기있고 유명했다. 크세노폰38)은 젊은이들이 이 제단에서 치즈를 훔치고, 들키면 채찍질과 매질을 당하는 일종의 게임에 대해 언급하고 있다. 「스파르타의 국제(國制)」에 나와 있는 이 구절은 이해하기 혼란스러운데, 그가 전혀 다른 일을 언급하고 있는지 아니면 재단에서의 채찍질을 의미하고 있는지 단정 짓기 어렵다. 다른 곳에서 언급하고 있는 것처럼,39) 크세노폰이 배고픈 소년들이 먹을 것을 훔치려 하는 일종의 게임인 '모방의(mimetic)' 춤으로 알려진 것과 채찍질을 혼동하고 있다는 것이 불가능한 것은 아니다. 헤시키오스(φουαξιρ 항목)를 신뢰할 수 있다면, 소년들이 이 인내심 시험을 오랫동안 준비했다는 진술을 아마도 사실로 받아들일 수 있을 것이다. 이는 입문의례에 맞추어진 오랫동안의 훈련의 극치였고, 제단에 그들의 피를 뿌리는 것은 궁극적인 행동이었다. 그럼으로써 그들은 자신들의 피로 다져진 결속으로 신성하게 결합되었다.

●●●●● 소년들의 도둑질

모든 작가들을 놀라게 했던 관습은 소년들이 부족한 식사량을 훔쳐서 보충한다는 것이었다. 플루타르코스40)는 다음과 같이 말한다.

싸움을 할 때나, 지휘관이 귀가할 때는 이 청년(에이렌)이 대장이 되어 숙소의 일을 맡겼다. 그 중 가장 나이든 아이들은 나무를 가져오게 하고, 보다 약하고 능력이 부족한 아이들은 야채와 나물을 뜯어오게 하였다. 야채와 나물은 없이 지내든지 훔쳐야 했는데, 채소밭에 몰래 접근하거나 식당에 교묘하게 잠입해서 훔쳐와야 했다. 그러다가 들키면, 훔치는 데 있어 매끄럽지 못하고 서투르다고 해서 무자비하게 채찍으로 얻어맞았다. 그들은 그밖에도 사람들이 잠들었거나 평소보다 소홀한 틈이 없나 살피고 지켜보다가, 다른 고기종류도 들고 올 수 있는 대로 훔쳐냈다. 잡히게 되면 채찍질당해야 했을 뿐 아니라, 굶기기도 하고 평소 때 식사량보다 훨씬 적게 주기도 했다. 이는 스스로 어려움을 극복하고 힘과 재간을 늘리게 머리를 쓰게 하려는 의도였다.

그와 같은 일이 일어났으리라고는 우리뿐만 아니라, 당대인도 믿기 어려워했던 것 같다. 심지어 크세노폰조차도 이 관습에 놀라 이를 변호해야겠다고 생각한 것 같다. 하지만 이 변호는 억지로 갖다 붙인 것으로, 전혀 설득력이 없다.

그들에게 보급이 어렵다는 이유에서가 아니라, 다른 이유에서 그[뤼쿠르고스]는 그들 자신의 수단으로 음식을 얻도록 부추겼다. 필자가 짐작컨대, 누구라도 그 사실을 알 수 있을 것이다. 확실히 훔치려는 의도를 가진 사람은 밤중에도 깨어 있어야 하고, 사기꾼처럼 행동해야 하며, 낮 동안에는 수풀 속에 누워 있어야 한다. 그밖에도 물품을 포획하려면 능숙한 정탐꾼이기도 해야 한다. 그렇다면 교육에서 이러한 요소가 소년들에게 필수품을 구하는 데 더욱 책략이 있게 하고 더욱 전쟁에 적합한 사람이 되게 한다고 그가 결론을 내린 것은 명백하다. 어떤 사람은 그가 도둑질이 좋은 일이라고 생각했다면 왜 붙잡히게 되면 심한 매질을 하도록 규정했는지 궁금해할 것이다. 그 대답은 이렇다. 처벌은 언제나 가르침 받은 것을 잘 해내지 못했을 때 가해지는 것에 비교될 수 있다는 것이다.

이 도둑질의 관습은 모든 관찰자에게 큰 충격을 주었다. 소년들은 도둑질하도록 주의깊게 가르침을 받았고 또 격려되었다. 하지만 스파르타시 전역에 걸쳐서 뒷마당으로 살금살금 돌아다니며 야채를 뽑고, 주인이 감시하지 않는 틈을 타 먹을 것을 낚아채 오는 것이 필수적인 과정이었다고 믿기는 어렵다. 평화롭고 안전하게 살기를 원하는 시민과, 계속 훔쳐서 굶주림을 달래고, 들킬 경우 받을 심한 처벌을 두려워하는 불쌍한 아이들 모두에게 삶은 견디기 힘든 일이었을 것이다.

과연 이것이 실제적인 상태를 정확히 묘사한 것일까? 흩어져 있는 다양한 증거를 잘 조사해 보면 그렇지 않다는 것이 드러난다. 먼저 소년들은 '일정기간' 도시 밖으로 나가서 살아야 하고, 시민들과의 모든 접촉이 금지되었다는 것을 주목해야 한다. 그들은 산과 숲 속에서 돌아다니며 살아야 했고, 어떤 것이든 먹을 수 있는 것이면 먹어서 스스로 목숨을 부지해야 했다. 그들이 목숨을 부지하기 위해서 취할 수 있었던 것은 신중하게 규정되었다.

법이 금하지 않는 것들(ὄσα μὴ κωλύει νόμος).41)

이 구절이 휴대품이 떨어진 사냥꾼이라면 누구든지 항상 이용할 수 있었던 저장소의 필수품을 가리키는 것이라는 것은 명백하다. 또 한동안의 허기를 채울 만큼 충분한 양을 법적으로 합당하게, 예를 들어 어떤 헤일로테스든지 불러 도와달라고 하면 해결할 수 있었다.42)

이렇게 해석한다면, 이 문제는 완전히 다른 각도에서 생각해 보아야 한다. 이 관습은 소년들이 부족한 식사량을 채우기 위해 신중을 기해 계속 훔쳐내는 마구잡이 도둑질 같은 것이 아니었다. 이 때가 일정기간 동안의 교육의 일부로서 도시에서 멀리 떨어진 곳에서 지낼 때라는 것을 명심해야 할 것이다. 소년들은 정찰과 국경지대의 순찰, 감시와 추적, 덤불 속을 포복하기, 오늘날 보이스카웃이 배우는 것 같은 삼림의 지식 등을 배워야 했다. 그는 완전히 혼자 있게 되고, 식량을 휴대하지 않기 때문에 먹을 것을 발견하지 못하면 굶주려야 했다. 살아 있는 여우를 외투 밑에 감추었다가, 이를 들키기보다는 그 발톱에 찢겨 죽는 편을 택했다는 스파르타 소년에 관한 이야기는 터무니없기는 하지만, 확실히 스파르타 청소년이 받는 교육의 한 단면을 잘 보여준다. 그는 사냥을 가서 여우를 잡았고, 확실히 누구의 개인 소유물도 아니기 때문에 훔친 것은 아니었다. 하지만 그가 왜 여우를 죽이지 않았고, 또 왜 여우를 가지고 있다는 것을 말하려 하지 않았는지 판단하기는 어렵다. 아마도 이 이야기는 난센스인 것 같다. 그리고 도둑질이 교과과정의 일부라는 것은 사실로 받아들여지지 않고 있다. 아마 때때로 배고픈 소년들이 아주 멀리까지 나가, 크게 처벌을 받을 만큼 심하게 도둑질했을지도 모른다. 하지만 일반적으로 이것은 어떠한 규칙에 따라 시행되었고, 교육적 가치는 별로 없었을 것이다.

이 정찰훈련은 스파르타 체제 중 오해받고 있는 또 다른 부분인 크립테이아와 밀접하게 관련되어 있다고 추측할 수 있다. 소년들이 은밀히 잠행했다면, 그들은 정부당국이 보고 받으면 기뻐할 일을 관찰하고 있었다고 보는 편이 가장 나을 것이다. 이 소년들이 죄없는 헤일로타이를 죽이고 다녔다는 쓸데없는 상상을 하기보다는, 오히려 세밀한 관찰력은 훈련된 병사에게 매우 필요한 자질이므로, 분명히 이를 위해 정찰한 많은 일에 대해 본 그대로 감독관들에게 보고했다고 생각하는 것이 옳을 것이다.

정규교육

스파르타의 정규교육에 관해서는 알려진 바가 거의 없는데, 아마도 거의 가르치지 않았기 때문일 것이다. 플루타르코스43)는 다음과 같이 말한다.

그들은 순수하게 실용적인 이유에서 읽고 쓰는 것을 배웠지만, 모든 다른 형태의 교육은 금했는데 여기에는 사람과 마찬가지로 책과 소책자에 의한 교육도 포함되어 있었다. 그들의 모든 교육은 권위에 대한 기민한 복종, 고난에 대한 엄격한 인내, 전장에서의 승리가 아니면 죽음에 맞추어져 있었다.

이소크라테스(Isocrathes)44)는 그들이 완전히 무지하다고 비난했지만, 사실이라기보다는 악의로 격하시킨 것이라고 해야 할 것이다. 적어도 그들은 읽고 쓸 줄 알았다고 전하고 있는 플루타르코스를 신뢰해야 할 것이다. 왜냐하면 국가의 공무, 스키탈레(scytale)45)라는 원시적 암호를 이용한 군사상의 급보와 외교상 훈령을 보낼 필요가 있었기 때문이다.

하지만 학문적 훈련은 그 이상 계속되지는 않았다고 확실히 믿어도 좋을 것이다. 카마일레온(Chamaeleon)46)이 말하듯이, 그들이 "시기심에서 나온 투쟁과 논쟁에서 생기는 이득없는 말싸움 때문에" 스파르타에서 추방해 버렸던 철학자과 수사학자들의 끝없는 논리적 분석을 경멸했다는 것을 상상하기는 어렵지 않다. '위대한 히피아스(Hippias Major)'라고 부르는 플라톤 대화편의 재미있는 구절이 있다.47) 소피스트인 엘리스의 히피아스가 스파르타를 방문했다가 그 곳 사람들에게 감동을 주는 데 완전히 실패하고, 좌절하여 되돌아 왔던 적이 있었다. 소크라테스는 그렇게 훌륭한 교사를 그들이 왜 쫓아내 버렸을까 알고 싶다고 부드럽게 비꼬았다. 그들이 별과 하늘의 현상에 관한 히피아스의 강연을 들으려 하지 않았다면, 히피아스가 어떤 주제를 택했어야 그들이 아주 만족했었을까?

히피아스 : 적어도 아닙니다. 그들은 이것을 참고 들어보려 하지도 않았습니다.
소크라테스 : 하지만 기하학에 관해 듣는 것은 좋아했습니까?
히피아스 : 전혀요.. 그들 중 대다수는 수를 셀 줄도 모르기 때문입니다.
소크라테스 : 그러면 사고(思考)의 흐름에 관한 당신의 강연도 전혀 참고 들으려 하지 않았습니까?
히피아스 : 제우스를 걸고 맹세하건대, 정말로 전혀 들으려 하지 않았습니다.
소크라테스 : 그러면 당신이 누구보다도 잘 논의할 수 있는 문학과 리듬·조화에 관한 문제는 어떠했습니까?
히피아스 : 훌륭한 동료여, 조화나 문학에 관해서도요!
소크라테스 : 그렇다면 그들이 당신에게서 듣기를 원하고, 또 칭찬했던 것은 무엇이었습니까? 나는 알 수 없군요. 가르쳐 주십시오.
히피아스 : 소크라테스여, 그들은 영웅과 사람들의 가계(家系)와 고대와 도시들의 창설에 관해서, 즉 간단히 말해서 전반적으로 고대에 관해서 듣는 것에 대단한 흥미를 갖고 있었습니다. 그래서 나는 그들을 위해 모든 그런 종류의 일을 외우고, 철저히 연습하여 익혀야 했습니다.

앞서 말한 것에서, 완곡한 변증적 논쟁으로 그렇게 유명한 소피스트가 이 일을 하는 것을 힘들어했고, 스파르타에서 돈을 벌지 못했다는 것을 추측해내는 것은 어렵지 않다. 웅변술은 금지되었고, 청년들이 외국에 나가서 이를 익혀 돌아오게 되면 감독관에게 처벌받았다.48) 아테네인들은 그들을 무식한 사람들로 취급했으며, 플루타르코스는 한 스파르타인이 이 때문에 비난받자 "최소한 우리는 당신네들에게서 어떤 악덕도 배우지 않았소"49)라고 대답했다고 전한다. 하지만 그들도 보다 깊은 정서적인 면에서 그렇게 무감각하지는 않았던 것 같다. 플루타르코스50)에 의하면 스파르타인이 아테네를 완전히 파괴해 버릴 것을 제안했을 때, 포키스에서 온 어떤 사람이 에우리피데스(Euripides)의 『엘렉트라(Electra)』를 인용하자, 그들을 동정했다고 한다.

••••• 음 악

스파르타에서 음악은 성악이건 기악이건 세세한 곳까지 발전하였고, 이 사실은 고대의 작가들이 자주 언급하고 있다. 이 작가들은 다른 면에서는 그렇게도 교양이 없는 사람들이 음악에서만은 매우 뛰어난 데 대해서 상당히 놀랐던 듯하다. 플루타르코스51)는 "스파르타인은 아주 음악적인 동시에 호전적이다. 그들의 시인이 읊은 대로 '검이 하프연주자의 감미로운 예술과 똑같이 균형을 이루고 조화된다'"고 말한다. 프라티나스(Pratinas)52)는 솔직하게 이 음악애호를 현대인들이 '현실도피'라는 단어로 평가하였다.

사람들이 생활의 건실함과 소박함에서 벗어나서 음악에서 위안을 얻는 것을 즐거워했기에, 그리고 음악은 매혹하는 힘이 있었기에 청중들이 좋아할 충분한 이유가 있었다.

아리스토텔레스53)는 스파르타인이 "음악을 배운 적도 없이 좋은 것과 나쁜 것을 구분할 줄 안다"고 어느 정도 못마땅해하면서 마지못해 인정하고 있다. 이 상당히 놀라운 진술은, 아리스토텔레스는 스파르타에 전문적인 음악교사가 없었다는 의미로 말했고, 또 그는 전문가에게 훈련받지 않았다면 성악이건 기악이건 어떻게 유능한 음악가들이 존재할 수 있었는지를 이해할 수 없었다고밖에 설명할 수 없다. 아주 유명한 향토 음악학교가 분명히 스파르타에 있었다는 점을 돌이켜볼 때, 이는 매우 편협하고 편견에 가득 찬 견해로 보인다.54) 아마도 스파르타인이 매우 존중했던 오래되고 고귀한 음악의 형태를 전수하고 있던 자들이 있었을 것이다. 프라티나스(Pratinas)는 그들에 대해 다음과 같이 말하고 있다.55)

> 스파르타인 중에서 많은 사람들이 음악을 즐기고, 많은 서정시인이 나옴으로써, 그들은 모든 그리스인 중에서 가장 충실하게 음악의 형태를 보존해 왔다. 그들은 오늘날까지도 신중하게 고대의 노래를 보존하고 있고, 잘 가르치고 있으며, 엄격하게 유지하고 있다.

그리스 음악 발전사에서 테르판드로스의 위치는 이미 언급한 바 있다.56) 통상 그렇듯이 그의 업적에 관한 기록은 매우 혼란스럽다. 그러나 그가 무엇을 했건, 혹은 하지 않았건 그리스인이 그를 가능한 가장 중요한 영향력을 행사했던 천재적 혁신자로 간주했다는 것은 확실하다.57) 그가 현이 네 개였던 '도리아식' 리라에 현을 세 개 더 추가했던 것은 분명한 듯하다. 하지만 그가 왜 세 개의 현을 더했는지, 또 왜 거기에 다시 하나를 추가하여 한 옥타브를 만들지 않았는지는 불분명하다. 이야기인즉슨 그가 스파르타에 도착한 직후, 어느 날 감독관단 앞에서 연주하자, 그들 중 하나가 벌떡 일어나서 그를 고대 스파르타 음악에 대한 불경한 혁신자라고 비난하면서, 손도끼를 집어들고 리라의 현을 하나 잘랐다는 것이다.58) 이것은 그의 리라가 8현이었고, 강제로 7현으로 만들었던 것을 의미하는 것인가? 원래의 3현에 4현을 더하게 되면 이미 옛 방식에 대한 혁신인데, 또 왜 그 감독관은 8현을 반대하고 그에게 7현으로 연주하게끔 하였던가? 이 이야기 전체는 혼란스러워 별 가치가 없는 듯하다. 아마도 사람들이 7현만 있는 것에 대해 의아해 하므로 이를 설명하기 위해 이 감독관의 이야기를 창작해내었던 듯하다. 이것이 사실이 아니라면, 이는 바로 스파르타의 감독관이 했을 법한 종류의 일이었다. 테르판드로스 뒤에 왔던 티모테오스(Timotheos)와 프리니스(Phrynis)에 관한 일이 이 이야기에 혼란을 더하고 있는 것을 주목해야 할 것이다.59) 아마도 그들 역시 8현을 도입하려다가 비슷한 폭력적인 방법으로 제지되었던 것 같다.

테르판드로스가 리라의 음역을 확장한 것 이외에 스파르타 음악에 어떤 공헌을 하였는지 단정하는 것은 어렵다. 가장 오래된 리라는 프리기아식으로 전설적 인물인 펠로프스(Pelops)가 스파르타에 들여왔다고 추측되고 있다.60) 테르판드로스와 그의 후계자들은 이 고졸(古拙)한 양식보다 나은 어떤 것을 스파르타인들에게 가르쳤던 것이 분명하다. 요컨대 프리기아식은 그들이 연습하고 활용하는 데 열심이었던 매우 정교한 댄스와 훈련에 거의 적합하지 않았기 때문에, 스파르타인들은 새로운 가르침을 매우 기쁘게 받아들였던 듯하다. 대체로 테르판드로스는 리디아(Lydia)식의 음악을 좋아했다고 전해진다.61) 하지만 이는 나약하고 무기력하여 남성보다는 여성의 목소리에 더 잘 어울린다고 항상 간주되었기 때문에, 여성의 합창에 특별히 채택하지 않았다면 그가 어떻게 이를 스파르타에 들여왔는지 이해하기 쉽지 않다. 아마도 테르판드로스가 스파르타에 도착할 때까지는 이 리디아식으로 연주하다가, 공식적으로 불쾌하다는 반응을 보고 황급히 바꾼 것으로 보인다. 그는 '보이오티아식' 음악을 들여왔다고 전해지지만, 이에 대해서는 아무 것도 알려지고 있지 않다.62) 어쨌건 그리스의 음악에 관한 수수께끼는 매우 당혹스러운 것이어서, 여기서는 더 이상 다룰 필요가 없을 것이다.

테르판드로스와 그의 후계자들이 가르친 음악이 실제적으로 어떤 공헌을 했던지 간에, 스파르타인은 좋은 제자들이었고 그들의 가르침에서 많은 것을 배웠던 것은 분명하다. 그들은 매우 보수적이었던 듯하지만, 그 음악은 그들이 매우 중시하는 춤 연습에 매우 가치가 있다는 것을 알아차렸다. 폴리비오스63)는 고대 크레테인과 스파르타인이 나팔 대신에 플루트와 행진곡 리듬을 도입했다고 전한다. 확실히 플루트의 율동적인 음조는 나팔소리보다 행진연습에 훨씬 더 적합하였다. 플루트는 스파르타인이 가장 좋아했던 악기였던 것 같고, 그들은 그 연주에서 매우 탁월한 경지에까지 이르렀다.64) 리라는 댄스에 적합하였고, 알크만이 말하듯이 처녀들의 춤에 더욱 어울렸다.65) 플루타르코스66)는 사실인지는 모르지만, 스파르타를 방문했던 리라 연주자가 플렉트럼 대신 손가락으로 현을 퉁겼다고 하여 감독관이 벌금을 물렸다는 에피소드를 언급하고 있다. 그들은 확실히 음악을 부드럽게 연주하는 것을 좋아하지 않았는바, 이 방문객은 아마도 오늘날 '감상적인 저음가수(crooner)'에 해당되는 사람이었던 모양이다. 플라톤67)은 스파르타의 합창을 대단치 않게 생각했던 듯하다. 그가 친구인 라코니아인에게 어떤 노래가 영웅에게 가장 적합한지를 물어보았을 때, 이 라코니아인은 솔직하게 자신이 아는 노래는 스파르타에서 배웠던 합창곡밖에 없다고 대답하였다. 이는 완벽한 대답이었다. 그러나 소크라테스는 그의 말을 끊고서, 합창곡은 음악의 가장 고상한 형식이 아니며, 스파르타의 교육은 누구도 여럿 중에서 선발될 희망을 가질 수 없다는 점에서 가축몰이와 아주 흡사하다고 하였다. 이는 예의바른 논평이 아니었고, 그 스파르타인은 점잖게 항의하였다. 이 구절은 불운한 친구들의 말을 가로채어 부아를 돋구는 책략을 씀으로써, 방심하는 사이에 무수한 질문 중 하나를 대답하게 만드는 소크라테스를 보여주는 흥미로운 부분이다.

춤

스파르타인들은 플루트이나 리라음에 맞추어 부지런히 춤추었다. 항상은 아니지만, 일반적으로 이런 춤은 교련이나 복잡한 기동연습과 흡사했고, 전쟁흉내를 냈던 적이 많았다. 뛰어난 춤솜씨는 높이 평가되었고,

공적인 시연에 참가했던 소년과 청년들의 분대 혹은 소대들 간에는 날카로운 대립의식이 있었다.

가장 유명한 것은 전무(戰舞:pyrrhic dance)68)로 이는 싸움을 가장하여 일종의 판토마임 형식으로 표현하는 것이었다. 이 춤은 매우 가볍고 빠른 플루트 소리에 맞추어 후퇴와 도약·포복·공격·창을 던지고 활을 쏘는 등의 공격과 방어 모두를 흉내내는 것이었다. 이 춤은 다른 그리스 지역에도 알려져 있었지만, 일종의 법석 떠는 익살극 형태로 변질되었고 아주 순수한 형식은 아니었다. 특징적인 것은 스파르타에서는 그 원형이 보존되어 15세가 되면,69) 모든 소년들이 그 복잡한 발놀림과 모양을 익히기 시작해야 할 정도로 높이 평가되었다는 것이다.

김노파이디아이 축제에서 춤과 체조는 주요한 인기종목이었다. 이 축제70)는 웨이드-게리가 '새로운 스파르타 생활의 엄격함을 누그러뜨리는 엄숙한 흥청거림 중 가장 찬란한 것'이라고 말했듯이, 모든 스파르타 남성들이 참여하고 준비했던 대단한 사건으로 '투사들의 전투'라는 티레아(Thyrea) 전투에서의 전사자들을 기리는 의식이었다. 소년과 청년, 노인들이 조를 짜서 돌아가며 노래를 불렀다. 소년들은 그들이 어른이 되었을 때 할 일을 노래했고, 청년들은 자신들의 힘과 용맹을 자랑했으며, 노인들은 한창 때의 업적을 읊었다. 모든 대대(battalion)는 종종 감독관단이 이끌곤 했다.71) 열 중에는 명예스럽고, 또 불명예스러운 자리가 있었는데, 이 사실을 아게실라오스 스스로가 매우 깔끔하게 바꾸어 놓았다. 합창단 지휘자(choregos)가 그를 열등한 자리에 배정하자, 그는 자신을 배치함으로써 그 자리를 영광스럽게 하려는 의도가 틀림없다고 말했던 것이다.72) 이 축제는 아주 유명하여 이에 관해서는 잘 알려져 있다. 이에 관해 특정한 면을 전부 다룬 뵐테(Bölte)의 훌륭한 논문은 참고할 만하다.73) 확실히 소년들은 태양의 열기로 너무 지치기 전에 아침 일찍 공연을 시작하였다. 건장한 어른들은 점심식사 후인 오후에 시작하여 다음을 이었고, 더위에 대한 참을성도 과시하였다. 노인들은 다음에 즉, 저녁때나 운동장에 어스

름이 질 때 공연했다고 추측할 수 있다. 각 조, 혹은 열의 지휘자들은 종려 잎새에서 나온 섬유로 짠 정교한 머리장식을 하고 있어 눈에 띄었다.74) 웨이드-게리는 이들은 종려잎새가 아니라 깃털로 만든 것을 쓰고 있었다는 의견을 제시하였다.75) 비록 고대 사료 중에는 깃털 머리장식에 대해서는 언급하고 있는 것이 없지만, 그의 의견이 옳을 수도 있다. 따라서 이 야만적인 머리장식이 무엇으로 만들어졌는지는 확실히 알 수 없다. 지휘자 뒤에 있는 무리는 그에게 박자를 맞추었다. 이 축제는 여러 날 계속되었는데, 웨이드-게리는 각 오바가 하루씩을 할당받아 닷새간 계속되었을 것이라고 추정한다. 마지막 날에는 감독관이 선도하여 모든 참가자가 대행진을 함으로써 절정에 도달했을 것이라고 쉽게 짐작할 수 있다. 추가해 둘 말은 김노파이디아이가 종종 '나체 청년들의 춤'이라는 의미라고 주장되지만 이는 옳지 않다는 것이다. 이 단어는 '나체의'라기보다는 '비무장의'라는 뜻을 갖고 있는 김노스(νυμνός)와 '춤추다' 혹은 '체조하다'라는 의미의 파이제인(παιζειν)에서 유래했다.

아나팔레(Anapale),76) 혹은 레슬링춤이 이 축제에서 가장 인기있는 춤 중의 하나였다. 이 춤은 소년들이 '레슬링 학교에서의 훈련과 판크라티온(pancration:레슬링과 권투를 합친 듯한 경기-역주) 격투기 동작을 보이며, 우아한 손놀림으로' 음악에 따라 박자를 맞추어 움직이는 것이었다. 열 속에서 플루트소리에 맞추어 차례로 선회하고, 이것이 끝나면 아프로디테와 에로스에게 강림하여 차례로 자신들의 과업을 성취하는 용기를 북돋워 달라고 비는 노래를 시작하였다.77)

엠바테리온(Embaterion)78)은 정확히 말하면 춤이 아니라, 플루트소리에 맞추어 전투시에 출진할 때, 약약강의 박자로 '활기차고 고무적으로' 카스토르의 노래를 읊조리면서 나가는 것으로 빠른 발걸음의 행진에 가까웠다. '메세니아식'이 이것의 또다른 명칭이었던 듯하다.79) 엠바테리아(Embateria)와 에노플리아(Enoplia)80)는 현대의 군인들이 행진할 때 부르는 것 같은 행진곡이었던 것 같다.

루키아누스81)는 팔라이스트라(palaestra)에서의 청년들의 모습을 생생하게 묘사하고 있다.

여러분들은 그들의 젊은 청년들이 무장한 채 싸우는 것과 아주 똑같은 춤을 열심히 익히는 것을 지금도 볼 수 있을 겁니다. 그들이 서로 스파링하고 주먹을 날리는 것을 그치면 춤경연은 끝납니다. 그 다음 플루트연주자가 중간에 자리 잡고 가락을 연주하면서 발을 맞출 수 있도록 제자리걸음을 하면, 그들은 서로서로 줄을 맞추고 율동적인 발걸음으로 여러 종류의 인물들을 연기하는데, 전쟁에서의 인물들을 연기하다가, 곧이어 디오니시오스와 아프로디테 여신에게 바치는 합창단의 춤을 추는 인물을 연기합니다.

남자들과 함께 소녀들도 참여하는 종교적인 춤도 많았는데, 히포르케마(Hyporchema) 같은 것은 확실히 아폴론에게 바치는 것이었다.82) 이는 사람들이 제단의 타오르는 불 주위를 돌면서 추는 춤으로 특히 인상적이었던 것 같다. 아마도 이 춤은 원래 크레테에서 스파르타로 도입되었던 것 같은데, 스파르타에서 찬탄의 대상이 되었다.

호르모스(Hormos)83) 혹은 '구슬 목걸이'는 청년과 처녀들이 함께 공연하였다. "소년이 젊은 청년과 후에 전쟁에서 그가 행하게 될 자태와 발걸음을 흉내내며 먼저 나가면, 처녀는 예절 바르게 여성이 춤추는 방식을 보여주면서 뒤따라간다. 이렇게 줄은 씩씩하고 정숙하게, 구슬이 꿰어지듯 연결된다." 또 다른 춤인 디포다(Dipoda)는 소녀들이 공연하는 것으로 '장엄한 스파르타식'이었다고 하지만, 이름 외에는 알려진 바가 없다.84)

브리알리카(Bryallicha)는 남성들이 여성의 가면을 쓰고 벌이는 해학적인 공연이 아니라면, 아폴론과 아르테미스에게 경의를 표하는 여성들의 춤이었던 듯하다.85)

어떤 쪽이 맞는지 확언할 수는 없다. 우리가 자세히 알 수 없는 또 다른 춤으로 여성들이 카리아이(Caryai) 축제에서 아르테미스를 기려 공연했던 카리아티드(Caryatid)가 있다.86)

폴룩스(Pollux)[87]는 그밖에 거의 이름만 알려진 여러 다른 춤을 언급하고 있다. 데이말레아(Deimalea)는 남성들이 사튀로스 분장을 하고 원을 그리며 추는 춤이었고, 이팀비(Ithymbi)는 바쿠스신을 기리는 공연이었다. 히포기포네스(Hypogypones)는 노인이 지팡이에 의지하고 있는 것을 흉내낸 것이었고, 기포네스(Gypones)는 출연자가 '속이 들여다보이는 타렌툼식의 옷을 입고' 죽마(竹馬)를 탄 채 추는 춤이었다. 그밖에 티르바시아(Tyrbasia)라 불리던 바카날리아 축제의 춤이 있었고, '흉내'라는 다른 춤은 식당에서 남은 음식을 훔치다가 잡힌 이들을 흉내낸 것으로 반쯤 굶주린 불행한 소년들을 생각할 수 있다. 이는 상당히 활기차고 거칠었을 것이다.[88]

아직 논쟁이 끝난 것은 아니지만, 헤일로타이가 술 취한 흉내를 내며 공연했던 모톤(Mothon)[89]이라 부르는 저속한 춤이 있었을 것이다. 이는 소년들이 폭음하게 될까봐 이에 대해 경계하기 위해 스파르타인이 노예를 취하게 했다는 전설을 설명해 줄지도 모르겠지만, 이 점에 대해서는 거의 증거가 없다. 이 춤 중의 상당수는 종교적이나 군사적 성격의 것이 아니며, 상당히 세련되지 못한, 좋게 말해 예전부터 있어왔던 향토의 춤(country dance)이었던 것이 틀림없는 것 같다.

소시비우스[90]는 '고대의 다양하고 코믹한 오락'에 대해서 말하고 있는 바, "이것은 매우 심각하게 받아들여지지는 않았다. 왜냐하면 그런 일에서도 스파르타는 간소함을 따랐기 때문이다"고 한다. 이는 데이켈리스타이(deikelistai)라 불리는 가면을 쓴 연기자들이 확실히 일종의 판토마임 형식으로 공연했던 데이켈리스테스(Deikelistes)였다. 그 정확한 목적은 알려지지 않고 있고, 종교적 중요성이 있었는지도 모르겠으나, 그랬을 가능성은 있다. 분명히 이 가면은 아르테미스 오르티아에게 헌납되었고, 그 중에 견본이 출토되었다.[91]

우리가 알고 있는 바의 스파르타 생활 전반에 드리워진 어두운 분위기 뒤에는 이 모든 춤 속에 들어 있는 즐거움도 있었다. 그들은 확실히 기분전

환도 했다. 아마도 훈련의 가혹함 때문에 휴식기에는 종종 파격적으로 그 반대의 극단까지 가는 일이 생기는 것 같다. 스파르타인이 난잡하다는 너무나 많은 암시와 심지어 공개적인 비난이 있었지만, 그 모두는 근거가 없다. 하지만 그렇다고 할지라도, 스파르타 소녀 합창단이 아리스토파네스의 희곡 「뤼시스트라타(Lysistrata)」의 마지막에 부른 노래는 매우 흥미롭다.

자 이제, 스텝을 밟으며,
양털처럼 가볍게 돌면서,
우리의 달콤한 목소리로,
합창단의 노래와 춤으로
스파르타를 소리 높여 오랫동안 찬양하네,
오랜 기쁨의 스파르타를.
에우로타스 강물을 따라가며 희롱하는
스파르타의 아름다운 딸들을 보라.
말괄량이처럼 빠르게 왔다갔다 하는
열정적이고, 명랑하며 쾌활한 발걸음을.
바카날리아 축제에서처럼
흔들리고 휘날리는 아리따운 머릿단을.

●●●●● 격투와 경기

파우사니아스와 키케로[92]가 기술했던 청년들의 연례적인 격투는 누구라도 만족시킬 만큼 격렬했고, 어떤 것도 장애가 되지 않았다. 이 연례적인 격투는 매우 재미있게 기록되어 있어서, 세세한 부분까지 자세히 이야기할 필요가 있다. 그리고 보다 깊이 생각해 본다면 이 관습에는 처음 본 인상이 아닌 다른 것이 함축되어 있다는 것이 드러날 것이다. 청년들이 두 패로 나뉘어 싸우기 전날 밤, 어느 패가 뤼쿠르고스를 나타내고, 어느 패가 헤라클레스를 나타낼지를 제비뽑기로 결정한다. 이 의식은 테라

프네(Theraphne) 근처에 있는 포이바이온(Phoibaion)에서 거행되고,93) 의식이 끝나면 아레스(Ares) 혹은 에냘리오스(Enyalios)에게 강아지를 희생제물로 드린다. 그리고 나면 양측을 나타내는 두 동물 사이에 멧돼지 싸움을 시켜 그 결과로 다음날의 결정을 예언한다.

다음날 두 패는 강속의 섬인 격투장소로 행진하여, 뤼쿠르고스와 헤라클레스라고 이름 붙여진 다리를 건너 섬으로 간다. 거기에서 양측은 놀랄만큼 광포하게, '상대편을 강의 맞은 편으로 떨어뜨리기 위해 손을 사용하고, 발로 걷어차며, 물어뜯고, 적수의 눈을 후벼파면서' 서로를 공격한다.

만약 이것이 스파르타의 광포함을 나타내는 또 다른 예에 불과하다면, 지나가는 이야깃거리 이외는 아무 것도 아닐 것이다. 하지만 첫인상 이상의 어떤 것이 있다는 것을 발견할 수 있을 것이다. 헤르만 우제너(Hermann Usener)는 「신성한 행위(Heilige Handlung)」94)라는 논문에서 이 묘사에 나타난 격투는 여러 지역에서 행해지고 있었고, 에트루리아와 후대 로마의 검투사 경기도 같은 동기에서 시작되었다는 것을 보여주었다. 더욱 특이한 것은 17세기까지도 젊은이들이 패를 나누어 격투하는 것이 여러 장소, 특히 피사(Pisa)·시에나(Siena)·플로렌스(Florence) 같은 곳에서 관찰된다는 것이다. 우제너는 이 격투가 비록 원래의 취지는 오래 전에 망각되었지만, 겨울에 대한 봄의 승리를 상징한다는 것 - 이 격투는 초봄에 실시되었다 - 을 입증하고 있다.

에냘리오스-아레스-테레이타스(Enyalios-Ares-Thereitas)에게 개를 희생으로 바치는 것은 확실히 축사(逐邪)의 의미가 있는 정화(φαρμακός 혹은 κάθαρμα)이고 재계(齋戒)이며, 신의 분노를 가라앉히려는 것이었다.95) 개는 아레스 혹은 라코니아에서 에냘리오스라고 불린 신에게 바쳐졌다. 이 의식은 어떤 설명할 수 없는 방식으로 카리아(Caria)96)에서 유래했고, 그리스인은 어떤 올림포스의 신에게도 개를 바치지는 않았다는 파우사니아스97)의 말은 아마 옳을 것이다. 하지만 이 점은 애매하다. 아마도 개를 희생으로 쓰는 것은 인간을 희생으로 쓰는 것 대신이었을 테지만, 확실한 것은 아니다. 개가 가장 용감한 짐승이기 때문에 가장 격렬한 신에게 바친다는 플루타르코스의 말은 분명히 근거가 없다.98) 돼지는 신성한 동물이었기 때문에, 멧돼지 싸움99)은 분명히 다음날 있을 격투의 결과를 예견하려는 목적에서 행해졌다. 두 패간의 격투는 다가올 전투의 승리, 혹은 패배의 징조로 간주되었던 듯하다. 예를 들어 가우가멜라(Gaugamela) 전투100) 전에 알렉산드로스의 병사 중에서 그리스인과 페르시아인을 나타내는 두 패를 나누어 싸우게 했다. 그리스측 병사들이 승리하자, 군은 사기가 올라 다음날의 전투에 승리를 확신하고 출진하였고, 혹자는 알렉산드로스가 이 격투의 결과를 미리 '정해놓았다'고 의심하기도 한다.

연례적인 구기(球技) 역시 이에 못지 않게 격렬한 것이었고, 어떤 규칙없이 시행되었던 듯하다. 별로 남아 있지 않은 자료를 긁어모아 본다면,101) 먼저 각 15명 정도로 구성된 양 팀은 '평평한 교목이 있는 공터(Plane Tree Ground)'에서 한 줄로 늘어섰다. 신호가 떨어지면 양 팀은 공을 향해 돌진하였고, 시간이 되었을 때 공을 갖고 있는 편이 승자가 되었다. 확실히 골을 향해 공을 차거나, 점수를 올리는 일은 없었다. 이는 바로 공을 갖고자 하는 싸움이었고, 이제까지 행해진 경기 중에서 가장 야만적이고 격렬한 것 중 하나였을 것이다.

플루타르코스102)는 뤼쿠르고스가 '손을 앞으로 뻗치는 행위'가 포함된 어떤 경기도 금했다고 한다. 이 이상한 규칙은 약간 의심스럽기는 하지만, 이 행위가 자비를 구하며 손을 뻗쳐 애원하는 사람의 자세를 나타내기 때문이라고밖에는 설명할 길이 없다. 경기가 끝나기까지 인사불성이 될 때까지 상대방을 두들겨야 했던 것은 분명하다. 상당히 놀라운 것은 뤼쿠르고스가 '운동에서조차도 사람들이 포기하는 습관을 갖지 않도록', 모든 형태의 권투경기를 금지했다는 것이다. 이 경기에서 사람들이 녹아웃될 정도로까지 진행되면, 모든 필요조건이 충족되었다고 생각할 수 있을 것이다. 그렇지만 자신들이 이 경기를 창안했다고 주장함에도 불구하고, 그들은 권투를 경멸하는 경향이 있었으며 어떤 큰 경기에도 나가지 않았다.103) 이 권투금지 성향은 거리질서를 유지하려고 했다기보다는 그 운동을 싫어했기 때문인 것처럼 보인다. 크세노폰은 다음과 같이 말하고 있다.104)

> 또 그들은 만날 때마다 싸움을 하곤 했기에 육체적 건강에 신경을 썼다. 그러나 지나가던 사람 누구라도 이들을 떼어놓을 권리를 가지고 있었다. 그 명령에 복종하지 않으면 파이도노모스라 불리는 감시인이 감독관들에게 위반자를 데리고 갔고 그들은 그를 엄하게 처벌하였다. 이는 법률에 대한 복종보다 감정이 앞서지 않게 하기 위함이었다.

따라서 어떤 싸움도 편제되어야 했고, 개인적 원한도 사적으로 갚아서는 안되었는바, 이는 존경할 만한 감정이지만 실행하기는 어려웠던 듯하다. 하지만 적어도 그들은 맨손으로 싸우는 것을 좋아했다. 즉, 검투사는 스파르타에서 용납되지 않았다.105) 그들은 레슬링에서 기술을 사용하는 것을 경멸했거나, 경멸하는 경향이 있었고, 순수하게 힘에만 의존하였다. 그런 이유로 스파르타인이 패배하게 되면 비록 적수가 자신보다 레슬링을 더 잘할지라도 그가 자신보다 나은 것은 아니라고 스스로를 위로했다. 이는 사실일지 모르지만, 패배에 대한 변명으로는 적당치 않은 듯하다.106) 이런 격투와 경기는 비다이오이(bidaioi)107)라 불리던 5명의 관리들의 감독 하에 행해졌다. 후일 로마시대에는 디아베테스($\delta\iota\alpha\beta\acute{\epsilon}\tau\eta\varsigma$)라는 임시행정관이 구기를 책임지고 있었다. 그는 일종의 '경기의 감독(magister ludorum)'으로 이 직책은 아마도 재임기간 동안 많은 돈을 써야하는 것으로 부자에게 부과 혹은 강제한 명예직이었던 것 같다.

●●●●● 로마시대의 운동경기

비록 후기의 증거이기는 하나, 경기와 관련되어 충분히 기록해 둘 만한 가치가 있을 만큼 재미있는 작은 종목이 한둘 있다.108) 그 경기는 아마도 히아킨티아축제에서 열렸던 것 같고, 분명히 많은 군중이 몰려들었을 것이며, 신중하게 준비되었을 것이다. 일어날지도 모르는 소란을 처리하기 위해 노모필라케스(νομοφύλακες)라는 특별행정관이 취임한다. 운동선수는 아쓸로쎄타이(ἀθλοθέται)라는 행정관이 특별훈련을 시킨다. 일반 소송사건은 연기되며, 물품의 수입과 판매가 자유롭게 허용된다. 은행관리자(bank manager)들은 3만 데나리우스 상당의 담보를 맡기고 취임하였다. 이 모든 것은 기묘하게도 중세 정기시(fair)에서의 행위에 대한 조항과 흡사하다.

　운동선수들은 명령에 복종해야 하며, 그렇지 않으면 5데나리우스의 벌금이 부과된다. 참가자가 특정한 종목에 자신의 이름을 기입한다는 사실은 그가 규칙을 준수할 것이며, 심판판정에 절대 복종하겠다는 징표이다. 체육담당관(gymnasiarch)은 매일 성인참가자를 위해 5키아투스(cyathus), 청년들을 위해서는 3키아투스, 소년들을 위해서는 2키아투스의 기름을 준비해야 했다. 키아투스는 작은 액량(液量)단위로 1파인트(pint:약 0.57리터)의 12분의 1이었다는 것은 언급해 둘 필요가 있다.109) 기원 132년경에 기록된 또 다른 비문110)에서 테오프라스토스(Theophrastos)라는 체육담당관의 관대함을 확인할 수 있다. 이 당시에는 체육담당관직이 공공봉사(liturgy)의 형태가 된 것이 분명한데, 즉 임명된 부자가 자신의 재산으로 비용을 충당하는 것이다. 이번 경우에는 특별히 관대했음을 알 수 있는데, 그가 커다란 기름단지를 제공하여 통상 그랬던 것처럼 기름의 양을 잘 재어 배급한 것이 아니라, 참가자들이 원하는 만큼 몸에 바를 기름을 가져다 쓰도록 했기 때문이다. 또 다른 기이한 점은 테오프라스토스가 참가자들이 아마포(λέντια ξύστρα)를 마음대로 이용하도록 했다는 것이다. 때 미는 도구는 스스로 준비했음이 분명하다. 마지막으로 이 테오프라스토스가 곡물배급(σεπωνεία) 비용도 부담했다는 것은 주목할 만한데, 스파르타의 경제면에서는 새로운 일이다. 이 시점까지는 에우로타스의 기름진 계곡은 주민들을 어렵지 않게 부양해 올 수 있었다.

어두운 면

소년을 훈련시키는 이 모든 과정에는 또 다른 면, 현대의 감수성으로 보면 어두운 면이 있었다. 스파르타의 소년은 각자가 '후견인'이 딸려 있어서 소년의 행동에 책임을 졌다고 하는데, 이 체제에 대해서 정교하지만 견강부회식으로 변호하는 크세노폰111)의 글을 읽는 것은 흥미로운 일이다.〔스파르타의 교육체계는 종종 거의 쓸모가 없었던 가정교사에게 소년들을 맡기는 다른 그리스 국가의 체계보다 낫다는 견해는 플라톤112)도 갖고 있다〕 이 스파르타의 후견인들은 '연인들(lovers)'이라고 불렸는데, 대부분은 아니었겠지만, 이들의 관계가 많은 경우 추잡하고 호색적인 관계로 타락했다는 것은 의심의 여지가 없다. 소년과 청년들은 엄격한 환경 속에서 어떤 환경개선이나 휴식도 없이 훈련을 받아야 하는, 힘든 삶을 영위해야 했다. 스파르타 교육체계처럼 훈련과 고행이 절정에 달하게 되면, 인격파탄과 극단적인 호색추구가 나타난다는 것은 인간사에서 항상 있어왔던 바다.113) 그리스 도덕의 이런 면은 특별한 것이고, 우리 자신의 마음의 평정을 위해서도 자세히 이 부분을 탐구해 본다는 것은 별로 바람직하지 않다.〔1950년대 영국이 본서가 쓰여진 배경이기 때문에 보다 자세한 언급을 하지 않았을 것을 염두에 두는 편이 좋다-역주〕 그리스인 중에서도 최고의 사상가들은 이를 비난했다. 아리스토텔레스114)와 플라톤115)의 논평은 그들이 고대세계의 거의 모든 관행에서 나오는 악덕을 많이 행했다는 것을 보여준다. 플루타르코스는 이를 좋은 쪽으로 해석하려 애썼다.

그들의 연인들은 어린 소년들의 명예나 수치도 함께 나누었다. 그들 중 하나는 사랑하는 소년이 싸우다가 계집애처럼 울어버렸을 때, 감독관에게서 벌금을 부과당했다는 이야기도 있다. 그리고 이런 종류의 사랑이 그들 사이에서는 인가되어 매우 정숙한 부인들조차도 젊은 소녀들에게 이를 공언할 수 있었음에도 불구하고, 경쟁은 존재하지 않았다. 만약 여러 사람이 한 사람을 사랑하게 되면, 오히려 그들 사이에 친밀한 우정이 싹트게 되어 모두 함께 그 사랑의 대상이 성취하고자 하는 일을 가능한 도와주려 논의한다.116)

이런 고상하고 순수한 열정이 호색함으로 변하게 되면, 평생 지속될 수치(atimia)를 주어 그 같은 타락한 행위를 처벌하였다. 심지어 소년에게 키스하기만 해도 그 위반에 대해 무겁게 처벌하였다.117) 크세노폰118)은 이러한 순수한 사랑에 대한 자신의 말이 신뢰받지 못한다는 것을 고통스럽지만 자각하고 있다.

일부 사람들은 그런 상황을 믿지 않는다는 것에 대해 놀라지 않는데, 여러 나라의 법률에서는 이런 욕구에 탐닉하는 것을 금하지 않기 때문이다.

크세노폰이 자신이 하는 말을 어느 정도 믿고 있었는지 궁금하다. 하지만 그는 스파르타의 모든 것에 대해 찬사의 글을 쓰고 있었으므로, 그러기 힘든 주제에 대해서도 최선을 다해야 했다.

소년을 육체적으로 강인하게 만들려고 하는 체계가 지적으로 단련시키는 데도 사용되었다. 소년들이 저녁식사를 마치면, 그들을 통솔하는 에이렌이 소년들 중에서 하나를 지목하여 노래를 부르게 하거나, 시민들 중에서 누가 가장 고결한가라는 등의 질문을 던지곤 했다고 전해진다. 거기에 적절한 답변을 하지 못하면, 놀림을 받고 처벌을 받아야 했는데, 그 처벌은 다소 기묘하게도 에이렌이 엄지손가락을 깨무는 것이다.119) 처벌규정은 심한 편이어서, 조그만 잘못에도 채찍질을 하였다. 하지만 에이렌의 처벌이 적정범위를 넘어선다면, 불려가서 자신의 행동을 설명해야 했다는 최소한의 안전장치는 있었다. 그러나 아무리 그렇다고 해도, 많은 괴롭힘이 있었음에 틀림없다. 이 체계는 가혹한 것이어서, 어떤 면에서는 이상할 정도였다. 만약 이것이 논리적 극단까지 실행되었다면, 소모가 극심했음에 틀림없는 매우 이상한 것이었다. 소년이 이 교육과정을 이수하게 되면, 그는 정신적·육체적으로 거칠고 강인한 어른이 되어 명령에 자동적으로 복종하고, '라코니아식'으로 말을 아끼는 과묵한 일급의 전사가 되겠지만, 전사 외에는 아무 것도 아닌 사람이 될 것이다.

••••• 소녀들의 훈련

소녀 역시 이와 비슷하게 철저한 양육방식에서 벗어날 수 없었다.[120] 달리기·레슬링·투원반·투창 등의 격렬한 성격의 운동연습을 해야만 했다. 히파소스(Hippasos)[121]는 세세한 부분은 묘사하지 않았지만, 스파르타 소녀들이 구기를 했다고 전한다. 소녀들은 뛰면서 엉덩이에 발뒤꿈치가 닿게 하는 비바시스(bibasis)라는 특히 격렬한 운동이 행해졌던 것으로 보인다. 아리스토파네스의 「뤼시스트라타」[122]에 나오는 스파르타 여성은 이를 할 수 있다고 자부심에 차서 자랑하고 있다. 아마도 그 때 무대에서 시범을 보였을 것이다. 폴룩스[123]는 이를 '일종의 춤'으로 언급하고 있고, 누구도 비바시스를 천 번씩 하지는 못한다는 취지의 경구를 인용하고 있는데, 정말로 그럴 것 같다.

아테나이오스[124]가 보존하고 있는 핀다로스의 단편내용을 신뢰한다면, 소녀들도 소년들처럼 패를 나누어 편제되었지만(Λάκαινα παρθένων ἀγέλα), 집에서 살았기 때문에 그렇게 엄한 훈련은 받지 않았다. 테오크리토스(Theocritos)[125]는 60명씩 네 패의 소녀들이 몸에 기름을 바르고, 소년들처럼 에우로타스 강변을 따라 경주를 한다고 말하고 있다. 그는 같은 전원시의 후반부에서 그녀들의 직물을 짜는 솜씨와 리라를 연주하는 솜씨에 대해 말하고 있는데, 스파르타 여성들은 가정에서 직물을 짜지 않았다는 것은 주지의 사실이기 때문에 어느 정도 그 신빙성을 의심하게 된다. 또 경연이나 상품에 관한 기록은 없지만, 합창을 할 때 그들 사이의 경쟁은 매우 치열했다는 것은 틀림없다. 알크만의 시에서 소녀들의 이름을 거명하며 합창의 지휘자로서 어떻게 칭찬받았는지 적어놓은 것은 흥미롭다.

그들의 순진한 질투심과 야심은 가볍게 다루어지고, 부드럽게 놀리는 조로 쓰여 있지만, 소녀 사이의 경쟁과 경쟁심이 남자 못지 않다는 것을 보여준다. 스파르타인 사이에 남자건 여자건, '팀플레이'가 정점에까지 이르렀고, 이를 경감시키고 견딜 만한 것으로 만들기 위해 개인간의 경쟁심을 도입해야 할 지경이었다는 것을 주의 깊게 주목해 보아야 한다. 이러한 운동은 그들이 춤추고 노래할 때도 지켜보고 있던 청년들이 있는 자리에서 진행했다. 이와 같이 일정한 경쟁심은 모든 훈련에서 마찬가지로 있었다. 그들은 잘못을 저지른 젊은 사람은 누구든 놀리고 조롱하였고〔플루타르코스는 '성격 좋게'라고 말한다〕, "또한 다시 능력있음을 보여준 사람을 찬미하는 노래를 불러 젊은 사람들이 큰 야심과 열정을 갖게끔 고무한다."

가정에서 소녀들은 실을 잣고 직물을 짠다는 전통적이고 일반적인 여성들의 일을 배우지 않았다.126) 그런 일은 노예에게나 어울리는 것이었다. 스파르타 전사의 어머니는 종일 베틀에 앉아 육체에서 활력을 앗아가는 일을 하면 안되었다. 여성들은 열성적으로 운동을 함으로써, 자신들의 아이들이 스파르타의 체제가 요구하는 육체적 건강함의 기준에 맞게 될 것이라 확신했다. 플라톤은 비록 스파르타의 소녀 양육방식이 야만족과 아테네 방식의 중간이라고 인정하기는 했지만, 전적으로 이에 찬성하지는 않았다는 것을 주목해야 할 것이다.

●●●●● 스파르타 교육에 대한 철학자들의 견해

이 신비롭고도 호기심을 갖게 하는 나라에서의 모든 것에 대해 다 그렇듯이, 외부의 관찰자는 스파르타의 교육제도에 대해서도 매우 큰 흥미를 갖고 있었다. 그 엄격함에 대해서 약간의 놀라움과 그리스인의 천성에 아주 친숙했던 예술을 무시하는 것에 대해서 어느 정도 반감을 갖고 있기는 했지만, 대체로 이들의 반응은 긍정적이었다. 4세기 모든 그리스 철학자에게 "교육문제는 궁극적으로 인간행동에 대한 절대적 기준을 찾는 것이었고, 이는 스파르타에서 해결되었다."127) 그리스에서 개인주의는 방종의 경지에 이르렀고, 민주정은 확실히 죽어가고 있었다. 실상 민주정은 아리스토텔레스의 시대에 끝장이 났다. 훈련과 기강, 잘못된 개인의 국가에 대한 복종만이 그리스인을 그렇게도 격렬하게 증오하고 있던 전제정으로부터, 또 피할 수 없는 파멸로부터 구원해 줄 것이었다. 스파르타의 체제는 델포이의 아폴론에게서 직접 축복받지 않았던가? 그들은 스파르타의 교육과 정치체제가 폭군 개인보다 더한 전제정치를 부과하고 있다는 것을 알지 못했고, 혹은 알았다고 해도 잘못 이해했거나 자의적으로 무시했다.

그렇지만 이런 찬미의 합창이 온전한 것은 아니었고, 가장 면밀한 관찰자들인 플라톤과 아리스토텔레스는 그에 대해 몇 가지 혹평을 가했다. 플라톤128)은 그들이 '이성과 철학의 동반자인 진정한 무사(뮤즈) 여신을' 무시했고, '음악보다 운동을 중시했다'고 말하며 스파르타 교육체계의 잘못된 점을 지적한다. 그들의 체계는 선악의 혼합물이며, "이 혼합물이 있는 곳에서 투쟁심과 공명심만이 눈에 띄는데, 이는 열정적인 혹은 활기찬 요소만이 우세한 결과이다." 다시 말해서 플라톤이 볼 때, 스파르타 교육에서는 정신적인 것은 말라죽고, 육체적인 것만이 맹위를 떨치고 있다. 인간 본성의 가장 고상한 부분과 가장 천박한 부분인 선과 악 사이의 영원히 계속되는 투쟁에서 악한 특질이 승리를 거둬오고 있다.

아리스토텔레스는 다음과 같이 말한다.

전쟁만을 대비하여 훈련하는 국가는 "주변국에 대한 절대권을 확립한 뒤에는 파멸한다. 왜냐하면 칼처럼 평화시에는 빛을 잃기 때문이다. 이 잘못의 책임은 휴식시 행동방침을 가르치지 않았던 입법자에게 있다.129)

스파르타 교육체계에 대한 그의 최종적인 판단은 매우 신랄하다.

교육은 흉포하고 잔인한 것을 가르치는 것이 아니라, 정당하고 고상한 것을 가르치는 것이어야 한다. 중대한 위험에 용감하게 대처하는 것은 늑대나 다른 야수가 아니라, 훌륭한 사람이기 때문이다. 따라서 소년들이 마땅히 지켜야 할 것을 가르치지 않고, 단지 시민으로서의 하나의 의무만을 훈련시키고 다른 것에는 무지하도록 지나칠 정도로 진지하게 가르치게 되면 그들이 비열하고 천하게 된다는 것은 이성이 보여주는 바이다.130)

그리스 철학자들은 스파르타의 제도를 언제나 흥미를 갖고 연구하였는데, 그들은 거기에서 의도적인 정치·경제적 실험이라고 부를 만한 것을 발견하였다. 소크라테스 학파는 전통적으로 친(親)스파르타적 경향을 보였다. 플라톤 자신도 스파르타의 정체에 대한 열렬한 찬미자로써, 자신의 이상국가론에서 그들의 정체를 어느정도 수용하였다. 크세노폰 역시 마찬가지였고, 그가 라코니아에 망명했을 때는 적어도 스파르타 입장에서는 이례적일 정도로 환대를 받았으며, 엘리스의 올림피아(Olympia) 근처에 있는 스킬로스(Scillos)131)에서 정착할 장소를 제공받기까지 했다. 이는 분명히 그의 개인적인 친구였던 아게실라오스왕의 영향력 때문이었다. 철학자들만이 아니라 아테네의 과두주의자들도 마찬가지였는데, 충분히 짐작이 가는 것처럼, 그들에게 스파르타 정부는 과두정의 완벽한 모델이었기 때문이다. 30인 참주 중의 하나인 크리티아스(Critias)는 소크라테스의 제자였던 젊은 시절에 스파르타를 이상국가로 찬미하는 논문을 쓰기도 했다.132) 우리의 예상처럼 아리스토텔레스는 스파르타에 상당한 관심을 쏟았지만, 앞에서 보았듯이 항상 호의를 품고 있었던 것은 아니며, 실제로는 그가 잘못되었다고 판단한 부분에 대해서 종종 신랄하게 비판하고 있다. 스토아 철학자들은 스파르타의 모든 것에 대해 아주 좋게 평가하는 사람들이었고, 제논은 자신의 이상국가를 스파르타를 모델로 삼아 썼다. 스토아 철학자인 스파이로스(Sphaeros)는 아기스와 클레오메네스의 개혁에 깊이 관여하기까지 했으나, 불행히도 이 개혁은 성공하지 못했다.133)

플라톤은 '뤼쿠르고스식' 체제와 훈련을 높이 평가한 듯하다. 그리고 레욱트라의 패배 이전에 쓰여진 -이 점은 이해해야 한다- 그의 『국가론』은 전부는 아니지만 어느 정도는 스파르타 체제를 모방하여 초안을 잡고 있다. 예를 들어 뤼쿠르고스가 스파르타에서 꼴사납고 실제적으로는 사용할 수도 없는 철제화폐만을 사용하도록 하는 것처럼, 그 역시 이상국가에서 화폐를 사용하지 않도록 하고 있다. 물론 그도 「알키비아데스」134)에서 비통한 어조로 인정하는바, 인간 본성의 약점과 소유욕으로 인해 인간은 이상적인 상태에서 타락하고야 만다는 것을 인정할 수밖에 없긴 하였다. 그가 썼던 이상국가의 수호자로 일생과 힘을 다 바쳐야 하는 군사계급의 훈련과정은 스파르타의 제도를 모범으로 하고 있다. 하지만 모든 시민이 한 가지 의무에만 진력해야 한다고는 전혀 생각하지 않고 있다. 이상국가의 수호자는 여타의 사람들과는 달리 전문가인바, 그의 체제는 균형잡힌 것이고, 스파르타의 체제는 균형이 무너진 것이며, 스파르타의 재앙은 여기에서 비롯한다고 확실하게 파악하고 있다. 이상국가에서는 군사계급이 국가를 통제하지는 못하게 되어 있고, 이들 수호자는 통치자의 통제를 받아 자신의 위치를 지켜야만 했다.

   그는 스파르타에서 다른 그리스 국가에 없는 성의 평등을 발견하였다. 하지만, 스파르타 여성에게 부여된 자유에 대해서 전적으로 찬동한 것도 아니다. 다른 이처럼 그 역시 스파르타의 일부관행에 대해서는 충격을 받고, 자신의 이상국가에는 그런 면은 채용하지 않고 있다. 하지만, 스파르타에서는 거의 폐지되다시피 했다는 것을 알고 있음에도 불구하고, 토지를 똑같은 몫으로 수학적으로 나누어 분배하는 이론적 재산공유에는 호감을 가지고 있다.

   그러나 플라톤은 아테네인이지 스파르타인이 아니었다. 그는 자신에게 익숙한 품위와 철학적이고 문학적인 자유로운 생활방식을 사랑하였으나, 이는 스파르타 체제에서는 거의 찾아볼 수 없는 것이었다. 실제로 뤼쿠르고스 체제의 스파르타에서 살았다면, 그는 분명히 매우 불행해졌을 것이다. 따라서 그는 자신이 생각하는 아테네와 스파르타 생활방식의 장

점만을 결합시켜 이상국가를 창조해낸다. 그 스스로가 알기에도 이런 체제는 실현불가능한 것이기는 하나, 최소한 심사숙고할 가치가 있는 것이고, 『법률론』에서 보여주고 있는 것처럼 개선하여 실시하는 것이 완전히 불가능하지는 않을 것이다. 그는 스파르타 정체를 분류하는 것에 어려움을 느끼고 있는바,135) 이 체제가 민주정과 참주정의 특징을 모두 가지고 있기 때문에 어느 것으로 불러야 할지 난감해 하고 있다. 하지만 어쨌건 두 체제의 좋지 않은 면은 빠져 있고, 민주정과 참주정의 좋은 부분이 잘 조화되어 있다고 그는 생각하고 있다.

플라톤에게 스파르타의 몰락은 큰 충격이었고, 상당한 실망감을 안겨 주었다. 그는 스파르타가 통일세력이 되어서 내분으로 인해 분열되고 있는 그리스를 구해내고, 다른 방법으로는 제어가 불가능하다고 보았기에 질시와 증오로 분열된 헬라스를 힘으로라도 눌러서 건전한 상태로 만들어 줄 수 있을 것이라고 생각하였다. 이는 무력으로만 성취할 수 있는 것이었고, 스파르타가 펠로폰네소스 전쟁에서 승리하자 이 일을 가능케 할 수 있는 세력이 등장한 것처럼 보였다. 그러나 무능한 지도력을 보인 30년의 짧은 세월이 흐른 뒤, 레욱트라에서 스파르타는 파멸하였고 예전의 진저리나고 실망스럽기 짝이 없는 분열세력 사이의 투쟁이 다시 만연하게 되었다. 이는 테바이의 에파미논다스가 사망하면서 스파르타의 적절한 후계자가 없었기 때문이다. 플루타르코스는 절망하고, 아리스토텔레스가 보다 확실한 희망을 걸 상대로 신(新)세력인 마케도니아를 선택한 것도 놀랄 일은 아니다. 데모스테네스(Demosthenes)는 분열된 그리스의 편협한 정치를 넘어설 수 없었다. 폴리스의 시대는 지나갔고, 그가 헛되이 시민들의 가슴에 한 번 더 불러일으키려고 했던 바로 그 정신에 의해 폴리스는 지치고 파멸되었다. 희망없는 싸움에 진력이 났다는 사실을 파악하지 못했던 것은 그의 비극이었다.

플라톤은 레욱트라의 파국 이후에 『국가론』의 일종의 개작으로서 『법률론』을 썼다. 이 책은 스파르타 몰락에 대한 대규모의 검시보고서(檢屍報

告書)이다.136) 그는 실패의 원인을 찾는 일은 어려운 것이 아니라고 생각하고 있다. 그 원인은 스파르타인이 이런 점에서는 부족하다고 누구도 상상조차 하지 않을 용기나 결단력이 부족해서가 아니라, 문화가 결여되어 인간생활에 필수적인 요소를 무시(ἀμαθία)하게 되었기 때문이다.137) 스파르타인은 욕구와 지성을 조화시키는 능력이 부족했고, 결국 욕망을 '조화(ξυμφωνία)'시키는 것만이 좋다고 보아 이를 성취하였다.138)

스파르타의 몰락은 단순히 전장에서 패배했기 때문이라기보다는 보다 중요한 다른 것 때문이었다. 용기의 덕은 충분히 훌륭한 것이지만, 이를 4덕의 첫째자리에 놓아 지혜·분별·정의보다 중요시한 것이 치명적이었다. 그럼으로써 정신적 파탄을 자초하여, "권력이 외부로부터의 타격으로 무너지게 되면 통치자의 정신 내부에서부터 국가가 무너지게 된다."

크세노폰은 열정적으로 뤼쿠르고스의 법률을 논하고 있는 「스파르타의 국제」라는 소논문에서 이를 국가와 인민을 위해 고안된 체제 중에서 가장 훌륭하고 현명한 것이라고 간주하고 있다. 일반적으로 인정하듯이 그는 이 논문을 쓰면서 열렬한 스파르타 찬미자였던 크리티아스의 스파르타에 관한 지금은 남아 있지 않은 논문을 상당부분 차용한다. 하지만 그 논문이 없었더라도 그는 충분히 칭찬할 거리를 찾았을 것이다. 아마도 그가 이 글을 쓰고 있었을 때, 그 중에서도 최소한 13장을 쓰고 있었을 때는 스파르타에서 그를 환대해 준 사람들의 한 가지 면밖에 보지 않았을 것이다. 그러나 그는 예리한 면이 있어서 뤼쿠르고스 체제가 스파르타를 위대하게 만들었다면, 거기에서 이탈하는 것은 곧 분해와 몰락의 씨앗이라는 것을 알아차리고 있다. 스파르타인은 이상에 따라 살지 않았고, 안타깝게도 타락의 길로 접어들었다. 다시 말해 14장이 사실이라고 본다면 이는 억측이라는 것이다.139) 크세노폰은 스파르타인이 이전의 소박하고 고상한 삶의 방식을 포기했다고 한다.

그들은 국외의 도시를 다스리고, 아첨꾼에게 귀기울이게 됨으로써 타락하였다. 또 부를 자랑하게 되고, 부유해지기 위해 국외로 나가 다른 나라 사람들을 통치하고 싶어하게 된다. 이전에는 다른 그리스인은 그들이 자신들을 이끌어 주기를 간절히 바랬으나, 이제는 이를 피하고 싶어한다. "그들은 스스로가 신에게도 뤼쿠르고스의 법에도 복종하지 않는다는 것을 확실하게 보여주기에 그들에게 쏟아진 비난에 대해 우리가 놀라지 않는 것도 당연하다."

아리스토텔레스140)는 스파르타 체제에 결함이 있는 것이 가장 큰 원인이라고 파악한다. 그 생활방식은 "너무 가혹하여 이를 유지하지 못하고, 오히려 개별적으로는 법에 반하여 행동함으로써 일부 감각의 쾌감을 만족시키려 할 수밖에 없다"는 것이다.

이 체제 전체는 전쟁을 목적으로 해서만 짜여진 것이었다. 이는 확실히 그들을 정복자로 만드는 데 있어서는 탁월하다. 국가를 유지하는 것이 여기에 의존하고 있기 때문이다. 그들은 전쟁을 하지 않을 때는 한가한 시간을 보내는 법이나, 그밖에 다른 일을 할 줄 모르기 때문에, 승리하면서부터 파멸이 시작되었다.

이상의 세 사람의 판단은 모두 같은 이야기이다. 그들은 스파르타 체제가 왜 실패했는가에 대해 같은 식의 대답을 하였다. 이 체제는 새로운 환경에 적응할 수 없었다. 즉, 이 체제는 대응하기 쉽지 않은 변화에 부딪혔을 때 필요한 탄력성이 부족했다. 스파르타식 교육은 하사관의 엄격한 훈련을 주입하는 것이었고, 병영과 전장 이외의 다른 상황에 맞닥뜨리게 되면 무너져 내려, 그렇게도 주의 깊게 또 애써 지키려 했던 유혹에 빠지게 하는 것이었다. 이는 이론상으로는 가능하지만 현실적으로 실행하기에는 불가능한 체제의 다시없는 예였다. 인간의 천성은 이를 보존해 나가기에는 너무도 강력했다.

제7장

스파르타의 토지보유 제도

공유지

　스파르타의 '동등자'는 세속적 관심사에는 신경 쓰지 않고, 전사라는 고상한 직업에만 전념하였다. 스파르타 전사가 된다는 것은 모든 시간을 거기에 투자하는 일이었다. 그는 육체적인 무용(武勇) 외에는 훈련받지 않았고, 무역이나 다른 어떤 일도 알지 못했다. 그는 절대적으로 복종해야 했던 국가의 봉사자이면서 수호자로서, 급료와 식량을 타야만 하는 직업군인처럼 자신을 부양해 주는 국가를 지켜야 했다. 스파르타인은 이 공적 봉사를 지속적으로 할 수 있게 하기 위해서, 일정량의 토지, 즉 클레로스(cleros)를 받았는데, 여기에는 얼마간의 헤일로타이가 딸려 있었다. 이들 헤일로타이는 토지를 경작하고, 배정된 주인과 그 가족들을 부양하고, 소속되어 있는 공동식사단에 매월 내는 분담액을 충당할 만한 충분한 양의 생산물을 제공해야 했다. 폴리비오스1)에 의하면 이 토지는 공유지(πολιτικὴ χῶρα, ager publicus)에서 할당되었다. 이 땅은 시민권을 가짐으로써 보유하는 것이지 세습지로 갖고 있는 것은 아니었다. 다시 말해, 그는 이 땅의 완전한 주인이 아니고,2) 유명한 에피타데우스(Epitadeus)법이 통과될 때까지는 팔거나 유증할 수 없었다. 그는 기사로서의 봉사를 전제로 하는 중세 법률용어처럼 토지를 '보유'하고 있었다. 그는 국가의 요청에 의한 군사적 봉사라는 의무의 대가로 평생 용익권을 가졌다.

　이 공유지의 기원에 관해서는 남아 있는 사료가 거의 없어서, 침입해 왔던 도리아인이 정복하고 나누어 가진 라코니아의 원래 땅이 포함되어 있을 것이라고 추정을 할 수밖에 없다. 같은 식으로 메세니아 역시 그 곳을 정복한 스파르타인이 나누었을 것이라고 결론짓는 것이 좋을 것이다. 폴리도로스(Polydoros)왕은 메세네와 전쟁을 하려할 때, 동족과 전쟁하려 하느냐는 질문에 '아니오'라고 대답하였다고 한다. 그는 클레로스로 나누어지지 않았던 '비할당 토지(ἐπι τὴν ἀκλήρωτον τῆς χώρας βαδίζειν)'3)를 얻으려 했던 것이다. '공유지(πολιτικὴ χώρα)'와 '원래의 할당지(ἀρχαῖα μοῖρα)'라는 용어는 에우로타스 계곡 내의 토지만을 가리키고, 메세니아에 있는 토지를 가리키는 것은 아니며, 매매금지 조치는 둘 중 전자만 해당되는 것이라는 파레티4)의 가설은 아주 그럴듯한 추측이기는 하나, 결정적인 증거가 없기 때문에 확실하지 않은 상태로 남겨둘 수밖에 없다.

스파르타에서의 토지의 균등분할

폴리비오스5)는 다음과 같이 말한다.

에포로스(Ephoros) · 크세노폰 · 칼리스테네스(Callisthenes) · 플라톤 같은 대부분의 고대 지식인 작가는 크레테의 정치제도가 스파르타와 흡사하다고 한다. 이들은 또 말하기를 스파르타의 누구도 남보다 많은 토지를 소유하고 있지 않으며, 모든 시민은 공유지에 같은 몫을 갖고 있다고 한다.

그는 계속해서 말하기를 비록 두 나라가 제도상 유사하지만, 뚜렷한 차이점도 있는데, 스파르타에서는 모든 화폐를 폐지한 반면에, 크레테에서는 자유롭게 사용할 뿐만 아니라 화폐를 소유하는 것이 명예스러운 일로 간주되고, 가능한 많은 토지를 획득하는 것도 법적으로 용인되었던 것이 가장 주요한 차이점이라고 한다.

여기서 폴리비오스가 많은 전거를 대고 있다는 것은 인정해야 한다. 하지만, 가장 중요한 전거 즉, 아리스토텔레스가 빠져 있다는 것을 특히 주목할 필요가 있다. 아리스토텔레스는 스파르타에 특히 흥미를 갖고 지켜보면서, 『정치학』에 나와 있는 스파르타에 대한 묘사 이외에도, 불행히도 지금은 남아 있지 않지만 스파르타 정치체제에 관한 특별한 논문을 썼다는 것은 주지의 사실이다. 이 논문을 언급한다는 것은 물론 불가능한 것이지만,

『정치학』에서는 평등한 토지보유에 대해서는 전혀 언급하시 않고 있다. '침묵의 증거(argumentum ex silentio)'가 항상 유효한 것은 아니며, 큰 실수를 유도할 수도 있기는 하다. 그러나 아리스토텔레스가 어떤 언급도 하지 않았다는 것은 큰 문제는 아니라도 상당히 아닐지라도 흥미로운 일이다.

스파르타에서 실제적으로 소유의 평등이 실시되었던가? 이에 대해서는 단호하게 아니라고 말할 수밖에 없다. 빈부의 차이는 항상 있었으며, 예를 들어 왕이 대토지를 갖고 있었던 것처럼 토지보유가 평등했던 적은 전혀 없었다. 그러므로 아주 이상한 모순에 직면하게 된다. 뤼쿠르고스의 토지분할은 무엇을 의미했던가? 할당지에 관한 증거는 매우 확실한 것이어서, 가상의 이야기로 무시해 버리거나, 그로트가 시도했던 것처럼 3세기의 자칭 '개혁자들'이 토지몰수와 재분배 계획을 보강하기 위해 꾸며낸 이야기라고 치부해 버릴 수도 없다. 어떻게든 이 토지의 '평등한' 분배문제를 정리하여 말이 맞게끔 만들어야 할 것이다.

●●●●● 할당지의 수여

플루타르코스[6]는 갓난 남자아이가 건장한 성인으로 자랄 수 있을 것 같다고 '시험관들(triers)'에 의해 인정되면, 할당지를 수여받는다고 아주 분명하게 쓰고 있다. 그러나 플루타르코스가 정확하였는가? 이 진술은 많은 논란의 원인이 되어왔고, 확실히 심각한 문제를 내포하고 있다. 카르슈테트[7]는 이 '시험관들'이 갓난아이에게 할당지를 배분해 줄 권한은 없었다고 본다. 아이가 적합하다고 판정되면, 아이 아버지가 감독관에게 가서 아이의 몫을 요구했으리라는 것이 가장 적절한 설명으로 보이므로 이 견해는 별로 타당하지 않은 듯하다. 카르슈테트가 제기한 또 다른 반론은 모든 스파르타 남성에게 태어날 때부터 할당지를 수여할 만큼 충분한 토지가 없었다는 것이다. 이 역시 그럴 듯한 반론은 아니다. 이미 마이어[8]

가 오래 전에 지적했듯이, 합법적인 스파르타 시민의 수는 작았고 그나마도 계속 감소하고 있었기 때문이다. 푸스텔 드 꿀랑쥬9)는 플루타르코스의 진술을 전부 받아들이지 않는다. 부졸트10)는 이 의견을 모두 거부하지는 않지만, 상속법 측면에서는 심각한 난점이 발생한다고 지적하고 있다. 한 스파르타인에게 태어날 때 할당지를 받은 두세 명의 아들이 있다고 가정하면, 그가 죽었을 때 그 자신의 할당지는 어떻게 될까? 이 땅이 바로 플라톤이 『법률론』11)에서 언급했던 '조상 전래의 할당지(πατρῷος κλῆρος)'였을까? 그리고 아버지가 사망하면, 장남이 이를 물려받았을까? 만약 그랬다면, 자신의 할당지에 더하여 갖고 있게 되었을까? 아니면 아버지 몫의 할당지는 국가에 귀속되었을까? 아마도 장남은 아버지의 할당지를 상속받게 되면 자기 몫의 할당지는 포기했을 것이다. 만약 둘 다 가졌다면, 이로써 대토지 집적을 설명할 수 있을 것이다.

이 문제는 아주 중요하지만, 매우 만족스러운 결론에는 도달할 수 없음을 인정할 수밖에 없다. 그랬으리라고 받아들이고 싶은 생각도 들지만 만약 플루타르코스의 진술을 받아들인다면, 문제가 해결되기보다는 더 어려운 문제에 봉착하게 된다는 것을 깊이 생각해 보면 알 수 있다. 부졸트의 이의는 현실적인 것이고, 앞서 제시했던 식으로밖에는 극복되지 않지만 전혀 이에 대한 증거가 없다. 둘째로, 모든 스파르타 남자아이가 태어났을 때 할당지를 수여받았다면, 어째서 공동식사에 자신의 몫을 납부하지 못할 정도로 빈곤해져 동등자의 지위를 잃었던가? 이에 대해 할 수 있는 유일한 설명은 재산관리를 잘 못했다거나 운이 나빠서 토지를 저당잡혀야 했고, 치러야 하는 이자 때문에 수입이 잠식되었다는 것이다. 이 설명이 매우 그럴 듯한 것은 한사상속법(限嗣相續法)이 행해지는 모든 나라에서 그와 같은 현상을 볼 수 있기 때문이다. 평생보유자(life tenant)는 토지를 완전히 상실할 수는 없다.12) 이 토지는 상속자에게 상속되어야 했지만, '불이익이 되는 상속물(damnosa haereditas)'로 빚에 저당잡혀 있었다. 그리고 세번째로 할당지가 국가에 귀속되었다면, 대토지는 어떻게 집적될 수 있었을까? 이런 체제하에서는 대토지 집적이 아주 효과적으로 방지되었을 것이 확실해 보인다. 그러나 할당지를 받을 만한 동등자의 수효가 줄어들어 가면서 기한이 다 된 상당량의 토지가 있었음에 틀림없고, 분명히 감독관들이 불법적으로 그들에게 뇌물을 준 부자들에게 자의적으로 팔아 넘겼음에 틀림없다는 반론이 이에 대해 나올 수 있다. 이 점에서 아리스토텔레스가 그렇게 심각하게 비난했던 감독관의 악명 높은 공금유용과 무절조(無節操)를 설명할 수 있을 것 같다.

그리 만만한 문제는 아니지만, 먼저 근원적인 것을 생각해 보아야 한다. 만약 국가가 평생 동안 시민들이 국가에 봉사하기를 바란다면 생활수단을 마련해 주어야 하는데, 가장 쉬운 그리고 현실적으로 유일한 방법은 일정한 토지를 수여하는 것이다. 스파르타 동등자는 이 권리를 요구할 수 있었고, 이 사실은 상당부분을 해명해 준다. 이는 매우 귀중한 권리였다. 따라서 그들은 신참자를 인정하는 데 신중하였다. 그리스 모든 국가에서 시민이 되기란 대단히 힘든 것이었음을 생각해 본다면 이에 대한 해명이 될 것이다. 시민이 된다는 것은 국가에서 상당한 이득을 얻는다는 것을 의미한다.

하지만 국가는 스파르타 동등자에게 토지를 수여한 뒤에 그들이 그 토지를 관리하는 것까지 보장해 줄 수는 없었다. 토지가 그에게서 이탈되지 않도록 보장해 줄 수는 있었지만, 담보로 잡히는 것까지 막아줄 수는 없었던 것이다. 부유한 토지보유자의 딸인 상속녀와 결혼하지 않는 이상, 시민권에 부수된 권리로 부여받은 조그만 토지의 수입으로 살아갈 수밖에 없었을 것인데, 이는 야심있는 젊은 청년에게는 좋지 않은 조건이었을 것이다. 대개 경우 그는 심각한 어려움에 처했을 것이고, 고율의 이자를 치르기 위해 자신의 할당지에서 돈을 마련하거나 소출을 담보 잡힐 수밖에 없었다. 저당권 설정자의 사망으로 토지가 국가에 귀속되는 경우에 대비하여 저당권자는 부당한 고율의 이자를 매겨 손실을 막았을 것이다.

상속법

우리는 스파르타의 상속법에 대해서 아는 바가 거의 없고, 가능한 것은 그나마 잘 알려진 아테네 법률을 참고해서 추론하는 것뿐이다. 그 중에서 적어도 확신할 수 있는 것 하나는 한 가족내에서 아들들이 토지를 공동으로 소유했다는 것이다. 중세와 봉건사회의 창조물인 장자상속법은 그리스 세계에서는 알려지지 않았던 개념이었고, 실제로 고대의 어느 곳에서도 마찬가지였다. 장자가 특별한 명예를 부여받았던 것은 사실이다. 장자는 '불자리[혹은 화로]의 보전자(keeper of hearth)'13)였고, 대체로 가족의 이익을 위해서 재산을 운용하였다. 그는 또한 부모에게 가해진 모욕을 보복하는 자로서의 정신적 특질을 지녔던 듯하다 - "복수의 여신들(Eriynes)은 맏이를 움직이게 한다."14) 그러나 이런 종교적인 혹은 신비한 특질 외에는 동생보다 큰 상속권을 갖지는 않았다. "비록 다른 많은 그리스 국가에서도 입법화된 원칙이기는 했지만, 스파르타에서 재산의 공유원칙은 더욱 광범위하게 실시되었다"라는 뮐러15)의 언급은 매우 정당하다. 여러 형제가 한 명의 아내를 얻어 한 곳에서 같이 산다는 폴리비오스의 기이한 진술은 이미 앞에서 언급했지만,16) 정말로 설명이 가능하다면 이런 면에서만 설명될 수 있을 것이다. 토지를 보존하기 위한 가문 내에서의 근친혼 증거는 상당히 많이 남아 있고, 여기서 더 논할 필요조차 없다.17) 재산과 토지를 공유하는 공동체가 있었다면, 그 구성원을 부양하기에는 충분했을 것이다. 그러므로 이 공동체는 어떤 수단으로든 유지되어야만 했고, 그렇게 하기 위해 가장 쉽고도 효과적인 수단은 결혼을 통한 인척관계였다. 보유자가 사망하면서 할당된 토지가 원래의 수여자인 국가에 귀속되어 가문의 손실이 되므로 이 경향은 더욱 필수적인 것이 되었다.

정사(定嗣) 상속재산의 보유

　적어도 시험적으로나마 다음과 같이 결론을 요약할 수 있을 것이다. 할당지는 한사(限嗣)상속되었다. 이는 명백한 것 같고, 다른 방법으로는 조리에 맞게 설명할 수가 없다. 스파르타인 각자는 살아 있는 동안만 이권을 가지며 용익권만을 향유할 따름이었다. 즉, 평생 동안 그 토지에서 나온 소출을 챙겼다. 그러나 적어도 에피타데우스법이 통과되었을 때까지는, 살아 있는 동안 이 할당지를 다른 이에게 넘겨주거나 유언으로 자유롭게 처분할 수 없었다. 이 토지는 개인에게 속한 것이 아니라 국가에 속한 것이었다. 각 개인은 그 대가로 스파르타식 훈련과 생활방식, 소집되었을 때의 군복무를 감수해야 했다. 마치 앞서 보았던 일본의 사무라이 계층이 그랬듯이 이들 역시 '땅은 있어도 가난한' 경우가 종종 있었다. 비록 법적으로는 할당지를 빼앗기지 않을 수 있었지만, 담보로 잡힐 수는 있었고, 그에 따라 수입 전체가 넘어가 버렸다. 토지소유자들이 저당문서를 태우자는 아기스의 계획에 열렬히 찬동했으면서도, 토지의 재분배에는 동의하지 않았다는 것은 매우 시사적이다. 토지귀족은 한사상속법으로 인해 실제적으로 토지를 빼앗기는 것은 모면할지도 모르지만, 새롭게 등장한 부유한 상업계층의 잠식을 막아낼 수는 없었고, 결국에는 '땅은 있어도 가난한' 옛 귀족층을 대신할 것이 틀림없었다. 다른 부문에는 종사할 수 없었기 때문에, 스파르타 시민이 자신에게 어울릴 품위를 유지하면서 사회적 위신도 손상당하지 않는 유일한 직업은 확실히 할당지를 관리하면서 수행하는 군인직밖에 없었다. 그는 재산을 늘리기 위해 가능하다면 상속녀와 결혼하였고, 이 '결혼 지참금 사냥'은 사회문제화되었다.

　스파르타 시민은 할당지가 부채로 잡혀 있지 않은 한, 아무 문제가 없었다. 상상할 수 있는 일이지만, 시민수가 감소해 감에 따라 감독관을 매수하는 방법으로 국가에 귀속되어야 할 토지를 획득하여 자신의 입지를 강화할 수 있었다. 아리스토텔레스[18]가 그 부정직함에 대해 통렬하게 비난했던 엄청난 독직(瀆職)사건이 계속 자행되었음에 틀림없고, 그에 따라 상속자가 없어서 마땅히 국가에 귀속되어야 했을 많은 할당지가 관리들에게 뇌물을 먹인 사람에게 돌아갔다. 부유한 스파르타인들은 합법을 가장해서, 혹은 그조차도 없이 일정한 토지에 대한 권리를 주장했고, 그럼으로써 토지를 늘려갔다. 그들은 금전을 획득하기 위해서 새롭게 부유해진 상인계층에게서 빌리게 되었고, 토지를 가치가 되는 한 저당을 잡혔다. 분명히 부유한 페리오이코이 상인과 땅투기꾼들이, 뇌물받는 것을 기뻐했던 감독관들에게서 비어 있는 할당지를 매점할 수 있었을 것이다. 아리스토텔레스는 에피타데우스법이 제정되었던 이후에 『정치학』을 저술했는데, 이 법은 예로부터의 토지체계를 혼란에 빠뜨렸음에 틀림없다. 분명히 공금유용의 기회가 많았고, 아리스토텔레스가 말하듯이 가난한 자들인 감독관들은 토지배정에 관해 권력을 남용할 많은 유혹에 노출되었음에 틀림없다. 아리스토텔레스는 모든 사람에게 잘 알려진바, 악화된 상황에 대해서 저술하고 있었음이 틀림없고, 토지재산만이 귀족계급이 이익을 얻을 수 있는 유일한 부의 형태였기 때문에 이런 사회적 문제는 토지배정에서의 '독직'의 결과임에 틀림없다. 또 왕 역시 고아가 된 상속녀들에게 신랑감을 정해주는 권리를 통해 이런 일에 연루되었을 것이라고 추정해 볼 수 있을 것이다. 뇌물수수와 부패가 이에 수반했으리라는 것은 상상하기 어렵지 않은 일이며, 아마 왕가의 재산도 이런 부정직한 방법으로 축적했을 것이다. 새롭게 부유해진 상인계급이 토지를 사들이고, 또 담보물을 찾을 권리를 상실할 것을 노리고 담보를 잡고 교묘하게 대부해 주는 방법으로 옛 토지귀족층을 잠식해 들어감에 따라, 스파르타 귀족계층은 더욱 필사적으로 가진 것에 집착하게 되었으며, 가난과 파멸로부터 자신의 특권을 지키기 위해 모든 수단과 방법을 동원하게 되었다. 이런 투쟁은 이제까지 세계 여러 나라에서 빈번하게 보였던 것이다.

다음의 결론은 불가피한 것으로, 이를 재삼재사 언급하게 되는 것은 피할 수 없다. 스파르타 시민이라는 특권계층이 토지에, 그리고 시간이 지나면서 소유물에까지 대상을 넓혀 강하게 집착하였다는 것은 알려진 사실이다. 그들의 수효가 줄어들면서 재산의 규모는 커지게 되고, 많은 토지가 여성들의 수중에 들어가게 된다. 토지를 소유하는 것은 스파르타인에게 지위와 품위를 유지할 수 있는 유일한 방법이다. 스파르타인이 상업에 종사하는 것은 금지되어 있으므로, 갈망하는 토지를 획득하기 위해서는 엄청난 고율의 이자를 물고서라도 돈을 빌리게 된다. 소수의 부유한 가문은 더욱 부유해지고, 여타의 빚에 쪼들리는 사람들은 파멸한다. 부의 집적에 대해서 불만을 가지고 있는 동등자 계층 외의 사람들은 증오심을 가지고 이를 방해하고 좌절시키기 위해 수단방법을 가리지 않게 되고, 행정관에게 뇌물을 쓰고 그들의 부패를 이용하여 탐욕스럽게 모든 것을 거머쥐려는 이들로 인해 사회에 물의가 일어나게 된다. 사회적 소외는 점점더 심각해져서, 그리스인이 스타시스(stasis)라 부르는 국가적 병폐가 발생하는데, 이는 빈부 간의 갈등이며, 특권계층과 비특권계층 간의 갈등으로 결국 국가를 파멸로 이끌어가게 된다. 스파르타의 내부문제와 불만은 처음부터 끝까지 같은 원인에서 출발한다. 즉, 줄곧 계속되어 왔고 진정되지 않았던 토지문제이다. 뤼쿠르고스가 수습하려고 애썼던 문제이며, 헤일로타이의 계속되는 위협, 키나돈의 음모, 아기스와 클레오메네스의 개혁시도, 마카니다스와 나비스의 참주정 등 이 모든 것의 연원인 것이다. 수효는 줄어들어 가지만, 그 결원을 외부에서 충원하려 들지 않았던 지주계급은 현상을 지속시키려 했고, 이를 행정관 매수라는 방식으로 진행시킴으로써 비록 오랜 기간을 지연시킬 수는 있었으나 결국에는 국가의 몰락을 가져오게 된다.

아리스토텔레스[19]는 이 위험을 분명하게 인식하였다.

[과두정에서는] 유산상속도 유증에 의해서가 아니라, 세습권에 의해 상속되어야 하며, 한 사람이 한 번 이상 유산상속을 할 수 없도록 해야 한다. 이런 체제에서는 재산이 좀더 균등하게 분배될 것이며, 더 많은 가난한 사람들이 넉넉한

위치로 올라설 수 있을 것이다.

그는 한사상속법이 귀족정을 유지하는 데 필수적이란 사실을 아주 잘 알고 있었듯이, 귀족계급이 수적으로 감소되어 가며 재산을 지키기 위해 폐쇄적이 된다는 위험성 역시 파악하고 있었다.

●●●●● 여타 지역의 정사(定嗣) 상속재산의 보유

정사상속의 방법으로 토지를 유지하는 것은 그리스인 사이에서 널리 알려진 것이고, 광범위하게 실행되었다는 것은 주목할 필요가 있다. 아리스토텔레스[20]는 여러 예를 들고 있다. 아테네에서 솔론의 법은 아버지가 아들의 상속권을 박탈하는 것을 금지하였다. 아들이 없을 경우에만 직접적인 가족구성원 이외의 사람들에게 재산을 유증할 수 있었다.[21] 딸 하나만을 후손으로 두었다면, 그녀의 상속분은 남편에게 혼인지참금으로 넘겨졌다. 크레테의 고르틴 법전에 따르면, 이는 '도리아식'으로 간주될 수 있는 것이었고, 따라서 스파르타에 대해서도 유추해 볼 수 있게 하는 중요한 단서인바, 유증은 남편이 아내에게, 아들이 어머니에게 하는 경우에만 인정되었다.[22] 아버지로부터 물려받은 유산을 날려버린 이들에게는 시민권 박탈이라는 아주 무거운 처벌이 가해졌다.[23] 폴리비오스[24]는 정사상속의 규정을 깨는 악덕이 보이오티아에서 자행되었다고 전하고 있다. 로크리스의 법률로는 일정한 조건하에서만 토지를 매각할 수 있었다.[25] 마이어[26]는 이 정사상속법이 가문이 끊기거나, 토지를 상실하는 일이 없도록[27] 하려는 의도로 종교적 이유에서 비롯했다는 것을 증명하려고, 이에 상응하는 로마법의 조항[28]을 제시하고 있다. 토지와 결부된 초기시대 가족의 종교의식에 관심을 돌렸다는 면에서는 마이어의 견해가 틀림없지만, 아마도 이는 잊혀지게 되어 전적으로 법적인 조항으로만 남게 되었을 것이다.

스파르타에만 한정시켜 적용한 것은 아니지만, 플라톤이 『법률론』[29] 에서 자신의 이상국가에 규정해 놓았던 상속법을 보는 것은 적절하다 하겠다. 여기서 모든 토지는 '이상적인' 수인 5,040개의 할당지[30]로 분할되고, 시민중 하나가 유언장을 작성하려고 하면 먼저 그의 법정상속인(κληρονόμος)을 거명하고 그에게 전래의 할당지(ὁ πατρῷος κλῆρος)를 물려주어야 하는데, 이는 한사상속되는 것으로 상속차에게만 주어야 하는 것이다. 그리고 할당지를 부여받을 자격이 없는 다른 아들(μὴ ἐπί τινι κλήρῳ πεποιημένος)이 있으나 그를 식민시로 보내줄 수 없으면, 그 아들은 받을 자격이 있는 여타의 재산을 놓아둔 뒤 떠날 수 있었다. 유언자가 사망한 후 유산수령자인 아들이나 딸이 이미 할당지를 보유하고 있다는 것이 밝혀지면, 유산을 포기해야만 했다. 여기에서 플라톤이 스파르타를 염두에 두고 있고, 대토지 집적을 막아보려 했다는 것은 분명하다. 장남 이외의 아들이 태어날 때, 할당지를 수여받았는지에 대해서는 알 수 없는 것이 사실이지만, 타인에게 양도할 수 없는 할당지가 법정상속인에게 돌아간다는 것은 확인된다.

●●●●● 에피타데우스법

스파르타 토지보유 체계에 대한 앞의 설명은 매우 합리적이고, 사실상 그 이상 만족스러운 설명은 찾을 수 없을 것이다. 그러나 토지법에서는 어느 시기엔가 매우 중대한 결과를 가져온 변화가 일어났다. 이 변화에 관해서는 플루타르코스 아기스전의 한 절[31]에서만 언급하고 있다.

아테네의 패권을 무너뜨리고 국가에 금과 은이 쏟아져 들어오자, 곧 스파르타인은 유약해지고 타락하게 되었다. 그러나 뤼쿠르고스가 정한 호구수(戶口數)

가 아직 유지되고 있었기에 모든 아버지들은 그의 몫으로 된 토지를 아들에게 물려줄 수 있었다. 그 결과 다른 많은 잘못에도 불구하고 이런 제도적 장치 아래서 적어도 동질성을 유지할 수는 있었다. 그러나 에피타데우스(Epitadeus)라고 하는 권력있고, 완고하며, 성미가 급한 사람이 감독관이 되어 이 상황은 변하게 되었다. 그는 아들과 다투었기 때문에, 누구든지 자신의 재산과 할당지를 자신의 선택에 따라서 생전에 선물로 주거나 유언으로 증여하는 것을 가능하도록 하는 법을 제안했다.… 힘과 영향력 있는 사람들은 즉시 무한정으로 토지를 획득하기 시작하였다. 이들은 정당한 상속인들의 상속권을 박탈하였고 국가의 부는 빠르게 소수의 손에 집중되어 시민들은 전반적으로 가난하게 되었다. 그 결과 시민들은 고상한 행위를 할 여유가 없어지게 되었으며 자유민에 어울리지 않는 일을 하게 되어 부유한 자들을 부러워하고 증오하게 되었다. 그리하여 옛 스파르타의 호구수 중에서 남은 수는 700정도였으며 그 중에 100정도만이 자신의 할당지에 더하여 토지를 갖고 있었다.

이 진술의 취지는 대단히 간단하다. 감독관 에피타데우스가 도입한 법(rhetra)으로 인해 한사상속의 규칙이 끝장났다는 것이다.32) 개별적인 스파르타인이 할당지를 한사상속에 의해 보유하던 것에서 단순한 상속재산으로 보유하는 것으로 변하게 되어, 누구든지 선택하여 팔거나 유증할 수 있게 되었다. 에피타데우스법은 할당지를 유언으로 처분하는 것만 허용할 뿐, 보유자 생전에 매각하는 것은 허용하지 않는다는 내용이 효과가 있는 것 같지는 않다. "힘과 영향력 있는 사람들은 즉시 토지를 획득하기 시작하였다"는 문구는 분명히 구입을 의미한다. 확실히 아리스토텔레스 시대에는 토지구입이 합법화되어 있었지만, 그 보유가 자랑스러운 것은 아니었고, 에피타데우스법 이후 다른 법이 제정되었는지 그리하여 고래의 관습에서 더욱더 철저하게 단절되었는지에 대해서는 증거가 없기 때문에 알 수 없다.

이제까지 살펴본 바의 진술은 상당히 명백하다. 하지만 불행히도 이 절에는 몇몇 심각한 난점이 도사리고 있다. 먼저, 에피타데우스는 누구였던가? 그의 이름은 다른 어느 곳에서는 나오지 않는다. 별로 이름이 없던 사람이 스파르타 토지체계를 그같이 혁명적으로 변화시켰다는 것은 이상하게 보인다. 그를 기원전 424년 스팍테리아에서 전사한 감독관 에피타다스(Epitadas)와 동일시하는 견해33)는 분명 옳지 않으며, 이 견해는 그냥 잊어버려도 좋을 것이다. 다음으로 이 중대한 변화가 언제 발생했던가? 이는 스파르타의 생활방식과 군복무체계 전체의 근본을 뒤흔드는 사건이었다. 아테네 몰락 이후에 얻은 전리품과 함께 스파르타인이 "사회적으로 불안해지고 타락해갔다"고 본 플루타르코스의 말은 주목해야 할 것이다. 전리품으로 인해 영향을 받고, 옛적의 소박하고 단순한 생활이 돌이킬 수 없을 정도로 손상을 입었다는 것은 주지의 사실이다. 하지만 그렇다고는 해도 금전으로 사치가 늘어 양도할 수 없는 할당지를 개별 시민들에게 수여하던 체제가 무너져 내렸다고는 이해하기 힘들다.

부의 증가와 에피타데우스의 아들과의 불화라는 플루타르코스의 설명만으로는 충분하지가 않다. 또 다른 이유가 있었음에 틀림없다. 모든 점으로 미루어보아, 기원전 371년 레욱트라에서 패배하고 메세니아를 상실함으로써 스파르타 동등자가 메세니아에 있는 토지를 상실하게 되기, 이전에는 적어도 외적이고 일반적으로 인정된 변화가 전통적인 스파르타 생활방식에 일어나지 않았다고 볼 수밖에 없다. 이 사건이 야기한 폐해는 대단히 큰 것이어서, 이전에는 넉넉하게 생활했던 많은 가문이 궁핍한 처지로 떨어졌다고 보는 편이 좋을 것이다. 단지 호구지책을 위해서 많은 스파르타인이 용병으로 해외에 진출했다는 것은 알려져 있다. 토인비34)는 해외에서 부를 얻은 용병들이 귀국하여 에우로타스 계곡에서 할당지를 구입하도록 하기 위해 에피타데우스법이 통과되었을 것이라고 상정한다. 이는 적어도 논리적으로는 가능한 설명이다. 그러나 캐리35)의 설명이 훨씬 더 그럴듯하다. 만약에 한재산 모았던 용병이 있었다면 이들의 수는 상당히 적었을 것이고, 이들은 할당지로 분배된 토지를 잠식하지 않더라도 대토지 소유자에게서 토지를 쉽게 획득할 수 있었을 것이다. 해외에 용병으로 나가려 했던 스파르타인은 그들이 없는 동안 남겨놓고 떠나는 처자에게 살 방도를 마련해 주기 위해, 떠나기 전에 할당지를 매각하려 했을 것이라는 것이 더 그럴듯하다고 그는 주장한다.

이 해석은 에피타데우스법이 도입되기 위한 동기를 아주 그럴듯하게 설명해 주는 매력적인 것이라고 인정해야만 한다. 물론 이는 전적으로 추측에 의한 것이고, 이를 뒷받침해 줄 증거는 전혀 찾아볼 수 없다. 반면에 남은 가족에게 살 방도를 마련해 주고 싶었다면, 그 최선의 방법은 할당지를 남겨주는 것이었다고 주장할 수도 있다. 토지를 매각하고, 부인에게 써서 없어져 버릴 금전을 남겨준다는 것은 매우 현명하지 못한 일일 것이다. 어쨌거나 용병으로 입대했던 스파르타인들은 나이가 젊었을 것이고, 아마도 그들은 결혼하지 않았거나 가족이 없었을 것이다.

이런 가설이 에피타데우스법에 대한 완벽한 설명을 해주지는 않지만, 적어도 혼란에 빠지고 완전히 구식이 되어버렸던 토지체계에 대한 우리의 인식을 넓혀주기는 한다. 시간의 추이를 망각하고, 새로운 환경에 적응하지 못하는 극단적인 보수주의는 파멸하게 될 운명을 갖고 있다. 스파르타 동등자의 수효가 감소함에 따라, 할당지의 수효 역시 이에 보조를 맞추어 감소하게 되어 있었다. 주인없는 할당지는 국가에 반환되었고, 에피타데우스법은 이 이례적이고 경제적으로도 불건전한 상태를 바로잡으려고 고안된 것이었다. 스파르타인들에게 수여된 할당지로 이제까지는 양도할 수 없었던 토지는 이 법으로 양도 가능하게 되었고, 국가 역시 상속자가 없어서 반환된 토지를 매각할 수 있었을 것이다.36) 스파르타 동등자의 수효가 감소함에 따라, 이전에 이들이 점유하던 토지가 '새로운 부유층' 혹은 여상속자들에게로 넘어갔다는 것은 놀랄 일이 아니다. 아테네가 패망한 후 스파르타로 쏟아져 들어온 부 때문에 발생했다고 플루타르코스가 개탄했던 악덕이란 스파르타 전사의 수가 감소했기 때문으로 보는 것이 옳을 것이다.

부가 증가하고 대토지 집적이 진행됨에 따라, 가난하고 '토지없는 자들', 토지에서 격리되어 낮은 사회적 지위에 분노하고 스파르타 특권층에 분개한 '열등시민'이 늘어가는 전도현상이 지속되어 갔다. 아기스와 클레오메네스·나비스는 바로 이들에게 제안하였다. 그로트가 지적했듯이, 모든 것을 일소해 버리고 '뤼쿠르고스식'으로 토지를 분배하자는 아기스의 호소는 결코 존재했던 적이 없었던 어떤 것에 대한 호소였으며, '동등한' 분배란 있지도 않았고 어디서도 성취될 수 없는 것이었다. 그로트가 고심했던 것은 '동등한'이라는 단어였다. 스파르타인은 평등했고, 각자는 할당지를 받을 권리가 있었다. 그러나 모든 사람에게 토지가 균등하게 분배된 적은 결코 없었다. 이 점을 파악하고 나면, 수수께끼는 풀리기 시작하고, 그로트의 반론은 실패로 돌아간다. 스파르타 동등자를 부양하기 위해 할당지를 부여하는 체제는 존재하지 않았다는 의견은 지나치게 극단적인 것이다.

국가에서 부양하기에 충분한 토지를 제공해 주지 않는다면, 그리고 다른 직업을 갖거나, 부유한 아내와 결혼하지도 않았다면, 어떻게 살아갈 수 있었을까라는 질문은 던져볼 수 있다. 그리고 국가가 토지를 제공해 주었다면, 이 토지를 양도할 수 없다는 것은 본질적인 것이 아니었던가? 스파르타인의 수가 매우 줄어들었을 때, 에피타데우스법은 이 시대착오적인 상황을 바꾸어놓았다. 그에 대한 가치판단은 별개의 문제이다. 이는 인구감소에 따른 피할 수 없는 결과였다.

●●●●● 아리스토텔레스와 스파르타 토지체계

이제 아리스토텔레스가 스파르타의 토지체계에 대해 서술해 놓은 부분을 검증해 보자.37)

그는 누구든지 자신의 소유물(τὴν ὑπάρχουσαν)을 사거나 파는 것을 불명예스러운 것으로 여기게끔 하였는데, 이 점에서는 그가 옳았다. 그러나 그는 또한 사람들이 원하면 자기의 재산을 다른 이들에게 거저 주거나 유산으로 증여할 수 있도록 허용했는데, 이는 매매를 허용하는 것과 거의 같은 결과를 가져오는 것이었다. 상속자가 하나밖에 없는 경우가 너무 많아서 전국토의 거의 5분의 2 정도가 여자들의 소유가 되어 있다고 알려져 있다.… 이제 누구나 원하는 경우 여성을 유일한 상속인으로 만드는 것이 허용되고 있다. 그리고 유언을 남기지 않고 사망하면, 법정상속인으로 상속하게 되는 이는 원하는 사람에게 증여할 수 있다.

위의 진술은 이해하는 데 큰 어려움이 없다. 아리스토텔레스는 뤼쿠르고스가 스파르타인으로 하여금 자신의 재산을 처분하는 것은 '불명예스러운' 일로 여기게 만들었다고 전한다. 이는 분명히 토지매매에 실제적으로 법적 제재가 없었고, 단지 수치스러운 일로 생각되었을 뿐이라고 이해할 수밖에 없다. 따라서 그것은 토지귀족 사이에서는 토지를 소유하는 것이 하나의 안전망이었다고 쉽게 이해할 수 있을 것이다. 사치스럽고 무모한 청년이 가족의 재산을 탕진하는 것은 언제나 괴로운 일이었다. 스파르타 동등자에게는 토지를 처분하는 것이 '불명예스러운' 것이었는데, 왜냐하면 그로 인해 동료시민 사이에서 지위가 하락하였기 때문이다.

아리스토텔레스가 여기에서 재산 혹은 부동산이나, 동산을 의미하는 ἡ ὑπάρχουσα라는 용어를 쓴 것을 주목할 필요가 있다. 이 점에서 우리는 헤라클레이데스 폰티코스(Heracleides Ponticos: 4세기 플라톤학파의 철학자-역주)38)의 매우 중요한 언급에 대해서 주목해야만 한다. 그는 이 부분에 대해 설명하면서 "'전래의 몫', 즉 할당지는 어떤 상황에서도 양도될 수 없었다(τῆς δ'ἀρχείας μοίρας οὐδὲ ἐξεστιν)"라는 중요한 어구를 덧붙였다. 스파르타인이 토지를 매각하는 일은 불명예스러운 것이었고, 자신의 할당지를 매각하는 것은 법적으로 불가능하였다.

이렇게 해석해 보면 한 가지 해결되지 않는 문제가 있다는 것을 인정할 수밖에 없다. 슈즈밀(Susemihl)39)이 지적했듯이 왜 아리스토텔레스가 양도할 수 없는 할당지에 대해서 언급하지 않았느냐는 것이다. 확실히 그렇게 중요한 문제를 아리스토텔레스가 주목하지 않았을 리는 없다. 그리고 세심한 저술가인 그가 알았다면 무시하고 넘어갔을 것 같지도 않다. 더욱이 후에 다른 구절40)에서 그는 "또한 이전의 몇몇 국가에서는 누구도 원래의 할당지(τοὺς πρώτους κλήρους)를 팔지 못하게 되어 있었다"라고 적고 있다. 아리스토텔레스는 옥실루스(Oxylus)와 아피테아(Aphytea)의 관습은 거명하면서, 왜 이들 나라 중에서 스파르타의 이름은 특별히 거명하지 않았을까?

이 다소 까다로운 질문에 대해서는 에피타데우스법이 할당지의 양도를 합법화시킨 후에 아리스토텔레스가 이 글을 썼고, 이 사실을 굳이 언급할 필요를 느끼지 않았다고 설명할 수밖에 없다. 그는 이전에 몇몇 국가에서는 토지양도가 법으로 금지되어 있었다고 쓰고 있지만, 단순히 스파르타를 명기하는 것을 빠뜨리고 있을 뿐이다. 이렇게 보는 것이 확실히 이 어느 정도 만만찮은 난점을 유일하게 논리적으로 설명할 수 있는 듯하다. 헤라클레이데스 폰티코스의 증거를 완전히 무시한다는 것은 불가능하다. 먼저 그렇게 한다는 것은 너무 극단적이기 때문이다. 이는 그 스스로가 창작해낸 말이 아니라, 알려지지 않은 어떤 라코니아에 관한 책(Laconica)에서 보았던 것임에 틀림없다. 그리고 다음으로, 헤라클레이데스 폰티코스를 무시해 버리면, 매우 골치 아픈 문제에 부딪히게 된다. 그가 말한 것을 받아들이는 것이 편리한 것인 것 같지만, 그럼에도 불구하고 이는 이성적으로는 들어맞지 않는 것이기도 하다. 스파르타의 토지보유체계를 이해하려 애쓸 때에는 난점이 너무 많고 만만찮은 것이라서 고대의 자료 중 어느 것도 무시할 수가 없다.

도리아인들이 라코니아를 정복한 후, 토지를 자신들끼리 분배하였다. 그리고 다시 메세니아를 침략했을 때는 새로운 토지를 계획적으로 분배하였다. 에우로타스 계곡은 세 정복부족 사이에서 공정하게 나누어진 것 같지만, '균등하게'는 아니었던 것 같다. 이는 마치 가나안땅이 이스라엘 지파 사이에 나누어진 것이나, 41) 노르만 정복자들이 색슨족의 영국을 나누어 가진 것과 같다. 어떤 근거에서 이렇게 나누었는지는 알 수 없다. 하지만, 모든 사람이 적어도 최소한의 몫은 받았을 것이라고 추정하는 것이 올바를 것이다. 명성있고 용맹함을 보였던 사람들은 꽤 많은 몫을 더 받았을 것인바, 두 왕이 토지를 더 받았다는 것은 알려져 있다. 이 최소한의 몫이 할당지 즉, '전래의 몫'이었고, 양도할 수 없는 것으로서 수여받은 사람이 평생보유자로 갖고 있었다. 그는 이 할당지를 생전에 혹은 유언으로 마음대로 처분할 수 없었고, 맏아들이나 남성 법정상속인에게 상속해 주어야 했다. 상속자가 없으면 원래의 수여자에게, 이 경우에는 국가에 귀속되었다.42) 그렇지만, 스파르타 남성이 각자 이 최소한의 할당지를 받았던 반면에, 정복시에 받았던 초기의 수여지나, 부인의 결혼지참금으로 가져온 토지 혹은 구입에 의한 토지를 더 소유하는 것은 막지 않았다. 이 구매의 경우, 스파르타 동등자가 토지나 다른 물품을 매매하거나, 써야 했지만 실제로는 쓰지 않았던, 불가능할 정도로 쓰기 불편한 철제화폐 대신에 다른 화폐를 사용하는 것을 금지했다고 하는 증거는 조금도 없다.43)

토지가 없는 계층

그러면 스파르타에서 토지가 없는 계층은 어떤 사람들이었던가? 장인과 노동자들, 정체를 알 수 없는 군중, 이런저런 이유로 할당지에 대한 법적인 요구를 할 수 없었던 '열등시민'은, 전형적인 스파르타식으로 그들을 쓰레기 취급하며 일체의 공적 행사에 참여하지 못하게 했던 스파르타 토지 귀족이 지닌 경멸감에 대해 매우 분개하고 있었다. 이 같은 사람들에게 키나돈은 호소했으며, 아기스와 클레오메네스가 개혁을 부르짖었을 때 이들이 얼마나 열광했는지는 쉽게 상상할 수 있다. 이들은 심지어 나비스의 참주정에도 만족했다. 이들은 국가의 위험요소였으며, 그렇게도 오랫동안 얌전히 있었다는 것이 놀라울 정도이다. 스파르타 동등자들은 그 명성에 어울리지 않을 정도로 타락하고 수가 줄어 들었을지는 모르지만, 그들은 적어도 '열등시민'이 질서를 지키게끔 하는 일급 정치체계를 가지고 있었다.

　진짜 스파르타인이, 이 토지없는 자들 속에 포함되었던가? 적어도 레욱트라 이전에는 포함되지 않았던 것이 거의 확실하다. 하지만 메세니아를 상실한 다음에는 꼭 그렇지만도 않았다. 이같이 긴밀하게 얽힌 계급사회에서 귀족가문의 사람이 몰락하여 곤궁해지는 것을 보는 것은 탐탁치 않았을 것이므로, 이들에게 할당지를 수여하여 자신들의 수효가 급속하게 감소되는 현상을 막으려 애썼으리라는 것은 쉽게 짐작할 수 있다. 하지만 몰락해 가는 모든 귀족계급을 괴롭혔던 근시안적인 이기심과 여성들에 의한 대토지 소유의 증가, 라코니아에 한정된 토지로 말미암아 운 좋은 사람들은 불행한 친척이 몰락하는 것을 무정하게 보아 넘겼으리라고 쉽게 상상할 수 있다. 레욱트라 이후에는 모든 사람이 자기 살길만 추구했으며, 라코니아에 아직도 토지를 보유하고 있던 사람들이 존재하고 있는 반면에, 메세니아에 있는 것을 모두 잃어버린 스파르타 동등자는 다시 재기하는 것이 힘들거나 심지어 불가능하게 되었음에 틀림없다. 스파르타는 급속히 몰락해 가고 있었고, 그것이 스파르타가 레욱트라 이후에는 다시 영향력 있는 지도적 지위를 얻지 못한 이유이다. 단지 전장에서 한 번 패배한 것이라면 그같이 파멸스러운 결과를 가져오지 않았을 것이다. 스파르타인을 무력하게 만들고, 그들을 자신만 아는 탐욕스러운 맥빠진 귀족계급으로 만들었던 것은 메세니아 상실이라는 경제적인 재난이었다.

●●●●● 할당지의 규모

　스파르타 토지 보유체계를 이해하고자 할 때 어려움에 봉착하게 된다면, 할당지가 어떤 기준으로 분배되었는지에 대해 전혀 설명할 수 없음을 인정해야만 한다. 스파르타인 각자가 할당지를 받았을 것이 확실하다는 것 정도가 유일하게 설명될 수 있을 뿐이다. 이 사실에서 출발하여 다른 것은 오로지 추정에 의거하여 해명을 시도할 수밖에 없다.

플루타르코스44)가 전하는 '뤼쿠르고스의' 할당지 수여에 대한 이상화된 진술에 의하면, 토지분배의 평등 때문에 국가 전체가 잘못되었고, 그에 따라 스파르타는 빈곤하고 무력한 사람들로 부담을 지고 있었으며, 부는 소수의 손에 집중되었다는 것이다.

> 그리하여 뤼쿠르고스는 교만과 시기, 범죄와 사치, 그리고 국가의 보다 뿌리깊고 고통스러운 질병인 빈곤과 치부를 근절하기로 마음먹고 동료시민을 설득하여 모든 토지를 내놓고 이를 다시 나누어 갖도록 했다. 그는 좋지 않은 행동에 대한 비난이나 좋은 행동에 대한 칭찬 말고는 사람들 사이에 다른 차별이나 불평등이 없어야 한다고 확신하고, 다만 덕성 면에서만 다른 이들보다 뛰어난 것을 추구할 뿐, 생존수단에서는 모두가 균등하고 평등한 기반에서 살도록 하였다.

비교적 이른 시기의 저술가인 플라톤45)과 이소크라테스46)가 재분배에 대해서는 전혀 언급하지 않고 균등한 분배에 대해서만 진술하고 있으며, 두 사람 다 뤼쿠르고스 이전 시기의 분배에 대해서 말하고 있는 것47)은 확실히 주목할 만하다. 에포로스48)는 트로구스 폼페이우스49)를 좇아 뤼쿠르고스가 분배했다고 서술하고 있다. 그러나 사실상 할당지의 분배에 대해 알아보려는 목적을 위해서 그 일이 별 문제가 되지는 않는다. 언제인가 분배가 이루어졌고, 그 결과 개별적 할당지 체계가 이루어졌다. 플루타르코스에 따르면 이 분배는 다음과 같다.

> 뤼쿠르고스는 라코니아 지방의 토지를 페리오이코이를 위해 3만 필지로 나누었고, 스파르타인을 위해서는 스파르타시에 속한 토지를 6천 필지로 나누었다. 그러나 다른 사람들은 말하기를 뤼쿠르고스는 스파르타인을 위하여 6천 필지로 나누었을 뿐이며, 3천은 뒤에 폴리도로스(Polydoros)가 더했다고 한다. 또 다른 이들은 폴리도로스가 [뤼쿠르고스에 의해] 나누어진 9천의 절반 몫에 나머

지 절반을 더했다고 한다. 각 할당지는 남자를 위해 매년 70메딤노스, 부인을 위해 12메딤노스의 보리, 그리고 이에 걸맞은 포도주와 기름을 생산해내기에 충분한 크기였다.

이와는 대조적으로 아기스전에서는 개혁자〔즉, 아기스왕〕가 '뤼쿠르고스'체계로 되돌아가려 하면서 토지를 재분배하는 구절이 있다.

모든 토지는 같은 몫으로 나누어졌는데, 그 토지는 펠레네 근처의 강과 타이게토스 산록에서 말레아와 셀라시아의 도시 사이에 있는 것으로 4천5백 필지였으며, 나머지는 1만 5천 필지로 나누어져서 페리오이코이 중에서 중장보병으로 복무하기에 적합한 이들에게 나누어졌는데, 스파르타인으로 태어난 이들이 그 중 먼저였다.

'뤼쿠르고스의' 분배에서는 3만과 9천 필지로 나누었지만, 아기스는 정확히 그 절반인 1만 5천 필지와 4천5백 필지로 나누었다는 것이 바로 눈에 띈다. 이 숫자를 별로 신뢰하지는 않는다 해도〔절대적으로 불가능하다는 것을 앞으로 나올 설명에서 볼 것이다〕, 적어도 아기스가 뤼쿠르고스의 숫자를 반으로 줄인 것은 분배에 필요한 가장 비옥한 토지를 포함하는 메세니아의 상실 때문이었다고 설명할 수 있을 것이다.

현대 그리스정부의 농산부(農産部)에서 나온 최근 통계에 의하면, 모두 합해 라코니아에서는 25만 에이커, 메세니아는 35만 내지 60만 에이커의 토지가 경작이 가능하다. 만약 '뤼쿠르고스'가 이 토지를 3만 9천 필지로 나누었다면 각각은 15에이커였을 것이다. 아기스의 분배계획대로라면 라코니아에서 1만 9천5백 필지였으므로 13에이커가 조금 안된다. 그러므로 처음부터 모순이라고밖에 부를 수 없는 일에 부딪히게 된다. 각각의 할당지로 스파르타 시민과 그 가족, 그 땅에 사는 헤일로타이가 먹고살아야 하며, 공동식사에 내야 하는 몫까지 나와야 한다. 포도나무·올리브나무·돼지막사·농장가옥·농로 등을 내기 위해 최소한 잡아도 1에이커는 들어간다고 치면, 보리나 다른 곡물을 키우기 위해 남은 토지는 14에이커이다. 비효율적인 고대농업의 특성상 매년 휴경지가 필요했으므로, 언제든지 경작할 수 있었던 것은 7에이커 정도밖에 되지 않는다. 평균을 넉넉히 잡았을 때, 에이커당 보리 20부셸 정도가 나오므로 할당지에서는 매년 최대 140부셸이 나오게 된다. 스파르타인이 받는 연공이 82메딤노스 즉, 170부셸이라는 것은 이미 알려진 사실이다. 따라서 헤일로타이는 무엇을 먹고 살았는지를 더 따져볼 필요도 없이 명백히 무언가 잘못되어 있다. 아기스의 라코니아 지역분배에 이르면 문제가 더 심각해지므로, 플루타르코스의 진술은 완전히 포기할 수밖에 없다.

 플루타르코스에 대해서 공정하게 말하자면, 그가 자신의 수치가 만족스럽지 않다는 것을 알고 있었고, 분배원칙에 대한 다른 설명도 가능하다는 점을 인정하고 있다는 것을 지적해야 한다. 즉, 뤼쿠르고스는 6천 개의 할당지를 스파르타인에게 분배했고, 폴리도로스가 3천을 더하여 9천을 만들었다는 것이다. 또 다른 설명은 "폴리도로스가 9천의 절반을 [뤼쿠르고스가] 분배한 절반에 더하였다"는 것이다. 이 말은 '뤼쿠르고스의' 원래 분배는 4천5백 필지였고, 폴리도로스가 이를 두 배로 만들었다고 설명할 수밖에 없다. 이 구절은 와전된 것처럼 보이지만, 이 설명은 적어도 이해가 가능하기는 하다. '뤼쿠르고스'가 9천이나 6천 혹은 4천5백 필지로 분할해 주었건 아니건 간에, 뒤의 두 개는 폴리도로스에 의해 보충되어 셋 모두가 9천이라는 수치가 되었기 때문에 크게 문제가 되지 않는다. 문제가 되는 것은 이 수치가 지나치게 크다는 것이고, 받아들일 수 없다는 점이다. 아기스전에 나오는 구절은 매우 직설적이어서 수정되지 않았다고 인정해야 한다. 엄밀하게 통계적인 점에서 본다면, 이 구절은 명백하게 불가능하다. 그렇다면 이 구절을 '이상적인' 분배계획에 맞추어 교정하거나 감수할 수 있을까? 여기에 대한 답변은 분명히 말하건대 부정적이다. 더 추적해 나갈 자료도 없을 뿐만 아니라, 현재 이용 가능한 것도 믿을 수 없거나 심지어 불합리하기까지 하다.

보기에는 다음의 한 가지로밖에 해명할 수 없을 것 같다. 즉, 스파르타에서 '할당지'라는 단어는 스파르타인 주인을 부양하기에 충분할 정도인 개인보유의 토지 한 필지를 의미하는 것이 아니라, 부양가능한 정도로 수 에이커의 토지 여럿을 한데 묶어 통칭한 것이었다. 라코니아와 메세니아의 경작 가능한 토지를 잘게 나누어 생계를 유지할 수 있을 정도로 잘 계산하여 교묘하게 분배했다고 볼 수 있겠다. 그렇지만 그것이 가능했던가? 별로 가능했을 것 같지는 않고, 따라서 이것도 받아들일 수 없다. 어떤 토지는 다른 지역의 토지보다 낫게 마련이다. 곡물을 키우기에 적합한 토지도 있고, 포도나 올리브에 적합한 토지도 있으며, 목초나 길러 초지로 쓸 수밖에 없는 토지도 있다.

그리하여 할당지라는 단어를 아마도 대략 15에이커 정도의 불특정 크기를 가진 토지단위로 이해한다면, 플루타르코스의 계산이 중요성을 가질수도 있다. '뤼쿠르고스'가 분할해 놓은 라코니아는 우리가 자세히 알 수 없는 체계에 따라 작은 토지로 결합된 9천 개의 이와 같은 단위로 나누어졌고, 그 각각은 스파르타 주인과 그의 가족, 그 토지를 경작하는 헤일로타이를 부양하도록 계산되었다. 그런 체계를 머리에 떠올리고, 그것이 효과적이었다고 결론짓는 것은 어렵지 않다. 한 스파르타인이 도시 근처에 10 내지 15에이커의 토지를 가지고 있고, 더 멀리에 또 다른 할당지를 가지며, 아마도 그보다 멀리 목초지로 쓸 만한 또 다른 할당지를 가졌다고 추리해 볼 수 있다. 플루타르코스의 수치가 어떤 중요성을 가지고 있다고 판단하고, 이를 완전히 무시하지 않는다면, 이런 식으로 설명할 수밖에 없다.

매우 쓸모없는 일이기는 하나, 이상적인 할당지를 꾸며 스파르타인들과 헤일로타이의 수효를 마음대로 지정하여 보는 것은 꽤 쉬운 일이다. 그리고 여러 주석가는 그렇게 하여 매우 다양한 결론을 내었다.50) 크기에 있어서나 할당지의 수효에 있어서 논리적 결론에 도달할 수 있는 방법은 없고, 인구통계학 전문가라 해도 두 손 들 수밖에 없다. 사실상 고대의 모든 저술가는 인구나, 군대의 수효 등 모든 종류의 수치를 다루는 데 있어서는 믿을 수 없을 정도로 부정확하며, 거의 믿을 수 없다. 팔레론(Phaleron)의 데메트리오스(Demetrios)가 아티카의 인구조사를 했을 때처럼 인구조사가 실시되었던 경우에도 우리에게 전해진 정보가 맞다면, 기록된 결과라는 것이 우스꽝스러운 것이었다.51) 오늘날까지도 계속해서 그렇긴 하지만, 꼭 필요했을 군복무가 가능한 장정에 대한 정확한 기록도 불충분해서 더욱 애타게 한다는 것이 문제이다. 토지 등기서류가 보관되는 일종의 등기소 같은 것도 분명히 있었을 것이다. 사실, 아기스와 클레오메네스가 실패로 끝나기는 했지만 토지재분배를 하려 했을 때, 저당문서를 파기하려 했으므로 그런 것이 있었음에 틀림없다. 관계서류는 분명히 스파르타 시내에 보관되었을 것이다. 하지만 그렇다고는 해도, 우리는 그 추산에 완벽하게 실패한 상태이고, 그 상태로 문제를 미해결인 채로 남겨놓을 수밖에 없다.

••••• 감소해 가는 스파르타인

아리스토텔레스가 찬동하지 않았던 스파르타의 많은 것 중에서, 그가 보기에 토지체계는 최악의 것이었고, 때문에 가장 신랄하게 비판하고 있다. 『정치학』52)의 한 구절에서 그는 대토지가 증가하고 그 토지가 여성의 수중에 들어가는 방식에 대해 개탄하고 있다.

그 결과 그 나라[스파르타]가 1천5백의 기병과 3만의 보병을 지탱할 수 있음에도 불구하고, 그 수가 1천명을 넘지 못하고 있다. 이것으로 보아 그들의 국사가 잘못 규정되어 있음이 명백한데, 한 번의 재난도 감당할 수 없었고, 인력부족 때문에 쇠망한 것이다. 옛 시대 왕들의 통치기에는 오랜 전쟁중에는 인력난을 예방하기 위하여 외국인에게 문호를 개방하였다고 한다. 이는 또한 이전에는 스파르타인의 수효가 1만명이었던 것으로 확증할 수 있다. 아무리 그렇다고는 해도, 재산이 평등하게 분배되었다면 그로 인해 인구수가 크게 늘었을 것이다. 인구를 늘리기 위해 제정한 법은 이러한 불평등을 교정하지 않았다. 스파르타인들은 가능한 대가족을 만들려고 갈망하여 세 자녀를 가진 이는 야경에서 면제되며, 넷을 낳게 되면 세금을 면제시켜 주었다. 그러나 이런 식으로는 토지가 분할되어 인구수가 늘게 되면, 그들 중 상당수는 빈곤해졌음이 분명하다.

여기에서 아리스토텔레스는 항상 그렇듯이 스파르타 퇴보의 핵심에 있는 근본적인 문제를 정확하게 짚어내고 있다. 즉, 처음부터 공동체를 유지시켜 왔고, 또 대토지의 증가를 조장했던 토지보유 체계이다. 부자들이 더 부유해짐에 따라, 재산을 유지하고자 하는 욕망으로 가족규모가 제한되고 그 수가 점차 줄어들어 가게 되는데, 이는 어느 시대, 어느 장소를 막론하고 흔하게 일어나는 현상이다.

부양 가능한 인구에 관한 아리스토텔레스의 수치를 생각해 보면, 풀기 어려웠던 몇 가지 난점이 해소된다. 그는 스파르타가 3만 1천5백 명의 보병과 기병을 먹여 살릴 수 있다고 한다. 현재 이용 가능한 최신통계에 의하면 메세니아의 인구는 24만 7천907명이고, 라코니아는 14만 4천336명으로 모두 합해서 39만 2천243명이다. 벨로흐는 고대의 인구가 24만 8천명이었을 것이라고 추산했다. 이는 최소치라고 간주할 수 있고, 현대의 인구는 확실히 고대보다는 많겠지만, 아리스토텔레스 시대에 연관시켜 보아도 30만명에서 많이 모자라지는 않았으리라 추산해도 좋을 것이다. 인구 중 10분의 1이 적극적 활동을 할 수 있는 인력이라는 점이 고대와 현대, 모두에 받아들여지는 비율이므로 이를 기반으로 추산해 보면 3만명 정도의 잠재적 병사수가 나오고, 이는 아리스토텔레스가 말한 3만 1천5백 명과 거의 맞아떨어진다.

그러나 아리스토텔레스는 메세니아를 상실한 후에 집필에 들어갔고, 레욱트라 전후의 상황을 비교해 서술한 것이라는 주장도 인구의 감소를 제시하고 있다는 이유 때문에 불가능하다. 만약 아리스토텔레스가 "스파르타가 메세니아를 포함하고 있던 시절에는 3만명의 보병과 1천5백 명의 기병을 감당할 수 있었다. 하지만, 이제 메세니아를 상실하였고, 라코니아는 1천명만을 겨우 감당할 뿐이다"라는 의미로 말했다면, 그 1천명이 페리오이코이나 헤일로타이가 아닌 스파르타인만을 의미했다고 볼 때, 그의 평가는 사실에 근접할 것이다. 후자의 라코니아에 관해서는 확실히 그가 틀렸는데, 그 수를 크게 상회하는 군대를 쉽게 양성할 수 있었다. 아리스토텔레스 이후 한 세기쯤 지나서인 기원전 222년 셀라시아에서 클레오메네스는 라코니아로부터 1만 3천 명의 전사를 충당했고, 그 중 4천명이 '스파르타인'이었다.53) 플루타르코스54)는 기원전 207년 제3차 만티네아 전투에서 4천명의 스파르타인이 전사했다고 전하는데, 이는 확실히 과장된 것으로 보인다. 기원전 195년 나비스는 1만명의 '라코니아 병사'를 갖고 있었는데, 그 대부분은 해방된 헤일로타이와 페리오이코이였다.55)

그러나 명백한 증거에 의하면, 라케다이몬인의 수효가 줄어든 것이 아니라 오히려 늘어났고 동시에 동등자는 감소해 가고 있었던 것도 확실하다. 그리고 레욱트라의 패배와 메세니아의 상실 이후에도 그 증가세는 계속되었다. 플루타르코스56)는 3세기 후반기에 옛 스파르타 가문 중에서 남은 것은 700가문도 안되며, 토지를 소유한 것은 그 중에 100가문 정도에 불과하다고 말한다. 로마치하에서 그리스 전체가 쇠퇴하고 인구가 감소했던 것은 물론 잘 알려진 사실이다. 스트라본은 스파르타시 외의 거의 버려진 라코니아의 시골을 암울하게 묘사하면서, 그 곳에는 100여명 정도가 사는 촌락이 겨우 30개 정도 있다고 전한다.57)

아래 계층에서 지속적으로 새 사람을 받아들이지 않는 귀족계급은 수가 감소하게 마련이다. 이는 영국 귀족계급에서 놀랄 정도로 뚜렷이 나타나는데, 옛 가문이 끊어지고 작위가 단절됨에 따라 그들은 공동체로부터 새로운 작위를 수여함으로써 그 세력을 유지시켜 왔다. 아래로부터의 이러한 일신은 스파르타에서는 불가능했는데, 위계질서를 경계하면서 방어하고 있는 동등자 계층에 새로 들어간다는 것은 거의 실현될 수 없을 정도로 어려웠다. 스파르타인은 자신들이 잘못 택한 배타적인 정책 때문에 스스로 절멸될 수밖에 없었다.

'긴밀한 결합'으로 자신들의 계급을 유지하려는 정책과 함께, 비록 직접적 증거는 없지만 그들은 '산아제한'을 일반적으로 실시했고, 가족규모를 제한했으며, 스파르타 남성 사이에서는 어느 정도 독신주의가 퍼져 있었다고 추정할 수밖에 없다. 그들이 자신들의 수가 감소되어 가는 위험을 잘 알고 있었다는 것은 아주 확실하다. 여러 아들을 낳은 아버지에게 특권이 부여되었고, 아내공유와 관련된 매우 특이한 풍습도 이에 따라 시도되었을 수도 있다. 노총각이나 걸맞지 않은 결혼을 했던 사람들과 마찬가지로, 미혼남은 경멸받고 모욕을 당하였다. 고대 저술가들이 여기에 관해 써놓은 것은 무수히 많다.58) 한사상속법 때문에 맏아들에게만 토지를 주었으므로, 귀족계급 사이에서의 소가족주의는 변하지 않는 규칙인 것이다.59) 비록 아리스토텔레스가 크레테에서 이러한 점이 영향을 끼쳤다고 말했다고는 하지만,60) 소년애(paiderastia)의 관습이 스파르타인의 감소와 관계가 있다는 가설은 무시해도 좋을 것이다.

결론적으로 이 특별한 '신비'는 자세히 검토해 본다면, 전혀 신비가 아니며, 경제적인 면으로 설명이 가능하다고 확언할 수 있겠다. 부와 사치가 계속 증가하면서 꾸준히 출산율이 저하되는데, 이는 오늘날에도 특징적으로 나타나는 것처럼 생물학적 원인 때문이 아니라, 단지 부모들이 자식을 위해서 높은 생활수준과 자신들의 편리함을 추구했기 때문이다. 플루타르코스가 주장하듯이 뤼쿠르고스 같은 현자가 아들 하나만 낳도록 주창했다는 것은 믿기 어렵다.61)

치이엔62)이 제시한 가설은 특별히 주목해 볼 필요가 있다. 그는 인구 감소의 원인을 기원전 464년 지진에까지 거슬러 올라가서 찾고 있는데, 이 지진으로 커다란 파괴와 인명의 손실이 있었다는 것은 알려진 바이다. 이미 기원전 464년이라는 이른 시기에 출산율이 상당정도 급격히 감소하기 시작했다고 가정한다면, 이 설명도 불가능한 것은 아니다. 만약 그랬다면 자연재해·지진·기근·전염병 등이 이 퇴락에 자극을 더해 그 시점부터 가속화되었을 가능성도 충분하다. 그렇지 않다면 항상 그런 것은 아니지만, 그와 같은 재난으로 인한 손실은 보통 몇 년 내에 보충이 된다. 하지만, 5세기 말 이전에 출산율이 감소되었다고 볼 증거는 없으며, 출산율은 유지되었거나 오히려 약간이나마 증가하였다. 따라서 치이엔의 가설은 매력적이기는 하지만 받아들일 수 없다.

다레(Darré)63)는 이 현상을, '스칸디나비아인(Nordics)'으로서 지중해식 기후에 살게 된 도리아인이 퇴화하게 되고 결국 맞지 않는 환경에서 절멸하게 되었다는 이론으로 설명하려 한다. 도리아인이 스칸디나비아인이었다는 증거는 전혀 없을 뿐 아니라, 그들의 환경이 퇴화요인이 되었다는 것도 증명할 수 없으므로 이 가설은 전혀 이치에 맞지 않는다. 이는 독일인이 나치 이데올로기를 위해 스파르타에서 대상연구의 실례를 발견하여 매우 특별한 관심을 쏟았던 또 다른 실례라고 하겠다.

제8장

스파르타 육해군의 조직[1]

●●●●● 스파르타 군조직의 신비

　스파르타를 둘러싸고 있는 '신비' 중에서 가장 당혹케 하는 것 중의 하나는 군의 편제이다. 이는 스파르타인이 자신들의 일을 비밀스럽게 하려 해서라기보다는 오히려 역사가들의 모호함과 불일치하기 때문에 나타난 것이다. 다른 그리스인은 종종 전장에서 그들과 조우했기 때문에 그들의 군배치에 대해 충분히 알고 있었다. 거기에 신비함 같은 것은 없었다. 문제는 명칭을 혼동한 데서 비롯한다. 군의 단위를 묘사할 때 헤로도토스와 투키디데스는 서로 다른 용어를 사용하였다. 크세노폰은 명칭을 사용할 때, 확실히 모순이 있었고 이는 가장 어려운 문제를 야기한다. 전장에서의 전술과 전투대형에서의 군의 전개에 관해 이성을 사용하여 추론하기만 한다면, 우리가 크게 불안한 지반에 서 있는 것도 아니다. 스파르타인은 더할 나위가 없을 정도로 고도로 숙련된 병사들이었고, 전장에서의 그들의 움직임은 가장 논리적인 전술적 이유에 의한 것이었다. 보병단위를 아주 신속하게 배치시키는 기동의 문제는 그들이 항상 그랬듯이 오늘날과 같다. 그러나 심지어 이 점에서도 몇 가지 혼동되는 문제를 발견할 수 있다. 후에 보겠지만, 크세노폰은 전장에서의 스파르타군의 전술을 명료하게 설명하겠다는 약속으로 시작하였어도 주의 깊은 독자를 혼란스럽게 하였다.
　앞으로 분석할 군조직의 분석이 이 주제에 관해 결정적인 것이 되리라는 것은 지나치게 희망적인 관측이다. 미래의 수많은 사가들은 까베냑(Cavaignac)이 스파르타의 군사적 배치의 '영원하고도 자극적인 문제(l'éternelle et irritante question)'라고 적절히 이름 붙인 것에 대해 과거의 많은 사가들이 그랬듯이 자신들의 독창성을 드러내 보일 것이다. 아마도 어떤 최종적인 결론에는 도달하지 못할 것이다. 현재 우리의 지식수준으로 보아서는 가장 그럴듯한 재구성 정도가 이 문제에 대한 연구결과의 최선이라고 말할 수밖에 없다.

스파르타군의 발전

스파르타군은 그들의 역사에서 가장 중요했던 사건에 대응하여 일련의 변화를 거쳐왔다는 것은 꽤 확실한 듯하다. 새로운 상황이 전개되면 군의 편제가 필요에 의해 변화하였다. 비록 이런 일련의 재조직이 언제 수행되었는지에 대한 구체적인 정보는 없지만, 제법 확실하게 이 시기를 추정하는 것이 전혀 불가능한 것은 아니다. 스파르타사(史)는 다섯 개의 뚜렷한 시기로 나뉘어질 수 있으며, 군대는 각 시기에 발생했던 상황에 맞는 제도에 의거해 조직되었다. 이 다섯 시기는 다음과 같이 열거될 수 있을 것이다.

1. 제2차 메세니아 전쟁 말기까지의 원시적인 혹은 초기의 시기.
2. 제2차 메세니아 전쟁부터 페르시아 전쟁을 포함하는 5세기 중엽까지.
3. 펠로폰네소스 전쟁을 포함하는 5세기의 후반기
4. 펠로폰네소스 전쟁이 끝난 후부터 레욱트라 전투까지.
5. 레욱트라 전투 이후.

제1기 : 원래 스파르타군은 휠레이스·뒤마네스·팜필로이라는 고대의 세 부족에 따라 편성되었다.2) 그 구성에 대해서는 정확하게 알 수 없으며, 합리적인 추론에 의해 이끌어낼 수 있는 것을 제외하면 불명확하게 말할 수밖에 없다. 심지어는 정규적으로 조직되고 훈련된 군대라는 의미의 스파르타군은 없었으며, 그보다는 그들의 씨족에 대응하여 세 그룹으로 싸우는 일단의 부족민이 있었다고 주장할 수도 있을 것이다. 비상시에는 대중을 소집(levée en masse)하였고, 무기를 들 수 있는 모든 사람들이 모여 어느 정도 훈련되지 않은 오합지졸인 채로 한 명의 왕 혹은 두 왕 모두의 지휘를 받는 그들의 부족장 밑에서 전투에 나갔다.

제2기 : 위험스러웠던 제2차 메세니아 전쟁중에 배웠던 가혹한 교훈과 이미 언급했던 스파르타의 국가적 위기로 인해 그 때까지 필요로 하지 않았던 철저한 재조직과 훈련이 필요하게 되었다. 이 새로운 조직은 전통적으로 뤼쿠르고스의 업적으로 돌려지고 있고, 만약 그를 역사적 인물로 받아들인다면 그가 이를 완성했다고 가정하는 것이 결코 불합리한 것은 아니다.3) 강도 높게 훈련되고 면밀히 조화된 전투단으로서 나타난 스파르타 군은 태생이나 부족의 관계에 따라서가 아니라 지역에 따라 충원되는 연대단위로 나뉘었다. 로코이(lochoi)라 불리는 이 연대단위의 수효는 다섯이었으며 그 이름은 분명히 아이돌리오스(Aidolios) · 시네스(Sines) · 사리나스(Sarinas) · 플로아스(Ploas) · 메소아테스(Mesoates)였다.4) 이 이름은 스파르타가 재조직한 새로운 영토구획 즉, 에돌로스(Edolos) · 코노수라(Konosoura) 혹은 코노우라(Konooura) · 림나이(Limnai) · 피타네스(Pitanes) · 메소아테스에 상응했던 것으로 보인다. 그 중에 둘은 분명히 같은 것이고, 나머지 셋은 남아 있는 영토구획의 변형된 이름이 틀림없다고 추정할 수 있다.5)

여기서 우리는 난점에 봉착하게 되는데, 확실히 만족스러운 정도로 해결한다는 것이 거의 불가능한 모호한 문제이다. 헤로도토스6)는 모든 주석가을 혼란스럽게 했던 한 구절에서 뤼쿠르고스가 에노모티아이(enomotiai) · 트리에카데스(triecades) · 시시티아(syssitia)를 창설했다고 전한다. 에노모티아(enomotia)는 소대단위를 나타내는 정규적인 용어로 인식할 수 있다. 여기에 관해서는 뒤에 다시 자세히 논하겠다. 트리에카스(triecas)는 적어도 아티카에서는 서른 가족을 포함하는 인원단위였다.7) 이 용어가 스파르타에서 무엇을 나타냈든지 간에, 이는 분명히 여러 면에서 30이라는 수와 관련이 있었다. 시시티온은 당연히 스파르타 남성들이 함께 식사하는 모임이었다. 따라서 헤로도토스가 맞다면 트리에카스와 시시티온이 군사제도 내에서 무엇을 나타내는 용어인지를 규정하기 위해 알아보아야 할 문제가 남아 있다.〔에노모티아의 복수는 에노모티아이, 트리에카스의 복수는 트리에카데스, 시시티온의 복수는 시시티아이다-역주〕

트리에카스는 무엇이었던가? 수이다스(Suidas)는 트리에카스가 매달 30일에 소집되는 모임이었다고 말한다. 이 모임이 시시티온과 같은 것이었던가? 혹은 매달 벌어지는 어떤 특별한 연회나 집회였던가? 만약 그렇다면 군대와 무슨 관련이 있었던가? 이는 뒤에 보게 되겠지만 30명의 병사와 2명의 장교로 구성되었던 에노모티아를 가리키는 후세에 사라진 고졸기(古拙期)의 용어였음이 거의 확실하다.

헤로도토스가 시시티온을 언급한 것에 대해서는 매우 혼란스럽다. 시시티온은 군의 전개의 제2기에 나타난 한 단위였던가? 대부분의 경우에는 이 견해로 해명될 수 있다. 스파르타인의 일생은 군조직에 의해 엄격히 통제되는 것이었고, 그 중에서도 시시티온은 꼭 필요하고도 중요한 부분이었다. 각 시시티온의 구성원들이 하나의 단위를 이루어 함께 행군했다는 것은 매우 그럴 법한 일이다. 플루타르코스의 한 중요한 절8)도 여기에 관련시켜 생각해 볼 수 있다. 뤼쿠르고스에게 왜 무기를 소지한(μεθ' ὅπλων) 소규모 그룹으로 시민들을 나누었는지에 대해 묻자, 그는 '그럼으로써 그들이 즉각 대오를 편성할 수 있게끔 하기 위해서'라고 대답했다. 즉, 즉시 완전무장을 하고 행군할 준비가 되게 한 것이다. 우리는 시시티아가 감독관이 아니라 폴레마르코스의 통제하에 놓여 있다는 것을 안다. 그러므로 각 시시티온이 '15명 정도'의 구성원들로 이루어져 있음9)을 알기에 두 개의 시시티아가 하나의 트리에카스가 된다고 추정하지 못할 이유는 없다.

그러나 이 견해는 전적으로 추측에 의한 것이며 심각하게 비판되어 왔다는 것도 솔직히 인정해야만 한다. 스테펜(Stehfen)10)은 시시티온이 이러한 의미로 쓰여진 것은 어디에서도 찾아볼 수 없고, 크세노폰이 전혀 이에 대해 언급하고 있지 않다는 근거에서 이 견해를 전적으로 부인했다. 폴리아이노스(Polyaenos)11)는 스파르타인이 테바이와의 결정적이지 않은 어떤 전투 후에 야영하는 것을 묘사하는 한 기묘한 구절에서 그들은 '로코이와 모라이, 에노모티아이와 시시티아에 따라서(κατὰ λόχους καὶ ἐνωμοτίας καὶ συσσίτια)' 야영했다고 말한다. 모든 단위가 여기 모여 있는 것 같지만, 이 구절의 의미는 문맥에서 알 수 있다. 스파르타인은 정기적인 식사도중에 자신들의 대오에 심각한 손실을 입었다는 것을 알게 되었고, 이에 따라 사기가 떨어졌다. 에파미논다스가 손실을 알아차리지 못하게 하려고 테바이 사람들을 현명하게 섞어놓았다. 여기서 시시티온이라는 단어는 야전식사반을 언급하는 것으로 이해해야 할 것이다. 이 야전식사반은 16명이라는 편리한 수로 구성되어 있었는바, 다시 말해 15명의 병사와 1명의 장교로서 두 개의 시시티온이 모여 30명의 병사와 2명의 장교로 이루어진 하나의 에노모티아가 되는 것이었다. 이 문제에 대해서는 확정적인 결론을 지을 수 없을 것 같지만, 스파르타군 조직의 제2기에는 대체로 시시티온과 트리에카스라는 용어가 소대단위의 절반과 중대단위의 4분의 1을 가리키는 것으로 쓰였던 것 같고, 이런 고졸(古拙)한 용어는 후에 사라졌다.

　페리오이코이의 지위에 관한 또 다른 문제가 이 제2기에 발생한다. 그들은 따로 편제되었던가? 그들이 따로 편제되었다는 추론은 매우 설득력 있는 것이고, 이는 그들로 이루어진 군사단위가 플라타이아에서 싸웠다는 헤로도토스[12]의 언급으로 입증할 수 있을 것이다. 파우사니아스는 5천명의 스파르타군을 이끌고 행군해 갔는데, 그들 각자는 7명의 헤일로타이를 데리고 갔다. 이들 외에 '주변의 라케다이몬인의' 또 다른 분견대, 즉 페리오이코이의 분견대가 따라갔다. 전장에서 1만명의 '라케다이몬인'이 우익에 포진하였는데, 헤로도토스는 이들 중에 5천명만이 스파르타인이라고 세심하게 되풀이해서 말하고 있다. 페리오이코이는 자신들만의 연대단위 대형으로 정렬해 있었다는 것은 확실한 듯하다.

　제3기 : 기원전 5세기 중엽 즈음에 두번째 군의 재조직 징후가 나타난다. 이는 확실치는 않지만 아마도 기원전 464년 대지진 직후였을 것으로 보이는데, 스파르타군의 인적 자원을 고갈시켰던 심각할 정도의 인명손실로 야기된 것이다. 전열은 페리오이코이로 충원해야 했는데, 그들은 더 이상 따로 편제되지 않고 스파르타인들과 같은 대대단위에서 복무하게 되었다. 이는 상당히 확실한 것이고, 좀더 나아가 추측해 보면 페리오이코이는 같은 도시나 지역출신이 함께 근무하지 않도록 신중하게 분산되어 다른 연대단위에 편제되었을 것인데, 스파르타인은 그들을 항상 믿지는 않았고, 따라서 그렇게 하는 것이 현명한 방책이었을 것이다. 레카이온(Lechaion) 전투 직전에 아뮈클라이인(Amyclaioi)이 히아킨티아축제를 거행하기 위하여 고향에 간다고 주장했던 사건이 이 신중한 혼합의 좋은 증거가 될 수 있을 것이다. 아게실라오스는 아뮈클라이인이 '그의 군대 모두에서 나와(ἐκ πάσης τῆς στρατιᾶς)' 전열을 이탈하는 것을 허용했다.13) 앞으로 더 자세하게 보겠지만, 페리오이코이의 스키리타이(Sciritai)는 독립부대로 복무했는데, 이는 그들이 독특한 성격을 갖고 있었다는 것을 보여주는 사실이다. 또한 페리오이코이가 스파르타인보다 훨씬 더 많아졌을 때는 이 규칙을 고집할 수는 없었다고 추측할 수 있다.

다음의 인용문은 기원전 418년의 제1차 만티네아 전투에 관해 투키디데스14)가 기술한 것이다.

> 전투에는 600명의 스키리타이는 제외하고 7개의 로코이가 참여하였다. 각 로코스에는 4개의 펜테코스튀에스(pentecostyes)가 있었고, 각 펜테코스튀스(pentecostys)는 4개의 에노모티아이로 구성되어 있다. 에노모티아의 제1열에는 4명이 배치되어 있었다. 비록 모두 똑같이 정렬한 것은 아니지만, 각 로카고스(lochagos:로코스의 지휘관)가 정한 대로 전장에 8열로 자리를 잡았다. 따라서 전선을 따라 제1열은 스키리타이를 제외하고 448명으로 구성되었다.

최소단위로부터 시작해 보면, 에노모티아 혹은 소대단위는 32명으로 구성되었음이 틀림없다. 이 단위의 또 다른 명칭은 트리에카스라고 보아도 별 무리는 없을 것인데, 30명의 병사와 2명의 장교로 구성된 것으로,

다시 말해 각각의 시시티온은 15명의 병사와 1명의 장교로 구성되었다.15) 4개의 에노모티아이가 펜테코스튀스 혹은 중대단위를 구성하는데, 120명의 병사와 8명의 장교가 속해 있다. 펜테코스튀스라는 단어가 50과 연관이 있는 것은 매우 당연하지만, 50명으로 이루어진 중대단위를 의미하지는 않는다는 것은 분명하다. 이는 50번째 부분을 의미하는 것임에 틀림없다. 뒤에 보겠지만, 제1차 만티네아 전투에 참가한 전 병력은 대략 6,475명이었다. 펜테코스튀스는 4개의 에노모티아이로 구성되었고, 모두 128명이며 128×50은 6,400이 된다. 이렇게 마음을 끄는 수리적 증거만으로는 충분하지는 않으나, 실제적으로는 결정적인 것으로 간주하게끔 만들어주는 것은 분명한 듯하다. 4개의 중대단위가 로코스, 즉 연대단위가 되는데 그 수효는 512명으로 480명의 병사와 32명의 장교이다. 이 계산에 따르면 이 전투에서 전장에 나온 7개의 연대단위의 병사수는 3,584명이다. 그러나 투키디데스는 전열은 448명으로 구성되어 있었고, 오는 8줄이라고 한다. 이를 계산해 보면 3,840명으로 처음의 계산보다 266명이 더 많다.〔이 부분에서 저자는 숫자상의 착각을 일으키고 있는 것으로 보인다. 448×8은 3,584로 같은 수효가 나오며 3,840이 아니다. 1개 로코스의 480명의 병사가 8개의 종렬로 늘어서 있다고 계산한 것으로 보인다. 더욱이 3,840명으로 해도 남는 인원은 256명이지 266명이 아니다-역주〕 이 남는 인원은 분명히 근위대인 히페이스였다고 보아야 할 것이다. 근위대는 통상 300명이치만 그 숫자를 항상 채우고 있었다고 생각할 필요는 없고, 이 전투에 다 나오지 않았을 수도 있다. 이 중장보병에 더하여 선발된 페리오이코이 군대로 통상 600명인 스키리타이와 브라시데이오이 연대인 700명의 강병(强兵)인 네오다모데이스,16) 400명 정도인 2개 기병대가 있다.17) 따라서 전투의 배열은 다음과 같다.

여기에 마이날리아인(Maenalians)·헤라이아인(Heraeans)·테게아인(Tegeans)의 부정확한 수까지 더해야 한다. 각 분견대를 대충 500명으로 잡으면 아마도 많이 틀린 것은 아닐 것이고, 따라서 확실히 그 계산은 넉

중장보병	3,584
근위대	266
스키리타이	600
브라시데이오이	700
기병대	400
합계	5,550

넉한 것이다.18) 그러므로 제1차 만티네아 전투에서 동맹군 전체는 대략 7천명이 된다.19) 5,550명의 라케다이몬인은 모두 일급전사들이며, 노인과 청소년은 이미 귀국시켰다는 것을 주목해야 할 것이다.20) 이들의 수효는 전군의 6분의 1이었다고 하므로 975명 정도이며, 따라서 기원전 418년의 라케다이몬 전군의 수는 대략 6,475명이 된다.

투키디데스가 만티네아에서의 제1차 개별 전투를 서술해 놓은 것은 흥미로우며, 쉽게 해결되지 않는 문제를 여럿 발생시키고 있다. 그는 아기스왕 지휘하의 군대가 다음 순서대로 정렬되어 있었다고 전한다.

기병대 · 스키리타이 · 브라시데이오이 · 라케다이몬군 · 동맹군 · '소수의 라케다이몬' 기병대.

그는 '스키리타이 외에' 7개의 로코이가 있었다는 것은 매우 분명하게 언급한다. 이 언급은 두 가지 점에서 문제가 생긴다. 첫째, 브라시데이오이도 로코스로 계산되었던가? 그랬던 것이 분명한 듯 싶다. 그렇지 않았다면, 투키디데스는 '스키리타이와 브라시데이오이 외에'라고 말했을 것이다. 이들 해방된 헤일로타이가 정규병력에 속해 있지 않았다는 증거는 없다. 따라서 6개의 라케다이몬 로코이, 즉 스파르타인과 페리오이코이의 혼합 로코이가 있었고,21) 브라시데이오이가 7번째의 로코스가 된다. 두 번째 문제는 이들이 어떻게 정렬되었느냐는 것이다. 아기스가 직접 지휘하는 주력군은 중앙에 위치하고, 스키리타이와 브라시데이오이는 좌익에 그리고 불특정한 일단이 우익에 자리잡고 있었다는 것은 분명한 듯 싶다. 이 우익에 포진한 일단에 대한 문제에 대해 주석가 간에 견해가 날카롭게 대립되고 있다. 투키디데스는 우익은 '소수의 라케다이몬인'으로 구성되었다고 말하고 있고, 따라서 '소수'가 무슨 의미인지를 추측해 보아야 한다. 아기스는 전투의 위기시에 스키리타이와 브라시데이오이에게 좌익의 측면을 포위당하는 것을 막기 위해 좌측으로 선회하라는 잘못된 판단에서 나온 명령을 내렸고, 그럼으로써 야기된 간극을 메우기 위해 좌측으로 이동하라고 명령을 내렸던 것이 히포노이다스(Hipponoidas)와 아리스토클레스(Aristocles)가 지휘하는 두 개의 로코이였는데 이들이 바로 우익이었던가? 거의 틀림없이 그랬던 것 같다. 아기스처럼 무능한 장군이 전투가 한창 때에 두 개 로코이 전체가 이동할 수 있도록 신중하게 중앙에 이동로를 확보해 주었다고 상상한다는 것은 거의 불가능하다. 이들 두 개의 로코이가 '소수'였다는 견해를 받아들인다면, 아기스가 중앙에서 4개의 라케다이몬 로코이를 직접 지휘했다고 결론을 지어야만 한다.22)

스파르타가 결국 이 전투에서 승리했다는 것은 기적이었다. 오로지 라케다이몬인의 걸출한 전투적 자질로 완벽한 패배에서 벗어날 수 있었다. 아기스는 최악에 속하는 서투른 지휘관이었고, 그를 조금이라도 더 낫게 묘사하려는 시도는 모두 성공하지 못하고 있다.23) 히포노이다스와 아리스토클레스가 그의 명령을 거부한 이유는 그들이 아기스의 지도력을 매우 불신했다는 것과 결정적인 순간에 매우 위험스러운 기동을 요구받았을 때, 그 명령에 복종하면 불가피하게 실패할 수밖에 없다는 것을 알았기 때문이라고 설명하는 것 외에 다른 것으로는 설명할 수 없다. 아기스는 큰 실수를 했고, 불가능한 명령을 내림으로써 이를 만회하기 위해 애썼다. 유명한 전장에서의 스파르타의 기율을 어긴 것을 어떻게 다른 이유로 설명하겠는가?24)

제4기 : 로코스와 모라. 제1차 만티네아 전투까지의 스파르타 군의 변화를 좇아가는 것은 어렵지 않다. 그 이후는 군의 뼈대가 조직된 체계로 이해하려고 하면 큰 혼란에 빠지게 된다. 왜냐하면 단위부대로서의 모라는 기원전 404년에 처음 문헌에 나타나는데, 크세노폰25)에 의하면 뤼산드로스가 스파르타 보병대 두 개의 모라이와 일단의 아테네 기병대를 거느리고 피라이우스의 반란을 진압했다고 한다. 제1차 만티네아 전투에서 전쟁이 끝나기까지의 14년 동안에 군에 새로운 편제가 도입되었던 것이 분명하다. 그럴 수밖에 없었다는 것은 크세노폰이군에 대해 세심하게 묘사한 「스파르타의 국제」에 의해 증명된다.26)

> 그[뤼쿠르고스]는 기병대와 중장보병을 6개의 모라이로 나누었다. 시민들로 구성된 이들 각각의 모라에는 1명의 폴레마르코스, 4명의 로카고스, 8명의 펜테코스테레스, 16명의 에노모타르코스가 있다. 이 모라이의 사람들은 내려진 명령에 따라 때로는 에노모티아이를 형성했는데, 때로는 3개, 때로는 6개였다.27)

뤼쿠르고스와 관련시킨다는 것은 물론 불합리하고, 크세노폰이 군의 구성에 대해 오래되었다는 인상을 주기 위해 집어넣은 것에 불과하다. 어떤 일이 일어났는지는 매우 명백하다. 펠로폰네소스 전쟁이 끝나자, 스파르타군은 평화시의 편제로 재구성되었다. 제1차 만티네아 전투에서 싸웠던 7개의 연대단위 대신에 이제는 6개로 줄었고, 완전히 새로운 명칭이 도입되었다.28) 대부대를 나타냈던 로코스라는 용어는 더 이상 쓰이지 않게 되었고, 대신 모라라고 불리게 되었다. 왜 변했을까? 단순히 투키디데스가 로코스라고 불렀던 것을 크세노폰이 모라로 불렀던 사실 때문이라고 원인을 귀착시킬 수 있을까? 이는 신뢰하기 어려운데, 특히 나중에 보겠지만, 『헬레니카』 마지막 권에서 크세노폰은 갑자기 로코스라는 단어로 되돌아간다. 여기에 대해서는 주석가들조차도 만족스러운 설명을 하지 못하고 있다. 바우어(Adolph Bauer)29)는 조직에 실제적인 변화는 없었고, 로코스는 전술상의 명칭이며 모라는 행정상의 명칭일 뿐이라고 주장한다. 스테펜30)은 페리오이코이가 군에 포함되었을 때는 모라이라고 부르고, 스파르타인들만으로 편제되었을 때는 로코이라고 불렀다고 주장하는데, 크로마이어도 이 결론에 동의한다.31) 이는 모두 가정에 불과하고, 이 문제는 필연적으로 미해결로 남아 있을 수밖에 없다. 크세노폰이 스파르타군의 단위를 묘사할 때 쓰였던 '아게마(ἄγημα)'라는 단어의 용례도 만족스럽게 설명하지 못하고 있다는 점도 덧붙여 놓아야겠다.32) 확실히 이 용어는 대충 쓰였고, 별로 정확하게 쓰이지 않았다.

펠로폰네소스 전쟁이 끝나고 군이 재조직되었다는 추정이 옳다면[그리고 그랬다고 추정하는 것이 논리적인 듯하다], 또한 6개 중에 4개의 모라이가 출전했던 기원전 371년의 레욱트라 전투까지의 30년 동안 새 체제가 계속되었다고 추정해야 할 것이다.

제1차 만티네아 전투와 레욱트라 전투 사이에 군의 규모는 실제적으로 같았다고 보는 것이 옳을 것이다. 제1차 만티네아 전투에서는 3,584명이 전투대형을 형성했었고, 레욱트라에서 실제로 전투에 참가한 4개 모라이 대신에 6개 모라이 전체가 참전했다면 3,456명이 되었을 것이다. 128명이 적어졌지만,33) 신경 쓸 만큼의 수는 아니다. 수가 늘어난 것은 아니지만,34) 확실히 줄어들지도 않았다. 라코니아의 인구감소가 스파르타 몰락의 원인이라는 생각은 바로 잊어야 할 것이다. 특권을 가진 시민계층은 줄어들었지만, '라케다이몬인'은 줄지 않았다. 사실 벨로흐35)가 말하듯이, 기원전 371년~기원전 230년 사이의 인구는 실질적으로는 증가하였다.

제5기 : 후기의 군조직. 스파르타군 조직에 대한 크세노폰의 기술을 끈기있게 읽어내려 간 독자라면, 모라와 그 구성 때문에 이미 얼떨떨해진 데다가 크세노폰이 갑자기 용어를 바꾸어 로코이에 대해 말하는 것을 보았을 때, 분노는 말할 것도 없고 완전한 당혹감을 느낄 것이다.

『헬레니카』의 처음 여섯 권에서 로코스라는 용어는 쓰이지 않았다. 하지만 7권과 마지막 권에서 나오기 시작하여 세 차례나 사용되었다.36) 모라에 무슨 일이 일어났던가, 그리고 크세노폰은 왜 로코스라는 용어를 사용했는가? 이 물음에 대해서는 한 가지 답변만이 가능하다. 즉, 레욱트라의 참극 이후 스파르타군은 다시 한 번 철저한 재조직을 했다는 것이다. 메세니아를 상실하면서 상당수의 페리오이코이가 없어졌고, 아게실라오스는 6천명의 헤일로타이를 해방시켜 군에 편제한다는 전례가 없고 거의 무모한 수단을 채택하였다.37) 우리가 알지 못하는 어떤 이유 때문에 모라라는 용어는 쓰이지 않게 되고, 옛날의 용어인 로코스가 다시 쓰이게 되었다. 아마도 애국적인 동기였을 테지만, 그 이상은 알 수 없다.

스파르타군의 여러 병력단위에 붙여진 이름이 고대의 역사가들과 주석가들을 당황시켰던 것은 분명하며, 심지어 세심한 관찰자인 크세노폰마저도 대책없이 허우적거리고 있다. 그는 기원전 392년 테가이온(Tegaeon)에서는 600명으로 이루어진 모라를 말하고 있다.38) 플루타르코스39)는 기원전 375년의 테기라(Tegyra) 전투를 묘사하면서, 스파르타인은 2개 모라이를 갖고 있었는데, "모라의 구성은 에포로스에 의하면 500명, 칼리스테네스는 700명, 그리고 다른 사람, 예를 들어 폴리비오스는 900명으로 이루어졌다고 한다"고 말한다. 로코스라는 용어는 여러 사람들이 혼란스럽게 쓰고 있다. 수이다스(Suidas)는 로코스를 8명, 12명 혹은 16명으로 구성된 부대로 규정짓는다. 크세노폰은 한 구절에서는 로코스가 24명으로 구성되었다고 하고,40) 다른 두 구절에서는 100명이라고 한다.41) 확실히 이 단어는 병력수에서 다른 설명 사이의 범위가 크고, 떨어져 있다.

같은 방식으로 스파르타군의 연대단위의 병력수에서도 영구적인 상비편제에서와 실제전장에서의 특정한 전투의 경우에서 상당한 편차가 있다. 스파르타가 한 전투에서 몇 개나 되는 부대를 투입했는지, 혹은 특정한 전투에서 실제로 얼마나 되는 사람들이 참전했는지, 그리고 몇 명이 예비부대로 남게 되는지는 당연히 상황의 위급 정도에 달려 있다. 여러 작가의 모순점은 이 사실로 설명할 수 있다. 예를 들어 아리스토파네스는 스파르타군이 4개 로코이로 이루어졌다고 하고, 투키디데스는 5개, 아리스토텔레스는 7개라고 한다고 포티오스42)는 말한다. 그러나 헤시키오스는 아리스토텔레스가 5개가 있다고 말했다고 한다. 그 결과 무익한 혼란이 생겨났다. 스파르타군은 분명히 한 번 이상 재조직을 겪었다.

그 이상 말하는 것은 가능하지 않은데, 이 문제가 그만큼 어렵고 애매하기 때문이다.

병역의무

스파르타 청년은 18세가 되자마자 병역의무자 명단(κατάλονος)43)에 등재되고, 그 의무는 60세까지 지속된다. 따라서 필요시에 군에 소집될 수 있는 42개 연령별 집단이 있었으나, 실제로는 그 중 어린 사람들과 노인들은 국가적 위기가 아니면 소집되지 않았다. 알려진 바 42개의 연령별 집단이 모두 소집되었던 것은 기원전 418년이 유일한데, 그 때는 18세에서 20세 사이의 청년들과 60세가 다된 노인들도 포함되었다. 하지만 이들은 제1차 만티네아 전투 전에 소집에서 해제되어 스파르타로 돌려보내졌다.44) 심지어 레욱트라의 참패 이후에도 40개의 연령별 집단만이 소집되었고, 청년들은 면제되었다.45) 일반적으로 30개 집단, 즉 20세에서 50세의 남성이 소집명부에 오르게 되고, 위급시에는 50세에서 55세 사이의 사람들이 추가로 등재된다. 어떤 경우에서건 55세가 넘으면 해외원정에 나가도록 하지 않았던 것 같다. 아게실라오스는 자신이 58세이며, 따라서 국외의 전투에 나갈 의무가 없다고 항변하였다.46)

실제로 종군하기 위해 소집된 사람들이 신테타그메노이(συνταγμένοι)라고 불렸던 것은 분명하다.47) 조금 덜 확실하기는 하지만, 로가데스(λονάδες)라고 불리기도 했다. 그러나 이 용어가 특수임무를 위해 차출된 사람들이나, 전투에서 왕의 근위대 역할을 하는 사람들만을 지칭하는 것일 수도 있다.48) 비록 여기에 대한 확실한 정보는 없으나, 같은 병역의무 원칙이 페리오이코이에게도 적용되었다고 추정하는 편이 좋을 것이다.49) 확실히 스파르타 지휘부는 페리오이코이에게 많은 인력을 제공할 것을 요구했고, 그들은 자체 내에서 선발하여 보냈다. 페리오이코이는 페르시아 전쟁 시기에는 독자적으로 편성되었지만, 레욱트라 때에는 군내의 스파르타인의 수가 많이 감소하여 페리오이코이가 거의 대부분을 차지하였다. 다양한 '열등시민' 계급―휘포메이오네스와 네오다모데이스-은 스파르타인과 같은 원칙에 따라 복무하였다.

아리스토텔레스50)는 세 아들을 둔 사람은 야간근무에서 면제되었다고 말하지만, 그들이 군복무 자체도 면제되었다고 하지는 않는다. 오히려 헤로도토스51)의 한 구절은 뒤를 이을 아들들을 둔 사람은 특별히 어려운 임무를 위해 선발되었다는 것을 시사하는 듯하다. 테르모필레에서 레오니다스가 뽑았던 300명의 결사대는 모두 아들들을 둔 사람들이었다.

300명의 히페이스(ἱππεῖς) 선발대는 근위대로 근무하였다. 이들은 명칭이 암시하는 것처럼 말을 탄 것은 아니었다.52) 여기에 선발되는 것은 커다란 명예였다. 그들은 1년간 복무하였고, 감독관들이 지휘관인 세 명의 히파그레타이(hippagretai)를 뽑으면 그들이 직접 100명씩의 청년들을 선발하였다.53) 그들은 특별할 정도로 신뢰받는 사람들로서 평화시에는 감독관의 지휘를 받아 어려운 특수임무를 처리하였다.54) 그 내용은 자세히 알려지지 않고 있으나, 비밀경찰(crypteia) 요원을 그들 중에서 충원했으리라고 추정할 수 있다. 아니면 아마도 위험스럽고 매우 비밀스러운 특수한 성격의 임무를 수행하는 데 동원되었을 것이다. 전투에서 안드레스 로가데스(ἄνδρες λονάδες)라는 특별히 선발된 100명의 근위대가 왕들을 호위하였다.55) 여기에 속하는 것은 누구에게나 가장 큰 영광이었다고 알려져 있으며, 올림픽경기의 우승자는 여기에 소속될 수 있었다. 레슬링시합에서 기권하면 많은 돈을 제공하겠다는 제의를 받은 어떤 스파르타인에 관한 이야기가 있다.56) 그는 거절했는데, 무슨 이득 때문이냐고 묻자, 이제 자신은 항상 왕의 옆에서 싸울 수 있기 때문이노라고 대답하였다.

스파르타인의 수가 줄기 전인 비교적 초기에는 헤일로타이가 '당번병'이나 방패 운반수, 혹은 경무장 척후병으로 쓰였다.57) 후에 시민수가 줄어서 사람이 부족하게 되자, 헤일로타이는 중장보병으로 쓰였는데, 전투에서 탁월한 전과를 올리면 해방되어 네오다모데이스 계급이 되었다.58)

스파르타인이 국외로 나가면 엄중한 처벌을 받았는데, 이소크라테스에 의하면 그에 대한 처벌은 사형이라고 하였다.59) 플루타르코스60)는 이

것이 외국인들에게 타락을 배우는 것을 막기 위함이었다고 하지만, 군에서의 탈주를 막기 위한 것이 동기였다는 것은 매우 명백하다.

원래 아르카디아 국경지방의 스키리티스(Sciritis) 출신인 스키리타이는 600명 정도로 독자적인 로코스를 형성하였다.61) 그들은 정예병으로서 특히 위험스러운 임무에 종종 투입되었던 듯하다.62) 그들은 전투의 시작에서 끝까지 전위에 서서 싸웠고, 가장 위험한 위치인 좌익에 자리잡았다.63) 좌익은 항상 자칫하면 오른쪽 사람의 방패로 보호되는 적의 우익으로 다가가기 쉬웠기 때문이다. 따라서 대체로 특히 견실한 부대를 좌익에 배치하는 경향이 있었다. 그들은 의심할 여지가 없이 원래는 아르카디아인이었으며,64) 스파르타의 초기 전쟁에서 척후병으로서 명성을 날렸다. 스키리티스는 메갈로폴리스와 테게아로부터 에우로타스 계곡으로 이어지는 도로가 교차하는 곳으로 스파르타에는 중요한 지역이었다. 따라서 이 전략적 지점은 든든한 방어가 필요하였다. 레욱트라 직후에 스키리타이가 에파미논다스의 힘으로 독립을 하려 했던 것은 중요한 일이다. 이는 단순히 그들의 입장에서 나온 적절한 정책이었을 수도 있고, 스파르타의 처우에 대한 분노에서 야기된 것일 수도 있다. 그들이 어떤 무장을 하고 있었는지는 알 수 없다. 좌익의 매우 위험한 위치에서 싸웠으므로 갑옷 일습을 제대로 차려입고 중무장을 했을 거라고 보는 편이 당연할 것이다. 그렇지만 척후병 역할을 했을 때는 갑옷을 벗어놓았을 것이다. 아마 그들은 어떤 임무에도 융통성 있게 적응했을 것이다.

●●●●● 네오다모데이스

중장보병으로서 군에 복무했던 헤일로타이는 네오다모데이스라고 불리는 해방노예 계급에 속해 있었다. 토인비65)는 그들이 '모든 라케다이몬인 군대는 그리스 본토에서 활용하도록 하기 위해 비워두고, 해외원정을 위해 헤일로타이 중에서 소집한 중장보병 상비군'을 형성했다고 하는데, 확실한 증거는 없지만 아마도 맞을 것이다. 그들은 기원전 425년 처음으로 2천명이 소집되었는데,66) 곧 통제를 벗어나 행동했던 듯하고 그들 모두 혹은 대부분이 살해되어 스파르타인에게 악명을 남기게 했다고 한다. 하지만 앞에서도 언급했듯이 투키디데스가 언급한 이 사건은 의심스러운 데가 있다. 413년에는 네오다모데이스 600명이 시실리로 파견되었고,67) 기원전 412년에는 300명이 원정군으로 편성되었다.68) 티브론은 기원전 400년에 아시아로 1천명의 네오다모데이스를 데리고 갔고,69) 아게실라오스는 기원전 396년 2천명을 데리고 갔다.70) 기원전 394년에 이들 모두는 아시아에 주둔하고 있었거나,71) 아게실라오스를 따라 에게 해안을 순회행군하고 있었다.72) 기원전 382년 그들은 다시 역사에 언급되는데, 수는 알려지지 않았지만 에우다미다스가 그들을 지휘하였다.73) 기원전 370~369년에 6천명의 헤일로타이가 해방되었는데,74) 정확한 정보는 없지만 아마도 네오다모데이스가 되었을 것이다. 그들에게 필요한 자금을 어떻게 조달했는지 역시 알 수 없다. 토인비는 처음에는 펠로폰네소스동맹의 전쟁기금에서, 나중에 아테네에서 스파르타로 동맹국들이 내는 연공이 이관되었을 때 그것으로 치렀을 것이라고 추측하는데 아마도 틀림없을 것이다. 어쨌거나 그들을 유지하는 데는 분명히 많은 자금이 소요되었을 것이다. 그밖에도 어떤 체계로 선발되었는지, 어떻게 무장했는지, 그들 각자가 자신의 갑옷을 마련했는지 아니면 국가에서 장비를 대주었는지도 알지 못하고 있다. 그들은 잘사는 헤일로타이의 자제로서 낮은 사회적 신분과 클레로스에서의 힘든 육체노동에 진저리치고서, 자발적으로 모집에 응했던 것 같다. 아마도 그들은 스파르타인 정도로 능력있게 훈련받지는 않았겠지만, 적어도 실제적으로 여러 쓸모가 있었고, 브라시다스 휘하에서 트라키아에 가서 증명해 보였던 것처럼, 스스로 유능한 전사임을 증명하였다.

팔랑크스

　스파르타의 중장보병은 고대세계에서 가장 강한 전사였다고 말할 수 있을 것이다. 사실 체력과 인내·훈련 면에서는 어느 시대의 어느 군대보다도 강했다고까지 말해도 좋을 것이다. 페리클레스와 아테네가 잘 인식하고서 감히 직접 맞붙어 싸우려 하지 않았던 것처럼, 전성기의 스파르타 군은 무적이었다.
　주력부대는 '팔랑크스' 형태로 어깨와 어깨를 맞대고 밀집대형으로 전투하였다. 이는 그리스인에게는 전통적이고 오래된 전투진형이었다. 호메로스는 아카이아의 군세를 다음과 같이 묘사하고 있다.

> 마치 사람이 높은 집의 탄탄한 돌담에 붙어 서서 격렬한 바람을 피하듯이, 투구와 무늬가 양각된 방패의 벽들이 그렇게 붙어 있었네. 방패가 방패를, 투구가 투구를, 사람이 사람을 밀어붙이고 있었네. 고개를 쳐들 때마다 선명한 투구의 앞꽂이에 붙어 있는 말갈기의 깃장식이 스칠 정도로 사람들은 그렇게 붙어 서 있었네.75)

　전투가 시작되어 두 개의 팔랑크스가 맞부딪치게 되면, 더 강하게 밀어붙인다는 단순한 문제였다. 팔랑크스가 깨지면 끝장이었는데, 다시 집결한다는 것이 불가능하기 때문이었다. 팔랑크스가 강하기는 했지만, 기동성이 거의 없다는 것은 감수해야 했다. 알렉산드로스가 더 작고 기동성 있는 진형을 도입함에 따라 가장 오래된 전투진형은 변모하게 되었고, 알렉산드로스는 이 진형으로 위대한 승리를 거두었다.
　팔랑크스는 유연성이 없고, 다루기 힘들기 때문에 성벽에 둘러싸인 도시나 심지어 방책(防柵)으로 둘러싸이기만 해도 공격이 전혀 쓸모가 없었다. 분명히 뤼쿠르고스는 불가피한 사태를 유용하게 이용하는 사람이었고, 따라서 용감한 전사가 여자나 아이들의 손에 죽지 않도록 성벽이 세워진 도시를 공격하는 것을 금하였다.76) 플라타이아에서 스파르타군은 방책을 두르고 있는 페르시아 진영에 대해 별 힘을 쓰지 못했다.

> 아테네인이 없는 동안 야만족은 방비를 갖추었고, 라케다이몬군은 그들에 대해 우위를 차지하지 못했는데, 그들은 요새를 공격하는 훈련이 되어 있지 않았기 때문이다. 그러나 아테네군이 도착하자 방책에서 격렬한 전투가 일어나 오랫동안 지속되었다. 드디어 아테네군이 용맹하고 끈질기게 방벽을 공격하여 틈을 냈고, 결국 그 곳으로 그리스군이 쏟아져 들어갔다.77)

제3차 만티네아 전투에서 마카니다스가 이끄는 팔랑크스는 넓은 도랑을 넘다가 혼란스러워져 버렸고, 진형을 짜거나 필로포이멘의 진용을 갖춘 군대의 돌격에 저항하거나 할 수가 없었다.

팔랑크스는 군의 중핵을 형성하여, 이것만으로도 전투에 승리하거나 패배하였다. 후에 보겠지만, 기병대는 군의 편제에서 중요한 역할을 한 적이 없었다. 무거운 방패 대신에 투창을 든 경무장 보병인 에우조노이(euzonoi)가 널리 쓰였으나, 측면에 배치되어 있는 척후병 역할 이상을 하지는 못했다.78) 적의 팔랑크스가 무너지면 이들 경무장병이 뛰어들어 혼란을 가중시키고 낙오자를 처치하였으며, 들판이 있다면 기병대가 활약하였다.

팔랑크스 형태로 싸우는 중장보병이 전쟁에서 보다 큰 중요성을 가지는 이유를 폴리비오스는 잘 설명하고 있다.79) 팔랑크스는 평원에서만 효과적이었는데, 군을 정렬시킬 수 있는 산맥 사이의 비옥한 분지는 그리스 지역의 5분의 1밖에 되지 않는다. 경무장병과 기병대는 전투에서 아주 작은 역할밖에 하지 못하였는데, 그들이 효과적으로 기동할 수 있는 공간이 없기 때문이다. 이들이 공격할 수 있는 유일한 기회는 중장보병이 울퉁불퉁한 지형에서 밀집대형을 유지할 수 없을 때인데, 이런 상황에서는 정말로 효과적이었다.80) 하지만 '중장보병은 언제나 적을 평원에서 맞게끔 되어 있었기 때문에' 그런 일은 거의 없었다. "그렇지 않다면 유일하게 경작가능한 경지인 평원과 낮은 산록을 황폐화시키고, 작물을 망치며, 더욱 심각한 일인 올리브나무와 포도나무를 망쳐버림으로써 다음해까지 식량수확을 못하게 하고 해외에서 식량을 수입할 수 없게 하기 때문이다."81) 아티카의 벌판은 비워두고 주민들은 모두 바다로 물자를 수급할 수 있는 아테네의 장성 안으로 대피한다는 페리클레스의 전략은 옳았다. 그는 스파르타의 팔랑크스와 탁 트인 벌판에서 맞붙는다면 파멸당할 것이라는 것을 알고 있었다. 어떤 군대도 저항할 수 없었다.

만약 열이 흐트러지고 진형이 혼란에 빠지면 전사들은 각자에 가장 가까운 사람들(μετὰ τοῦ παρατυχόντος)과 가능한 빨리 다시 진형을 짜도록 하는 것이 스파르타 군사훈련의 기본적인 원칙이었다.82) 사람들은 혼란에 빠지게 되면 친구나 친지를 찾게 되는 것이 천성이기 때문에, 이는 특별한 훈련의 소산이었음에 틀림없다. 그런 이유 때문에 아들과 형제·아버지가 따로 떨어져서 다른 연대단위에 배치되는 일이 나타났고,83) 그럼으로써 친족은 친족 옆에서 싸운다는 오래된 '네스토르(Nestor)의 규칙'84)을 깨었다. '비록 스파르타인이 위치가 변하더라도, 아무 지휘관이나 혹은 바로 오른쪽 사람을 따라 위험이 닥쳤던 장소에서 진형을 짜고 싸우도록 혼란을 진정시키는 훈련을 많이 하였지만',85) 레욱트라에서 진형이 무너졌을 때에는 이 훈련으로 구원받지 못하였다.

팔랑크스가 무너지면 전투는 끝났다. 레욱트라에서 에파미논다스가 보여준 천재적인 면은 그가 완전히 예기치 못했던 방식으로 스파르타의 팔랑크스를 붕괴시켰던 데 있다. 플루타르코스가 「펠로피다스전」에서 기술해 놓은 것이 크세노폰이 『헬레니카』에서 말하고 있는 것보다 자세하므로 여기서는 편의상 플루타르코스를 따르기로 하겠다.86) 스파르타 왕인 클레옴브로토스는 군을 상투적인 방식으로 정렬시켜 놓았다. 즉, 동맹군들은 좌익에, 라케다이몬 팔랑크스는 그의 우익에 12열로 기병대와 함께 배치하고, 대수롭지 않고 아주 무능한 부대를 전위에 내세웠다. 수적으로는 엄청나게 열세인 테바이의 지휘관인 에파미논다스는 군사적 천재성을 갖고 있는 인물로, 그는 대담하고 이제까지 상상할 수 없었던 기동작전을 채택하였다. 군의 정예병을 50열로 몰아세운 뒤, 스파르타 팔랑크스가 '다른 그리스군'과 만나는 지점을 좌측에서 강습하였다. 확실히 클레옴브로토스가 취해야 할 정확한 행동은 밀집대형을 유지한 채 좌익으로 회전하고, 우익을 출동시켜 돌격해 오는 테바이군을 측면에서 공격하는 것이었다. 이것이 그가 하려 했던 행동이었고, 밀집대형을 유지한 채로 그 기동이 수행되었다면 성공했을 듯도 하다. 하지만 스파르타군은 치명적인 실수를 저질렀으니, "우익의 대형을 바꾸면서 진형이 열리고 산개되어 버렸다." 펠로피다스는 사태의 전개를 알아차리고 300명의 선발대를 데리고서, "전투선을 연장하고 부대를 모으고 있던 클레옴브로토스 앞으로 빠르게 다가갔고, 그 결과 스파르타군은 혼란에 빠지게 되었다." 항상 그렇듯이 팔랑크스의 밀집대형이 깨지면 혼란이 발생하게 마련이었다. 스파르타군은 속수무책이 되었고, "이전에는 결코 알려지지 않았을 정도의 추격과 학살이 벌어졌다."

에파미논다스는 깜짝 놀랄 정도로 성공적이었던 새로운 '충격전술'을 도입하였다. 알렉산드로스가 이 전투를 연구했다고 믿어도 좋을 것인데, 오랜 후에 가우가멜라(Gaugamela)에서 이를 똑같이 재현했기 때문이다. 거기에서 그는 에파미논다스처럼 많은 수의 적군을 맞았으나, 페르시아의 대군을 둘로 쪼개놓았고, 그럼으로써 적의 중앙의 좌익을 노출시키고 나서 비스듬히 선회하여 다리우스 주변의 연대병력을 습격하였다. 페르시아의 왕은 전차를 타고 전장에서 도망쳐버렸고, 사령관을 잃은 페르시아군은 사분오열되어 전투는 끝났다.

알렉산드로스의 전술은 변형을 시키기는 했지만, 근본적으로는 에파미논다스의 전술이었다. 즉, 적군을 무력하게 만드는 치명적인 지점에 압도적인 일격을 가하여 전군을 혼란에 빠뜨리는 것이다. 알렉산드로스는 매우 효과적인 긴 창을 도입했고, 기병대에게 큰 역할을 맡겼는데 아시아의 평원에서는 기병대가 활약할 수 있었다.

스파르타가 어떻게 해서 레욱트라의 참극에서 회복할 수 없었는지를 알아보는 일은 흥미로운 일이다. 제2·3차의 만티네아 전투와 셀라시아 전투는 스파르타가 일급의 군사적 강대국 자리에서 영원히 끌어내려지는 오명을 안겨준 중요한 패배였다.

••••• 궁수〔용병〕

"관습과는 달리 그들은 400명의 기병과 일단의 궁병을 모집하였다"[87]는 기원전 424년까지는 궁수에 대한 언급이 없었다. 이는 필로스(Pylos)와 퀴테라(Cythera)를 점령한 다음이었고, "그 때에 그들이 군사적인 문제에서 통상보다 소심했던 것이 확실했다면, 이는 군대의 통상적인 성격에 반대되는 사태에 말려들었기 때문이다"는 것을 주목해야 한다. 그들은 활을 '여성적인 무기'로서 간주했거나, 간주했던 척했던 듯 싶다.[88] 확실히 페르시아의 화살이 하늘을 어둡게 만들 것이라는 말을 듣고 레오니다스가 농담을 했던 일이 증명하듯이 페르시아의 궁수는 별로 유능하지 않았다.[89] 〔레오니다스는 "그러면 우리는 화살의 그림자 아래서 식사할 것이다"라고 농담하였다-역주〕 아게실라오스는 그 유용성을 인정했던 유일한 스파르타인이었던 것 같다. 그는 아시아에서의 전투에서 동원되었던 최고의 궁수대에 포상을 주었고,[90] 코린토스 전투에서는 300명의 크레테 궁병대를 사용하였다.[91]

스파르타인이 활을 경시했던 것은 여타의 다른 정상적인 군사적 관례를 따랐던 것이라는 점은 삽화적이나마 말해 두어야 할 것이다. 고대의 전쟁에서 활이 진정으로 효과적인 무기였던 적은 없었으며, 궁수가 승리를 주도했던 전투도 없었다. 처음으로 전쟁에서 유용하게 쓰인 활과 화살은 37인치〔옷감 잴 때의 야드=3피트 혹은 엘=45인치〕짜리 화살을 발사하는 영국의 6피트 길이의 장궁(長弓)이었다. 이 무기는 사슬갑옷(chain-mail)에는 대단히 효과적이었지만, 판금갑옷(plate-armour)에는 소용이 없었고 결국 총으로 대체되었다.

플루타르코스[92]는 투석기(sling) 혹은 쇠뇌(catupult)가 아르키다모스 3세 재위기(기원전 361~338년)에 처음으로 시실리에서 도입되었다고 전한다. 이는 부조리한 이야기인데, 투석기는 이미 호메로스시대에 사용되었기 때문이다.[93] 스파르타인이 퓔로스에서 패배했던 주요한 이유는 투석기에 시달렸기 때문이었다.[94] 스파르타인도 이 무기를 채택했는지에 대한 정보는 없으나, 아마도 채택하지 않았던 것이 거의 확실하다. 아게실라오스는 기원전 394년 코린토스 전투에서 마르가니아(Margania)·리트비아(Litvia)·암피돌리아(Amphidolia) 등지로부터 투석기 부대 400명을 데려왔다.[95] 마카니다스(Machanidas)가 제3차 만티네아 전투에서 용병 투석기 부대를 고용했던 것도 알려져 있다.[96]

스파르타의 인력이 심각할 정도로 고갈되었다는 증거는 일찍이 펠로폰네소스 전쟁 때부터 나타났었는바, 기원전 426년 아카르나니아에서의 전투에서 용병이 고용되었던 것이 처음으로 언급되고 있다.[97] 브라시다스는 용병을 자주 사용하였다.[98] 용병대의 배치에 대해서는 알려진 바가 없다. 스파르타나 페리오이코이 대대단위와 같이 편성되지 않았던 것은 분명하다. 아마도 그들은 보다 작은 규모의 단위부대였을 것이고, 탁세이스(taxeis)라고 불렸으며 탁시아르코스(taxiarchos)가 지휘했을 것이다.[99]

기병대

스파르타군에서 기병대는 작고, 중요하지 않은 역할을 담당하였다. 이는 별로 놀라운 일도 아닌 것이 산지와 좁은 협곡 때문에 기병대를 효과적으로 운용하기가 어려웠기 때문이다. 단지 넓은 들판으로 기병대 운용이 가능했던 테살리아에서만이 그리스 국가 중에서는 유일하게 널리 채택되었다. 플루타르코스는 필로스테파노스(Philostephanos)를 인용하면서 뤼쿠르고스가 각각 50기의 기병중대로 기병단을 형성하여 방진을 짰다고 한다. 뤼쿠르고스의 행위로 돌리는 대부분의 일과 마찬가지로, 이 역시도 대단히 의심스럽지만, 뤼쿠르고스는 평화시의 인물이었고 스스로 군의 편성에 종사했던 적이 없었다는 근거로 이를 부인했던 팔레론의 데메트리오스의 주장을 플루타르코스는 인정하고 있다.100) 그러나 크세노폰은 같은 전승을 받아들인다.101) 파우사니아스102)에 의하면 제1차 메세니아 전쟁시기에 스파르타와 메세니아 양측은 모두 각각 500기의 기병대와 경무장병이 있었다. 한 전투에서 중장보병 연대가 협곡으로 분리되어 접근할 수 없었을 때, 기병대와 경무장병만이 교전하였다.103) 그는 또 다른 전투에서는 양측 기병대의 수가 적었으며 별다른 역할을 하지 못했다고 하면서, 펠로폰네소스의 주민들은 당시 기병대 운용이 능숙하지 않았다고 덧붙이고 있다.104) 그들이 기병대를 사용하는 데 실패한 이유는 천성적으로 그 운용기술에 숙달될 수 없음에서 비롯한 듯하다. 확실히 그들은 플라타이아에서 페르시아 기병대가 계속 공격하여 거의 그들을 패퇴시킬 뻔한 사건에서 매우 효율적인 교훈을 배웠다.105) 펠로폰네소스 전쟁 초기에는 스파르타인이 기병대가 없었든지 아니면 그 사용은 무시해도 좋을 정도로 열등한 것이라고 간주하였다. 보이오티아·포키스·로크리스의 동맹국은 기병대를 데리고 왔다.106) 아테네인들이 코린토스를 공격할 때, 아테네는 200기라는 적은 수의 기병대를 가지고 있었지만, 그로 인해 유리하게 되었는데 코린토스에는 기병대가 없었기 때문이다.107) 기원전 424년 델리온(Delion) 전투108)가 있기까지는 스파르타인들도 기병대의 중요성을 알게 된 듯 한데, 이 전투의 승리는 파곤다스(Pagondas)의 작전행동 덕분이었기 때문이다. 그는 2개의 기병중대를 언덕을 돌아서 아테네군을 습격하도록 함으로써 그 때까지는 지고 있던 전세를 바꾸어 놓았다. 아테네군은 응원군이 온 것으로 생각하여 공포감에 휩싸이게 되었고 패주하였다. 이 전투에서 양측은 다같이 기병대와 경무장병을 양익에 배치하였다.109) 기원전 418년 제1차 만티네

아 전투에서는 별 중요한 역할을 하지 못했다.110)

4세기 초반의 스파르타 기병대는 600기로서, 1개 모라와 12개의 울라모이(oulamoi) 즉, 중대를 형성하였다.111) 스파르타 장군 중에서는 거의 유일한 혁신자였던 아게실라오스는 기병대를 잘 활용했던 유일한 사람이었던 듯하다.112) 그가 500기 기병대의 선두에 서서 페르시아 기병대를 스스로도 매우 놀랄 정도로 패주시키자, "그 자신이 소집하고 훈련시킨 기병들을 데리고서, 다른 군대도 아니고 기병대를 최고의 자부심으로 삼고 있던 군대를 격파했기 때문에, 이 승리는 그에게 특별한 기쁨을 주었다."113)

스파르타인은 지속적으로 기병대의 활용을 높이 평가하거나, 능률적으로 쓸 수 있도록 계속 돌보지 않았던 것은 분명하다. 이렇게 무시했기 때문에 레욱트라 전투에서는 그 대가를 비싸게 치러야 했다.114) 크세노폰은 다음과 같이 말하고 있다.

> 라케다이몬 기병대는 그 당시에 아주 비효율적인 상태였다. 가장 부유한 자들이 군마를 보유하고 원정의 통보가 있으면, 그 말에 탈 사람을 지정하였고 그들 각자가 받은 무기가 어떤 것이었건 가지고서 즉시 전장에 나가도록 했으며, 그럼으로써 가장 자질이 떨어지고 용기가 없는 사람들이 기병이 되었기 때문이다.

테바이의 기병대는 500기밖에 되지 않았지만 베테랑으로서 잘 조직되었고, 움직임도 빨랐다. 그들은 즉각 스파르타 기병대를 습격하여 혼란상태로 보병대쪽으로 패주시킴으로써 중장보병 팔랑크스가 돌격할 수 있는 발판을 마련하였다. 크세노폰의 『히파르코스(Hipparchos)』115)에는 스파르타 기병대의 명성은 용병을 도입한 때부터 시작되었다는 흥미로운 구절이 있다. 이 책은 아마도 기원전 365년경에 쓰여졌을 것인데, 레욱트라에서의 꼴사나운 행동의 결과인 것으로 보인다. 하지만 만약 개선이 되었다고 해도 아주 잠시여서 제2차 만티네아 전투에서 스파르타 기병대는 테바이에 의해 다시 한 번 불명예스럽게 전장에서 패주했다.116) 기병대를 더 효과적으로 운용해 보려고 노력한 것이 실패로 돌아간 이 사건은, 그들의 먼 선조가 유라시아의 초원인 스텝지대에서 온 기수들인 유목민족이었다는 것을 감안하면 언뜻보기에 더 놀랄 만한 일로 보인다. 하지만 다른 한편 호메로스의 서사시에서의 전투에서는 영웅들이 서서 싸웠다는 것도 기억해야만 할 것이다. 그들은 전장에 전차를 몰고 나간 뒤, 전차에서 내렸다. 그리스의 말은 편자를 신기지 않았고, 기수들은 거칠고 돌 많은 지형에서 말을 모는 것에 조심하였다. 로마인은 가죽으로 편자를 만들어 말발굽에 신겼는데, 쇠로 된 편자를 신기는 것은 아주 후대에 개량된 것이다.

등자가 알려지지 않았기 때문에 대규모 보병에 대한 효과적인 돌격은 불가능했다.117) 적이 무너지면 기병대가 추격하여 대형이 흐트러진 적을 베어 넘길 수 있었다. 그렇지 않을 때는 별로 효과적으로 쓰이지 못하였다. 고대의 장군들 중에서는 알렉산드로스와 한니발만이 기병대를 솜씨 있게 운용한 사람들이라고 말할 수 있을 것이다.

기사(技士)

전장에서는 군대에 수송대와 일단의 기사·장인이 수행했는데 이들은 진지의 건설을 감독하는 병참사령관(ἄρχων τῶν σκευοφόρων)의 지휘를 받았다.118)

스파르타인은 일상생활에서 유용한 모든 것을 전투 중에도 충분히 공급받을 수 있다. 군대에서 통상 필요로 하는 모든 장비를 한군데로 모으라는 명령이 나가면 마차나 동물에 싣고 온다. 이런 방법으로 빠뜨린 것이 간과되는 법이 거의 없다.

키로스가 바빌로니아로 원정을 떠나면서 병사들 앞에서 한 연설119)은 행군중 군대의 편성을 잘 보여주고 있다.

●●●●● 전장에서의 기동

크세노폰은 「스파르타의 국제」120)에서 많은 사람들이 스파르타군의 전장에서 선회운동을 하는 방식을 이해하지 못하고 있으며, 정말로 이해하기 쉬운 것을 어려운 것이라고 생각하고 있다고 언급한다. 그리고서는 매력적으로 명료하게 설명한다는 투로 그 선회운동을 계속해서 말한다. 하지만 불행히도 그의 해설은 명료함과는 거리가 멀어서, 모든 주석가들은 그 구절에서 어려움에 직면하게 되고, 그 결과 의견이 엇갈리게 되었다.121) 크세노폰이 서술한 구절이 전와(轉訛)되었다고 추측할 이유는 없는 것 같으며, 크세노폰의 설명력이 부족해서 스스로 자신있게 간단하다고 선언했던 일을 명료하게 설명하지 못한 듯 한데, 그처럼 경험많은 전사가 그랬다니 놀라울 뿐이다.

그 해석의 열쇠는 이해하기 전에 먼저 파악해 두어야 할 두 가지 중요한 점에 있다. 먼저 팔랑크스는 횡으로 4열, 종으로 8열로 짜여졌다. 이는 제1차 만티네아 전투시의 진형으로 펠로폰네소스 전쟁 시기의 정규적인 대형이라고 추정할 수 있을 것이다. 레욱트라에서는 종으로 12열을 지었던 것이 사실이지만, 앞서도 말했듯이 이는 아마도 50열 종대를 지어 다가오는 테바이군과의 충돌을 대비해서라고 보아야 할 것이다. 그렇지 않았다면 8열 종대 대형이 변함없이 유지되었을 것이다. 두번째로, 전장에서 연대·중대·소대단위의 부대는 선회운동을 실행할 때 반대방향으로 돌아야 하지 않는 한, 뒤에 설명하겠지만 항상 시계방향으로, 다시 말해 오른쪽으로 돌았는데 방패를 들고 있는 왼손 쪽이 적을 향하도록 하기 위함이었다. 만약 시계 반대방향으로 돈다면 우반신이 노출되어 위험해질 것이다.

따라서 이러한 점을 분명히 염두에 두고서, 크세노폰의 애매한 설명을 다음과 같은 방식으로 이해해야 할 것이다.

1. 전투를 위해서 앞으로 진군할 때, 그들은 종대로 "한 에노모티아가 다른 에노모티아를 따라간다." 이 대형을 적이 정면에서 공격하려 할 때는 각 부대는 좌회전을 하여 정면으로 보고서면 8열 종대 대형이 된다. 이 움직임은 전군이 적을 향하여 갖추어 설 때까지 이루어진다.
2. 이 대형의 후미에서 적이 나타나면, "각 열은 선회하여 항상 가장 강한 자들이 적을 향하여 앞에 서게 된다." 이 경우 '선회한다(ἐξελίτω)'는 말은 뒤로 돈다는 의미이고,122) 항상 맨 앞 열에서 행군해 가던 가장 강한 자들(οἱ κράτιστοι)은 후미에서 열을 통과하여 맨 앞으로 와야만 한다는 의미라고 해석해야 한다. '가장 강한 자들'이 항상 후미에서 행군한다든가, 전열과 후미로 나뉘어 있다든가 하는 해석은 맞을 수가 없다. 논리상 가능한 유일한 추측은 최고의 전사들이 항상 전열에 서고, 뒤로 돌게 되면 다시 앞으로 나와야 한다는 것일 수밖에 없다.123)
3. 적이 포위하려는 움직임이 보이면 항상 왼쪽에 자리잡고 있는 지휘관의 지시에 따라 '방어가 없는 쪽이 아니라, 무기를 든 쪽으로' 전열이 선회한다.124) 그 선회운동은 항상 시계방향이다.
4. "어떤 상황이건 지휘관이 우측에 서는 것이 특정한 목표를 달성하는 데 유리하다고 보이면, 부대는 오른 쪽으로 회전하여 지휘관이 우측에 서고 후미가 좌측으로 갈 때까지 본대가 선회한다." 다시 말해서 좌측의 부대를 축으로 90도 회전을 하여, 선봉의 부대가 지휘관과 함께 우측으로 가도 후미의 부대가 좌측으로 간다. "지휘관이 우측에 선다"는 표현은 몇몇 사람들이 추측하는 것처럼 지휘관이 단순히 자신의 로코스의 우측으로 자리를 바꾼다는 의미가 아니라, 그 지휘관의 부대가 연대병력의 우익에 선다는 의미이다.
5. "적의 부대가 열을 지어 우측으로 행군해 오면, 각 부대는 단지 선

박처럼 선회할 뿐이다(τὸν λόχον ἕκαστον ὥσπερ τριήρη ἀντίπρῳρον)."

　여기서 크세노폰의 설명은 애매해진다. 적이 우측면에서 나타날 때, 연대병력은 4열종대로 열을 지어 행군하고 있다. 에노모티아의 첫 4열종대는 우회전하고, 다음 4열종대는 후미에서 8열종대의 팔랑크스를 짠다. 세번째는 첫 열에 붙어 진형을 마무리하고, 네번째 열은 후미로 간다. 그리하여 전체 에노모티아가 전투진형이 된다. 이 어려운 구절은 이렇게 밖에는 해석할 수 없는 듯하다. 만약 전체 행군대열이 단순히 정지하여 우회전한다면, 팔랑크스는 단지 4열종대가 될 것이다. 물론 그것도 가능하지만, 불시에 습격당하게 되어 평소대로 자리를 잡을 시간이 없다면, 그 상태로 싸워야 하고 따라서 늘어난 열이 끊길 위험을 무릅써야 할 것이다.

　6. "그러나 적이 좌측에서 접근해 오면, 가까이 접근하도록 내버려두지 않고 격퇴하거나, 부대를 적과 마주보게끔 선회시킴으로써 다시 후미에 있던 부대가 좌측에 자리를 잡는다." 이 기동은 앞서의 것과 흡사한데, 전체 열이 좌회전하여 후미의 부대가 이번에는 좌측으로 온다는 것만 다르다. 좌측으로 공격해 오는 위급상황 때문에 좌회전할 수밖에 없는 것으로, 우회전한다는 변치 않는 원칙의 유일한 예외인 기동이다.

　행군중에 왕은 중장보병 본대의 선봉에서 지휘하여 가는데, 그 앞에는 스키리타이와 기마 척후병밖에는 없다. 전투진형을 짤 때, "첫번째 모라의 정예부대를 거느리고 오른쪽으로 선회하여 두 모라와 두 명의 폴레마르코스 사이의 위치로 간다."125) 정예부대는 전장에서의 근위대인 '안드레스 로가데스'를 가리키는 것이 틀림없다. 이 짧은 기술에서 전투진형이 어떻게 짜여졌는지를 정확하게 알 수 있다. 적이 기마 척후병의 눈에 띄자마자, 좌회전 혹은 우회전하여 양익에 자리를 잡고 적을 분쇄하거나 혼란에 빠뜨릴 공격을 할 차비를 한다. 스키리타이는 좌측으로 돌아서 항상 좌익의 끝에 자리를 잡는다. 근위대는 우측으로 돌아서 자기 자리에 서면 그 사이에 첫번째 모라는 그 오른쪽에 자리를 잡고, 두번째 모라는 왼쪽에, 다른 모라는 다시 그 왼쪽에 자리를 잡게 되어 가장 오른쪽에는 첫번째 모라가 있고, 가장 왼쪽에는 스키리타이가 있게 된다.

●●●●● 군령(軍令)

스파르타의 주력부대가 참전하는 전투에서는 왕 중의 한 명이 항상 사령관으로 전장에 나간다. 다른 원정은 지사가 지휘하게 된다.126) 여섯 개의 모라 혹은 로코스를 지휘하는 여섯 명의 폴레마르코스는 최고 지휘관으로써 왕과 함께 식사하게 된다. 그들 각자는 정해지지 않은 수의 부관(συμφορεῖς)을 데리고 있다.127) 왕이 전투중에 전사하면, 아마도 선임 폴레마르코스가 지휘를 맡았을 것이다.128) 로카고이는 분명히 그 다음 급의 지휘관이었고, 아마도 소령급이었을 것이다. 펜테코스테레스는 중대장, 에노모타르코스는 소대장, 히파르모스테스(hipparmostes)는 기병연대의 중대장급이었다.129)

다음의 사람들이 왕의 참모진(δαμοσία σκηνή)을 구성하고 있었다. 폴레마르코이 · 퓌티오이 · 군의(軍醫) · 플루트주자, 어떤 일을 하는지는 분명치 않으나 병참부의 장교들이었던 것 같은 크레오다이테스(kreodaites), 왕을 감시하고 불만족스러운 행위를 하면 본국에 보고하기 위해 동행한 두 명의 감독관, 모든 전리품을 책임지는 라튀로폴라이(lathyropolai), 성화봉송자인 퓌르포로스(pyrphoros), 세 명의 병참장교130)와 경기우승자 중에서 선발된 개인 호위병131) 등. 크세노폰이 언급한 헬라노디카이(hellanodicae)132)의 기능이 무엇이었는지는 분명치 않으나, 어쨌건 법에 의해 지정된 사람들이었다. 이들은 군법무부(Judge-Advocate-General's department)라고 부를 만한 기구를 구성했던 듯하고, 군법정의 상고심 역할을 하였을 것인데, 병사들이 왕에게 정의로운 판결을 요청하면, 왕이 이들에게로 판결을 위임했을 것이다. 반면, 그들의 주요업무는 스파르타와 동맹국 사이의 전장에서의 분란을 종식시키는 일이었을 가능성도 무시할 수는 없다. 이 점에 관해서는 분명한 결론을 내릴 수 없을 것 같다.

기원전 418년 아기스가 아르골리스(Argolis)에서 귀환한 후 감독관단과 사이가 좋지 않았을 때, 10명의 자문단(σύμβουλοι)이 특별히 구성되어 같이 파견되었다.133) 그러나 올륀토스(Olynthos)로 떠나는 아게시폴리스를 수행했던 유사한 자문단134)이 다시 나오기는 하지만, 이러한 구성이 관행이었던 것 같지는 않다. 아게실라오스는 아시아 원정에 수행할 자문단을 스스로 선정하였다.135) 확실히 이들 자문위원들은 정규적인 군의 체계의 일원은 아니었지만, 왕이 감독관들을 불신할 때나 아게실라오스의 경우처럼 자기 주변에 믿을 수 있는 친우들을 데리고 있고 싶을 때 임명되었다. 하지만 어떤 경우이건 스파르타 정부는 왕의 재량을 지나치게 신뢰하려 하지는 않았다. 전쟁중에는 내내 밀사들이 전선과 수도 사이를 부신(scytale)을 가지고 왕래하였다.136)

●●●●● 진지137)

뒤편에 산이나 강이 있어서 방어가 되지 않는다면, 지형사정이 허락하는 한 진지는 원형으로 지어졌다. 원형은 가장 적합한 형태였는데, 만약 사각형이라면 네 귀퉁이에 불필요한 공간이 생기기 때문이었다. 크세노폰의 한 흥미로운 구절에 의하면, 낮 동안 진지 끝에서 지키는 경비들은 적의 접근을 경계하기 위해 있는 것이 아니라, 진지와 그 내부의 사람들을 감시하기 위해 있었다[외부감시는 전초기병이 맡았다]. 이는 진지에서의 탈주나 방황, 남겨두는 사람없이 진지를 비우는 것을 방지하기 위함이었다고 생각해야만 할 것이다. 이전에는 스키리타이가 밤에 진지를 뜨는 자를 감시하였는데, 그들이 야간경비 임무를 제일 먼저 맡았던 듯하다. 하지만 나중에는 스파르타군과 함께 있게 된 용병대가 그 임무를 넘겨받았다. 스키리타이는 용맹성으로 말미암아 이 귀찮은 임무를 면제받았던 것이 분명하다.

진지의 위치는 '적에게 타격을 주고, 우호세력에게 도움을 주기 위해' 위치를 자주 바꾸었는데, 그들의 어느 정도 소박한 위생적인 배치가 이동의 필요성을 만족시켜 주었기 때문이라고도 볼 수 있을 것이다. 그들은 매일 운동연습을 하였는데,138) "그럼으로써 그들은 이전보다 나은 육체를 갖게 되고, 다른 사람보다 더 남자답게 되었다." 이 운동은 건강을 유지하는 데 필요한 이상으로 격렬한 것은 아니었는데, 플루타르코스139)는 전시에는 훈련과정 속의 운동이 완화되었고, "그리하여 그들은 전쟁이 곧 휴식인 유일한 민족이었다"고 전한다. 진지 바깥을 돌아다니는 것은 엄격하게 금지되어 있어서, 누구도 자신이 소속된 연대단위가 주둔한 장소를 도보나 기마로 떠나는 것이 허용되지 않았다.140)

"운동연습 후에 선임 폴레마르코스가 모두 앉으라는 명령을 내린다. 이것은 그들의 검열방법이다. 그리고 나서 아침을 들라는 명령이 내려지고, 전초부대는 빨리 보급을 받는다. 이후에는 저녁훈련까지는 오락과 휴식이 있다. 이것이 끝난 후에는 저녁식사를 하라는 명령이 하달되고, 희생을 바쳐 좋은 징조를 보여주었던 신들을 찬미하는 송가를 부르고 자신의 무기 옆에서 쉰다." 필로코로스(Philochoros)141)는 스파르타가 튀르타이오스의 지도력 덕분에 메세니아를 정복한 후에는 전시에 다음의 관습을 만들었다고 덧붙인다. 저녁식사를 마치고 신에 대한 감사의 송가(paean)를 부르고 나면, 각자 차례로 튀르타이오스의 노래를 불러야 했고, 각 연대단위의 폴레마르코스가 심판으로서 우승자에게 상품으로 고기를 주었다는 것이다.

진지에 있는 동안 전사들은 항상 창을 휴대해야 했는데, '노예들이 진지에 들어가지 못하게 만드는 것과 같은 이유'에서 나온 규칙이라고 크세노폰142)은 말한다. 이 말은 아주 명료하지는 않은데, 크세노폰이 많은 헤일로타이와 '노예들'이 '당번병'으로 그리고 분명히 짐꾼, 참호를 파고 방책을 치는 일꾼으로 따라왔다는 것을 알고 있었기 때문이다. 이 '일꾼부대'가 요새화된 진지에 들어가는 것이 허용되지 않았다는 결론을 내려도 좋겠는가? 이 비무장이고 방어시설도 되어 있지 않은 곳에 있는 불쌍한 사람들이 공격받는다면 방책 안에 있는 스파르타 전사들에게도 타격이 컸을 것이므로 그랬을 것 같지는 않다. 이들 노예들은 진지 안에 무장하지 않고 들어서는 것만 허용되었다라는 것이 크세노폰이 말했던 의미라고밖에는 추측할 수 없을 것이다.

장 비

중장보병은 짧은 칼을 썼는데, 정말로 너무 짧아서 그에 관한 많은 이야기가 있을 정도이다. "한 스파르타인은 '왜 당신들은 짧은 칼을 씁니까'라는 질문에 '그래서 우리는 적에게 가까이 다가갈 수 있습니다'라고 대답하였다."143) 사실 이 대답은 아주 정확한 것이다. 근접전투에서 창을 떨어뜨리고 난 뒤에는 긴칼은 쓸모가 없을 것이다. 당시 검술은 찌르기였다. 왜냐하면 팔랑크스 대형에서 베기는 불가능했기 때문이다. 다른 장비는 창과, 확실한 것은 아니지만 아마도 보조무기로 쓰였던 굽은 단검(ξυήλη)이었을 것이다. 그밖에 커다란 청동제 방패도 휴대하였다. 이는 어깨에서 무릎까지를 가리도록 설계된 것으로 성가신 물품이었다. 가죽끈(τελαμών)으로 목에 매달려 있었으며, 오목한 면을 손으로 꽉 움켜잡고 다녔다.144) 클레오메네스 3세는 그가 도입한 긴 창을 두 손으로 자유롭게 움켜쥐게 하기 위해서 방패를 더 가볍고 다루기 쉽게 만들고 손잡이를 없애서, 전적으로 목주변에 달린 가죽끈으로 지탱하도록 하였다.145) 이는 방패를 없애고 일종의 흉갑(胸甲)을 장비한 것과 같은 효과였다. 이 방패는 대단히 다루기 힘들어서, 진형이 무너지면 중장보병은 이 거대한 보호구 때문에 장애가 되어 거의 쩔쩔맬 정도였다. 퇴각할 때나 패주할 때, 방패를 버리는 것이 꼭 필요한 일이었다는 것은 쉽게 이해가 된다. 방패 위에는 라케다이몬을 의미하는 커다란 Λ를 새겨놓았고, 아마도 개인적인 기장(記章)도 그려놓았을 것이다. 플루타르코스146)는 자신의 방패에 '실물크기의 벌'을 그려넣은 한 스파르타인에 대한 이야기를 전하고 있다. 다른 사람들이 그림을 그려놓았기 때문에 도망칠 때 눈에 띌 것이라고 놀리자, 그는 "아마 눈에 더 띌 거요. 내 기장이 적의 눈에 실물크기로 보일 정도로 가까이 갈 것이기 때문이요"라고 대답하였다.

뤼쿠르고스가 전사들의 특색있는 유니폼으로 선홍색의 튜닉(tunic)을 규정하면서, '이런 의복은 여성들의 의복과는 가장 닮지 않고, 가장 빠르게 화려하게 만들 수 있고 때를 가장 늦게 타기에 전장에 잘 적응되기 때문'147)이라고 말한 것으로 알려져 있다. 만약 '감각을 속이기 때문'이라고 하여 스파르타에서 염색기술을 금지시킨 것도 같은 뤼쿠르고스라면, 이 선홍색 겉옷이 스파르타에서 유일한 색채였을 텐데, 이는 상당히 믿기 어렵다. 그들은 이 튜닉에 싸여 매장되었다.148) 그들은 그밖에도 올이 거친 망토와 외겹창의(single-soled) 신발을 신었다.149)

스파르타인의 성격 속에 있는 두려움

스파르타인이 다른 어떤 나라 사람들보다도 용감하다는 것은, 레오니다스와 300명의 결사대가 테르모필레에서 죽게 될 것을 확실히 알면서도 의무와 용맹함으로 몸을 바쳐 세계에 과시했던 것 같은 업적으로 인해 일반적으로 인정되고 있다. 그래서 종종 그들에게 이러한 성격과 또 다른 면, 즉 용감하지도 않고 존경할 만하지도 않으며, 겁이 많고 지속적으로 자신의 힘을 불신해, 상황이 불리하게 돌아가면 언제든지 포기하는 면이 있다는 것은 받아들여지지 않고 있다. 최근연구에서 엡스(Preston H. Epps)150)가 사실을 기초로 신중하게 평가한 결론에 의하면 스파르타의 정교한 정치와 시민들의 훈련체계는 한 가지 목적을 위해 고안된 것이었다. 그 한 가지 목적이란 위험과 죽음에 직면해서 여린 인간의 본성이 버텨나갈 수 있도록 하는 훈련을 통해 원래 겁많은 민족을 강하게 만드는 것이었다.

> 스스로를 불신하고 자신을 제외한 외부의 다른 어떤 것[어떤 과학이나 체계, 아니면 틀림없이 구제해 준다는 사기꾼의 만병통치약 등]을 더 신뢰하는 것은 겁많은 사람들의 특징이다. 강력한 적이 나타날 것이라고 예상되면, 겁많은 민족은 곧 스스로를 군사적 체계에 내맡겨 버리는 경향이 있다. 두려움이 클수록 그 체계가 믿기 어려울 정도로 가혹한 요구를 하더라도 거기에 굴복하게 마련이다. 더욱이 그런 민족은 그 체계가 요구하는 바에 따라서 모든 일이 잘 되어가면, 과신에 빠질 수 있다. 그러나 예상치 않은 위기상황이 발생하면 내면의 두려움이 다시 전보다 더한 맹위를 떨치게 된다.

하지만 그렇다고는 해도, 평화시와 전시 모두에 스파르타인을 동요시켰던 두려움에 대한 언급이 많다는 것은 흥미로운 일이다. 아마도 그 중 가장 특이한 것은 플라타이아 전투에서였을 것이다. 스파르타인이 페르시아군과 직면했을 때, 그들은 전에 맞닥뜨려 보지 못했던 적이 두려워서, 마라톤에서 싸워본 경험이 있는 아테네군과 위치를 바꾸자고 고집하였다.151) 그들은 펠로폰네소스만 떠나면 소심해져서 허둥지둥 되돌아가곤 했다. 플라타이아 전투가 끝난 후에도 그들은 조국으로 즉시 귀환하였다.152) 승리를 거두고 나면 언제나 그랬다.153) 스파르타에 대한 침공은 그들을 공포로 몰아넣어 별 저항도 못하게 했다. 레욱트라 전투 이후에 사기가 거의 땅에 떨어져 버린 일은 놀라울 정도이다. 에파미논다스가 스파르타시를 위협하자, 청년전사 중에서 선발된 자들 가운데에서도 '이적 행위자들'이 나올 정도였다. 내세우는 증거가 너무 믿기 어려운 것이어서 사실일 수도 아닐 수도 있지만, 코르넬리우스 네포스154)는 다음과 같은 이상한 이야기를 전한다. 그에 의하면 레욱트라 이후 청년 중의 일부는 에파미논다스에게 붙기를 원하여 성밖의 언덕을 점거하였다. 큰 파국이 닥칠 것임을 알게 된 아게실라오스는 일부 시종을 데리고 언덕을 점거한 그들의 지혜를 칭찬하면서 그들과 합류하였다. 그렇게 해서 그들 사이에 침투하여 탈영자들이 테바이에 넘어가지 못하였다. 그들이 신중하게 세운 계획이 잘못될 때면 언제나 공황상태에 빠졌는데, 마음이 신기하리만치 완고하여 실패에서 일어나서 승리를 낚아채는 데 필요한 탄력성이 결여되었으며, 예상치 못한 상황에 대처하는 새로운 계획을 임시방편으로 만들어낼 수 없었다.

스파르타시에는 감독관단의 시시티온 옆에 공포의 신전이 있었다.155)

왜냐하면 그들은 초자연적인 힘들에 대해서 하는 것처럼 공포를 고통을 주는 것으로 무서워하는 것이 아니라, 주로 공포로써 정치체제를 유지시키는 것으로 보았기 때문이다.… 필자가 생각하기에 옛날 사람들은 용기란 단순히 두려움이 없는 상태라고 생각하지 않았고, 신중하게 비난과 수치를 두려워하는 것이라고 알고 있었다. 왜냐하면 법을 가장 두려워하는 사람이 적에 대해서는 가장 용감하며, 위험을 가장 무서워하지 않는 사람이 바로 불명예를 가장 두려워하기 때문이다.

이러한 예를 되새겨 본다면 엡스의 결론이 그렇게까지 심한 것은 아니라는 결론이 나올 것이다. 소크라테스156)가 이미 오래 전에 인식했던 것처럼, 전장의 병사는 동료의식으로 흔들리지 않게 되며, 비겁함의 표현인 두려움은 수치스럽고 견딜 수 없는 것이 된다. 모든 군대에서의 전체 군사훈련 체계는 언제나 한 가지 목적만을 위해 고안된 것이다. 각 병사가 직속상관에게 복종하도록 하고, 독자성을 공동체 의식 속에 묻어버리고 맹목적으로 따르게끔 만드는 끊임없는 훈련은 모두 전투의 위험이라는 시련을 견디어낼 수 있는 심성을 길러내도록 고안된 것이다. 갑작스러운 위험에 부딪힌 보통 사람들의 자동적이고 즉각적인 반응은 도망치는 것이다. 이러한 인간 본성의 본능적인 경향은 영광스러운 전통, 용맹에 대한 찬미, 비겁함에 대한 비난으로 강화된 오랜 훈련으로서만 극복될 수 있다.

따라서 스파르타의 전체 생활방식이 그들에게만 독특한 내적인 두려움을 극복하기 위해서만 고안되었다고 말하는 것은 별로 공정한 평가가 아니다. 그렇게도 호전적인 것으로 유명한 민족이 사실은 비겁하고 겁이 많다는 것은 분명히 증명을 요하는 흥미로운 주장일 것이다. 스파르타인이 전투에서 용감하지 않았다면, 도대체 누가 용감했단 말인가?

스파르타인이 외부원정을 꺼리고, 빨리 귀환하려고 안달하는 것은 확실하게 설명할 수 있다. 즉, 엡스 역시 꽤 분명하게 인정하듯이, 주인들의 재난에서 이득을 얻으려 줄곧 살피고, 가능하다면 반기를 들으려고 하는 헤일로타이와 계속해서 직면하고 있는 조국에서의 특별한 상황 때문이라는 것이다. 스파르타의 정예부대 전체가 원정을 간 상태에서는 반란의 유혹이 매우 컸을 것이고, 따라서 수호자인 군대가 가능한 빨리 귀환하는 것은 긴요했다. 그들의 심성은 '융통성이 없고', 새롭고 놀라운 상황에 빨리 적응하지 못한다는 것은 언제나 인정되고 있다. 스파르타인들은 분명히 공황상태에 빠지기 쉬운 사람들이었다. 하지만 그들이 다시 원기를 회복하지 못했다는 것을 보여주는 증거는 없다. 오히려 그 반대로 그들은 마음을 가라앉히고, 용감하게 행동했다.

스키탈레〔부신〕

아울루스 겔리우스(Aulus Gellius)157)가 전하고 있는 스파르타의 유명한 비밀지시 전달수단은 하나는 발신자가 가지고 있고, 다른 하나는 수신자가 가지는 두 개의 막대기로 이루어져 있다. 발신자는 가늘고 긴 양피지를 자신이 갖고 있는 막대기에 감아 거기에 전달문을 쓴다. 그 다음에 양피지를 풀어서 다른 막대기를 갖고 있는 사람에게 보내면, 그 사람은 양피지를 자신이 갖고 있는 막대기에 다시 감아서 전달문이 나타나게 한다. 이 암호문 형태의 지나칠 정도의 단순성158)과 막대기를 갖게된 사람이 누구든지 간에 단지 약간 실험해 봄으로써 메시지를 재구성할 수 있는 평이함 때문에 거의 쓰였을 것 같지는 않다. 사실상 이것이 스키탈레의 실제적인 형식이었을까? 레오폴트(J.H.Leopold)159)는 이 주제에 대해 검증해 본 뒤, 아니라는 결론을 내렸다. 스파르타에서 원정을 떠나기 전에 표시하기에 적절한 막대기를 길이로 나누어서 그 절반씩을 감독관들과 전장에 나가는 장군이 각각 가졌다. 급보는 구두이건 쓰여진 것이건 막대기의 절반을 가져가는 전령이 운반하였다. 전령이 도착하면 두 조각은 맞추어지고, 이것이 전령의 신임장 역할을 했다. 이 설명이 다른 설명보다도 더 이성적이다. 군사적인 면에서는 스파르타인이 지성적이라고 믿어야 할 것이다. 사실상 그 면에서는 대단히 지성적이었으며, 적의 손에 들어간다면 쉽게 판독할 수 있는 유치할 정도로 단순한 지시전달 방법은 그들에게 별 매력이 없었을 것이다.

●●●●● 스파르타 해군160)

이미 앞에서 스파르타의 '황금시대'에는 그들이 항해를 업으로 삼는 사람들은 아닐지라도, 바다를 싫어하지는 않았다고 이유를 들어 추측하였다. 알크만의 시에 나타나는 여러 언급은 확실히 그 증거를 보여주고 있다.161) 여러 증거로 미루어 볼 때, 스파르타인은 페르시아 전쟁 전에 함대를 가졌거나, 아마도 임대했었다고 말해도 좋을 것이다. 예를 들어 타렌툼의 식민사업, 시실리와 리비아에 도리에우스(Dorieus)가 원정한 것, 참주인 폴리크라테스(Polycrates) 시대에 사모스를 공격한 것 등이다. 그렇지만 아마도 해군의 편제는 그 당시에는 후대에서와 같이 조직되지는 않았을 것이다. 그들이 더 국내에 많은 관심을 기울였다는 점과, 언제나 끊이지 않고 항상 의식하는 문제인 헤일로타이 문제를 생각해 보면, 해상활동에서 신중하게 손을 떼고 거의 전적으로 육상국이 되려한 이유가 명백해진다. 플루타르코스162)는 그들이 처음에는 사람들이 선원이 되는 것을 금지했지만, 나중에는 스스로 노련한 뱃사람이 되었다고 말한다. 다시 그 뒤에는 다른 나라 사람과 섞이게 되어 도덕이 타락하는 것을 보고서 다시 금지했다. 하지만 또 그 다음에는 다시 방향을 바꾸었다는 것이다. 이 언급을 스파르타사의 알려진 사실과 연관시키기는 쉽지 않다. 첫 금지는 메세니아 반란이 일어난 후, 스파르타의 정책이 바뀐 바로 다음이었고, 그 다음에 나오는 말인 스스로 '노련한 뱃사람'이 되었다는 언급은 펠로폰네소스 전쟁의 마지막 단계에서 아테네를 패배시킨 것과 관련시켜 추정해 볼 수밖에는 없다. 마지막 두번의 변화는 어떤 특정한 역사적 사실과 관련시켜 확인해 볼 수가 없다.

어찌되었건 스파르타 해군이 상당한 규모였던 적이 있다고는 말할 수 없는 것이 확실하다. 아르테미시온(Artemision) 전투에서는 스파르타측 전선은 10척밖에 없었으며,163) 살라미스에서는 16척이었다.164) 기원전 478년 파우사니아스는 20척의 전선을 거느리고 있었다.165) 기원전 413년에는 데켈레이아(Deceleia) 전쟁에 대비해서 25척의 전선을 건조하였다.166) 아르기누사이(Arginusae)에서는 10척밖에 없었다.167) 그들이 수행해야 했던 그와 같은 해상활동을 위해서는 언제나 동맹국이 전선을 공급하는 것에 의존하였고, 자신들의 함대는 항상 별 것 아니었다. 알려진 바로는 그들이 갖고 있는 조선소는 기티온에 한 곳밖에 없었으며, 따라서 소유하고 있던 배는 거의 대부분 동맹국의 조선소에서 건조되었을 것이다. 전쟁의 마지막 국면에 들어섰을 때, 헬레스폰트에서 아테네에 대항했던 소함대는 페르시아가 소아시아에서 보내온 목재로 안탄드로스(Antandros)의 조선소에서 건조되었으며,168) 그 자금도 페르시아가 부담했었다. 스파르타인들은 바다를 좋아하지 않았다. 뱃사람들은 페리오이코이였고, 노잡이는 헤일로타이 아니면 고용된 외국인들이었으며,169) 스파르타인은 배 안에서 전투하였다.

전선의 장비를 갖추는 것이 아테네의 관습을 따라 부유한 자들에게 부과된 것이었는지는 확실하지 않다. 앞에서 살펴보았던 것처럼,170) 의심스럽기는 하지만 부유한 자들이 기병대를 유지했던지 아니면 군마를 제공했던 것 같다. 그것처럼 전선의 경우에도 리투르기아, 즉 기여를 했었는지에 대해서는 알 수 없다. 이런 금전적 기여가 강제되었는지는 모르겠지만, 전선의 함장인 트리에라르코스(trierarchos)는 임명직이었고 언제나 스파르타인들 아니면 페리오이코이였다.171) 스파르타의 함장은 뱃사람이 아니었으므로 대단히 중요한 위치에 있고, 저명한 인물인 숙련된 '키잡이'(κυβερνήτης)' 혹은 항해장을 데리고 있었다. 뤼산드로스의 전선의 '키잡이'인 헤르몬(Hermon)은 델포이에 그의 명예를 기리는 상이 세워졌다.172) 갑판장인 켈레우스테스(keleustes)는 노잡이들을 지휘했고, 노를 젓는 구령을 붙였다. 기원전 388년의 특히 격렬했던 전투에서 스파르타의 지휘관인 고르고파스(Gorgopas)는 조스터곶(Cape Zoster) 먼바다에서 아테네의 소함대를 어둠 속에서 노 젓는 소리를 내지 않고 몰래 다가가서 기습하였다. 그 때 갑판장은 노잡이들에게 언제나처럼 소리를 질러서가 아니라, 돌을 서로 부딪쳐서 노 젓는 신호를 했다. 적어도 스파르타 해군에 적용될 때는 그 의미가 확실하지 않아서, 모든 주석가들의 골머리를 썩게 하는 용어의 하나는 프로토플로이(πρωτόπλοι)이다.173) 이는 '전위' 혹은 '선봉'이라고 밖에는 다른 의미가 없으며, 확실치는 않아도 아마 항해시나 공격시에 앞장서는 전선 혹은 전선들일 것이다. 소함대의 다른 배들이 그 뒤를 따라가야 하는만큼 당연히 최고의 뱃사람이 지휘를 했어야만 했을 것이다.

그리고 마지막으로 제독이 탑승한 지휘함에는 보조함(ὑπερετικός κέλης)이 붙어 다녔다.174) 분명히 이 배는 전령용 보트였지만, 그 이상 자세히 알려지지는 않았다.

스파르타인은 서툰 뱃사람들이었고, 전사 이외의 다른 흉내는 낼 수 없는 이들이었다. 하지만 그들은 확실히 노련한 항해자를 두고 지휘할 수 있었다. 민다로스(Mindaros)가 밀레토스에서 헬레스폰트로 돌진한 것은 투키디데스175)가 기록했던 것처럼, 격렬한 행동이었다. 그들은 뛰어난 아테네 해군에게 거듭 패배당했지만, 펠로폰네소스 전쟁 말기에 페르시아가 제공한 자금으로 높은 보수를 지급하여 최고의 노잡이와 뱃사람을 고용할 수 있었고,176) 아이고스포타미(Aegospotami)에서 아테네인의 어처구니없는 부주의함 덕분에 결국에는 승리할 수 있었다.

••••• 제 독

스파르타의 해군편제에서 역사가들이 가장 많은 관심을 기울이는 것은 제독(nauarchos)과 그 부관의 성격과 임명방식이다. 페르시아 전쟁중에는 제독직은 분명히 왕가의 것이었다. 매우 불확실하기는 하지만, 왕들 중의 하나가 육군사령관으로서 전장에 나갔다면, 아마도 다른 왕은 함대를 이끌었을 것이다. 레오티키다스왕은 기원전 479년 미칼레(Mycale)에서 싸웠고, 파우사니아스는 기원전 478년 함대를 이끌고 소아시아 해안의 그리스 도시를 해방시켰다. 아르테미시온(artemision)과 살라미스에서의 제독이었던 에우리비아데스(Euribiades)는 어느 왕가의 사람도 아니었지만, 이는 헤로도토스177)가 특별히 언급할 정도로 예외적이었음이 분명하다. 제독직이 스파르타의 전쟁 편제에서 상설직은 아니고 특별히 위급할 때에만 임명되었다고 결론을 내릴 수밖에 없다. 기원전 477년~430년 사이에는 제독에 관한 기록이 없고, 이상하게도 기원전 426년에서 기원전 413년 사이에도 마찬가지였다. 이것은 더욱 특이한 일로, 왜냐하면 기원전 426~413년은 펠로폰네소스 전쟁의 상당부분을 차지하고 있었기 때문이다. 따라서 이 기간에는 제독이 정기적으로 임명되었어야 했다고 추측하는 것이 자연스러울 것이다. 기록이 없어졌거나 아무도 임명되지 않았거나 둘 중 하나일 것이다.

기원전 430년 이전에는 제독직을 맡거나 임명하는 것이 왕의 대권이었는데, 이 때부터는 감독관에 의해 이 권한이 침해당한 것이 분명하다.

언급을 정확하게 해석한다면, 기원전 430년 크네모스(Cnemos)는 '라케다이몬인들에 의해' 임명되었다.178) 기원전 395년 아게실라오스는 동방원정을 하면서 특별히 제독을 임명했는데, 우리가 알기로 그는 육해군의 사령관직을 동시에 가진 최초의 스파르타왕이었다.179) 그 결과 아게실라오스는 두 명의 친지를 성공적으로 지명할 수 있었는데, 첫해에는 페이산드로스(Peisandros),180) 다음해에는 텔레우티아스(Teleutias)181)였다. 페이산드로스는 그의 처남으로서 "야심만만하고 꽤 능력있는 인물이었지만, 너무나 숙련되지 않아서 함대를 지휘하기에는 적절하지 않은 인물이었다." 이에 비해 텔레우티아스는 아게실라오스의 동생으로 좀더 나았던 것 같다. 아마도 아게실라오스는 스스로 최고사령관직을 수행하면서 실제적인 제독직은 그들에게 수행시켰던 듯하다.

임기는 일년이었고,182) 다음해로 연장될 수 없었다. 뤼산드로스가 임기를 마치고 나서 부제독(epistoleus)에 임명되었을 때, 아라코스(Aracos)에게 "같은 사람이 두번 제독이 되는 것은 불법적이다"라고 말한 사실로 보아서도 이는 명백하다. 그러나 아라코스는 명목상의 제독이었고, 실제적으로는 뤼산드로스가 전권을 행사하였다.183) 이들의 권한은 매우 광범위하고 커서, 아리스토텔레스184)는 좋지 않게 생각했다.

> 다른 이들은 해상활동과 관련된 [뤼쿠르고스의]법에 대해 혹평하고 있는데, 이유없이 그런 것이 아니라, 그 법이 분란을 야기하기 때문이었다. 그 까닭은 함대의 지휘관은, 평생 동안 군의 장군으로 있는 왕들에게 어느 정도 대응하는 위치에 있기 때문이다.

이 비평이 거의 옳지 않다는 점은 말해 두어야 하겠다. 먼 곳으로 원정을 떠났을 때, 제독이 전장에서 왕의 명령을 받는 것은 확실히 불가능했다. 그렇지만 그 외에도 감독관단이 제독을 임명하고 통제하는 왕의 권한을 침해했다는 추가적인 증거가 있다.

해군의 사령관이자 먼바다에서의 스파르타의 전권대리인으로서 그의 권한은 막강하였다. 그의 임무는 동맹국이 계속 충실하도록 하는 것[전혀 쉬운 일이 아니다], 그들이 반란을 일으킨다면 진압하는 것, 휴전과 조약을 맺는 것 등이다. 기원전 387년 중요한 조약에 관한 협상을 했던 안탈키다스의 경우는 이런 면에 있어서 매우 적절한 예이다. 그는 제독이었고, 아테네에 대한 그의 행동에서 보이듯이, 그것도 비범할 정도로 성공적으로 임무를 수행한 제독이었다. 하지만 그는 확실히 외교적인 기능도 수행했던 것 같다. 어쨌거나 그는 정규적인 평화조약을 그 자신의 책임하에 마무리 짓지 못하였고, 후에 그 조약은 스파르타와 동맹국의 특별회의에서 비준되었다.185)

제독은 임기가 끝나면 감독관에게 자신의 행동에 대한 보고를 해야 했다. 파시피다스(Pasippidas)는 심각한 문제에 휘말려서 스파르타에서 추방당했고,186) 뤼산드로스는 파르나바조스(Pharnabazos)의 배신행위 때문에 스파르타로 귀환했을 때, 큰 위험에 빠졌다.187) 제독에 대한 통제력을 유지하기 위해 감독관단은 그를 감시하기 위한 '정치위원'을 파견하였다.188) 전투중의 그의 행동이 스파르타 정부에 만족스럽지 않으면 제독은 소환될 수도 있었는데, 아스티오코스(Astyochos)는 여덟 달만에 소환되었고,189) 엑디코스(Ecdicos)는 텔레우티아스로 경질되어 스파르타에 소환되기도 했다.190)

에피스톨레우스191) 혹은 에피스톨리아포로스(epistoliaphoros)192)는 명칭에서 나타나듯이 원래는 제독의 비서 혹은 전령이었음에 틀림없다. 후에는 부사령관 혹은 해군참모장이 되었다. 전부는 아니지만 어떤 경우에는 제독 임기중에 두 명의 부사령관이 임명되는 수도 있는데, 그 중 하나는 선임이었다.193) 민다로스가 전사한 뒤 히포크라테스가 그 임무를 수행했던 것처럼, 제독이 사망하거나 전투중에 전사하면, 부사령관인 에피스톨레우스가 새로운 제독으로 임명되어 함대에 도착할 때까지 임무를 넘겨받았지만, 꼭 선임 에피스톨레우스가 제독직을 계승하는 것은 분명히 아니었다. 비록 에피톨레우스의 임기 역시 1년이라고 추정하는 것이 자연스럽지만, 그 임기에 대한 정보는 없다. 그러나 제독이 사망하거나 떠난 후에 계속 임무를 수행했던 사실로 보아 그의 임기는 정해진 것이 아니었던 것 같기도 하다. 그러나 문제는 정확한 증거가 없다는 것이다.

해군의 기지는 기티온의 항구에 있었는데, 그 곳에는 조선소와 병기창도 있었다.194) 이 곳은 스파르타시에서 27마일 떨어진 곳으로 언덕과 바다로 둘러싸여 있는 자그마한 평지였다. 크기는 작았음에 틀림없는데, 항구의 흔적은 남아 있지 않지만 스트라본이 정확히 주장했던 대로 분명히 인력으로만 건설되었던 항구였기 때문이다.195) 배를 만들고 수리하는 조선소로서의 시설은 피라이우스에 있는 일급시설과 비교해 본다면 대수롭지 않은 것이었다. 고대 조선소의 흔적은 하나도 남아 있지 않다.

제9장

공동식사

대개의 경우 가장 많은 찬미를 받은 스파르타의 관습은 공동식당에서 함께 식사하는 것이었다.1) 나중에 보겠지만, 실상 이 관습은 그들만의 독특한 것도 아니며 다른 여러 곳에서도 발견되었다. 확실히 그 기원은 매우 오래된 것으로 도리아인의 초기 관습의 일부였을 가능성이 크다.2) 그들은 새 땅을 정복하기 위해 행군하는 과정에서 자연스럽게 군사적인 식사반의 관습을 갖게 되었을 것이고, 이는 모든 군대에서 나타나는 것이기도 하다. 어쨌건 이 관습은 군사적 기원을 가졌고, 그 성격을 수세기 동안 간직하고 있었다는 것은 분명한 것 같다. 호메로스 서사시의 영웅들도 전장에서건, 평화시 왕의 홀에서건 함께 모여 식사했고,3) 바이킹 역시 왕궁에서 함께 저녁을 들었다. 하지만 이 관습이 확실히 스파르타인에게만 있는 독특한 것은 아니라 해도, 모든 주석가들이 특별히 관심을 갖고 애써 기술할 만큼의 흥미로운 면모가 있었다.

매우 잘못된 것이기는 하나, 스파르타인은 물론 입법자인 뤼쿠르고스가 이 공동식사 제도를 창설했다고 믿었다.

> [뤼쿠르고스는] 모든 사람들이 공동으로 식사를 하며 지정된 종류로 똑같은 빵과 고기를 먹도록 정하였다. 이것은 시민이 그들의 건강을 장사꾼이나 요리사의 손에 맡긴 채, 집에서 사치스러운 식탁에 편안히 앉아 인생을 낭비하는 일이 없도록 하기 위해서였다. 그리하여 탐욕스러운 짐승처럼 온몸 구석구석에 살이 찌고, 몸뿐만 아니라 마음까지 망치지 않도록 하기 위한 것이었다. 탐욕과 과식으로 허약해진 몸과 마음은 늦잠과 따뜻한 목욕과 나태를 원하게 된다. 한마디로 항상 몸이 아픈 병자처럼 많은 주의와 돌보는 손길이 필요하게 되는 것이다.4)

"이 같은 결과를 가져오는 것은 확실히 놀라운 일이다"라고 플루타르코스는 매우 공정하게 언급하고 있다. "왜냐하면 테오프라스토스(Theophrastos)의 말대로 단지 탐욕스러운 자들에게서 재산을 빼앗는 것만이 아니라 부의 의미 자체를 없애버렸기 때문이다."

공동식사는 보통 시시티온이라고 불리지만, 그 옛 명칭은 사람들의 [식사]초대(cenae virorum)라는 의미의 안드레이온(andreion)으로 마찬가지 관습을 가지고 있던 크레테에서는 그 이름으로 쓰였다.5) 스파르타인 자신들은 이를 페이디티온(pheidition)이나 피디티온(phidition)6) 혹은 필리티온(philition)7)으로 불렀다. 필리티온은 연회를 사랑한다는 뜻으로, 그 중 잘 어울리는 이름이었던 것 같고, 페이디티온은 '아껴두다'라는 의미의 페이도마이(φείδομαι)에서 나온 이름이므로 이를 적용시킨다는 것은 좀 우습다.8) 크세노폰은 『스파르타의 국제』9) 여러 곳에서 이를 시스케니아(syskenia), 즉 식당모임이라고 부르고 있다. 분명히 이는 여러 가지 이름으로 불렸는데, 어느 것이 가장 정확한 것인지 찾으려고 애쓸 필요는 없다. 원래 시시티온은 그 구성원들이 '무장하고' 모였던 야전식사반으로 15명이 스파르타군의 소대단위의 반이었던 것은 의심할 여지가 별로 없는 것 같다. 그러나 후에 군복무 연령보다 나이 많은 사람도 속하게 되어 순수한 군사적 성격은 사라지게 되었고, 군사단위로서의 시시티온도 쓰이지 않게 되었다. 하지만 크세노폰은 시스케니아라는 단어를 전혀 군사적 의미로 사용한 것이 아니라는 것은 인정해야만 할 것인데, 그는 여기에서 이를 단순히 사회적 모임으로 간주했던 크리티아스(Critias)를 따르고 있는 것 같다. 이 점은 조금 애매하여 후에 다시 상세히 논할 것이다.

스파르타의 소년은 집을 떠나면 소년식사반에 편성되었다. 소년들이 에이렌의 감독하에 한자리에 모여 식사했던 것은 사실상 확실한 것으로 보인다. 뤼쿠르고스는 소년들이 연장자의 얘기를 듣고 배울 수 있도록 '모임을 혼합하여' 편성했다고 크세노폰10)은 말하고 있다. 저녁식사가 끝난 뒤에야 소년들이 식사하도록 되어 있었다고 추측해야 할 것이다. 소년들의 시시티아에 대한 식량공급은 어떻게 했는지는 자세히 알 수 없다. 그렇지만 후에 보게 될 것처럼,11) 식량경리부에 대한 매달의 분담량은 성년인 할당지 보유자가 시시티아와 소년들의 식사에 필요한 만큼을 충당하도록 되어 있었던 듯하다. 스파르타의 청년은 20세가 되면12) 성년 시시티아에 들어가기 위한 후보자가 되었다. 플루타르코스에 의하면 그 투표는 만장일치제로서 반대를 의미하는 '검은 빵조각'이 하나라도 있으면 들어갈 수 없었다. 투표방법은 간단하고 효율적이었다.

모임의 모든 이들은 작고 연한 빵조각을 하나씩 가지고 있다가, 노예가 한 바퀴 돌 때에 그가 이고 있는 깊은 대접에 그것을 던져 넣었다. 후보자에 대해 찬성하는 사람은 그 모양을 바꾸지 않고 대접에 넣었고, 마음에 들어하지 않는 사람은 빵조각을 손가락으로 눌러 납작하게 만들어 반대의사를 표시하였다. 대접 안에 하나라도 납작해진 빵조각이 있으면, 그 후보자는 거부되었다. 모임에 참석한 모든 사람들의 의견이 일치되기를 원했기 때문이다. 이 대접은 카디코스(caddichos)라고 불렸는데, 후보자를 거부하는 투표방식을 부르는 명칭이 바로 여기에서 유래되었다.

청년들의 대기명단이 있었고, 토인비가 지적했듯이13) 스파르타인의 수효는 계속 감소하고 있었기 때문에 가입허가를 얻는 것이 어려운 일은 아니었던 것 같다. 오히려 여러 시시티아에서 공동식료품실에 대한 분담량이 늘도록 새 구성원을 끌어들이기 위해 열심히 경쟁했을 것이다.

비록 확인은 불가능하지만, 아마도 스파르타의 동등자는 저녁만 시시티아에서 먹고 다른 때는 집에서 식사했을 것이다. 분명히 그들은 집에서 검소한 아침식사로 포도주에 적신 빵(ἀκράτισμα)을 먹었을 것이라고 추측할 수 있다. 점심식사에 대해서는 알려진 바가 없다. 이는 꽤 실속 있는 편이었고, 식당에서 먹었을 수도 있다. 저녁식사[데이프논(δεῖπνον), 스파르타에서는 아이클론(αἴκλον)으로 불렸다14)]에 대해서만은 우리가 확실히 알고 있는데, 이는 확실히 식당에서 했으며 시간이 지나고 스파르타인의 호전적 기질이 약화됨에 따라 배타적인 만찬클럽이 되기 시작했고, 초창기의 호전적 성격도 완전히 상실하였다.

스파르타 동등자에게는 최고위층에서 최하층에 이르기까지 매일 공동식사에 출석하는 것이 의무였다. 초기에 왕은 자신들의 저택에서 식사하도록 허용되었으며, 그들의 음식은 배달되었다고 알려져 있다.15) 이러한 관계를 연구할 때, 주의깊게 살펴보아야 할 사건이 있다. 플루타르코스가 전하는 바에 의하면,16) 아기스왕은 "아테네를 정복한 후 스파르타에 귀환해서", 자신의 권리에 따라 저녁을 저택에서 들고자 하여 자신의 시시티온에 사람을 보내 음식을 요청했다. 폴레마르코스는 음식보내기를 거부하였고, 격분한 아기스왕은 바로 다음날, 성공적으로 전쟁을 종료한 것에 감사하는 통상적인 희생제를 올리는 것을 거부하였고, 감독관단은 즉각 그에게 벌금을 부과하였다. 여기에서 야전식사반의 성격을 갖고 있는 시시티아를 통제하는 것은 감독관이 아니라 폴레마르코스였다는 것을 알 수 있다. 아기스는 자신의 시시티온에 가서 식사하는 것을 거부해서가 아니라 종교적 의무를 다하지 않아서 벌금을 부과받았고, 이로 인해 감독관단과 대립하게 되었다. 그는 군사령관으로서 부하장교인 폴레마르코스에 의해 처벌받을 수는 없었다.

시시티온은 15명 혹은 '15명 정도의' 구성원으로 되어 있었다는 플루타르코스17)의 말은 꽤 신뢰할 만하다. 플라톤의 『법률론』18)에 나오는 관련된 부분에 대한 주석에서 그 구성원이 10명이었다고 말하는 주석가가 있는 것도 사실이다. 하지만 전혀 그랬을 것 같지 않기에 이 견해를 받아들이지 않을 것이다. 대담하게 수정 작업하는 것으로 유명한 비일쇼프스키19)는 필사자가 15를 10으로 잘못 썼을 것이라고 간주한다. 그러나 링날다20)는 10이라는 수는 '의심의 여지없이' 크세노폰의 『스파르타인의 국제』21)에도 나오고 있다고 말한다. 즉, 여기서 언급되기로는 전쟁중에 "필요한 경우 즉각적으로 상의할 수 있도록 하기 위해 폴레마르코스들은 자신들의 천막을 왕 옆에 설치한다. 또한 같은 특권을 가진 동등자 세 명도 왕 옆에서 천막을 친다." 폴레마르코스는 6명이었기에 합해서 10명이 된다. 하지만 크세노폰22)은 그 뒤에 두 명의 퓌티오이(Pythioi, 식사동료)도 왕의 숙소에서 같이 식사한다고 말한 것을 주목해야 한다. 이렇게 하면 12명이 되므로 10이라는 수는 가능하지 않게 되어 받아들일 수는 없고,

단지 주석가의 실수로 간주해야 할 것이다. 그들은 전장에 있지 않을 때에도 같은 구성원의 편성은 같았다고 추측해야 할 것이다. 왕들은 소위 '왕의(Royal)' 시시티온에 속해 있었는데, 여기에는 폴레마르코스들과 다른 고급장교들이 포함되어 있었다. 아기스의 예만으로도 이를 증명하기에 충분할 것이다. 감독관도 한데 모여 식사했다는 것이 알려져 있다. 클레오메네스가 감독관 중에 4명을 살해할 때, 그들은 자신들의 시시티온에서 식사중이었다고 한다.23) 여기에 다른 사람들이 10명 더 포함되어 있었는지는 알 수 없다. 하급 행정관들도 그들과 함께 식사했을 가능성도 있다. 하지만 동시에 감독관들은 프라이버시를 지키고 싶어해서 다른 이들은 참여시키지 않았을 수도 있다. 식탁은 언제나 논의하기에 좋은 자리이고, 따라서 그들이 정책과 정치적 문제를 비밀리에 편안하게 논의하고 있었다고 추측할 수 있으며, 클레오메네스 역시 그 점은 잘 알고 있었다.

닐슨24)은 그 외에는 잘 알려지지 않은 행정관인 크레오다이테스가 식사담당관으로서 고기를, 그리고 틀림없이 디저트도 나누어주는 역할을 했었을 것이라는 흥미로운 가설을 세웠다. 확실히 가능성은 있지만, 직접적인 증거가 부족하다.

평구성원은 질병이나 사냥대에 나가는 경우, 공적인 희생제에 참석하는 경우 외에는 빠질 수 없었다.25) 공적인 주요 축제기간 동안의 축제일 중에는 공동식사를 하지 않았다. 스파르타인들은 분할자(Cleaver) 대축제 때에는 집에서 저녁을 먹었고, 외국인과 노예들을 대접했다.26) 외국인이 정식으로 시시티온에 참여하는 것이 허용되었는지는 확실하지 않다. 하지만 그들이 때때로 초대되었던 것이 여러 예에서 나타나고 있는 것 같다. 예를 들어 한 쉬바리스(Sybaris)인이 방문했다가 맛없는 음식으로 혐오감을 가졌다는 사건이 전해진다.27) 알키비아데스의 경우는 분명히 정식으로 구성원이 되었다.28) 그밖에 헤카타이오스(Hecataios)29)도 같은 특권을 누렸는데, 식사도중에 말을 하지 않는 것에 대해 흠을 잡았다는 흥미로운 정보도 있다. 아마도 그는 감정이 격한 인물이었던가 보다. 하지만 스파르타에서는 외국인이 드물었기 때문에 외국인의 방문이 자주 있는 일은 아니었다고 보는 편이 좋을 것이다. 대사와 같은 저명한 방문객은 왕의 식탁에서 식사하도록 특별히 배려되었다.30)

●●●●● 다른 국가의 공동식사 관습

크레테31)에서도 아주 유사한 관습이 있었는데, 스파르타의 공동식사 관습은 거기에서 기원했을 것이다. 그밖에도 밀레토스 · 투리이(Thurii)32) · 메가라33) · 테바이34) · 오이노트리아(Oenotria) · 카르타고[아리스토텔레스에 의하면]35) · 리파라(Lipara)섬36) 등에서도 이 관습은 행해졌다. 필로-유다이우스(Philo-Judaius)는 에세네(Essene)파의 공산주의적인 관습을 기술하면서, 이 종파 사람들의 공동식사를 가리키는 용어로 시시티온을 쓰고 있다. 아마도 초기 기독교의 '사랑의 축제(agape)'에서 이 관습의 유풍을 볼 수 있을 것이다. 오늘날에는 한 부족의 남성들이 한데 모여 식사하는 관습은 알려진 바 없다. 로우즈(Holland Rose)37)는 많은 태평양의 섬에서 아직도 시행되고 있는 '총각들의 집'과 아프리카에서 마사이족의 젊은 전사[모란(moran)-역주]가 결혼 전에 공동생활을 하는 것과의 유사성을 지적한다.

스파르타인이 모여 식사했던 장소가 텐트인지, 영구적인 건축물인지는 분명하지 않다. 시시티온의 구성원이 15명 정도였기에 적당한 크기의 텐트로도 충분히 사용할 수 있었을 것이고, 아마 전쟁시에는 이 텐트를 가지고 갔을 수도 있다. 하지만 평화시에도 텐트가 사용되었을 것이라고 보기는 조금 힘들다. 텐트는 오래 사용하게 되면 심하게 낡아버리게 마련이고, 그에 따라 영구적인 건축물이 필요했을 것이다. 군대가 편성되어 시시티온의 구성원 중에서 우선적으로 출전하는 자들이 떠난 뒤에는 어떠했을 지에 대해서는 알 수 없다. 출진하는 자들은 요리사도 동반해서 갔을 것이고, 그 외에도 필요인력을 데려갔을 것이기에 정규 시시티아는 연기되었거나 몇 개가 합쳐져서 하나로 되었거나 했을 것이다.

히아킨티아 도로 옆의 넓은 공터가 회합장소였던 것은 사실상 확실하다. 데메트리오스(Demetrios of Scepsis)38)와 파우사니아스39)는 이 견해를 강력하게 지지하는 증거를 제시하고 있다. 파우사니아스는 티사메노스(Tisamenos)의 무덤을 보면서, "이 장소에서 스파르타인들은 식사했다"고 말한다.

●●●●● 시시티아의 유지

왕의 식비는 국고에서 지불되었지만,40) 다른 사람은 매달 정기적으로 분담액을 내야 했다. 플루타르코스41)는 이 양을 아티카 단위로 기술해 놓았는데, 보리 1½메딤노스, 포도주 11 내지 12코에스(choes), 일정량의 치즈와 무화과, 고기를 구입하기 위해 아이기나 단위로 10오볼로스였다. 스파르타의 도량형을 기록해 놓은 디카이아르코스(Dichaiarchos)42)에 의하면, 보리 1메딤노스, 포도주 8코에스, 치즈 5므나, 무화과 2½므나와 약간의 금전이었다. 아테네의 메딤노스는 대략 1½부셸이었으므로43) 보리는 한 달에 2¼부셸, 1년으로 치면 27부셸이었다. 스파르타 병사가 전장에서 소모하는 하루치 식량이 보리 2코이닉스(choinix)였다.44) 이는 힘든 육체적 활동에 종사하는 사람들에게 적합한 정도의 후한 할당량이었다. 48코이닉스가 1메딤노스가 되며, 1코이닉스는 1쿼트(quart)와 거의 같은 양이다. 시시티온의 각 구성원들이 전시에 같은 양을 할당받는다면, 1년에 730코이닉스를 소모하게 될 것이다. 그러나 그의 분담액은 1,290코이닉스에 해당했으므로, 개인에게 필요한 식량의 양을 넘어서서 566코이닉스가 남게 된다는 것은 매우 분명하다. 이 남은 양은 어디에 쓰여졌는가? 이는 소년들을 위한 소위 '연소자 시시티아'를 위해 중앙분배 창고로 갔다고 밖에는 생각할 수 없다.45) 아니면 아마도 어른들의 시시티온마다 소년들의 시시티온이 딸려 있어 같은 부엌을 사용했을 것이다. 개인의 필요에 적합한 양보다 훨씬 많은 식량의 분담량을 설명하기 위해서는 그런 식으로 설명하는 것이 분명히 필요하다.

각 구성원들이 분담해야 하는 포도주 양에서도 같은 어려움이 발생하게 되는바, 한 달에 12코에스 혹은 144코틸레스(cotyles)라는 양은 대충 9갤론에 해당되는 것이다. 따라서 1년치 분담량은 1,728코틸레스 즉, 108갤론에 달하게 된다. 헤로도토스에 의하면 왕은 공동식사에서 식사하게 되면, 하루에 2코틸레스를 받는데 이는 두 몫이었다. 따라서 평구성원의 하루치는 반 파인트(pint)인 1코틸레스로 헤로도토스46)가 기록한 당시에는 1년에 365코틸레스였음에 틀림없다. 1년에 1,363코틸레스라는 원인불명의 막대한 양이 남게 된다. 할당량은 후에 두 배가 되는데, 투키디데스47)에 의하면 스팍테리아에서 스파르타인이 포로로 잡혔을 때, 이들은 하루에 2코틸레스 즉, 1파인트의 양을 받고 있었다.

필라르코스(Phylarchos)48)는 클레오메네스 3세가 손님 접대하는 것을 묘사하면서, 그 접대가 소박하다는 것을 열심히 강조하고 있다. 각 손님 앞에는 포도주 2코틸레스들이 은주발이 세발받침 위에 놓여 있었다. 이는 분명히 저녁식사용으로 각 사람에게 할당된 양이었다. 하인이 적어도 아티카 단위로 1키아토스(cyathos), 즉 대략 1/12파인트가 들어가는 국자로 식사의 잔을 채워주었다. "하지만 누군가 권하지 않으면 마실 수 없었다." 크리티아스(Critias)는 『엘레지』와 『스파르타의 체제』49)에서 스파르타인이 음주를 엄격하게 절제하고 있다는 것을 열정적으로 찬미하고 있다. 즉, 그들의 관습은 모든 손님이 손에서 손으로 [항상 왼쪽에서 오른쪽으로] 술잔을 돌려가며 의무적으로 마셔서 취하고 타락하게끔 되는 다른 나라의 관습과는 아주 달랐다는 것이다. 플루타르코스50)에 의하면 아게실라오스는 이 술잔을 돌리는 관습을 사악한 외국관습으로 규정하여 건실한 스파르타인을 타락시키지 않도록 엄금하였다.51)

비일쇼프스키52)는 공동식사 구성원들이 매달 분담량을 다 마셨다면,

스파르타인은 술고래들이었다고 비난하고 있지만, 하루분 할당량이 작았다는 것이 아주 분명한 이상 이 비난은 불필요한 듯하다. 그들은 아마도 타락한 시절에는 이 훌륭한 교훈에서 벗어났겠지만, 적어도 체제의 융성기에는 절주해야만 했다. 나이든 이들이 포도주를 조금만 마시도록 금지당했다면, 젊은이들에게는 더 엄격하게 적용되었을 것이 당연한데, 그들은 물을 아주 많이 타서 마셔야 했다고 전해진다.53) 플루타르코스는 수치를 과장했고, 헤로도토스와 투키디데스는 훨씬 더 믿을만한 것 같다. 그렇지 않으면 각 구성원들이 낸 분담량의 남은 양을 어떻게 처분했는지 설명할 수가 없다.

포도주가 특별히 그들의 입맛에 맞지는 않았다는 것을 클레오메네스 왕의 딸인 고르고의 좀 건방진 진술에서 추정해낼 수 있다. 클레오메네스가 그녀에게 어떤 사람이 자신에게 포도주를 맛있게 만드는 법을 가르쳐 주었다고 말하자, 그녀는 "아버님, 그러면 마시고 취할 포도주가 더 늘어날 것이고, 술 마시는 자들은 더 술에 빠지게 되고 타락하게 될 것입니다"라고 말했다.54) 식사시간에 스파르타인이 엄격하게 절주했지만, 이 원칙이 손님들에게는 적용되지 않았다는 것은 키오스인들이 넌더리나는 행동을 했던 이야기에서도 잘 드러난다. 그들은 감독관단의 사무실인 에포레이온(ephoreion)에서 접대받다가 만취하여, 감독관들의 좌석에다 토해 버렸다. 감독관단은 스파르타인들은 아무도 이 행동에 관련되지 않았다는 것에 만족스러워 하며, 스파르타인이 키오스인으로 하여금 더럽혀져도 좋다고 허가했노라고 선언하였다.55)

데우티아데스(Deuthiades) 구역은 포도주의 산지로 유명했고, 리이크는 자기 시대에도 여전히 포도주가 생산되고 있다고 여행기에서 밝히고 있다.56) 스트라본57)은 카리스토스(Carystos)의 포도주는 알크만이 칭찬하고 있다고 말한다. 아마도 오이노스강의 이름은 포도주 생산지를 나타내는 것일 것이다.

치즈의 매달 분담량은 5므나였고, 무화과는 2½므나였다. 1므나는 대략 15¼온스 정도의 무게이다. 따라서 치즈의 연간 분담량은 57파운드가 조금 넘고, 하루치는 2¾온스쯤 되었다. 무화과의 양은 그 반이었다. 이는 매우 작은 양이므로 다시 한 번 플루타르코스가 정확한지 의심을 갖게 된다. 식량과 포도주의 양이 그렇게 많았다면, 치즈와 무화과는 왜 그렇게 제한되어 있었던가? 무화과는 사치품으로 간주되었을 수도 있지만, 치즈는 그런 부류에는 거의 들어가지 않았다. 젊은이들이 나이든 이들에게서 이를 받지 않았다는 것은 분명하고, 소년들이 먹고 싶다면 훔쳐야만 하는 진미였다고 추측할 수밖에 없다.

분담금이 매달 아이기나 단위로 10오볼로스였다는 것도 또 다른 골치 아픈 문제이다. '뤼쿠르고스의' 체제에 따르면 철제화폐를 제외하고는 금전의 사용이 금지되어 있었는데, 이 돈이 어디에서 왔고, 또 정상적인 스파르타인이 이 돈을 어떻게 소유했던가? 물론 스파르타에서는 금전의 사용이 금지되었던 적이 없고, 소위 '철제화폐'는 거의 사용되지 않았다는 것이 그에 대한 대답이다. 스파르타에서는 아주 후기까지 화폐를 주조하지 않았기에 외국화폐를 썼다.58) 하지만 그렇다고는 해도 분담금의 납부는 있었고, 이 자금으로 고기를 구입하여 바파(βάφα)·하이마티아(αἱμάτια)·멜라스 조모스(μέλας ζωμός) 등의 여러 이름으로 불렸던 유명한 '검은 수프'를 끓였을 것이라고 추측할 수밖에 없다. 이 수프는 소금과 초로 양념하여, 피를 빼지 않고 요리한 돼지고기로 만들어졌다.59) 플루타르코스60)는 이 수프의 명성을 많이 듣고, 맛보고 싶어했던 폰토스 왕의 이야기를 소개하고 있다.

> 그는 스파르타 요리사를 초빙하여 이 수프를 끓이게 하여 맛을 보았지만, 지독하게 맛이 없었다. 왕이 싫어하는 것을 본 요리사는 다음과 같이 말했다. "전하, 이 수프를 제대로 즐기시려면, 먼저 에우로타스강에 목욕하지 않으면 안됩니다."

알키비아데스가 이 이상한 요리를 먹고, 즐기는 체하려면 대단한 결심을 해야만 했을 것이다. 이는 훈련에 의해 바뀐 입맛임에 틀림없는데 음식에 입맛을 맞추었던 나이든 이들은 고기는 젊은이들이 먹게 하고 자신들은 수프만 즐겨먹었다는 이야기도 있기 때문이다.61)

디카이아르코스는 식사에 얽힌 다음의 이야기를 전하고 있는데, 흥미로워서 다 인용해 보겠다.

식사는 먼저 각 구성원에게 따로 나누어지는데, 옆자리에 앉은 사람끼리 나누어 먹지는 않는다. 그 다음에는 원하는 크기만큼 먹을 수 있는 보리로 만든 케이크가 있었고, 각자의 옆에 컵이 하나씩 있어서 목이 마르면 언제나 마실 수 있었다. 매번 같은 고기요리가 주어지는데, 한 조각의 삶은 돼지고기였지만 때로는 다 공평하게 나누어지지는 않았다. 고기의 크기는 아주 작은 조각은 아니지만 ¼ 파운드를 넘지는 않았다. 이것 외에는 물론 이 고기로 만들어진 수프를 제외하면 전혀 없었는데, 이 수프는 식사가 전부 끝날 때까지 모두에게 계속 돌아갈 정도로 넉넉했다. 아마 올리브나 치즈·무화과 혹은 산토끼·산비둘기나 그런 종류의 것도 있었을 것이다. 식사를 서둘러 마치고 나면, 소위 후식(epaikla)을 돌렸다.… 스파이로스는 그가 쓴『스파르타 국가』의 제3권에서 다음과 같이 말한다. "공동식사의 구성원들은 후식 역시 분담해야 한다. 보통사람은 때때로 사냥에서 잡은 것은 무엇이든지 가져오지만, 부자는 밀로 만든 빵과 계절에 맞는 들에서 나는 농산물을 가져오는데, 한 번의 모임에만 충분할 정도로만 가져왔다. 왜냐하면 다 먹지도 못할 음식을 필요 이상으로 장만한다는 것은 필요없는 짓이라고 믿기 때문이다."

이 가외의 분담량(παράλονα)62)에 대해서는 견해의 차이가 있다. 리델(Liddell)과 스코트(Scott)는 이 항목을 설명하면서 '생각지 않았던 손님에게 주어지는 가외의 몫의 음식'이라고 정의한다. 이렇게 설명하는 것이 가능하고, 아마도 사실상 맞을 것이다. 만약 손님이 올 것으로 예상되었다면, 그들을 위해서 음식준비를 더해야 했을 것이다. 그렇지만, 일반적으로 이 가외의 분담량은 모임 전체를 위해 각 구성원이 내놓는·것으로 특별히 손님용은 아니었다. 손님이 참석하게 되면 분명히 유용했겠지만 말이다. 크세노폰이 기술한 다소 이상한 한 구절에서는 부유한 구성원들이 사냥으로 잡아 들여온 것에다 빵을 추가로 분담한 것(ἄρτον ἀντιπαραβάλλουσι)을 가리키는 듯하다. 여기서 의미하는 것이 무엇인지 명료하지는 않지만, 이는 관대함에서 나온 행위가 아니며, 사냥감을 들여올 때마다 부자들이 같이 먹는 데 필요한 빵을 댔다고 하는 편이 가장 간단한 설명일 것이다.

노예, 포도주를 혼합하는 사람, 빵굽는 사람, 고기요리사 등이 음식을 요리하고 시중을 들었다. 이는 설명하기 어려운 문제를 야기하는데, 아마도 자유인으로서 부친의 직업을 세습하는 세습요리사63)가 있었다고 하기 때문이다. 이들은 아마도 수석주방장이었을 것이고, 노예를 부려 일했을 것이다. 폴레몬(Polemon)64)과 스켑시스의 데메트리오스65)에 의하면 요리사들은 '영웅들-마텐(Matten, 반죽하는 자)과 케라온(Keraon, 혼합하는 자)-'의 제단을 세웠다고 한다. 이들은 분명히 '공동식사에서 보리케이크를 만들고 포도주를 혼합하는' 자들의 수호신이었다.

스파르타인이라 해도 때로는 긴장을 풀고 쉬어야 했다.66) 히아킨티아 축제의 엄숙함은, 히아킨토스를 애도하는 음울함을 밝혀주는 일종의 사순절 행렬에 의해 가셔졌다. '플렉트럼(plectrum)으로 퉁기는 리라로' 혹은 플루트반주로 '전 음역을 넘나드는' 소년합창단이 '높은 음조로' 신의 찬미가를 불렀다. 화려하게 장식한 말 위에 올라탄 행렬이 극장을 통과하여 행진해 갔고, 소년합창단이 국가에 대한 찬미가를 불렀으며, 댄서는 옛날 양식의 인물상을 통과해 갔다. '시 전체가 축제의 열기와 기쁨에 젖어 있는 동안', 소녀들은 화려하게 장식된 버들가지로 만든 수레를 타고 지나갔고, 다른 이들은 두 마리의 말이 끄는 전차를 타고 퍼레이드를 벌였다. 여러 희생제물이 바쳐졌고, 시민들은 외국인과 노예에게 보리케이크·밀가루 빵·고기·싱싱한 채소·수프·무화과·견과류·루피너스 등을 차려 놓고 접대해 주었다. 분할자 축제(Feast of the Cleaver) 때에는 공공휴게소의 벽에 소시지를 걸어놓고 연장자들이 잘라먹도록 하였다.

시시티온은 예절과 품행 교실의 역할을 하기도 해서, 소년들이 연장자들의 근엄한 대화를 듣는 것이 용인되었다. 소년들은 또한 놀림당하는 것도 참도록 훈련받았는데, 플루타르코스67)는 이 놀림이 '상스럽지 않았다'고 서둘러 덧붙이고 있다. 그는 또 만약 이 식탁에서의 '희롱'은 놀림당하는 사람이 정도를 넘어섰다고 말을 하면 곧 멈추었다고 말하고 있다.

또한 사람들이 행한 명예로운 행동이 식사시간에 이야기되는 것이 상례이므로 "흥분해서 오만한 행동을 하거나 불온하게 굴거나, 버릇없는 행동이나 말을 할 기회는 없었다"고 크세노폰68)은 말한다. 식사와 그에 뒤따른 교훈적인 이야기들이 끝나면 모임은 해산되고 각자 집으로 돌아갔다. 연장자들만이 어두운 길을 밝혀주는 등잔을 가져갈 수 있었고, 젊은이들은 어둠 속을 걷는 습관을 익히도록 아무 것도 가져갈 수 없었다. 크세노폰69)은 다음과 같이 덧붙이고 있다. 공공식사 관습은 그밖에도 유익한 점을 가지고 있으니, 즉 참석한 사람들이 집까지 걸어가야 한다는 것이다.

> 그들은 먹는 장소에서 밤을 보내지 않을 것이라는 것을 알고는 술을 마셔 비틀거리지 않도록 조심해야 했다. 그들은 밤에도 낮과 마찬가지로 걸어가야만 했는데, 아직 군역을 마치지 않은 자들은 횃불을 사용할 수도 없었기 때문이다.

스파르타인의 소박한 생활양식이 약화되고, 옛날식 단순함 대신에 사치가 자리잡게 되자 시시티아도 퇴보하기 시작했다. 모임은 정기적으로 매일 모여 간단한 저녁식사를 하는 종교적 축제에서 공들인 향연으로 바뀌게 되었다. 그들은 사치스러운 긴 의자에 기대어 '많은 컵을 늘어놓고, 갖가지로 장식된 음식과 희귀한 연고류(unguents)·포도주·후식'70)을 즐겼다. 하지만 키케로는 이 긴 의자들이 별로 편안하다고 느끼지 않은 듯, 딱딱하다고 했다.71) 스파르타군이 몰락하고 결국 해산하게 되면서 함께 모여 식사하는 관습도 중요성과 가치를 잃게 되었다는 정상참작은 해야 할 것이다.

짐작대로 개혁자인 아기스 4세와 클레오메네스 3세는 '뤼쿠르고스식' 훈련으로 회귀하겠다는 계획에 시시티아를 부활시키는 것도 포함시켰다. 아기스의 경우, 플루타르코스72)의 언급에서 감당하기 힘든 난제에 봉착하게 된다. 그는 말하기를 아기스가 새롭게 짜여진 스파르타 동등자들을 15개의 피디티아로 나누었는데, 이들은 뤼쿠르고스의 법률에 걸맞은 식사와 훈련을 하며, 일부는 400명으로 다른 일부는 200명으로 구성되었다고 하였다(σύνταξιν δὲ τούτων εἰς πεντεκαίδεκα γενέσθαι φιδίτια κατὰ τετρακοσίους καὶ διακοσίους καὶ δίαιταν, ἣν εἶχον οἱ πρόγονοι, διαιτᾶσθαι). 따라서 많게는 400명으로 구성된 공동식사단이 만들어졌다고 믿을 수밖에 없다. 그러나 이는 불가능한 것처럼 보인다. 먼저 '뤼쿠르고스식'의 시시티온은 15명으로 구성되었다는 것을 우리는 알고 있다. 그러므로 아기스가 그렇게 큰 모임을 만든다는 것은 매우 '비(非)뤼쿠르고스적'이 될 것이다. 그리고 두번째로 이 많은 사람들이 한 지붕 아래 모여 식사할 수 있었을까라는 당연한 의문이 생긴다. 이 구절이 전와(轉訛)되었든지, 아니면 플루타르코스가 아기스가 노력했던 것을 잘못 이해했든지 둘 중의 하나일 것이다. 이 문제를 상당히 자세하게 검토해 본 비일쇼프스키73)는 그가 각각 15명의 구성원으로 된 300개의 피디티아를 세웠다(σύνταξιν δὲ τούτων εἰς τριακόσια γενέσθαι φιδίτια κατὰ πεντεκαίδεκα)라고 고쳐서 읽어야 할 것이라고 한다. 그는 아기스가 만든 신(新)시민의 수가 4천5백 명이므로 15명씩으로 이루어진 300개의 시시티아는 이 숫자와 딱 들어맞는다는 것을 근거로 이 추측을 옹호한다. 이렇게 고쳐 읽는 것이 매우 그럴 듯하게 보이기는 하지만, 이 역시도 너무 과격하다. 플루타르코스를 우리 생각에 맞추어 다시 쓸 수는 없다. 따라서 이 문제도 해결하지 않은 채 내버려 둘 수밖에 없고, 어떤 만족스러운 결론을 내릴 수가 없다. 감독관 아게실라오스가 한 달을 더 만들어 매달 지불해야 하는 세금을 거두었다는 플루타르코스의 아기스전의 한 흥미로운 구절에서, 그는 아기스가 시시티아를 계속 운영해갔고, 구성원들의 분담량을 거두었다고 추정하고 있다. 아마도 매우 파렴치한 아게실라오스가 가까운 장래에 창설할 것을 준비하기 위해 기금과 식료품을 모으는 것이 필요하다는 생각으로 그럴듯하게 제정했을 것이다. 어떤 경우이건 아게실라오스의 실각과 아기스의 피살로 이는 끝나게 되었다.

결 론

아리스토텔레스74)는 공동식사의 결점을 다음과 같이 지적한다.

피디티아라고 불리는 공동식사 제도를 처음 제정한 이도 잘 조정해 놓지 못했다. 공동식사 모임의 비용은 크레테에서처럼 공공기금에서 지불되어야만 했다. 그러나 스파르타의 규칙은, 어떤 시민들은 너무 가난해서 비용을 부담할 수 없음에도 불구하고, 각자가 자기의 몫을 가져오도록 되어 있다. 당연히 입법자의 의사와는 정반대 결과를 가져오게 마련이다. 공동식사 제도는 민주적인 취지를 가진 것이다. 그러나 현재 시행되고 있는 방식은 그 반대이다. 매우 가난한 사람은 거의 거기에 참가할 수 없기 때문인데, 예로부터의 관습에 따르면 공동식사 비용을 댈 수 없는 사람은 시민권을 보유하고 있을 수 없었다.

특정한 목적을 위해서 도입된 제도가 변질되어 완전히 다른 것으로 되어 버리는 경우는 여러 곳에서 나타난 잘 알려진 현상이다. 사실 시시티온이 변질된 것은 한 가지 이유 때문만이 아니었고, 그 중에서 아리스토텔레스가 지적한 것이 주된 이유는 아니었다. 시시티온은 구성상 근본적으로 군사적 성격이었고, 야전식사반이 상설화된 것이었다. 레욱트라의 재난 이후 스파르타의 군사력이 기울어지면서, 오랜 체제도 변질되기 시작했다. 외면적인 형태는 그럭저럭 유지되었으나, 근본적인 특징은 바뀌었다. 주둔의무를 행하고 있던 병사들의 단순한 식사모임이었던 것이 배타적인 성격의 사교클럽으로 변하였다. 군사적 강대국으로서의 스파르타가 끝나게 됨에 따라 그 존재이유는 사라졌다.

제10장

화폐와 공공재정

1. 화 폐

　스파르타인의 특이한 관습 중에서 교육제도와 함께 항상 큰 관심을 끌었던 것은 철제화폐였다. 스파르타의 단련에 대해 고대나 지금이나 일반적으로 받아들이는 관념은 뤼쿠르고스가 금과 은은 화폐로 쓰지 못하게 하고, 단지 철만을 아주 불편한 형태로 만들어 화폐로 쓰도록 했다는 것이다. 모든 증거를 세심하게 검토해 본다면, 일종의 '철제화폐'가 사용되기는 했지만, 적어도 역사시대에는 오직 그것만이 법적인 교환수단으로 쓰이지는 않았음을 알게 될 것이다. 비록 아주 후기까지 스파르타에 주화소는 없었지만, 스파르타인도 다른 나라 사람과 마찬가지로 자유롭게 금화와 은화를 사용했다. 금욕적일 정도로 절제된 스파르타인의 생활의 저변에 금전문제가 있었다고 생각하는 것도 옳지 못하다. 스파르타에도 부자는 있었고, 그 중 몇몇의 이름도 알려져 있다. 헤로도토스는 크세륵세스 (Xerxes)에게 당당하게 항복한 큰 부자들인 스파르티아스(Sparthias)와 베울리스(Beulis)의 이름을 전하고 있다.1) 리카스(Lichas)는 기원전 420년 올림피아의 전차경주에서 우승했는데,2) 전차경주란 매우 돈이 많이 드는 오락인 것이다. 또한 왕들은 그리스에서 가장 부유하다고 명성이 난 것도 알려진 사실이다.

　스파르타인 사이의 금전거래에 관해 가장 먼저 참조해야 할 것은 파우사니아스3)가 기록한 거래로서, 폴리도로스(Polydoros)왕의 저택을 미망인에게서 구입할 때 황소로 값을 치른 기록이다.

　　당시에는 아직 금화나 은화가 없었기 때문에 그들은 옛날 방식대로 황소와 노예, 주조되지 않은 금은으로 물물교환을 하였다.

이는 대단히 명백한 진술이고 호메로스시대를 연상케 하는데, 그 때에는 아마도 어느 정도는 공상적이기는 하지만, '황소기준(ox standard)'이라고 부를 수 있는 것이 사용되었고, 보충적으로 금은을 무게로 달아서 즉, 파우사니아스가 매우 정확하게 기술하고 있는 대로 아직 '주조하지 않은 채로' 타란톤 단위로 썼을 것이다.

하지만 호메로스 시대가 끝나고 역사시대가 시작되기까지의 사이에는 아무 기록도 남아 있지 않은 '암흑시대'가 끼어 있다. '도리아인'이 도래하여 이전의 미케네-아카이아 경제체제를 일소해 버렸고, 그 다음 일종의 '철제화폐'가 쓰였다는 전통이 나타난다. 왜 철제인가? 이 의문에 대해 답변하는 것은 그다지 어렵지 않다. 호메로스시대에는 철이 의심할 여지없이 귀금속의 하나였음을 기억해야만 할 것이다. 이는 매우 진귀하고 큰 가치를 가진 것이었다. 전부는 아니겠지만 대부분의 활용 가능한 철은 분명히 하늘에서 떨어진 운석에서 나온 것이었고, 따라서 '천상의' 것으로서 신비롭고 성스러운 성격이 가미되었다는 것이 분명했다는 추측이 정당화 될 수 있을 것이다.4) 철은 매우 유용하고 가치있는 것이었다. 이는 무기와 용구를 만들 수 있었고, 호메로스시대에는 주화가 없는 상태에서 철제 도구가 금이나 청동의 삼발이와 주발과 함께 교환수단으로 쓰였다. 라움(Laum)은 스파르타에서 여러 개가 출토되었던 기묘한 철제 '낫'이 일종의 화폐로 쓰였다는 것을 보여주기 위해 상당한 증거를 끌어모았다.5) 실제로 이것을 낫이라고 본다면,6) 곡식을 베는 도구로만 쓰이지는 않았을 것이고, 추측컨대 크레테에서 스파르타로 들어온 의식용구인 희생의 도구로서 종교적 중요성을 가졌을 것이다. 본질상으로는 같은 것으로, 실제로 사용되었다면 희생물의 고기를 꿰는데 사용되었을 쇠꼬챙이(obeloi)가 있다.7) 아마도 이런 쇠꼬챙이 6개묶음이 '한 웅큼(drax)'이 되었을 것이고 여기에서 드라크메라는 그리스 단어가 나왔을 것이다.8) 아르고스의 헤라클레온과 스파르타의 아르테미스 오르티아 성소에서 이것이 발견된 점이 이 견해를 뒷받침해 주는 것 같다.

시기를 확정할 수는 없지만 아마도 기원전 8세기와 기원전 6세기 사이의 어느 때9)에 페이돈(Pheidon)이 일상적인 은화를 도입한 것으로 알려져 있다. 원시적이고 쓰기 불편한 쇠꼬챙이는 귀금속으로 만들어진 보다 편리한 형태의 통화로 대체되었다.10) 스파르타 외의 그리스 국가는 확실히 '철제기준〔iron standard라는 용어를 쓸 수 있다면〕'을 포기했고, 그 시기부터 귀금속이 통화의 재료가 되었다. 하지만 스파르타에서는 그렇지 않아서, 그들은 옛날식 철제기준을 고집했다. 이는 고대의 저술가들에게는 매우 이상하게 보였던 듯하고, 그리하여 그들은 독특한 스타일로 이 기준이 왜 계속 사용되었는지를 설명하려고 애썼다. 스파르타의 독특한 면을 뤼쿠르고스가 만들었다고 설명하는 것이 가장 쉬운 방법이었으므로, 플루타르코스 역시 그런 식으로 다음과 같이 설명했다.

〔뤼쿠르고스는〕 통화에서 모든 금은의 화폐를 거두어들이고, 철제화폐만을 사용하도록 규정했다. 그리고 나서 이 무겁고 부피가 많이 나가는 철제화폐에 가치를 조금 부여하여, 10므나 가치의 화폐를 보관하는 데는 집안의 큰 창고가, 나르는 데는 멍에를 메운 한 쌍의 소가 필요했다. 이 화폐가 통화로서 통용되자 스파르타에서는 많은 범죄가 사라졌다. 왜냐하면 누가 숨겨두거나 만족스럽게 소유하거나, 잘라서 이익을 보지도 못하는데 훔치거나 뇌물을 받거나, 약탈이나 노략질을 하겠는가? 알려진 바대로 붉게 달구어진 쇠를 초산으로 처리하면 경도(硬度)가 없어지고, 다른 목적으로는 쓸모가 없게 되어 쉽게 부서지고 다루기 어려워지기 때문이다.

쇠를 불릴 때, 붉게 달구어져 용융되면 보통은 물, 나중에는 기름을 붓는 방법을 쓴다는 것을 주목해야 할 것이다. 초산에 담그면 어떤 특별한 효과가 나타난다는 것은 난센스이다. 초산은 고대인들에게 알려진 유일한 산이었고, 매우 잘못된 일이지만 여러 놀라운 특성을 여기에 돌리곤 했다. 사실상 이런 식으로 철을 불리면 얇은 겉면만 단단해질 뿐, 그 아래 철은 전혀 영향을 받지 않는다. 따라서 이 이야기는 전부 불합리한 것이며, 무시해도 좋을 것이다. 어쨌거나 펠로폰네소스에는 철이 풍부했으며 특히 라코니아에서는 오늘날에도 철광이 있다는 것을 기억해 두면 좋을 것이다. 확실한 것과는 거리가 멀지만, 이런 철판은 아마도 '펠라노르(pelanor)'라고 불렸을 것인데, 빵덩어리와 모양이 비슷하기 때문이었다.11) 이런 특별한 '동전'이 존재했다는 것이 좀 의심스럽지만, 발견되었던 여러 쇳덩어리가 그것일 수도 있다.12) 모양이 이상하게 보이기는 하겠지만, 단순히 크기로만은 극복할 수 없는 난점은 아니라고 말하는 것이 적절하겠다. 아주 흡사한 금속덩어리 ― 철은 아니고 청동(aes rude)이었다 ― 가 은화가 주조되기 전인 기원전 300년 이후까지 로마와 이탈리아의 다른 곳에서 쓰였는데, 사람들은 웬만한 양이면 마차로 실어 날라야 했다.13) 17세기 스웨덴에서 무거운 구리판이 쓰였다는 것은 같은 식으로 현대에도 사용되었다는 증거이다. 스웨덴에서의 2달러 어치의 동판은 3파운드나 나가서 시장에 가려면 일륜차(一輪車)를 써야만 했다고 한다.

    이 스파르타의 펠라노르를 은으로 환산해 보려는 시도는 막연하고, 만족스럽지 못해서 별 쓸모가 없다. 플루타르코스14)는 펠라노르 하나가 1아이기나 므나의 무게가 나가며, 4칼코스(chalkos) 혹은 ½오볼로스 가치가 있다고 한다. 적어도 논쟁의 여지는 있는 휠취(Hültsch)15)의 환산을 받아들인다면, 아이기나 므나는 605그램의 무게이다. 플루타르코스와 헤시키오스에 따르면 이 쇳덩어리들은 은화 ½오볼로스 가치가 나가는데, 1,200 대 1의 비율이 될 것이다. 이는 전혀 확실하지 않으며, 휠취의 견해로는 이 쇳덩어리의 원래가치는 1오볼로스로서 분명히 600 대 1의 비율이 될 거라는 것이다.16)

    이 혼란을 피해갈 방법은 없는 듯하며, 사실상 '화폐'의 비율을 말한다는 것은 불가능하다. 크세노폰17)이나 플루타르코스18)도 더 이상 도움이 되지 않는다. 세네카19)는 스파르타인이 가죽화폐를 사용했다고 한다. 이는 무시해도 좋을 것인데, 아마도 세네카는 소위 원시적인 '황소기준'과 혼동했던 듯하다.

    이러한 모순은 스파르타에는 자신들의 주화소가 없었고, 고유의 화폐는 철제밖에 없었다고 설명할 수밖에 없다. 일상적인 거래에는 국내에 유입된 외국통화를 가리지 않고 썼다. 스파르타에서 주화가 처음 만들어진 것은 기원전 280년 아레우스왕이 주화소를 세우고 자신의 이름이 새겨진 아티카 중량의 알렉산드로스 테트라드라크메(tetradrachme)를 주조한 때였다. 그 후 50년이 지나 클레오메네스 3세가 기원전 228년 은화로 테트라드라크메를 찍어낼 때까지 계속 주화가 만들어졌는지에 대해서는 알려진 바 없다. 클레오메네스와 나비스가 만든 은화는 둘 다 셀레우코스 왕조의 것을 본떠서 만들어졌다.20)

뤼쿠르고스가 펠라노르 외에는 다른 화폐를 사용하는 것을 금지했다는 것은, 나중에 보게 되듯이 행정관과 장군 사이에 만연된 타락을 제거하기 위해 창작된 순수하게 동화 같은 이야기이다. 스파르타 역사 내내 행정관의 타락은 골칫거리였다. 페르시아 전쟁이 끝난 후에 테미스토클레스는 그가 획득한 전리품으로 스파르타 국가 전체를 매수하려 했다고 하여 추방당했다. 그가 에우리비아데스(Euribiades)에게 5타란톤을 뇌물로 준 것이 사실이라면, 이는 당시로서는 엄청난 거금이었다.21) 기원전 476년 레오티키다스왕은 뇌물을 받아서 유죄선고를 받았다.22) 기원전 446년 플레이스토아낙스(Pleistoanax)는 15타란톤의 벌금을 선고받았는데, 기록이 사실이라면 이는 믿을 수 없을 정도로 큰 금액이다.23) 그를 고발했던 클레안드리데스(Cleandrides)도 나중에 뇌물을 받고 매수되었다고 유죄선고를 받았다.24) 시실리의 승리자인 길리포스(Gylippos)는 절도죄로 고발되었다.25) 기원전 404년 뤼산드로스가 아테네를 함락시킨 후 빼앗은 전리품을 가지고 돌아올 때, 스파르타의 독직사건이 절정에 달하였고 이를 억제하기 위해 개인의 귀금속 소유를 금지하는 법안이 통과되었다.26)

위대한 시민들을 타락하게 만들었던 금전의 영향력을 두려워하는 스파르타의 현자들은 뤼산드로스의 행동을 소리 높여 반대하고, 감독관단에게 외래의 해악으로서의 모든 금과 은을 국외로 없애버리라고 공언하였다. 감독관단은 이에 대하여 논의하였고, 금이나 은을 국내로 반입할 수 없고 철로 만든 자국의 화폐만을 사용할 것을 포고하였는데, 그 포고자를 테오폼포스는 스키라피다스(Sciraphidas), 에포로스는 플로기다스(Phlogidas)라고 하였다.… 그러나 뤼산드로스의 친구들은 이에 반하는 행동을 계속하고 있었고, 계속해서 국내에 돈을 쌓아두려 애쓰고 있었다. 결국 이런 종류[철제]의 화폐를 공식적으로 사용하고, 동시에 만약 개인이 사적으로 소유하고 있는 것이 발견되면 사형에 처하기로 결의하였다. 이는 마치 뤼쿠르고스가 금은을 두려워하고, 그로 인해 생겨나는 탐욕을 두려워하지 않았다는 듯이 행동한 것이다. 개인이 소유하지 못하게 함으로써 이 경향을 억제한 것이 아니라 오히려 장려한 것이었는데, 국가가 소유하는 것을 허용함으로써 금은에 일종에 존엄을 더하여 주어 보통의 가치 이상을 만들어주었기 때문이다.

이 법안은 두 가지 점에서 상당한 역사적 중요성을 지닌다. 첫째로, 스파르타식 훈련을 '엄격히 준수하는 당파'는 이전시대의 소박함과 완전히 멀어진 상황에서 뤼쿠르고스식의 전통에 호소하고 있었다는 점이다. 후에 보게 되겠지만, 이후에 전개되는 스파르타사에서 이런 뤼쿠르고스의 법에 호소하는 것은 다시 나타난다. 그리고 두번째로, 이 법안의 통과로 다른 방법으로는 설명하기 애매한 두 가지의 언급을 해명해 줄 수 있을 것이다. 크세노폰[27]은 개인이 금은을 보유하는 것이 금지되었다고 말하고 있다. 이는 그가 스파르타에 잠시 거주한 후에 말한 매우 흥미로운 언급으로 스파르타에서도 다른 그리스 국가처럼 화폐가 자유롭게 쓰였다는 의미로 이해되어 왔던 구절이다. 이는 주석가를 여러가지로 당혹스럽게 했던 「스파르타의 국제」의 구절 중 하나이다. 포세이도니오스(Poseidonios)[28]는 부유한 스파르타인이 자신들의 돈을 아르카디아(Arcadia)에 보관했다고 말한다. 그들이 왜 신뢰하는 페리오이코이에게 맡기지 않았는지 하는 의문이 드는 것은 당연하다. 플루타르코스[29]는 뤼산드로스가 델포이에 있는 아칸티아인들(Acantians)의 보고에 11스타테르(stater) 이외에도 1타란톤과 52므나를 맡겼다고 말하면서, 그가 가난한 것은 유명한 일이기에 잘 맞지 않는 일이라고 냉정하게 언급한다.

이 신비스러운 사람들과 관계있는 일이 다 그렇듯이 스파르타인의 부 또한 다른 그리스인을 당혹케 했다. 플라톤30)은 청년 알키비아데스와의 유명한 대화에서 "스파르타인의 절제, 질서정연함, 재간, 차분함, 관대함, 훈련, 용기, 인내, 열심히 일하는 것, 출세욕과 명예욕"에 대해서 확고한 어조로 말한다. 그러나 그가 스파르타인의 토지와 노예·말·가축과 금은 보물의 부유함에 대해서 말할 때는 잘 알지 못하고 있었다.

> 그리스 전체에서 보유하고 있는 것보다 스파르타에서 개인적으로 보유하고 있는 금은이 더 많기 때문인데, 왜냐하면 여러 세대 동안 그리스 각지에서 그리고 때로는 야만족에게서도 보물이 반입되었지만 아무 곳으로도 나가지 않았기 때문이다. 그리고 마치 이솝우화에서 여우가 사자에게 발자국의 방향에 대해서 말했던 것처럼, 금전이 스파르타로 들어간 흔적은 뚜렷하지만 어디로도 나오지 않았으니 이들이 재산 면에서는 그리스에서 가장 부유한 이들이라고 확신할 수밖에 없다.

스파르타가 사실상 다른 나라보다 더 부유하지 않으며 오히려 가난한 편이라는 것을 알고 있기 때문에 이 추론은 당연히 잘못된 것이다. 이는 적어도 펠로폰네소스 전쟁이 끝날 때까지는 그랬으며, 소크라테스가 말하는 시기는 전쟁 초기이다. 스파르타인이 부유하다는 것은 떠도는 이야기였으며, 그는 단지 이 오래되고 별 가치가 없는 이야기를 되풀이한 것에 지나지 않는다.

"스파르타는 다른 것이 아닌 금전욕으로 무너질 것이다"는 말은 오래 전부터 있어온 것이다.31) 그렇지만 여기에는 이의를 제기할 수 있고, 부자들의 탐욕이 스파르타의 쇠망과 몰락에 매우 밀접한 관계가 있다는 생각은 받아들이기 어렵다. 폴리비오스32)는 보기 드문 통찰력으로 이 문제를 다루고 있다.

> 그들이 이웃지역과 펠로폰네소스만을 지배하려고 하는 동안은 원하는 모든 것

을 육로나 해로로 즉각 가져올 수 있기에 라코니아 자체의 자원과 보급품만으로도 충분하다는 것을 알았다. 그러나 해군원정대를 파견하거나, 육로로 펠로폰네소스 밖으로까지 원정을 나서자, 뤼쿠르고스의 법률에서 허용하는 바인 철제화폐를 사용하거나 자신들에게 없는 필수품을 곡물과 교환하는 것으로는 그 필요를 만족시키지 못한다는 것이 분명해졌다. 그러려면 널리 통용되는 통화와 외국물품이 필요하게 되어, 그들은 페르시아에 대해 그리스 섬에 공물을 매기며, 그리스 전역에서 세금을 거두라고 요청하지 않으면 안되게 되었다. 왜냐하면 그들이 뤼쿠르고스의 법률을 준수하는 한 그리스의 패권은 고사하고, 영향력 있는 위치도 확보할 수 없다는 것을 인정해야 하기 때문이다.

마지막에 시사하는 바는 적어도 고려해 볼 만하다. 이 철판이 사실상 페리오이코이 제련공이 수입한 외래품과 교환해 주는 '강괴(鋼塊)'나 '강편(鋼片)'이었다는 것이 가능한 이야기인가? 철은 무역상품에 많이 포함되고, 라코니아에 철광상이 풍부하다는 것은 주지의 사실이다. 따라서 철은 다른 나라와의 물물교환에 쓰이는 중요한 자원이었을 것이다. 상인들이 이 철판 혹은 철괴를 자신들의 상품과 교환하면서 이것이 스파르타인의 화폐로 쓰인다는 것을 알았다는 것도 불가능한 이야기는 아니다. 혹은 그들이 스스로를 더 잘 알았다면, 다른 사람들이 그렇게 받아들였을 것이고, 철제화폐의 전설은 커져가게 되었다. 이 착상을 고집할 필요는 없지만, 이 전설이 존속해 온 것을 적어도 일부나마 설명할 수는 있을 것이다. 스파르타와 관련된 것은 모두 신비스러웠고, 그들이 이 기묘한 것을 화폐로 사용했다고 생각하는 것도 매우 그럴듯한 일이었다.

폴리비오스가 옳았다. 스파르타가 외부세계와 관계가 적거나 거의 없는 소규모의 폐쇄된 국가였을 동안에는 원시적 경제상태로도 존속할 수 있었다. 스파르타 시민이 그들의 철판을 유일한 화폐라고 선택했다면, 헤일로타이가 순종하면서 그들을 부양하는 한 정말로 잘 꾸려나갈 수 있을 것이다. 폴리비오스가 적절하게 지적한 것처럼 "뤼쿠르고스의 법률로 허용된바, 곡식과 그들에게 없는 필수품을 교환하여 필요를 충족시켰다." 그러나 귀금속이 침투하여 영향력을 발휘하기 시작하자, 예전의 체계는 무너졌고, 적어도 역사시대에는 스파르타의 철제화폐는 전설에 불과한 것이 되었다. 아마도 남아 있던 대부분의 펠라노르는 녹여서 무기나 방호구(防護具) 혹은 더 유용한 물건을 만드는 데 쓰였을 것이다. 에파미논다스가 사망했을 때, 그의 집에서 단지 작은 쇠꼬챙이 하나만이 발견되었다는 플루타르코스33)의 말이 그 당시까지 펠라노르가 쓰였다는 것을 보여주는 증거는 되지 못할 것이다. 그가 스파르타에서 이것을 골동품으로 가져왔다고 보는 편이 더 좋을 것이다.

스파르타에서 돈을 빌리거나 빌려주는 행위가 불법이었다는 생각은 바로 잊어버려야 한다.34) 감독관은 계약과 관련된 모든 사건을 판결했고, 대부분의 계약은 금전문제가 결부되어 있었기 때문에 그런 사건을 감독관이 다루지 않는다는 것은 불가능했다. 포티오스(Photios)35)가 인용한 디오스코리데스(Dioscorides)의 한 구절에서 '부신(符信)' 혹은 스키탈레의 사용에 관한 흥미로운 묘사를 하고 있다. "디오코리데스는 관습에 관한 논문인 「페리 노미몬(Περὶ νομίμων)」에서 말하기를 스파르타의 채권자들은 두 사람의 증인의 입회하에 막대기를 둘로 꺾어서 각각의 조각에 계약을 적어 놓곤 했다. 그들은 그 한 조각을 증인 중 한 사람에게 주고, 나머지 조각은 자신들이 보관하였다."

플라톤36)은 스파르타인의 금전에 관한 태도를 매우 못마땅하게 여겨, 교육적 기준에서 잘못된 것이라고 하였다.

이런 종류의 사람들은 과두정하의 사람들처럼 금전에 대해 탐욕스러운 사람들일 것이다. 그들은 금은에 대해 맹렬하고도 은밀한 욕망을 갖게 될 것이어서, 금은을 집어넣고 숨겨두기 위한 창고와 보고를 갖고서 어두운 곳에 숨겨둘 것이다. 또한 자기 알을 위한 둥지와 같은 집을 갖고서 그 안에서 막대한 돈을 아내나 좋아하는 사람을 위해 쓰게 될 것이다. 그들은 금전을 높이 평가하면서도 드러내놓고 획득할 수가 없기 때문에 인색하다. 그렇지만 남의 돈이라면 자기 욕심을 채우기 위해서 쓸 것이고, 마치 애들이 아버지의 눈을 피하듯이 법률의 눈을 피해 쾌락의 열매를 맛보려 할 것이다. 이는 그들이 이성과 철학의 동반자인 진정한 무사(Musa:뮤즈)를 무시하고 음악보다 체육을 더 중시했기 때문에 점잖은 영향력이 아니라 강제에 의한 교육을 받아서이다.

2. 공공재정

"스파르타의 전사는 누구도 자신들의 공공재정을 지킬 생각을 하지 않았다"고 안드레아즈[37]는 말한다. 사실 이는 좀 지나친 평이기는 하나, 아리스토텔레스[38]도 명백한 방식으로 솔직하게 비난하고 있다.

> 스파르타에서 공공세입을 잘 관리하지 못했다는 것을 알 수 있는데, 그 이유는 큰 전쟁을 치러야 했을 때 국고가 비었기 때문이다. 스파르타인들은 대부분의 땅을 자신들이 보유하고 있었기 때문에 세금을 잘 내지 않았고, 각자가 내야 할 것을 면밀하게 조사하지 않았다. 그럼으로써 국가는 가난하게 되고 시민들은 탐욕스럽게 되어 입법자의 의도와는 정반대가 되어 버렸다.

이런 것은 세계 곳곳에서 늘 있어왔다. 부자와 특권 귀족계층은 스스로의 자리를 잡은 뒤에는, 국가유지를 위한 의무를 다하기를 거부하는 것이다. 그들 사이에서는 다른 사람의 일에는 지나친 관심을 보이지 않는다는 '신사협정'이 있다. 역사상의 모든 혁명의 기원을 살펴보면, 정부의 파산으로 시작한다.

스파르타에는 공공재정이나 조세의 체계가 없었다는 것은 우리를 괴롭히는 어려움에서 너무 쉽게 도피하려 하는 것이다. 어떤 체계가 있어서 그에 의해 국가적인 공공사업을 수행했으며, 특히 전시에는 스파르타인이 이를 지속시켰다는 것이 우리가 말할 수 있는 전부이다. 국고에서 처러야 했던 요새·항구[예를 들어 기티온의 조선소]·국경방어 비용은 막대했음에 틀림없다. 하지만 펠로폰네소스 전쟁 발발시기까지는 매월 내야 하는 시시티온의 분담금 외의 스파르타 시민들의 직접세가 없었음은 분명하다. 국고는 비어 있었고, 아르키다모스 왕은 동료시민에게 아테네 같은 부유한 제국과 싸우는 것에 대해 경계할 정도여서 동맹국에게 지원을 요청하고 전비를 바치도록 하였다. "그렇지만 스파르타인은 국고에 여유도 없었고, 개인의 재산에서 분담금을 자발적으로 바치려고 하지도 않았다."39) 스파르타인에게 공평하게 말하자면, 세금을 내려하지 않는 것이 일반적으로 그들만은 아니었다 하겠다. 그리스인은 모두 '직접세'를 싫어했고, 시민들에게서 돈을 걷어내는 유일한 방법은 아테네에서 종종 보이듯이 특별재산세(eisphora)를 통한 것이었다. 모든 그리스인에게는 시민이 되는 것은 돈을 치르는 것이 아니라 이득을 얻는 것을 의미했고, 이는 간단하면서도 제한적이나마 효과적인 시민권 이론이었다.

그러나 스파르타인이 펠로폰네소스 전쟁 발발시기에 세금을 내지 않았다면, 아리스토텔레스가 저술했던 시기에는 세금을 냈던 것이 상당히 명백한 듯 한데, 왜냐하면 아리스토텔레스는 아들을 넷을 둔 아버지는 면세되었다고 적고 있기 때문이다.40) 어떤 세금이 있었는지, 어떻게 징수되었는지 등 이와 관련된 것에 대해서는 알지 못하고, 그로 인해 얼마나 걷어들이게 되었는지도 짐작할 수 없다. 다른 곳과 마찬가지로 세리는 경멸받았고, 그 직업은 포주와 같은 등급이었다.41)

페리오이코이가 왕에게 바치는 연공의 특징은 확실하게 알려져 있지 않다. 하지만 일종의 세금을 물어야 했던 것은 분명한 듯 싶다. 스트라본42)은 아주 애매하게 표현된 한 구절에서 아기스왕이 스파르타에 인접한 영토를 정복하고 그 주민들 중 일부는 노예[즉, 헤일로타이]로 만들었지만, 나머지는 자유민 신분을 유지시켜 주되 연공을 부과하였다고 전한다. 이들은 분명히 페리오이코이이고, 그 이래 많은 페리오이코이가 그러했듯이 무거운 연공을 지불함으로써 자유를 샀다. 플라톤43)은 왕들에게 치르는 세금에 대해 언급하면서 '작은 양이 아니'라고 말하고 있다.

그 본질은 무엇이었던가? 돈으로 내는 인두세였던가 아니면 왕가의 사유지(temenos)에 있는 농장의 소작인이 치르는 지대였던가? 그리고 마지막으로 금납(金納)이었던가 아니면 물납(物納)이었던가? 불행하게도 이러한 질문 중 어느 것에 대해서도 확실한 결론을 내릴 수가 없으며, 주석가들 사이에도 심각한 정도의 견해차가 있다. 부졸트44)는 소작인들이 치르는 지대였을 것이라고 생각한다. 귀로(Guiraud)45)는 왕가의 사유지가 아주 작아서 지대가 얼마 안되었을 것이라고 보는 편이다. 그러나 카르슈테트46)는 왕이 페리오이코이로부터 수입을 얻었다는 사실은 인정하지만, 이 경우에는 단순히 왕권에 따르는 부수입이었을 것이라고 생각한다. 안드레아데스는 명백한 결론을 내린 것은 아니었지만, 플라톤의 언급이 지나친 과장이었고, 연공이 있었다 해도 작았을 것이라고 본다.

한두 가지 더 신경써야 할 문제가 남아 있다. 첫번째 문제는 긍정적인 답변이 나오지 않는다는 것을 불행하게도 인정할 수밖에 없다. 스파르타의 부유한 시민들은 '리투르기아(liturgia)'를 꼭 해야만 했던 것인가? '리투르기아'는 적어도 여타 그리스 국가에서는 국가에 봉사하는 특별한 종류의 기여였다. 예를 들어 한 부자가 군함, 즉 삼단노선을 일정기간(통상 일년) 유지하는 비용을 내달라는 요청을 받을 수 있었고, 혹은 축제의 합창단의 보수를 지불해야 했거나 경기에서의 운동선수에 들어가는 비용을 감당하기도 했다. 원래는 애국적인 시민들이 자발적으로 기부하는 것이었으나, 드디어는 정규적인 강제징수금이 되었고 종종 이들이 져야 하는 무거운 부담이 되었다. 크세노폰47)이 서술한 한 구절은 적어도 하나의 리투르기아 의무를 잘 나타내 주고 있는데, 이는 전시에 기병대의 말 한 필, 혹은 여러 필을 공급하는 것으로 아마도 기수를 길러내고, 그 장비까지도 제공해 주는 것으로, 스파르타의 부자들에게 부과되었다. 불행하게도 "가장 부유한 자들이 군마들의 비용을 댔다"는 크세노폰의 문구는 매우 분명하지가 않다. 하지만 이는 국가에 의해 그들에게 부과된 의무였으며 자신들의 비용으로 기병대의 장비를 대주었다고 보는 것도 전혀 불가능한 것은 아니다. 또한 스파르타 기병대가 전적으로 비효율적이었던 이유가 이 체제 때문일

지도 모른다고 보아도 무방할 것이다. 로마인은 훌륭한 리투르기아 제도를 애호했다는 것은 매우 명백한 듯 싶다. 확실히 체육감독관직이었다고 추측할 수 있는 디아베테스(diabetes)직은 부자들에게 부과되었다. 특정한 직책 보유자를 추천하는 비문에서 '자발적인(αύτεπάγγελτος)'이라는 단어는 이 직책이 관련된 많은 비용을 대개 비자발적으로 지출해야 했던 사람들에게 강요되었다는 것을 잘 보여준다.48)

스파르타인이 사모스에 대부해 주려할 때, 절제심을 보여주었다는 주장은 거의 믿기 어려운 기묘한 사건이다. 대부금을 늘리기 위해 그들과 가족이 모두 하루 동안 금식하고 그 수익을 보냈다는 것이다.49) 이는 의심쩍은 이야기이고, 사모스가 아니라 스미르나(Smyrna)이며 돈이 아니라 곡식을 보냈다는 플루타르코스50)가 기록한 변형된 이야기도 역시 이해하기 어렵기는 마찬가지이다. 하지만 이 두번째 이야기는 좀더 그럴 듯하다. 그들이 돈이 아니라 음식을 소비하지 않고 보냈다고 생각하는 편이 더 쉬울 것이다.

스파르타정부가 아테네 30인 참주들에게 100타란톤을 대부해 주었다는 것은 확실히 입증된 일이다.51) 스파르타인 편에서는 그들 30인이 권력을 잡고 있기를 원했다는 것은 상당히 납득이 간다. 내전이 끝난 뒤 아테네인이 이 대부금을 갚기로 했다는 존경할 만한 결정은 확실히 모든 사람들에게 큰 만족을 주는 이야기였고, 고결함과 정직함을 나타내는 특이한 증거로 종종 인용되지만, 그 이전에는 고결함도 정직함도 아테네인에게는 별 관계가 없는 것으로 여겨졌던 덕목이다.52)

●●●●● 전쟁재정

스파르타인들은 그들의 모든 존재가 결코 끊이지 않는 전쟁에 대한 준비가 완료된 민족으로서, 유별나게도 전쟁수행에 필요한 재정에 대한 개념이 서 있지 않았다. 확실히 이 태도는 그들이 그리스의 외부분규에 얽혀드는 것을 고의로 기피했던 데서 나왔다. 전쟁이 일어나면, 전사들은 자신의 무기와 식량을 가지고 집결하였다. 군대는 전장으로 진군하였고, 전투가 끝나면 다시 해산하였다. 이는 확실히 간단하고, 한계는 있지만 매우 효율적인 방법이었다. 하지만, 똑같이 분명한 것은 비상시국에는 붕괴하기 쉬웠다는 것이다. 예를 들어 페르시아 전쟁 시기까지는 아테네의 모범53)을 따라 동맹국에게 연공을 바치라고 하는 일은 없었던 것 같다. 필요에 쫓겨서 그렇게 해야만 했을 때, 그들은 경험이 없었기 때문에 아테네의 아리스티데스(Aristides)에게 어떻게 해야만 하는지, 그리고 연공의 산정은 어떻게 해야 공평한지 자문을 구해야만 했다고 플루타르코스54)는 전한다. 아리스티데스는 좋은 충고를 해주었지만, 스파르타인에게 그 충고가 도움이 되었던 것 같지는 않다. 왜냐하면 그들의 국가재정은 원시적이고 대단히 비효율적이었기 때문이다.

펠로폰네소스 전쟁이 발발하면서 스파르타는 심각한 정도의 곤경에 빠지게 되었다. 국고는 비어 있었고 해군은 전무했는데, 싸워야만 하는 적수는 부유하고 또 유능한 해군을 갖고 있었다. 만약 아테네인을 육전(陸戰)으로 끌어들일 수 있다면, 그들을 격퇴시킬 수 있었으리라는 것에는 의문의 여지가 없다. 하지만 그것이야말로 아테네의 페리클레스가 절대로 하지 않을 행동이었다. 전쟁을 길게 끌어서 스파르타의 국력이 소진시키는 것이 아테네의 정책이었다. 하지만 이 전쟁을 수행해 나가기에는 비용이 많이 들었고, 늙은 왕인 아르키다모스가 시민들에게 전비에 대해서 경고할 정도였다. "전쟁을 이기게 하는 것은 병사가 아니라 금전이다"라고 그가 말했는바, 스파르타의 국고가 비어 있고 시민들이 세금을 내는 것을 완강히 거부한다면, 전비문제는 심각해질 것이었다.

실상 아테네인은 이 모든 것을 잘 파악하고 있었고, 페리클레스55)는 아테네 민회에서 행한 연설에서 이를 잘 표현하고 있다. 스파르타인은 지주이고 그들의 모든 재산은 토지에 잠겨 있어서 쓸 수 있는 현금이 얼마

안되거나 없을 것이라고 그는 지적한다. 그들은 해외에서의 오랜 전쟁경험이 없고, 돈이 들지 않고 격패시킨 적에게서 빼앗은 전리품으로 안전하게 비용을 충당할 수 있는 단기전에만 익숙해 있다는 것이다.

> 여기서 설명한 사람들은 함대에 승무원을 탑승시키거나, 육군을 자주 파견한 적도 없습니다. 전쟁을 후원하는 데는 강제적인 분담금보다는 풍부한 자원에 의존합니다. 토지를 경작하는 사람들은 금전보다는 인력으로 전쟁을 수행하려 합니다.

이 모든 것은 완벽할 정도로 사실이다. 하지만 스파르타가 긴 전쟁을 충분히 수행한다면, 아테네의 많은 보유물량도 소진될 것이고, 내켜 하지 않는 동맹국에게서 강제로 강요한 연공으로 인해 더욱 어려운 처지가 될 것이라는 것도 사실이다. 단기전이라면 모든 면에서 아테네가 유리하지만, 장기전으로 끌고 가게 된다면 스파르타가 승리할 것이다.

결국 그렇게 되었다. 스파르타는 동맹국들에 자금을 조달해 줄 수 없었고, 따라서 그 문제는 동맹국이 자발적으로 처리하도록 되었다. 동맹국 각자는 스스로 자금을 조달했는데, 아테네에 있는 동맹금고에 연공을 바치도록 하여 완벽하게 통제하고 있던 아테네의 체제와는 사뭇 달랐다. 스파르타는 전쟁비용을 아주 적극적으로 '분산'시켰는데, 아마도 그들의 체제가 더 나았던 것 같다. 아테네의 연공에 대해서는 동맹국이 늘 격렬한 불만을 가졌지만, 스파르타의 경우에는 불만이 없었다. 만약 이런저런 동맹국이 스파르타 진영에서 싸우기를 원한다면, 스파르타에 재정상의 도움을 기대해서는 안되었고 스스로 해결해야 했다. 자연히 이런 일종의 분담금 체계는 협의를 통해서 진행되어야 했고, 문제는 얼마만큼 내야 할 것인지를 확정짓는다는 것이 어렵거나 완전히 불가능하다는 것이었다. 전쟁 중에 스파르타의 동맹국들이 분담금을 얼마나 내야하는지 궁금해 하면서 금액을 확정짓기를 원하자, 아게실라오스의 아들인 아르키다모스는 "전쟁

에는 정량이 없다"라고 대답하였다고 한다.56)

체계가 없다고 해야 좋을지도 모르지만, 이 체계의 특징은 '아주 원시적이고 경제조직의 서투른 모방'57)이라는 데 있다. 아마도 그랬겠지만, 그래도 잘 굴러갔었다. 스파르타가 기원전 387~386년에 훨씬 과학적인 아테네의 '중앙집권적' 정책을 채택하고 각 동맹국에게 일정수의 전사 혹은 그에 상당하는 금전지불을 강요하자,58) 엄청난 불만이 표출되었다는 것은 주목할 만하다. 스파르타의 오만함과 탐욕으로 인해 국외에서는 증오감을 가졌고, 그들이 레욱트라에서 패배하자 이전의 동맹국은 기뻐하였다.

펠로폰네소스 전쟁이 한창 진행중일 때, 함대를 건설하고 수병을 배치하는 비용은 모두 동맹국 책임으로 떠넘겨졌다.59) 시실리에서 아테네를 격퇴시키고 나서, 100척의 함대를 배치하려 할 때, 스파르타는 단지 25척만을 제공할 수 있었다. 스파르타는 바다의 강국이 될 의도가 전혀 없었으므로, 아테네가 패배한다면 바다에서 도움이 필요하였다. 전쟁이 막바지에 이르자 스파르타는 부끄러움도 없이 페르시아에 자금과 선박을 요청하였다. 이소크라테스60)는 페르시아가 스파르타에 5천 타란톤을 제공했다고 하는데, 아마도 과장이 아닐 것이다. 헬레스폰트 해협에서의 마지막 해전에서 싸웠던 함대는 모두 페르시아 조선소에서 건조된 것이었다.

펠로폰네소스 전쟁이 끝나면서 스파르타는 승리를 거두었고, 승리에 따르는 전리품으로 처음으로 부유하게 되었다. 스파르타는 타협하거나 양보하려 하지 않았다. 이미 위임되었던 기원전 387~386년의 전후처리는 매우 뻣뻣한 것이었다. 라케다이몬 군에 공급해야 하는 전사를 면제해 주는 데 드는 비용은 보병이 하루에 3오볼로스, 기병이 2드라크메였다. 스파르타인들은 동맹국이 할당된 양을 채우지 못하면 일인당 일당으로 쳐서 벌금을 물렸다.61) 그 결정은 완전히 스파르타의 지도자들의 마음대로였고, 그들은 거기에 대해서 설명할 의무조차 없었다. 기원전 371년 개정된 분담액에 따른 새로운 할당량이 제시되었고, 그 금액은 아폴론 신전에서 보관될 예정이었다.62) 하지만 레욱트라의 재난으로 끝나고 말았다.

제11장

아기스-클레오메네스-나비스

스파르타의 쇠퇴

기원전 371년 레욱트라에서의 패배 이후 스파르타의 쇠퇴에 관한 이야기는 우울하면서도 놀라운 것이다. 이는 마치 레욱트라에서의 패배가 -이런 표현이 허용된다면- '그 속에 있는 것을 모두 불러낸' 것 같았다. 그 후 10년도 안되어 스파르타는 세번이나 침략을 당했다. 메세니아를 상실했고 이에 따라 스파르타 시민들의 토지도 함께 잃어버렸다. 이는 결코 회복되지 않을 경제적 손실이었고, 심각한 사회적 상황의 악화가 뒤따르게 되었다. 기원전 370년 스파르타를 위압하고 종속시키기 위한 목적으로 아르카디아의 수도가 되는 메갈로폴리스(Megalopolis)가 세워졌다. 기원전 362년 스파르타는 만티네이아에서 또다시 패배를 맛보았다. 에파미논다스의 죽음과 함께 테바이의 패권이 파괴되었지만 스파르타 중장보병의 무적 신화 역시 다시는 재현되지 않았다. 기원전 338년 마케도니아의 필리포스가 국토가 유린되자, 아기스 3세에 의해 주도된 마케도니아에 대한 반란은 5년 후 안티파테르(Antipater)에 의해 무참하게 분쇄되었다. 기원전 294년에 일어난 두번째 반란은 데메트리오스 폴리오르케테스(Demetrios Poliorcetes)에 의해 분쇄되었다. 전반적으로 우울한 이 이야기에서 유일하게 밝은 측면이라면, 기원전 272년 퓌로스(Pyrrhos)의 침입을 격퇴한 것이다. 이 때 전 주민이 스파르타 도시를 용감하게 방어했고 특히 주목할 것은 여성들의 활약이었다. 기원전 244년에는 아이톨리아인이 라코니아를 공략하여 기록된 바로는 5만명의 포로를 붙잡아갔다.[1] 이 수효는 분명히 과장된 것이지만, 어쨌든 이 사건은 이미 피폐하고 거의 고립무원이 된 스파르타에게는 괴로운 재난이었다.

아기스왕[2]

 아이톨리아인들이 침입했던 해에 에우리폰티다이 왕가의 아기스 4세가 20세도 안된 젊은 몸으로 왕위를 계승하였다. 플루타르코스의 전기를 통해 우리는 이 젊은 왕이 관대하며 충동적인 성품을 가지고 있었다는 것을 알 수 있다. 또한 그는 사람을 다루는 데 전혀 경험이 없었고, 위기가 닥쳤을 때, 즉 통제할 수 없게 되어버리는 상황을 극복할 수 없었다. 이 전기에 의하면 그는 스파르타에서 가장 부유했던 사람인 어머니와 할머니에 의해 호사롭게 양육되었으나, 본성에 의해 마음을 다잡아 모든 사치를 외면하고 스파르타식 짧은 망토를 입는 것에 자부심을 느꼈다. 그리고 식생활에서, 냉수욕 외에는 하지 않는 것에서, 또 전반적인 생활양식에서 옛 스파르타의 방식을 주의 깊게 준수하였다.
 스파르타가 몰락한 국가였다는 것에는 의문의 여지가 없다. 상당히 의문스러운 것은 이 비참한 상태가 된 이유와 이를 개선할 만한 방법이 있었느냐는 것이다. 아기스는 이 두 가지 의문 모두에 대해 탁월한 해결책을 갖고 있었다. 스파르타는 뤼쿠르고스에 의해 세워진 생활양식을 준수하지 않았기에 쇠퇴하게 되었다. 이전의 명성과 국력을 회복하기 위해서는 뤼쿠르고스 체제로 돌아가야만 하고 그러면 모든 것이 잘될 것이었다. 뤼쿠르고스적인 전통에 대한 호소는 강력한 것이었고 이 어려운 시기에는 성공할 것 같았다. 그러나 문제는 무엇이 뤼쿠르고스 체제냐는 것이었다. 아기스는 거기에 대한 해답을 갖고 있었다. 아기스에게 뤼쿠르고스 체제는 아마도 고대의 양식에 따라 토지가 없는 자들에게 충분히 생활할 수 있을 만한 할당지를 분배해 주는 것을 의미하는 것이었다. 4천5백 필지의 할당지를 스파르타 시민들에게, 1만 5천 필지를 페리오이코이에게 분배하는 것이었다. 만약 스파르타 시민의 수효가 충분하지 못하다면, '자유민으로 양육되고 신체가 강건하며 한창 때인' 페리오이코이와 거류외인들을 골라 그 수효를 맞춰야 했다. 그는 또한 공동식사제를 부활하도록 제안하였고,3) 옛 스파르타 생활방식이 모두 재현되어야 한다고 했다. 그러나 토지를 분배하는 방법에는 실제적인 어려움이 있었는데 추측컨대 아기스는 이것까지는 예측하지 못했을 것이다. 대부분의 토지는 많은 부채에 매여 있었고, 분배되어 할당되기 전에 이 부채부터 말소되어야 했다. 만약 가난한 스파르타 시민이 이미 저당잡힌 토지를 받는다면 이를 처리할 수 없을 것이고 따라서 비웃음만 받을 것이었다. 많은 다른 개혁가들처럼 아기스도 처음에 의도했던 바와는 아주 다른 방향으로 일을 추진하게 되었다. 뤼쿠르고스시대의 영광스러운 나날과 단순한 생활로 되돌아가자고 말하는 것은 쉬운 일이었지만, 이를 달성하기란 매우 어렵고 위험한 일이었다.4)

아기스는 국민들에게 자신의 생각을 공표한 뒤에, 가난한 사람들과 많은 청년들이 자신의 생각에 찬성한다는 것을 알게 되었다. 그러나 '심하게 타락한' 노인들은 '뤼쿠르고스의 이름을 듣고 두려워하며 떨었다.' 토지소유자들은 둘로 나뉘었다. 토지가 거의 저당잡혀 있는 사람들은 부채를 말소할 좋은 기회를 잡게 되었다고 생각하여 이를 위해 아기스의 계획에 동참하려 하였다. 그러나 그들은 토지를 분배하는 것에는 아주 적대적이었다. 그러나 다른 부유층은 토지저당에 투자한 자산과 자신들의 토지 모두를 잃을 처지에 놓여 있었기 때문에 그에 반대하였다. 스파르타는 아티카와는 달리 자본의 투자대상이 오직 한 가지, 즉 토지저당밖에 없었다. 아테네 자본가들은 해외무역에 대출해 주어 이익을 남길 수 있었지만, 스파르타에서는 그것이 어렵거나 불가능했다고 생각해야만 한다.

아기스는 자신의 계획을 완수하기 위해 세 명의 명망있는 인물을 끌어들였다. 이들은 뤼산드로스(Lysandros)・만드로클레이다스(Mandrocleidas)・아게실라오스(Agesilaos)로 이 가운데 아게실라오스는 큰 부채를 지고 있는 지주로서 부채를 말소할 수 있는 기회가 생겼다고 생각하였기에 합류하였다. 후에 알게 되겠지만 플루타르코스의 기술에 따르면 이 아게실라오스는 악한 천성을 가진 자로서 이 사람 때문에 모든 것이 수포로 돌아가게 된다. 아기스는 또한 어머니와 할머니를 설득하여 모든 재산을 공동재산에 헌납하게 하는 데 동의하게 했다. 이외에도 어머니와 할머니를 통해 다른 부유한 여성들에게 영향을 미쳤다. 하지만 여기서 그는 첫번째 실패를 맛보게 된다. "왜냐하면 전반적으로 높은 수준의 교양을 겸비하지 못한 그 여성들은, 자신들의 삶을 행복하게 해주는 것 같은 사치가 제거될까 두려워했고 이뿐만 아니라, 부를 통해 향유하고 있던 존경과 영향력이 없어질지도 모른다고 생각하여 반대했기 때문이다."

따라서 이 여성들은 아기스에 대한 반대파를 이끌고 있던 다른 왕 레오니다스의 편에 섰다. 레오니다스는 아기스에게 공공연히 반대하는 것이 드러날까 두려워서, 아기스가 토지 재분배로 민중을 매수하여 참주가 되려한다고 말함으로써 중상모략하는 데에 열중하였다. 아기스는 정력적으로 활동하여, 자신의 영향력으로써 뤼산드로스를 감독관으로 만들었다. 이에 따라 뤼산드로스는 채무의 말소와 토지의 재분배를 위한 제안을 구체화하는 법령을 장로회에 상정하였다. 장로회는 이에 대해 결론을 내지 못했고, 그래서 뤼산드로스는 이를 민회에 호소하였다.

민회가 소집되자 아기스는 앞으로 나가 자신의 부동산 전부와 600타란톤의 현금을 공공기금으로 내놓을 용의가 있음을 발표했고, 자신의 어머니와 할머니 역시 마찬가지임을 알렸다. 민중이 아기스측에 서게 되자, 부유층은 레오니다스를 지지하였다. 뤼산드로스는 레오니다스가 외국여자와 결혼했다는 이유로 그를 기소하여 폐위시키고, 클레옴브로토스(Cleombrotos)를 왕위에 올려놓았다. 도망친 레오니다스는 뤼산드로스의 감독관임기가 끝날 때까지 망명생활을 하였다. 후에 귀환한 레오니다스는, 채무의 말소와 토지분배를 제안하여 법을 문란하게 했다는 혐의로 뤼산드로스와 만드로클레이다스(Mandrocleidas)를 기소하였다. 이 때까지 상황은 구조적으로, 그리고 법적으로 완벽하게 아기스의 의도대로 끝나게 되었다. 아기스는 클레옴브로토스와 함께 감독관단을 해산시키고 자신이 지명한 사람으로 채워 넣었는데, 불행히도 그 중에 아기스의 외삼촌인 아게실라오스가 있었다.

　플루타르코스의 진술을 신뢰한다면, 성공적이고 무혈의 혁명이 될 수 있었을 것을 파멸시킨 것은 아게실라오스의 악행이었다. 아게실라오스가 악당이었을 수도 있지만, 그 혼자 힘으로 자신의 생각을 강요할 만큼 권력이 있었던 것은 아니었다. 그는 파산한 일단의 지주를 끌어모았고, 그들은 자신들의 채무를 말소한다는 제안을 열렬히 환영하여 이를 달성하기 위해 아기스를 지지할 준비가 되어 있었다. 한편 아게실라오스는 만약 모든 빚 문서를 불태운다면 주요한 채무자인 지주들이 자신들의 편이 될 것이라고 아기스를 설득하였고 일은 그렇게 진행되었다. 물론 토지에 대한 저당이 소멸되지 않는 이상 토지를 나눌 수 없다는 면에서 본다면 아게실라오스가 옳았다. 그러나 뒤이은 그의 행동이 보여주듯이 아게실라오스의 동기는 의기 높은 개혁의 이상에 의해 고취된 것이 아니었다. 그리고 민중은 아게실라오스와 그의 당파가 가장 원치 않았던 토지의 분배를 계속 소리높여 외치고 있었고 이는 아기스에게는 불행한 결과를 가져왔다. 사실 아게실라오스파는 여러 구실을 붙여 겨우 토지분배를 지연시킬 수 있었다. 그들 입장에서 보면 아기스는 분명히 제거되어야 했고, 결국 아기스는 아이톨리아의 위협적인 침입에 대응하게 하기 위해 군대를 이끌고 파견되었다. 아기스는 '부채에서 해방되어 자유를 얻고, 귀환하면 각자 자신의 몫인 땅을 분배받을 것이라는 희망을 품고서 자신들의 왕을 대단히 활기차게 따랐던' 청년들을 휘하에 두었기 때문에 군의 사기측면에서는 매우 교묘한 조치였다.

　행군시 아기스 휘하 군대의 행동은 모범적이었다. '그들이 통과했던 도시사람들은 그들이 펠로폰네소스의 끝에서 끝까지 조금도 무질서함이 없이 통과하는 것을 경탄하였다.' 평민들은 젊은 왕의 신중하고도 자신만만한 행동에 열광하였다. '그러나 부자들은 자신들의 국가에서도 이 실례가 퍼지게 되어 그들의 기득권을 침해하지 않을까 하는 질시와 경계심을 갖고서 이 혁신을 지켜보았다.' 혁명적인 기운이 돌고 있던 외국에서도, 스파르타의 상황을 예의 주시하고 있었다. 만약 아기스와 그의 당파가 자신들의 개혁프로그램을 성공적으로 완수할 만큼 강하다면, 그 실례는 다른 곳의 자본가들에게도 치명적인 결과를 초래할 것이었다.

그러나 그 군사원정은 맥없이 끝났고, 아기스는 한 번의 전투도 치르지 못한 채 스파르타로 귀환하였다. 고국에 도착한 그는 상황이 아주 불길하게 변한 것을 발견하였다. 아게실라오스는 거만하고 건방진 태도로 행동하고 있었다. 아게실라오스는 부당하게도[만약 플루타르코스가 옳다면], 달력에 윤달을 삽입함으로써 자신의 임기를 연장시키고 윤달분의 세금을 더 징수했는데 이는 분명히 사복을 채우기 위한 것이었다.5) 한 술 더 떠서 그는 감독관직을 한해 더 차지해야 한다고 주장했는데, 이는 역사상 처음 있는 매우 불법적인 일이었다. 부자들은 그에게 격렬하게 반대했고, 가난한 사람들은 '약속된 토지분배에 속아서 매우 분노해 있었기 때문에', 그는 양측을 이간해야만 했다. 망명했던 왕인 레오니다스가 돌아왔고, 아게실라오스는 도망갔으며 아기스와 그의 어머니·할머니는 살해되었다. 이렇게 스파르타에 있어 최초의 개혁시도는 끝났다.

이 이야기에는 음모를 꾸미는 믿을 수 없는 친구들에 의해 배신당한 경험없는 청년의 단지 충동적인 행동 이상의 것이 있다. 놀라운 것은 아기스가 개혁을 하려 애썼다는 사실이 아니라, 오히려 그가 파국을 맞기 전까지도 그는 자신이 할 만큼 했다는 것이다. 부채의 말소는 비교적 간단한 일로서, 그리스 시민들은 거기에 대해서는 항상 준비가 되어 있었다. 보다 어려웠던 것은 토지의 분배로, 이는 토지 소유자들의 반대로 결코 실행된 적이 없었다. 이 사실은 뤼쿠르고스의 훌륭한 전통을 되살리려는 이상주의자 아기스의 요망(要望)의 밑바닥에는 토지균분론자와 자본가 사이의 투쟁이 있었다는 벨로흐의 추정6)을 유발하였다. 스파르타의 많은 토지보유자들은 자본가들에게 큰 빚을 지고 있어 자신들의 토지를 저당으로 담보 잡힌 '땅이 많아도 가난한' 사람들이었다. 그들에게 저당이 말소되어야 한다는 생각에는 전적으로 동의하고 있었지만, 거기서 한 걸음 더 나아가 토지를 분배한다든가 하는 것에 참여할 의사는 전혀 없었다. 분명히 이런 설명은 아게실리오스의 경우엔 사실이었지만, 카짜로프(Kazarov)가 지적했듯이7) 토지자산과 자본자산을 구분한다는 것은 어려운 일이다. 만약 라코니아 전체를 100개의 가문이 소유했다면, 그들은 아기스 자신과 그의 여성 친척들이 스파르타에서 가장 부유했던 것처럼 토지와 자본 양면에서 모두 부유했을 것이다. 근본적으로 이는 빈부간의 갈등이었다. 가난한 사람들은 빌릴 것도 없었고, 라코니아에는 채무노예가 존재하지 않았기 때문에 그들에게는 저당문서의 소각은 별 의미가 없었다. 그들은 이 행동을 단지 올바른 방향으로의 진행이 시작되었음을 알리는 제스처로 간주했다. 아기스가 더 이상의 어떤 행동이나 토지를 재분배할 수 없다는 것을 알았을 때, 그에 대한 모든 관심을 상실한 그들은, 레오니다스와 그의 일당들이 개혁자들을 전복시킨 후 아게실리오스를 추방하고 아기스를 살해하는 것을 방관하였다. 만약 아기스가 다음 단계의 조치를 취할 정도로 대담했다면, 그들은 아기스를 지지했을 것이고 그는 아마 성공했을 것이다. 그러나 혁명가는 아기스보다 더 단호한 자질을 가져야 했다.

●●●●● 클레오메네스 3세

레오니다스는 단절되었던 치세를 재개하였고, 보수파는 전권을 장악하였다. 명백한 자료는 없지만, 채무가 다시 강제되었다고 추론할 수밖에 없다. 혁명은 완벽한 실패로 돌아갔고, 스파르타의 위험요소는 사실상 침묵해야 했다. 레오니다스의 아들인 클레오메네스는 살해된 아기스의 미망인인 아기아티스(Agiatis)와 강제로 결혼해야 했는데, 이는 그 당시로 보아서는 정치적인 조처였지만, 훗날 생각지도 못한 결과를 가져왔다.

기원전 237년 즉위하면서부터8) 클레오메네스는 파란만장한 통치기간을 예시하는 정신적인 면모를 보여주었다.

그는 포부가 크고 고결하며, 천성적으로 자제력과 극기면에서는 아기스에 뒤지지 않았다. 그러나 그는 아기스에게서 두드러졌던 온화하고 침착한 성품은 갖고 있지 않았고, 그의 타고난 용기는 그를 자극하고 어떤 가치있는 목표를 성취하도록 그를 몰아갔다. 그는 순종하는 신민을 다스리는 것이 훌륭한 일이라고 생각했지만, 순종치 않는 신민을 복종시키고 그들을 더 나은 목표를 향해 끌고 가는 것도 마찬가지로 좋은 일이라고 생각했다.9)

이 성급하고 열렬한 청년에게 조국의 상태는 매우 마음에 들지 않는 것이었다. 시민들은 게으름과 쾌락에 취해 비몽사몽간이었고, 왕들은 공적인 업무는 팽개치고 사치만을 추구하였다. 모든 사람들은 단지 개인적인 이득에만 몰두하고 있었다. "청년들에게 군사훈련을 시키고 자제력을 갖게 하며, 신체를 단련시키고 평등한 생활을 하도록 하는 것은 아기스가 죽고 없는 지금 그들에게 말하는 것조차 위험한 일이었다"·"부자들은 자신의 개인적인 쾌락을 위해 공공의 이익을 외면하고, 평민들은 가정의 비참한 상태 때문에 전쟁과 옛 스파르타식 훈련을 하겠다는 모든 야망을 상실했다. 그리고 클레오메네스 자신은 단지 이름뿐인 왕으로 모든 권력은 감독관단의 손에 있었다." 이 마지막 문장은 매우 중요하다. 감독관은 수세기 동안 전권을 행사하여 왕은 전장(戰場)을 제외하고는 아무 영향력도 없었다. 확실히 난세가 되면 별 것 아닌 감독관직을 밀어내고 왕권을 소생시킬 수 있는 요구가 생겨날 것이었다. 클레오메네스의 쿠데타는 그 같은 감정의 자연스러운 발로였다.

스파이로스(Sphaeros)와 스토아철학

클레오메네스는 일찍이 두 명에게서 영향을 받았는데, 하나는 희생된 아기스의 덕과 이상을 그에게 말해 준 아내이고, 다른 하나는 그의 철학교사인 보리스테네스(Borysthenes)의 스파이로스였다.10) 사실 스파이로스에 대한 우리의 지식은 아주 제한된 것이어서 그의 작품은 아무 것도 남아 있지 않다.11) 디오게네스 라에르티오스(Diogenes Laertios)에 의하면,12) 그는 스토아 학파인 키티온(Cition)의 제논(Zenon)과 클레안테스(Cleanthes)에게서 배웠고, 프톨레마이오스 필라델포스(Ptolemaios Phila- delphos)에 의해 알렉산드리아로 초청된 적이 있었다. 또 그가 어떻게 갔고 얼마나 머물렀는지는 몰라도 스파르타에 얼마간 있었던 것은 확실하다. 스토아 철학자들은 항상 스파르타의 기질과 생활방식을 우러러보았기 때문에 호기심에 촉발되어 방문했을 것이라고 추론할 수밖에 없다. 아마도 그는 그 곳에서 자신의 논문인 「라코니아의 정치」와 「뤼쿠르고스와 소크라테스」13)에 필요한 자료를 모으러 갔을 것이다. 키케로에 의하면,14) 그는 스토아 철학자들 중에서 정의(定義)가 명확하기로 유명했다. 플루타르코스는 장로회의 구성에 관한 증거를 언급하면서 그의 『라코니아의 정치』에서 인용하였다.

올리에는 스파이로스가 스파르타에 두번 갔었고, 첫번째 방문은 아기스가 실패한 실험을 했을 때일 것이라고 추측한다. 이 방문에 대해서 플로타르코스는 어떤 언급도 하지 않았으나, 아기스가 스파이로스 사상의 영향을 받았다는 것은 있을 법한 일이다. 그가 만약 그 시기에 스파르타에 있었다면, 아기스가 몰락했을 때 달아나야 했을 것이다. 그의 존재가 레오니다스와 그의 지지자들에게는 매우 불쾌한 존재였음을 상상하기 것은 어렵지 않다. 그러나 이는 순수한 추정일 뿐이고 확실히 알 수 있는 것은 클레오메네스가 즉위했을 때 그가 스파르타에 있었다는 것이다. 그는 전통적인 스파르타식 훈련과 교육회복에 관한 왕의 자문에 응해 주었다.15) 스파이로스는 그 주제에 관해 논문을 쓴 전문가로서 이른바 뤼쿠르고스 체제의 전통이 어렴풋한 시기에 당연히 개혁자들이 지침을 구할 수 있을 사람이었다.

우리가 알지 못하므로 이 스토아 철학자가 성급하고 경험없는 왕과 그의 추종자들에게 영향을 미친 정도에 대해서는 추측할 수밖에 없다. 다른 스토아 철학자와 마찬가지로 스파이로스도 이상화된 형태로서의 스파르타체제에 대한 열렬한 찬미자였다. 그의 스승인 제논은 자신의 정치형태를 여기에 따라 구성했고,16) 제자가 스승의 뒤를 따르는 것은 자연스러운 일이다. 그리고 당시 스파르타인이 직면하고 있던 위기의 시기에 자신의 이론을 실천에 옮길 수 있는 독특한 기회를 찾는 것 역시 마찬가지로 자연스러운 일이다.

어느 곳에서나 혼란한 시기에 고난에 처해 있는 사람들은 좋았던 시절과 이상국가를 꿈꾸게 된다. 사람들이 평화와 행복 속에 살고, 평등과 우애가 넘치는 에우헤메루스(Euhemerus)의 『판카이아(Panchaea)』와 이암불로스의 멋진 태양의 국가 같은 많은 '유토피아적인' 가공의 이야기를 기억해 보는 것은 흥미로운 일이다.17) 스파이로스는 이 책을 알고 있었음에 틀림없고, 이상적인 스파르타의 훈련에 대해 경외심을 품고서, 스파르타뿐만 아니라 크게는 인류전체에 큰 이익이 될 수 있을 실험을 현실화하겠다는 아주 강렬한 동기를 갖고 있었음이 분명하다. "그리스의 가난한 사람들은 구조상 변화를 만들어낼 기회가 거의 없었고, 무기가 모자랐다. 그래서 가난한 자들은 그들 중의 하나가 아니며 어느 정도의 권력을 지닌 자, 예를 들어 용병을 보유하고 있는 어떤 개인에게 차라리 의존하였다"고 탄이 지적했듯이,18) 그 추진력은 위로부터 와야만 했다.

아기스와 클레오메네스가 시도했던 모든 개혁은 스토아철학과 일치했다. 즉, 채무의 말소, 토지의 분배와 시민 상호간의 평등보장, 가치가 있는 사람을 포함함으로써 시민단을 증대시키는 것, 이전의 소박한 생활방식을 재도입하는 것 등이었다. 그리고 마지막으로 간과해서 안될 점은 큰 권력에 의한 실행이 없다면 그 같은 프로그램은 완성될 수 없기 때문에 개혁의 효과적인 수행을 보장해 주기 위해서는 왕권이 강화되어야 한다는 것이다.

메갈로폴리스의 케르키다스(Cercidas)

탄이 주목했던 몇몇 이상한 단시, 즉 메갈로폴리스의 케르키다스가 지은 멜리암보스시(詩)19)에 대해서는 잠시 언급할 필요가 있다. 그 작자는 기원전 224년 안티고노스 도손에게 갔던 사절이기도 했고, 기원전 222년 라코니아를 침입20)했을 때 군에서 1천명의 메갈로폴리스 분견대 지휘관으로 봉직했다고 폴리비오스에 의해 언급된21) 케르키다스였다는 것이 상당히 확실한 듯하다. 멜리암보스시 제6편에 있는 스파이로스에 대한 언급으로 보아 그를 데모스테네스(Demosthenes)가 탄핵했던 아르카디아인 케르키다스22)라고 볼 수는 없다. 디오게네스 라이르티오스에 따르면23) 그는 디오게네스의 제자였고, 따라서 견유학파의 한 사람이었다. 아테나이오스(Athenaeos)24)와 스토바이오스(Stobaeos)25) 두 사람 모두 그에 대해 말했고, 아일리아누스(Aelianus)도 그의 이름을 언급한다.26) 따라서 그의 확실성은 의심할 수 없다. 그보다 불확실한 것은 그의 철학적 개념의 본질이다. 그의 두번째 멜리암보스시는 탐욕스러운 부자들에 대한 맹렬한 비난으로, 무익한 용도에 '은의 강물'을 낭비하는 '게걸스러운 욕심쟁이'는 재산을 받을 만한 가치가 있는 우리들에게 줬어야 했다고 쓰고 있다. 그리고 '황금을 위해 죽을 각오가 되어 있는' 고리대금업자 역시 그의 비난의 대상이었다.

> 그들이 천벌을 받지 않고 있다니,
> 신들은 눈이 멀었거나 부주의한 것은 아닌지?
> 그러나 갑작스런 폭풍우가 몰아쳐
> 자신의 부와 행운으로 자만심에 가득 차 부풀어 오른 그들을
> 삼켜버릴 것이다.

이 시는 강한 말투로 되어 있어, 불안정한 그 시대의 산물로 부자를 약탈하라고 직접적으로 선동하는 듯 보인다. 그러나 멜리암보스시 제6편은 또 다른 어조로 되어 있다. 분명히 저자는 두려워하고 있었다. 고리대금업자를 비난하는 것은 매우 쉬운 일이다. 하지만 사두전차의 몰이꾼이 말을 자극하기 위해 몰이막대기를 써야 하듯이 비난은 너무 심해지게 마련이

다. 스토아 철학자들이 생각하는 바로는, 사회정의는 선량하고 정의로운 사람들을 천하고 비열한 자들이 걸었던 악당의 길로 유혹했다는 것이다. 자신에게 아주 소중한 것을 포기하고 스파이로스에게 경도되었던 자가 누구였든 간에, 그렇게 해서 찾을 수 있는 것은 '평온하거나 고결한 삶에 대한 지침이 아니라, 광기로 이끄는 지침'일 것이다.

여기에는 풀기 힘든 몇 가지 난제가 있다. 먼저 케르키다스가 견유학파 철학자이고 디오게네스(Diogenes)의 충실한 제자라면, 부유한 고리대금업자를 비난하는 한편 재산 자체도 경멸할 것이다. 그러므로 '은의 강물'이 '받을 만한 가치가 있는 우리들에게' 주어져야 한다는 것은 본질적으로 매우 이상한 발언이다. 케르키다스는 이 시점에서 당대의 악덕에 분노한 사회개혁자였을 수 있다. 하지만 그랬다면 그는 진정한 견유학파는 아니다. 그리고 두번째로 멜리암보스시 제2편과 제6편을 쓰는 사이에 그에게 과연 어떤 일이 일어났던 것인가? 제1편에서 그는 재산을 몰수할 것을 원했고, 제6편에서는 스파이로스가 클레오메네스에게 영향을 미치는 동안 스파르타에서 일어났던 일에 대해 말하며 스파이로스를 비난하고 있다. 그의 고향인 메갈로폴리스가 클레오메네스의 위협을 받자, 케르키다스의 좋은 의도는 완전히 산산조각 난 듯 보인다. 만약 그렇다면 철학적 개혁자의 이론이 다른 사람에 의해 실제로 격렬하게 실행되었을 때, 사람들이 놀랐던 유일한 경우는 아니다. 케르키다스의 시에서 제기된 문제는 재미는 있지만 그렇게 중요한 것은 아니다.

클레오메네스의 개혁

플루타르코스가 언급하듯이, "스토아 학파의 교의는 위대하고 격렬한 천성을 가진 자를 어느 정도 잘못 인도할 뿐 아니라 위험하기도 하다." 그리고 이는 클레오메네스에게서 증명되었다. 즉위하자마자 그에게는 군사적인 성공을 이룰 수 있는 기회가 나타났다. 아카이아연방의 지도자인 아라토스는 펠로폰네소스 반도 전체를 하나의 연방으로 만들고 싶어했지만, 스파르타·아르카디아·엘리스는 계속 그대로 남아 있었다. 아라토스는 클레오메네스를 시험해 보기 위해 아르카디아를 침략했고, 클레오메네스는 대단한 용기로 그에게 대항하여 명성을 떨쳤다. 클레오메네스는 아라토스와의 전투 이후 스파르타에서 인기가 매우 높아졌다. 곧 그는 자신이 감독관단에 대항할 만큼 강해졌다는 결론을 내렸다. 그는 감독관 중 네 명과 '그들을 도우러 달려온 사람 10여명'을 살해함으로써 이를 매우 효율적으로 진행시켰으며, 가까스로 죽음을 면한 마지막 감독관은 추방하고 스스로 유일한 독재자 혹은 '참주'가 되었다. 결국 80명의 시민이 추방되어 망명하게 되었다.

이런 과격한 행동을 정당화하기 위해 그는 민회에서 감독관단이 최고 통치권을 갖기까지 왕의 대권과 특권을 잠식해 온 과정을 거슬러 올라가며 연설하였다. 그는 살해된 감독관들은 스파르타의 재흥에 반대한 반동주의자들이었다고 했다. 그리고 그들 대신으로 파트로노모이(patronomoi)라 부르는 일단의 행정관을 임명하였다.27) 그런 뒤에 모든 토지는 공유가 될 것이며, 모든 부채는 탕감되고 모든 외국인은 심사대상이 되어 가장 적합한 자들에게는 시민권을 부여할 것이라고 공약하였다. 그 자신의 재산과 친척·지지자의 재산을 먼저 공공재산으로 내놓았다. 우리가 알기로 나머지 시민도 뒤따라 같은 조치를 취하였고, 토지는 4천 필지로 나누어져 분배되었는데,28) 심지어 추방된 자들의 몫까지도 할당되었다. 그는 그리고 나서 페리오이코이 중에서 가장 적합한 자를 뽑아 시민단을 확충하여 4천명의 중장보병 군대를 만들 수 있었다.

그는 그 다음에 청년들을 소위 옛 훈련방식에 따라 훈련시키는 데 전념하였다. 이 훈련의 대부분의 세부사항을 마련하는 것은 당시에 스파르타에 머물고 있던 스파이로스가 도와주었다. 적절한 신체훈련과 공공식사는 신속히 재개되었

고, 소수만이 필요에 따라 복종했을 뿐, 대부분은 자발적으로 단순한 옛 스파르타의 체제에 복종하였다.29)

　클레오메네스의 성공은 선풍적인 인기를 얻었으나, 너무나 성급했던 그는 라코니아에서의 쿠데타에 만족하지 못하였다. 아마도 1만5천 명 정도나 되는 상당수의 육군을 가지게 된 그는, 정복의 욕망에 사로잡혔다. 고대 스파르타의 군사적 영광을 재흥시키려는 그의 계획은 만약 일이 달리 진전되었더라면 성공했을 요소를 갖추고 있었다. 그리스 전역에 혁명의 기운이 감돌고 있었으며, 일반시민들은 클레오메네스를 그들의 대변자로 기대하고 있었다. 그가 라코니아에서 거둔 성공은 그리스 여타지역에 심대한 영향을 주었고, 펠로폰네소스 전역에 혁명의 열풍을 몰고 와서 각 도시 부르주아 계층의 통치를 기반으로 하고 있던 아카이아연방을 거의 와해시키다시피 했다.30) 연방의 지도자인 아라토스는 심각한 궁지에 빠졌다. 클레오메네스와 손을 잡아야 할까? 아니면 그들의 공통의 적인 마케도니아와 제휴해야 할까? 그는 바람직하지 않은 두 가지 선택 중 후자를 택했고 안티고노스 도손이 도움을 주러왔다. 기원전 222년 셀라시아(Sellasia) 전투에서 클레오메네스는 패배했다. 그는 이집트로 도망쳐 얼마 후 그 곳에서 자살하였다. 안티고노스가 스파르타를 장악하자 그가 행한 모든 개혁은 무산되었다. 그와 같은 개혁성향은 마케도니아에게는 아주 탐탁치 않은 것이어서 이전의 체제로 즉시 되돌려 놓았고, 클레오메네스의 지지자들은 얻었던 토지를 다시 잃었다.

　클레오메네스의 몰락과 더불어 스파르타는 다시 보수정파의 손에 떨어졌다. 감독관이 다시 권력을 잡았고, 아마도 면직되었을 파트로노모이에 대해서는 아무런 언급이 없다. 폴리비오스31)에 의하면, 감독관단은 '불온한 정파에 속하는' 뤼쿠르고스라는 사람을 허수아비왕으로 선출하였다. 그는 왕가의 직계가 아니었지만, '감독관들에게 각자 1타란톤씩을 주고 헤라클레스의 후손이 되어 스파르타의 왕이 되었다.' 감독관단은 그들의 행동에 합법성의 외피(外皮)를 입히기 위해 아기아다이왕가의 아게시폴리스를 두번째 왕으로 선출하였다. 에우리폰티다이 왕가의 아르키다모스는 두 아들이 있었고, 그보다 '먼 촌수 왕가의 다른 인물들도' 살아 있었기 때문에 뤼쿠르고스의 선출은 부당한 것이었다.32) 뤼쿠르고스가 곧 아게시폴리스를 폐위시킴에 따라, 800여년을 존속해 오던 유명한 스파르타의 2왕제가 불명예스러운 종말을 맞게 되었다. 뤼쿠르고스가 기원전 211년에 사망하자, 타라스(Taras) 출신의 용병 마카니다스(Machanidas)가 5년 동안 참주적인 방식으로 스파르타를 통치하였다.33) 그 후 206년 제3차 만티네아 전투에서 그가 사망하자 나비스(Nabis)34)가 기원전 192년 살해될 때까지 정권을 잡았다.

나비스

　나비스의 선조에 대한 문제는 상당한 의문점이 있다. 오몰(Homolle)은 그가 에우리폰티다이왕가의 방계후손으로 왕가의 피를 잇고 있을 것이라고 추정했다. 그러나 이에 관한 증거는 매우 불확실하다. 그에 의해 주조된 현존하는 동전에는 '왕(basileus)'이라는 명칭이 있지만, 이는 그 스스로의 참람(僭濫)한 행위일 수 있고 어떤 것도 증명하지는 못한다. 우리가 그에 대해 알고 있는 서술은 모두 그의 적으로부터 나온 것이며, 그들은 나비스와 그의 행동을 가능한 나쁘게 서술할 기회를 놓치지 않았다. 플루타르코스・폴리비오스・파우사니아스・디오도로스와 리비우스 모두는 그를 잔인하고 극도로 무도한 악당으로, 그리고 참주정을 유지하기 위해 모든 악행과 범죄를 저지른 인물로 묘사하고 있다.35)
　폴리비오스는 다음과 같이 강력하게 그를 비난하고 있다.

　　그가 스파르타에 살아남아 있던 왕가의 인물들을 확실히 말살하고, 부와 선조의 명성으로 유명한 자들을 추방하여 그들의 재산과 아내를 대부분 살인자·시신해체자(屍身解體者)·강도·가택침입자들인 그의 지지자들 중에 주동자와 용병에게 주었기 때문이다. 그리하여 신과 인간에 지은 죄 때문에 자신의 나라에 발을 붙일 수 없는 자들이 각지에서 그의 궁정으로 열렬히 몰려들었다. 그가 스스로 그들의 보호자가 되기를 자청하고 이러한 자들을 경호원과 근위대의 대원으로 받아들임에 따라 그의 치세가 그 사악함으로 후세에까지 전해지게 될 것은 자명한 것이었다.

이는 나비스가 일방적인 비방을 받은 것이고 폴리비오스가 묘사한 것처럼 아주 나쁜 인물은 아니었을 것이라는 생각도 전적으로 가능하다.[36] 폴리비오스의 견해는 확실히 의문의 여지가 있다. 그가 6세였을 때 고향인 메갈로폴리스가 나비스에 의해 포위당했고, 분명히 그 때의 무서웠던 경험이 어린 마음에 지울 수 없는 인상을 남겼던 것이다.[37] 그의 아버지인 리코르타스는 필로포이멘의 가장 열렬한 지지자 가운데 하나였다. 폴리비오스가 나비스에게서 비열함과 악행만을 보았던 것은 거의 의문의 여지가 없다.

그러나 나비스는 확실히 마카니다스식의 허가받지 않은 용병대장은 아니었다. 탄(Tarn)[38]은 나비스가 폴리비오스의 서술대로 잔인하고, 그의 용병들은 각지의 불량배였을지도 모르지만, 적어도 나비스는 몇 가지 중요한 일을 성취했다고 지적했다. 그는 채무를 말소했고, 토지를 재분배했으며 부자들의 재산을 몰수하고 노예를 해방시켰다. 그는 자신이 취한 자금이 국가의 공용으로 쓰일 것이라고 주장하였고, 아마도 공동식사비를 국가에서 부담하여 이를 분명히 부활시켰을 것이다.[39] '확실히 그가 했다고 주장하는 바 대로 계급국가를 없애고, 모든 이가 동등한 국가로 대체하여 마지막으로 스파르타의 국력을 특별한 방식으로 복구시켰다.' 그는 아주 효율적인 다수의 군대를 양성했다. '사람들은 그들이 어떤 한 가지 사상을 위해 싸웠다는 것을 알 수 있을 것이다.' 나비스가 살해당했을 때, 민중은 그의 원수를 갚았고, 필로포이멘이 강제로 스파르타를 아카이아연방에 편입시키고 망명자들을 소환하며 스파르타의 군사훈련과 제도를 폐지하였을 때,40) 3천명의 신(新)시민은 새로운 명령에 복종하기보다는 노예가 되는 것을 택하였던 것이다.

'뤼쿠르고스의 법률 아래 있을 때 그들은 비천해지지 않을 것이라는 것을 확신하여', 필로포이멘이 스파르타식 훈련을 폐지시켰다는 언급은 어떤 사람들에게 경의를 표시하고 프록세니아로 임명하는 기록을 하고 있는 두 개의 비문에서 나온 듯하다.41) 주목할 것은 관리들이 그 때까지는 전혀 알려지지 않았던 것으로서, 에피다미오르고스(ἐπιδαμιοργνός)·엑도테르(ἐκδοτήρ)라 불려지는 다른 이름과 함께 시나르키아이(συναρχιαι)라 명명되었고 감독관이나 장로회에 대한 언급이 전혀 없다는 것이다. 슈보보다(Swoboda)42)는 확신을 가지고서, 이 비문은 스파르타인이 자신들의 '뤼쿠르고스'체제를 포기하고, 아카이아연방에 의해 강제되었던 체제를 채택해야 했던 시기인 기원전 188~183년 사이 어떤 시기의 것임에 틀림없다고 주장했다. 시나르키아이가 아카이아연방의 다른 도시에도 있었던 관리들이었다는 것은 알려진 사실이다.

스파르타는 연방에 짧은 기간-겨우 5년간-만 편입되었던 것으로 추정되고, 그 이후에는 다시 이전 체제로 되돌아가는 것이 허용되었다고 추측할 수 있다. 키케로43)는 스파르타인이 세상 어느 나라보다도 오래 700년 동안 같은 법률 아래서 생활했다고 했다. 기원전 146년 마침내 스파르타가 로마치하로 들어가게 되었을 때, 옛 훈련은 분명히 어느 정도 실시되고 있었거나 로마인이 보아 훌륭하다고 할 정도였다. 전투훈련은 그 일부가 아니었던 것이 확실한 듯하며, 공동식사제는 다시 도입되는 것이 허용되지 않았다고 추정하는 것이 옳을 것이다. 로마인은 피정복민들이 모여 집회활동을 하는 것을 의심스러운 눈으로 보았기 때문이다. 악명 높은 크륍테이아 대신에 페디아노모이(pedianomoi)라 불리는 정규적 향토경찰이 창설되었는데, 이는 분명 그들의 찬성을 얻지는 못했을 것이다. '뤼쿠르고스적' 교육체제가 얼마만큼 바꾸지 않고 남아 있었는지는 말할 수 없지만, 그 중 일부가 살아남았던 것은 분명하다. 사실 아르테미스 오르티아 제단에서 청소년들을 채찍질하는 광경은 로마시대 인기있던 구경거리이기도 했다. 확실히 로마인은 채찍질·격투·공놀이에 반대하지 않았다. 오히려 네로 황제처럼 격렬한 운동을 좋아했던 사람이 그리스를 여행할 때,44) 스파르타를 방문하지 않았다는 것이 더 놀라운 일이다.

훗날 기원 2세기 후반의 로마시대에 수석 파트로노모스(patronomos eponymos)에게 '신적인 뤼쿠르고스'라는 이름을 붙여 부르는 기묘한 관습이 있었다. 이는 비문에 적어도 11번 이상 나타난다. 확실히 인간인 행정관은 신적인 뤼쿠르고스의 이름을 빌려 통치할 필요가 있었다. 뤼쿠르고스라는 이름은 낭만적이고 멋있게 들려서였을 거라는 추측 외에는 왜 그렇게 불렀는지 말하기는 어렵다. 우드워드45)는, 옛 생활방식을 보존하기 위해 뤼쿠르고스적 전통에 호소했던 것처럼, 전통적인 신념과 훈련이 점차 쇠락해 가는 것을 보고 있던 나이든 보수파가 입법자의 권위에 호소했다고 추정한다. 이 행정관이 '뤼쿠르고스 법의 해설자[διδάσκαλος 혹은 ἐξηγητὴς τῶν Λυκουργείων]'46)라는 말과 얼마나 차이가 나는지 말하기는 어렵다. 이 경외되는 이름에 주렁주렁 매달려 있는 전설과 전통을 편찬해 놓은 자료가 우리가 아는 한은 없다. 하지만 이 행정관이 뤼쿠르고스의 법에 따른 것인지 아닌지를 판단할 수 있는 최종적 지위에 있었다면 분명히 중요한 인물이었을 것이다. 뤼쿠르고스의 해석자는 남아 있는 어떤 전통에라도 그가 편리하게 생각하는 의미-그 의미가 어떤 것이라도- 를 갖다 붙일 수 있었다.

••••• 종 언

스파르타는 무기력해지고 쇠잔해졌다. 그 이유는 두 가지 면에서 시작되었다고 보는 것이 좋을 것이다. 먼저, 그리스 전체가 쇠잔해졌고, 스파르타는 단지 펠로폰네소스 내외의 모든 국가의 몰락과 운명을 같이하는 것뿐이었다. 알렉산드로스 후계자들의 국가에서 운명을 시험해 보려고 고국을 떠나기로 했던 야심있는 그리스인 모두에게는 알렉산드로스가 병합했던 이집트와 동방이 펼쳐져 있었기 때문에 그리스 본토는 몰락해 갔다. 알렉산드리아와 안티오코스왕조·셀레우코스왕조의 여러 도시 같은 큰 항구와 상업의 중심지는 그리스 본토에서 에게해의 상업권을 빼앗아왔지만, 점차 그 부는 줄어들었다. 이는 한 번에 느낄 수 없을 만큼 느린 퇴보였으나, 계속적인 것이었다. 그리고 로마가 다루기 힘든 그리스인을 최종적으로 정복했을 때, 이 과정은 완결되었고 그리스 전역은 쇠잔해져 버렸다. 스파르타 역시 이런 쇠망의 과정 속에 편입되어, 그 고통을 함께 하고 있었다. 스파르타는 아테네나 코린토스와는 달리 그 쇠망을 늦추어줄 상업이나 수공업이 없었기 때문에 오히려 그 점진적 몰락의 과정을 더 심하게 겪었다고 하는 편이 더 옳을 것이다. 아테네는 라코니아가 육지로 둘러싸인 작은 계곡쯤으로 전락해 버린 한참 후에도 어느 정도는 번영하고 있었다. 아테네는 로마인이 델로스에 세운 거대한 노예시장의 배후지 역할을 하고 있었고, 아티카 반도의 올리브기름과 미술품은 항상 가치있는 수출품이었던 것이다. 라코니아는 상당한 양의 광석층에서 나오는 철 이외에는 아무 것도 없었다. 그러나 우리가 아는 한, 실제적으로 철을 생산하여 수출한 적은 없었다.47)

그리고 두번째로, 스파르타는 자신만의 특유한 환경에 의한 특유한 이유로 쇠망하게 되었다. 다른 나라의 동시대인들이 스파르타를 어느 정도는 얼떨떨한 감정으로 영광의 정점에서 감탄의 대상으로 보게 했던 바로 그 독특하고도 두드러진 특성이 스파르타를 몰락으로 이끌었던 것이다. 스파르타가 해외에 파견한 지사들이 바로 문제의 근원이었다고들 말한다.48) 자신들의 엄격한 훈련의 틀에서 나오게 된 이들은 새로운 환경에 전혀 적응하지 못했고, 일을 엉망으로 망쳐놓고 말았다. 그들은 결국에는 아테네인들보다 탄력성이 부족하여 실패한 것이다.

'가진 자'과 '못 가진 자' 사이의 간극(間隙)이 '평등'으로 소문난 스파르타에서 다른 대다수의 나라보다 깊고 위험했다는 것도 묘한 이야기이다. 토지제도 자체가 근본적으로 잘못되어 있었다. 아티카에서는 농업문제가 솔론의 덕으로 돌리는 입법을 통해 해결되었거나, 적어도 납득할 만큼의 타협이 이루어 졌었다. 그러나 스파르타에서는 결코 해결되지 않았다. 기원전 4세기와 3세기에 전형적으로 나타나는 소수의 손에 집중된 토지는 어떤 관점에서 보아도 좋지 않은 결과를 가져왔다. 그 악폐를 고쳐보려던 아기스와 클레오메네스의 시도는 너무 늦었던 것이다.

그와 함께 나타났던 문제점은 여성들의 손에 토지와 부가 집중되었고 그 결과 파산한 남성들이 결혼지참금을 노리는 것이었다. 이는 나중에 나타난 것으로 보이지만, 한 번 나타나게 되자 '유독한 질병'이자 매우 중대한 스캔들이 되었다. 뤼산드로스가 죽은 뒤 그가 가난했다는 것이 밝혀지자 그의 딸들에게 구혼했던 자들이 미래의 신부를 서둘러 차버렸다는 다소 냉혹한 재담을 플루타르코스[49]는 전하고 있다. 그렇지만 그 결과 그들은 벌금을 물었거나, 전혀 결혼할 수 없었다.

금융과 재정체계는 원시적이고 불합리한 것이었다. 아니면 아예 그런 체계가 없었다고 말해도 좋을지 모른다. 모든 그리스 국가의 회계방법은 불완전하고 잘못 착상된 것이었지만, 스파르타의 경우는 그나마도 불가능할 지경이었다. 만약 스파르타인이 자신들의 땅에만 만족하고 주변국가에 간섭하지 않았거나, 혹은 그들 편에서 표현하자면 다른 국가가 그들을 내버려두고 간섭하지 않았다면, 그들의 원시적인 경제를 가지고도 그럭저럭 살아나갈 수 있었을 것이다. 그러나 다른 나라와의 접촉으로 말미암아 스파르타의 경제체계는 문제를 드러내 손쓸 틈없이 무너져 내려 해결해 볼 수도 없게 되었다. 스파르타인 중 현자들은 이를 알고 있었다. 킬론은 만약 퀴테라가 바다 밑으로 가라앉아 버렸다면,[50] 스파르타가 국경 밖의 일을 처리할 때의 어려움을 빨리 깨달을 수 있었을 것이고 그것이 스파르타를 위해서 훨씬 더 좋았을 것이라고 하였다. 아르키다모스왕의 연설, 혹은 적어도 투키디데스가 전하는 바에 따르면 그의 말은 재정적 자산이 더 많은 나라와 관계를 맺지 않는 것에 대한 길고도 조리있는 변명이다.51)

스파르타인이 멍청하다고 간주하는 것은 옳은 태도가 아니다. 그들의 마음은 강건하지만 천천히 바뀌었고, 그들의 신중한 과묵함은 보다 재치있는 아테네인를 화나게 했다. 사실 매우 능력있는 스파르타인의 수는 많았고 다른 어떤 그리스인 못지 않게 때로는 더 두드러진 권력을 가졌던 이들도 많았다. 그들에게서는 시인이나 예술가도 별로 나오지 않았으며, 희곡작가나 철학자도 나오지 않았는데, 이는 단순히 그들이 다른 곳에 정신을 쏟고 있었기 때문이었다. 군지휘관은 대체로 유능했으며, 그 중 일부는 일급의 인물이었다. 스파르타가 매우 능력있는 장군들을 배출해냈다는 주장을 뒷받침하기 위해서는 브라시다스·뤼산드로스·아게실라오스의 이름을 상기시키는 것으로 족할 것이다.

그리스 전체가 로마의 지배하에 들어갔던 같은 시기에 스파르타도 마찬가지 운명을 겪었다. 로마인은 그리스인을 잘 대우해 주었다. 아마도 그들은 받을 만한 가치 이상의 대접을 받았을 것이다. 로마인은 그리스인을 약삭빠르고 우스꽝스러우며, 어느 정도는 비열한 열등민족이라고 보았지만, 그들의 예술과 문학에서의 영광스러운 과거는 그들에게 관용을 베풀 가치가 있다고 보아 불친절하게 대우하지 않았다. 아마도 그리 약삭빠르지 못한 스파르타인에 대해서는 자신들과 유사한 기질을 갖고 있다고 보아 특히 잘 대해 주었던 것 같다. 로마시대에 스파르타는 사람들이 독특한 생활방식과 긴 역사에 대한 호기심으로 구경가는 일종의 관광지 역할을 하게 되었다. 분명히 스파르타인은 이런 생각에 맞추어주는 것이 좋겠다고 생각했을 것이고, 그리하여 기원 2세기에는 특히 뤼쿠르고스 전설과 추측컨대 훈련의 부활, 혹은 적어도 실행하기 지루한 것은 빼고 외국인에게 재미있고 즐거울 만한 개성있는 부분만 재도입하였다. 냉소적으로 본다면 일단의 관광객이 실제 혹은 전시용의 공동식사에 흥미를 보이고 검은 수프를 맛보고, 고대의 감독관과 파트로노모이의 이야기에 흥미를 보이면서 모든 시대의 관광객이 그렇듯이 비슷하게 행동하는 것을 상상할 수 있을 것이다. 물론 운동경기도 큰 흥미를 끌 수 있었겠지만, 그 중에서 백미(白眉)는 젊은이들을 채찍질하는 것이었다. 이런 딱한 광경을 보면서 즐기는 가학적 취미를 가진 사람들이 많았기에, 제단 주변에는 관람객들이 편히 볼 수 있도록 극장까지 세워졌었다.52) 분명히 이 시기에는 참가자에게 큰 상처를 입히지 않고 볼 만한 쇼를 만들기 위해 진짜로 채찍질하는 것이 아니라 눈속임을 했을 것이다. 불행하게도 내보일 두 왕은 없었는데, 있었다면 그들은 좋은 명물이 되었을 것이다. 하지만 로마인은 왕을 매우 좋아하지 않았고, 2왕제를 재도입하는 것을 허용하지 않았기 때문에, 매우 유감스러운 일이었다. 티아나의 아폴로니우스(Apollonius of Tyana)53)가 네르바황제 시절 스파르타를 방문했을 때, 그는 매우 흥미롭고도 구미에 맞는 것을 많이 발견했다. 그리고 그가 바다로 도망쳤던 청년의 요청과, 스파르타에서 의무를 소홀히 했다는 죄목으로 그를 처벌하려 하는 사람들의 요구를 거절했던 것으로 보아 감독관단이 정국을 통제하고 있었음이 분명하다. 연소 플리니우스(Plinius the younger)가 아카이아의 지사로 갓 임명된 친구인 막시무스(Maximus)에게 보내는 편지54)에는 감상적인 기록이 들어 있다. 그가 막시무스에게 '망령과 자유의 잔재'만을 가지고 있는 아테네인과 스파르타인에게 자비롭고 온화하게 대해 줄 것을 부탁하는 내용이었다.

    육지로 가로막힌 작은 에우로타스계곡에서 후기의 스파르타인은 평화스럽게 토지를 경작하면서 과거의 명성을 기억하려 애쓰고 있었지만 세월이 지남에 따라 플루타르코스가 스파르타의 여러 유명한 인물의 생애를 '자세히 기록'할 때까지 좀더 잊고 있었다. 그리고 플루타르코스가 전한 것 중에 어느 정도가 사실이고 어느 정도가 전설인지 구별해내기는 매우 곤란하다.

역자후기

본서는 험프리 미첼(Humfrey Michell)의 *Sparta*(Cambridge, 1952)를 옮긴 것이다. 사실 역자가 출간된 지 거의 반세기가 되어가는 이 책을 선택하기로 결정한 것은 최근의 연구결과에도 계속 인용될 만큼 탄탄한 구성과 치밀한 분석 때문이었다. 그러므로 본서를 대하는 독자들은 스파르타의 여러 문제에 대한 기본적인 지식뿐만 아니라, 여러 학자들의 연구결과와 그에 대한 분석까지도 함께 접할 수 있게 될 것이다. 본서가 출간된 이후의 연구성과에 대해서는 참고문헌을 따로 구성하여 덧붙여 놓았으므로 이를 참고하면 최근의 경향을 알 수 있을 것이다.

이 역서에서는 고유명사와 전문용어를 옮기면서 가능한 한 영어식이 아니라 그리스어를 따르려고 시도했다. 예를 들어 Alexander(알렉산더) 대신 Alexandros(알렉산드로스)를, Lycurgus(리쿠르구스) 대신 Lycurgos(뤼쿠르고스)를 사용하여 음역하였다. 그러나 역자의 능력부족으로 인해 이 작업이 완벽하게 이루어지지 않았음을 솔직히 고백한다. 가능하다면, 다음 기회에 이를 확실히 바로 잡을 것을 약속한다.

본서의 저자인 미첼은 1883년생으로 원래 그리스사를 전공한 학자는 아니다. 그는 경제사가로 캐나다에 있는 맥매스터 대학(McMaster University) 정경학부 명예교수로 재직하고 있던 시절에 이 책을 집필하였다. 때문에 스파르타에 관한 저자의 다른 책이나, 논문은 찾아볼 수 없다. 5년 후, *The Economics of Ancient Greece*(Cambridge, 1957)를 출간하였고, 그보다 이전인 1947년 *The edict of Diocletian : a study of price fixing in the Roman Empire*, Canadian journal of economics and political science를 시리즈물의 하나로 출간했다는 것이 역자가 알 수 있는 미첼의 고대사에 관한 저작의 전부이다. 그러나 그는 경제사가로서 많은 책과 논문을 집필하였으며, 캐나다의 정치경제학 부문에 많은 업적을 남겼던 학자였다.

끝으로 역자가 7년이 넘게 끌었던 이 작업을 무사히 마칠 수 있게 도와준 고마운 분들에 대해 언급하지 않을 수 없다. 가장 먼저 감사를 드려야 할 분은 은사이신 지동식 교수님〔현 고려대 명예교수〕이다. 학문의 길을 열어주시고, 늘 아버지처럼 격려하며 가르쳐 주신 은혜는 역자 역시 평생을 두고 후학들에게 갚아나가야 할 것이다. 그리고 박사논문 지도교수이신 고려대 김경현 교수님은 본서의 번역을 적극 권해주셨을 뿐 아니라, 조악한 초역을 꼼꼼하게 읽어보시고 많은 비평과 교정을 해주시느라 귀한 많은 시간을 할애하셨다. 그저 감사할 따름이다. 이 두 분이 없었다면 이 책이 출간되지 못했음은 물론이요, 역자 역시 학문이라는 세계를 제대로 알지 못했을 것이다. 그밖에 모든 분들, 특히 한남대의 조남진·박재목 두 분 교수님은 역자에게 언제나 큰 격려를 아끼지 않으셨다. 이 지면을 빌려 감사드린다. 특히 번역상의 난점이 생길 때마다, 한밤중에도 전화를 걸어 귀찮게 했던 형님〔윤준:배재대 영문과 교수〕께도 감사의 뜻을 전해야겠다. 그리고 그다지 상업성이 없어 보이는 이 책의 출간을 흔쾌히 수락해 주신 신서원의 임성렬 사장님께, 부자연스러운 문장과 거친 표현을 하나하나 지적해 주며 애써주신 신서원 편집부원들께 고마움을 전하고 싶다. 마지막으로 오랜 학문의 수련기간 동안 인내해 주며 역자의 등을 떠밀어 준 가족들에게 감사한다. 특히 어려운 살림을 온몸으로 떠맡아 준 아내에게는 고생했다는 말 외에는 달리 해줄 것이 없어 안타까울 따름이다.

2000년 11월
윤 진

참고문헌

Andreaes, A.M., *A History of Greek Public Finance*, I. Cambridge, Mass., 1933.
Andrewes, A., "Eunomia", *Class. Quart.* xxxii(1938).
Beloch, J., "Die Nauarchie in Sparta", *Rhein, Mus.* xxxiv(1879).
Berve, H., "Sparta", *Hist. Vierteljahrschrift*, xxv(1929).
Berve, H., *Sparta*. Leipzig, 1937.
Busolt, G.-Swoboda, H., "Griechische Staatskunde", I, II, in I. Müller's *Handb. der klass. Altert.* IV, I, I. Munich, 1920~1926.
Busolt, Georg., "Spartas Heer und Leuktra", *Hermes*, xl(1905).
Bux, E., "Zwei sozialistische Novellen bei Plutarch", *Klio*, xix(1925).
Cary, M., "Notes on the History of the Fourth Century", *Class, Quart.* xx(1926), pp.186f. "The Spartan Forces at Leuctra", *J.H.S.* xlii(1922).
Cavaignac, E., "De la population du Peloponnèse aux Ve et IVe siècles", *Klio*, XII(1912).
Cloche, P., "Isocrate et la politique lacédémonienne", *Revue des études anciennes*, xxxv(1933).
Coleman-Norton, P., *Socialism at Sparta in Greek Political Experience.* Princeton, 1941.
Costanzi, V., *Le Constityzione di Atene e di Sparta*, Bari, 1927.
De Coulanges, Fustel, N.D., *Études sur la propriété foncière à Sparte. Paris, 1881.* Reprinted in *Nouvelles reherches sur quelques problèmes d'histoire*, p.52. Paris, 1891.
Daubler, Th., *Sparta. Ein Versuch.* Leipzig, 1923.
Davison, J.A., "Alcman's Partheneion", *Hermes*, lxxiii(1938).
Dawkins, R.M.(and others)., *The Sanctuary of Artemis Orthia at Sparta.* London, 1929.
De Decker, J., "La genèse de l'organisation civique des Spartiates", *Archives sociologiques*(1913).
Dickins, G., "The Growth of Spartan Policy", *J.H.S.* xxxii(1912).
Diller, Aubrey., "A New Source on the Spartan *Ephebia*", *Amer. Journ. Phil.* lxii(1941).
Ehrenberg, V., "Der Damos im archaischen Sparta", *Hermes*, lxviii(1933).

Ehrenberg, V., "Spartiaten und Lakedaimonier", *Hermes*, lix(1924).
Ehrenberg, V., "Asteropos", *Phil. Woch.* xlvii(1927).
Ehrenberg, V., *Neugründer des Staates. Ein Beitrag zur Geschichte Spartas und Athens im viten Jahrhundert.* Munich, 1925.
Ehernberg, V., "Der Gesetzgeber von Sparta", *Epitymbion für Swoboda*(1927).
Gelzer H., "Lykurgos und die delphische Priesterschaft", *Rhein. Mus.* xxviii(1873).
Gercke, A., "Der neue Tyrtaios", *Hermes*, lvi(1921).
Gilbert, G., *Handbuch des griechischen Staatsaltertums.* Leipzig, 1881.(Engl. trans.), *The Constitutional Antiquities of Sparta and Athens*, by E.J. Brooks and T. Nicklin, London, 1895.
Ginsberg, M.S., "Sparta and Judaca", *Class. Phil.* xxix(1934).
Girard, P., "Un texte inédit sur la cryptie des Lacédémoniens", *Rev. èt. gr.* xi(1898).
Grundy, G.B., "The Policy of Sparta", *J.H.S.* xxxii(1912).
Grundy, G.B., "Population and Policy of Sparta in the Fifth Century", *J.H.S.* xxviii(1908).
Hampl, F., "Die lakedaemonischen Perioeken", Hermes, lxxii(1937).
Houssaye, H., "La loi agraire à Sparte", *Annuaire des études grecques*, Paris(1884).
Jaeger, W., "Tyrtaios über wahre Arete", *Sitz. -Ber. preuss. Akad., Phil.- Hist. Klasse*(1932).
Jeanmaire, A., "La cryptie lacédémonienne", *Rev. ét. gr.* xxvi(1913).
Kahrstedt, U., "Sparta und seine Symmachie", *Griechisches Staatsrecht*, I. Göttingen, 1922.
Kahrstedt, U., "Die spartanische Agrarwirtschaft", *Hermes*, liv(1919).
Kazarow, G., "Zur Geschichte der sozialen Revolution in Sparta", *Klio*, vii(1907).
Kessler, E. "Plutarch's Leben des Lykurgos", *Quellen und Forshungen zur alten Geschichte*, xxiii. Berlin, 1910.
Kromayer, Joh., "Die Wehrkraft Lakoniens und seine Wehrverfassung", *Klio*, ii(1903).
Kroymann, J., "Sparta und Messenien", *Neue Philol. Untersuch.* xi(1937).
Küchtner, K., *Die Entstehung und ursprungliche Bedeutung des spartanischen Ephorats.* Munich, 1897.
Larsen, J.A.O., "Perioeci in Crete", *Class. Phil.* xxxi(1936).
Leake, W.M., *Travels in the Morea.* London, 1830.

Lenschau, T., "König Kleomenes I von Sparta", *Klio*, xxxi(1938).
Luria, S. "Asteropos", *Phil. Woch.* xlvi(1926).
Luria, S. "Zum politischen Kampf in Sparta gegen Ende des 5. Jahrhunderts", *Klio*, xxi(1927).
Meier, Theodor., "Das Wesen der spartanischen Staatsordnung", *Klio*, Beiheft 42, Leipzig, 1939.
Meyer, Eduard., "Die Entwickelung der Überlieferung über die Lykurgische Verfassung", *Forschungen zur alten Geschichte*, I.
Meyer, Eduard.,"Tyrtaeos", *Forschungen zur alten Geschichte*, II.
Miltner, F., "Die dorische Wanderung", *Klio*, xxvii(1934).
Momigliano, A., "Sparta e Lacedemone e una ipotesi sull' origine della diarchia spartane", *Atene e Roma*, xiii(1932).
Müller, K.O., *Die Dorier*. Breslau, 1824. 2nd ed. 1844(Engl. trans.), *History and Antiquities of the Doric Race*, by H. Tufnell and Cornewall-Lewis. London, 1830, 2vols.
Niccolini, G., "Per la storia di Sparta. Il sinecismo", *Riv. di stor. ant.* ix(1904).
Niccolini, G., "Per la storia di Sparta. Elementi del periodo epico nella constituzione di Sparta", *Riv. di stor. ant.* ix(1904).
Niese, B.,"Zur Verfassungsgeschichte Lakedaemons", *Hist. Ztschr.* lxii(1889).
Niese, B., "Herodot-studien, besonders zur spartanischen Geschichte", *Hermes*, xlii(1907).
Nilsson, M.P., "Die Gründlagen des spartanischen Lebens", *Klio*, xii(1912).
Ollier, F., Xenophon, *la république des Lacédémoniens*. Texte, trad. et comm, Lyons, 1934.
Ollier, F., *Le mirage spartiate. Étude sur l'idéalisation de Sparte dans l'antiquité grecque de l'origine jusqu'aux cyniques*. Paris, 1933.
Ollier, F., "Le philosophe storicien Sphairos et l'œure réformatrice des rois de Sparte, Agis IV et Cléomène III", *Rev. ét. gr.* xlix(1936).
Pareti, Luigi., "Storia di Sparta arcaica", Contribuzione alla scienza dell' antichita, II. Florence, 1917.
Porter, W.H., "Antecedents of the Spartan Revolution of 243 B.C.", *Hermathena*, xliv(1935).
Roussel, P., *Sparte*. Paris, 1939.
Rutherford, H.T., "The Public School of Sparta", *Greece and Rome*, III(1934).

Schachermeyr, F., "Tyrtaios", *Rhein. Mus.* lxxxi(1932).
Solari, Arturo., *Ricerche spartane.*, Leghorn, 1907.
Solmsen, F., "Vordorisches in Lakonien", *Rhein, Mus.* xlii(1907).
Toynbee, A., "The Growth of Sparta", *J.H.S.* xxxiii(1913).
Trieber, C. "Zum Kriegswesen der Spartaner", *Neue Jahrbücher für Philolgie*, ciii(1871).
Wide, S., *Lakonische Kulte.* Leipzig, 1893.
Wilamowitz-Moellendorf, F.U. von., "Lykurgos", *Philol.* Untersuch. vii(1884).
Witkowski, S., "Die spartanishe Heeresgliederung und der Ursprung des Ephorats", *Eos*, xxxv(1934).
Woodhouse, W.J., *King Agis of Sparta and his Campaign in Arkadia in 418.* Oxford, 1933.
Ziehen. L., "Das spartanische Bevölkerungsproblem", *Hermes*, lxviii(1933).
Daremberg-Saglio, *Dict. des Ant.*, arts. Gerousia, Homoioi, Hypomeiones (Caillemer)m Ephoroi, Helotae(Lécrivain), Karneios(Couve), Krypteia (P.Girard), Lacedaemoniorum Respublica(Fustel de Coulanges), Perioikoi (Glotz).
Pauly-Wissowa-Kroll, *Real-Encyclopädie*, arts. Ephoroi, Gerontes, Heloten, Homoioi, Kome, Kleomenes, Krypteia, Lykurg, Morthakes, Nabis, Obai, Perioikoi, Rhetrai, Sparta, Tresantes.

※ 본서가 출간된 이후 간행된 참고문헌

1. 저 서

Adcock, F./Mosley, D.J. *Diplomacy in Ancient Greece*, London, 1975.
Africa, T.W., *Phylarchus and the Spartan Revolution*, Univ. of California Press, 1961.
Badian, E., *Foreign Clientelae*(264~70B.C.), Oxford, 1958.
Barrow, R., *Sparta*, London, 1975(second impression 1979).
Brill, E.J., *Sparta and Persia*, Leiden, 1977.

Cartledge, P., *Sparta and Lakonia. A Regional History 1300~362B.C.*, London, 1979.

_____, *Agesilaos and the crisis of Sparta*, Baltimore, 1987.

Cartledge, P./Spawforth, A. *Hellenistic and Roman Sparta*, Routledge, 1989.

Clauss, M., *Sparta-eine Einfuerung in seine Geschichte und Zivilisation*, München, 1983.

David, E., *Sparta between Empire and Revolution(404~243B.C.)*, N.Y., 1981.

Den Boer, W., *Laconian Studies*, Amsterdam, 1954.

Errington, R.M., *Philopoemen*, Oxford, 1969.

Finley, M.I., *The Ancient Greeks*, N.Y., 1964(reprinted 1965).

Fitzhardinge, L.F., *The Spartans*, London, 1980.

Forrest, W.G., *A History of Sparta. 950~192B.C.*, New York, 1968.

Hamilton, C.D., *Sparta's Bitter Victories*, Ithaca and London, 1979.

_____, *Agesilaus and the Failure of Spartan Hegemony*, Ithaka and London, 1991.

Hammond, N.G.L., *A History of Greece to 322 B.C.*, Oxford, 1986, 3rd ed(reprinted 1991).

Hatzfeld, J. *History of Ancient Greece*, N.Y. and London, 1966(revised by Aymard, André).

Hooker, J.T., *The Ancient Spartans*, London, 1980.

Huxley, G.L., *Early Sparta*, Harvard Univ. Press, 1962.

Jones, A.H.M., *Sparta*, Harvard Univ. Press, 1968.

Larsen, J.A.O., *Greek Federal States*, Oxford, 1968.

Lazenby, J.F., *The Spartan Army*, Warminster, 1985.

Lotze, D., *Μεταξὺ ἐλευθέρων καὶ δούλων, Studien zur Rechtsstellung unfreier Landbevölkerung in Griechenland bis zum 4. Jahrhundert v. Chr.*, Berlin, 1959.

McDowell, D.M., *Spartan Law*, Edinburgh, 1986.

Murray, O. & Price, S., *The Greek City:From Homer to Alexander*, Oxford, 1991.

Oliva, P., *Sparta and her Social Problems*, Prague, 1971.
Piper, L.J., *Spartan Twilight*, New Rochelle, 1986.
Powell, A.(ed.), *Athens and Sparta:Constructing Greek Political and Social History from 478 B.C.*, London, 1988.
_____, *Classical Sparta Techniques behind her success*, Routledge, 1989.
Prichett, W.K., *The Greek State at War*, 2 vols., Univ. of California Press, 1971, 1974.
Sanders, J.M.(ed.), *ΦΙΛΟΛΑΚΩΝ*, Lakonian Studies in honour of Hector Catling, British School at Athens(The Short Run Press), 1992.
Sealy, R.A., *History of the Greek City States*, Univ. of California Press, 1976.
Shimron, B., *Late Sparta*, Arethusa, 1972.
Snodgrass, A.M., *Arms and Armour of the Greeks*, Ithaca and London, 1967.
Stadter, P.A., *Plutarch's Historical Methods*, Harvard Univ. Press, 1965.
Ste. Croix, G.E.M., *The Class Struggle in the Ancient Greek World*, London, 1981.
Tigerstedt, E.N., *The Legend of Sparta in Classical Antiquity*, 2vols.,+Index vol., Stockholm, Goeteborg and Uppsala, 1965·1974.
Tomlinson, R., *From Micenae to Constanhtinople*, London and New York, 1992.
Weber, C.W., *Die Spartaner*, Duessendorf und Wien, 1977.
Welles, C.B., *Alexander and the Hellenistic World*, Toronto, 1970.
Westermann, W.L., *The Slave Systems of Greek and Roman Antiquity*, Philadelphia, 1955.
Wood, E. M./ Wood, N., *Class Ideology and Ancient Political Theory*, Oxford, 1978.

2. 논 문

Africa, T.W., "Philarchus, Toynbee and the Spartan Myth," *Journal of the history of ideas* 21 (1960), pp.266~272.

Andeev, J.V., "Sparta als Typ einer Polis," *Klio* 57(1975), pp.73~82.
Bernini, U., "Archidamo e Cleomene III. Politica Interna ed Estera a Sparta(241~227A.C.)," *Athenaeum* N.S. 59(1981), pp.439~458 ; 60 (1982), pp.205~223.
_____, "Studi su Sparta ellenistica. Da Leonida II a Cleomene III," *Quaderni urbinati di cultura classica* 27(1978), pp.29~59.
Bosworth, A. B. "The Mission of Amphoterus and the Outbreak of Agis' War," *Phoenix* 29(1975), pp.27~43.
Bradford, A. S. "Gynaikokratoumenoi:Did Spartan Women Rule Spartan men?," *Ancient World* 14(1986), pp.13~18.
Bringman von Klauss, "Die grosse Rhetra und die Entstehung des spartanischen Kosmos," *Historia* 24(1975), pp.513~538.
Cardauns, B., "Juden und Spartaner. Zur hellenistisch-jüdischen Literatur," *Hermes* 95(1967), pp.317~324.
Cartledge, P., "Spartan Wives:Liberation or Licence?," *Classical Quarterly* 31(1981), pp.84~109.
_____, "Toward the Spartan Revolution," *Arethusa* 8(1975), pp.59~84.
Cawkwell, G.L., "The Decline of Sparta," *Classical Quarterly* 33(1983), pp.385~400.
Cloché, P., "Remarques sur les lègnes d'Agis IV et Cléomène III," *Revue des Études Grecques* 56(1954), pp.53~71.
Conner, W.R., "Pausanias 3.14.1:A Side Light on Spartan History, C.440B.C.?," *Transactions of American Philological Association* 109 (1979), pp.21~27.
David, E., "Aristotle and Sparta," *Ancient Society* 13~14(1982~83), pp.67~103.
_____, "The Pamplet of Pausanias," *Parola del Passato* 34(1979), pp.94~116.
Forrest, W.G., "The Date of Lykourgan Reform in Sparta," *Phoenix* 17(1963), pp.157~179.
Fuks, A., "The Spartan Citizen-body in mid-third century B.C. and its enlargement proposed by Agis IV," *Athenaeum* 40(1962), pp.244~263.

_____, "Agis, Cleomenes, and Equality," *Classical Philology* 57(1962), pp.161~166.

_____, "Non-Phylarchean Tradition of the Programme of Agis IV," *Classical Quarterly* 12(1962), pp.118~121.

_____, "Social Revolution in Greece in the Hellenistic Age," *La Parola del Passato* 111(1966), pp.437~448.

_____, "Patterns and Types of Social-Economic Revolution in Greece from the Fourth to the Second Century B.C.," *Ancient Society* 5(1974), pp.51~81.

Gabba, E., "Studi su Filarco, le biographie plutarchee di Agide e di Cleomene," *Athenaeum N.S.* 35(1957), pp.3~59 · 193~239.

Holladay, A.G., "Spartan Austerity," *Classical Quarterly* 28(1978), pp.111~126.

Kelly, D.H., "Policy-making in the Spartan Assembly," *Journal of the Australian Society for Classical Studies*(1982), pp.47~61.

Kennel, N.M., "The Spartan Synarchia," *Phoenix* 46(1992), pp.342~351.

Morris, S.P., "Hollow Lakedaimon," *Harvard Studies in Classical Philology* 88 (1984), pp.1~11.

Pozzi, F., "Le riforme economico-sociali e le mire Tiranniche di Agide IV e Cleomene III, re di Sparta," *Aevum* 42(1968), pp.383~402.

Rahe, P.A., "The Selection of Ephors at Sparta," *Historia* 29(1980), pp.385~401.

Redfield, J., "The Women of Sparta," *Classical Journal* 73(1977~78), pp.146~161.

Rhodes, P.J., "The Selection of Ephors at Sparta," *Historia* 30(1981), pp.498~503.

Robins, W.S. "The Position of the Helots in the Time of Nabis, 206~192 B.C.," *Univ. of Birminghum Historical Journal* 6(1958), pp.93~98.

Shimron, B. "The Spartan Polity after the Defeat of Cleomenes III," *Classical Quarterly* 14(1964), pp.232~239.

_____, "Polybius and the Reforms of Cleomenes III," *Historia* 13(1964), pp.147~155.

_____, "Nabis of Sparta and the Helots," *Classical Philology* 61(1966), pp.1~7.

_____, "Some Remarks on Phylarchus and Cleomenes III," *Rivista di filologia* 94 (1966), pp.452~459.

Talbert, R.A., "The Role of the Helots in the Class Struggle at Sparta," *Historia* 38(1989).

Walbank, F.W., "The Spartan Ancestral Constitution," in *Ancient Society and Institutions, Studies presented to Victor Ehrenberg on his 75th birthday*, Oxford, 1966, pp.303~312.

Willets, R.F., "The Neodamodeis," *Classical Philology* 49(1954), pp.27ff.

스파르타 미주

제1장 서론

1) Plut. *De garr*. 510F · 511A에서는 스파르타인의 과묵함에 대한 흥미로운 예를 싣고 있다. 그밖에 Platon, *Protag*. 342E를 참조하라.
2) Ⅱ, 3, 7(C.103)
3) 도리아인(Dorian)은 '아마도 알프스인(Alpine)'이었고, 아테네인은 '카스피인(Caspian)'이었다 : R.B.Dixon, *Racial History of Man*, pp.35 · 94 · 515 참조.
4) 뵐테(Bölte)가 집필한 파울리-비소바(Pauly-Wissowa-Kroll) 백과사전의 'Sparta, Geograpie' 항목을 참조.〔이후 P-W로 약칭함〕
5) *Travels in the Morea*, Ⅲ, p.24 이하. 그밖에 프레이저(Frazer)가 편집한 Pausanias Ⅲ, p.322의 이 계곡에 대한 열성적인 서술을 참조.
6) Leake, 앞의 책, Ⅰ, p.340 이하 ; 그밖에 C.A.Roebuck, *History of Messenia from 369 to 146 B.C.* ; M.N. Valmin, *Etudes topographiques sur la Messénie ancienne*.
7) *Class. Phil.* XL(1945), p.151
8) 이 단어에 대한 자세한 설명은 72쪽 참조.
9) *Od.* XIX, 175.
10) τριχάικες. 이는 아주 명확하지는 않지만 '세 개의 물결무늬의 깃털을 가지는'이라는 뜻을 의미할 수 있다. Hesiod, fr.8을 참조. 혹은 펠롭스(Pelops)의 세 왕국을 언급한 것일 수도 있다. 이에 대해서는 Wade-Gary, *C.A.H.* Ⅱ, p.525, n.12를 참조.
11) Paus. Ⅱ, 28 ; Strabon, Ⅷ, 8, 5(C.389) ; Thuc. Ⅰ, 12 ; 벨로흐(Beloch)는 *Griechische Geschichte*, Ⅰ, pt.2, p.76 이하에서 그 전통 전체를 부정한다. 그러나 이를 받아들이는 Nilsson, *Homer and Mycenae*, p.70과 Pareti, *Storia di Sparta arcaica*, p.66 이하도 참조. 자신이 아카이아인이고 도리아인이 아니라는 클레오메네스 1세의 주장(Herod. Ⅴ, 72)을 심각하게 받아들일 필요는 없다. 이는 아마도 헤라클레이다이와 옛 미케나이 통치자 간의 신화적 관계를 언급한 것일 것이다. 심지어 이는 아테네에서 아테네 신전에 들어가기를 거부한 클레오메네스가 즉석에서 만들어낸 주장일 가능성도 있다.
12) 매우 의심스럽기는 하지만, 대체로 도리아인의 이동을 가장 그럴듯하게 재구성한 것이다. 크레테에서 펠로폰네소스로 이동하는 다른 길이었다는 Wilamowitz-Moellendorf, *Staat und Gesellschaft der Griechen*, Ⅱ, p.19의 가정은 그럴 듯하지 않다. 보다 상세한 논의를 위해서는 Beloch, *Griech. Gesch.* I. 2, p.76 이하를 참조. 여러 부족의 초기의 이동에 관한 또 다른 재구성은 만(灣)의 북쪽으로부터 온 아카이아의 아카이아인이 '에퓌로스인(Epirotes)'에 의해 저쪽으로 밀려났다는 것이다. 이 견해에 따르면 아르카디아인들은 펠로폰네소스의 이전의 정복자들이었다. 하지만, 호메로스를 신뢰한다면 그들은 '아카이아의' 세계 바깥쪽의 아티카의 거주민들과는 인종적으로 거의 관련이 없었다.
13) J.D. Beazley in *C.A.H.* Ⅳ, p.579 이하를 참조.
14) 전승에 따르면 '헤라클레이다이의 귀환'연대는 기원전 1104년이다. *The Law and the Prophets*, p.31에 나타난 피이크(Peake)와 플뢰어(Fleure)의 시사, 즉 아카이아인은 트로이 전쟁으로 기진맥진해졌고, 지도자들과 자원이 고갈되어서 두 세대의 무력한 통치 이

후에 도리아인이 도래하자 손을 들 수밖에 없있다는 것은 아마 옳을 것이다.
15) Ephoros, in *F.H.G.* I, p.235, 10, 11 ; Pindaros, *Pyth.* I, 63 이하.
16) 이 점은 후에 106쪽에서 더 상세히 논의되고 있다.
17) Busolt-Swoboda, *Griechische Staatskunde*, II, p.643 ; Schömann-Lipsius, *Griechische Altertümer*, I, p.214 ; Niccolini, 'Per la Storia di. Il Sinecismo', *Rivista di Storia Antica*, IX(1904), p.94 ; K.J. Neumann, *Hist. Ztschr.* XCVI (1900), p.40.
18) 혹은 Dickins, *J.H.S.* XXXII, p.15에 따르면 늦어도 기원전 735~716년이다. 그 연대를 확정짓는 다는 것은 불가능하다. 보다 상세한 논의를 보려면 Beloch, 앞의 책, I, pt. 2, p. 262 이하를 참조.
19) 이른바 아펠라(Apella). 이 용어를 쓰지 않는 이유에 관해서는 144쪽 참조.
20) Wade-Gery in *Class. Quart.* XXXVII (1943), p.62에서는 레트라가 델포이 신탁을 빙자한 스파르타 '의회'의 법안이지, 그 반대는 아니라는 것을 보여준다. 그러므로 이는 의회의 법안으로 전환된 신탁이었다고 보는 Busolt-Swoboda, 앞의 책, I, p.43, n.1의 견해와는 반대이다. 두 이론중에서 부졸트(Busolt)의 것이 더욱 그럴 듯하다. 시민들이 의혹에 빠져 있을 때, 그들은 델포이에 사람을 보내 신의 말씀을 구했고, 신탁이 처지에 들어맞는 것 같으면 그 원칙을 법제화했다. 알다시피 신탁은 결정을 내리는데 있어 도와줄 수 있는 것이었고, 위기시에 시민들은 스스로의 바람에 대한 신의 동의를 원했던 것이다.
21) 혹은 늦어도 기원전 650년이다. R. M. Cook, "Ionia and Greece 800~600 B.C.", *J.H.S.* LXVI(1946), p.77를 참조. 좀더 많은 도리아 식민지를 확실하게 가려낸다는 것은 쉬운 일이 아니다. 테라(Thera)는 분명히 도리아 식민지였고[Herod. IV, 147 ; Paus. III, 1, 7 ; VII, 2, 2], 키레네의 모시(母市)였다[Herod. IV, 150 이하]. 멜로스(Melos) 역시 확실했다[Herod. VIII, 48 ; Thuc. V, 84]. 고르티나(Gortyna)는 아마도 확실히 크니도스(Cnidos)가 아니라면 트로파스(Tropas)에 의해 식민되었을 것이다[Paus. X, 11, 1]. 오레스테스(Orestes)는 아이올리스(Aeolis), 레스보스(Lesbos), 테네도스(Tenedos)에 식민시를 건설하려 했지만, 이는 가공의 일이다.[Müller, *Doric Race* (E.T.), I, p.136 ; Pareti, 'Richerche sulla potenza maritima d. Spartani', *Memorie d. R. Accad. d. scienze di Torino*, LIX, p.74]
22) C. M. Bowra, *Greek Lyric Poetry*, p.16 이하 참조. 이 책은 알크만의 시에 대해 상당히 잘 다루고 있다. Herac. Pont.는 *F.H.G.* II, 210, 2에서 그가 아가시다스(Agasidas)가 구매한 노예라고 말한다.
23) J. A. Davison, 'Alcman's Partheneion', *Hermes*, LXXIII (1938), p.440에서는 시의 구조로 증거를 검증한다.
24) Blakeway, *Class. Rev.* XLIX(1935), p.185에서는 The Sanctuary of Artemis Orthia at Sparta(by R. M. Dawkins et al.), 도판 203, no.14에서 보이는 금목걸이가 실례가 될 수 있을 것이라고 언급한다.
25) Athen. XIII 600F에 알크만에 대해 비방조의 이야기가 나온다.
26) 아마도 말을 언급하는 이 구절은 모두 말과 관계가 있는 데메테르와 후에는 헬렌의 제사의식과 관련이 있다. 하지만 이는 매우 불확실하다. C.M.Bowra, 앞의 책, p.54 이하와 *Artemis Orthia*(Dawkins et al.), p.241 그리고 도판 172, no.1을 참조.
27) Xen. *Cyneg.* III ; Claudian, *Laud. Stil.* III, 300 ; Plut. *Apoph. Lac.* 215B에서는 스파르타에서 개를 수출하는 것이 금지되었다고 한다. 플루타르코스가 옳다면, 그 개는 헤라클

레스에게 바쳐진 것이라서 종교적 중요성이 부가되었다는 것은 불가능한 일이 아니다. Robertson Smith, *Religion of Semites*, p.292, n.2.를 참조. 소년들은 싸우기 전에 플라타너스 들판에서 에냘리오스(*Enyalios*)에게 강아지를 희생으로 드렸다.(Paus. Ⅲ, 14, 8. 192쪽 참조. O.Keller, 'Hunderassen im Altertum', *Jahreshefte d. österreichischen archäologischen Instituts in Wien*(1905), Ⅷ, p.251)

28) Ollier, *Le Mirage spartiate*, p.13 이하 ; *A.B.S.A.* Ⅻ-ⅩⅥ, ⅩⅩⅥ-ⅩⅩⅩ ;*Artemis Orthia* (Dawkins et al., 1929) ; Tod and Wace, *Catalogue of the Spartan Museum*(1906) ; P-W의 'Sparta' 항목에서 Lippold가 집필한 'Sparta als Kunststadt'.

29) E.A.Lane in *A.B.S.A.* XXXIV(1933-4), pp.161·182 이하, 같은 책 XXⅢ, p.60 이하 ; R.J.H. Jenkins, *Dedalica*. 그밖에 Dugas, 'Les vases lacono-cyrénéens', 같은 책 XXⅦ (1928), p.50 ; O. Waldhauer, 'Zur Lakonischen Keramik', *Jahrbuch des deutschen archäologischen Instituts*, XXXVIII(1923), p.28을 참조하라.

30) Lane, 위의 글. 일반적으로 키레네의 아르케실라스 왕은 실피온(silphion) 화물을 배에 싣는 것을 감독하는 모습으로 묘사되었다고 생각되었다. 이 장면의 또 다른 해석은 아르케실라스가 차일 아래서 지하실에 양모화물을 집어넣는 것을 감독하며 앉아 있다는 것이다. 실피온 혹은 아사포이티다(asafoetida) 수지는 짐짝에 담긴 것이 아니라, 항아리에 담겨 배에 실렸다는 주장은 매우 타당한 것이다. 그러나 그 장면은 배의 갑판 외에 다른 것이라고 생각하기는 어렵다는 것을 강하게 시사하고 있다.

31) Paus. Ⅲ, 17, 2 ; 18, 5. 그밖에 프레이저가 편집한 Pausanias Ⅲ p.350 ; *A.B.S.A.* X Ⅲ, p.147 이하를 참조.

32) Paus. Ⅲ, 12, 10 ; 혹은 돔형태. *Etym. Mag.* Σκιας 항목.

33) 같은 책, Ⅲ, 18, 6. 그밖에 Frazer, Ⅲ, p.351 참조.

34) 리폴트(Lippold)가 집필한 P-W의 'Sparta als Kunststadt' 항목.

35) Paus. Ⅴ, 17, 2.

36) 같은 책, Ⅵ, 19, 14. 돈타스(Dontas)는 메돈의 전와(轉訛). 리폴트(Lippold)가 집필한 P-W의 'Medon(12)' 항목을 참조.

37) Paus. Ⅴ, 23, 7; I.G. Ⅴ, 2, 85, 102.

38) Paus. Ⅵ, 4, 4

39) 같은 책, Ⅵ, 9, 4.

40) 같은 책, Ⅴ, 17, 2. G. Dickins, 'Art of Sparta', *Burlington Magazine*, XIV(1908), p.66.

41) Athen. XI, 782B.

42) Paus. Ⅲ, 17, 5.

43) *De mus.* Ⅸ. 수금제작자인 탈레스(Thales)가 스파르타의 내분을 그치게 했다는 플루타르코스의 언급(*Moral.* 779A)은 그랬다고 해도, 그가 만든 수금이 시인들에 의해 불려진 노래 같은 음악을 제공했다는 의미로만 이해될 수 있다. 이 생각은 부자연스러운 듯하고, 아마 플루타르코스는 시인 탈레타스(Thaletas)와 착각했을 것이다.

44) 184쪽 참조.

45) Herod. Ⅰ, 23.

46) Paus. Ⅲ, 17, 5.

47) Plut. *Lyc.* Ⅳ ; Paus. Ⅰ, 14, 4 ; Plut. *De mus.* XLⅡ. 탈레타스는 그의 시로써 성공적으로 스파르타에 만연했던 당파심의 폐해를 가라앉혔다.

48) Aelian. *V.H.* XII, 50.
49) 수이다스가 기록한 바, 디씨램[주신을 찬양하는 합창곡]의 창안자인 메티므나 (Methymna)의 아리온(Arion)이 알크만의 제자였다는 전설을 믿을 필요는 확실히 없다. 그가 돌고래를 만나 놀라운 모험을 벌이기 이전에 스파르타에 있었다는 증거는 없고, 그 이후에도 확실히 스파르타에 머물지는 않았다. Rohde, *Rhein. Mus.* XXXIII, p.200. Crusius가 집필한 P-W의 'Arion'(5) 항목을 참조.
50) *Elegy and Iambus*, I (Loeb ed.), p.323.
51) Plut. *Alc.* XXIII
52) I, 152. 또한 III, 54 ; II. II, 587 스파르타 분견대를 참조.
53) *I.G.* II 2, 1623, 76.
54) *Artemis Orthia*(Dawkins et al.), p.214와 도판 109·110.
55) Tod-Wace, *Cat. of Spart. Mus.* p.99. Hogarth, *Ionia and the East*, p.34 이하.
56) *A.B.S.A.* XIV, p.45.
57) 같은 책, XIII, p.73 이하.
58) 같은 책, XIII, p.75 ; XIV, p.141.
59) 같은 책, XIII, p.84.
60) I, 70.
61) ap. Strabon, VI, 3, 3(C.279).
62) Suidas, τυρταῖος 항목 ; Schol. *ad Plato, Legg.* 629A ; Paus. IV, 15, 6 ; Arist. *Pol.* 1307A.
63) *Elegy and Iambus*(Loeb ed.)에 있는 시. 튀르타이오스에 관한 이야기를 믿을 수 있을 것인지는 많은 논란이 되어 왔다. 그에 관한 여러 견해는 Ollier, 앞의 책, p.188 이하에 잘 요약되어 있다.
64) 그렇지 않다면 튀르타이오스보다 앞선 시기의 사람으로 [같은 정서를 노래했던] 에페소스의 칼리노스(Callinos)를 꼽아야 한다. 크롤(Kroll)이 집필한 P-W의 'Kallinos' 항목을 참조.
65) Werner Jaeger, *Paideia*, p.74 이하 ; 'Tyrtaios über die wahre Arete', *Sitzungsberichte der preusischen Akademie der Wissenschaften, Philos.-hist. Klasse*(1932), p.537. Wilamowitz-Moellendorff, *Textgeschichte der griechschen Lyriker*, p.97 이하 ; 'Tyrtaios', in *Abhandlungen der kgl. Gesellschaft der Wissenschaften zu Götingen*, N.F. IV(1900), p.3.
66) Edmonds 역, *Elegy and Iambus*(Loeb ed.), p.63.
67) μετὰ Λέσβιον ᾠδόν 항목.
68) 123쪽 참조.
69) 카르슈테트(Kahrstedt)가 집필한 P-W의 'Lykourgos' 항목 ; Kahrstedt, *Neugründer des Staates*, p.7 이하 ; K.J.Neumann, 'Die Enstehung des spartiatischen Staats in der lykurgischen Verfassung', *Hist. Ztschr.* XCVI (1906), p.1 ; E.Meyer, *Forschungen zur alten Geschichte*, I, p.213 이하 ; Beloch, *Griech. Gesch.* I, pt.2, p.253 ; Niese, *Hermes*, XLII (1907), p.446 이하.
70) I, 65.
71) 아르카디아에서는 *Il.* VII, 142 ; 트리퓔리아(Triphylia)에서는 Paus. V, 5, 5 ; 네메아에서는 Paus. II, 15, 3 ; 트라키아에서는 Il. VI, 130과 Paus. I, 20, 3이다.

72) Plut. *Lyc.* II ; Paus. III, 18, 2 ; Aelian. *V.H.* XIII, 23. 그밖에 Beloch, 앞의 책 I, 2, p.254 참조, 아르고스에는 외눈의 제우스가 있었다 : Paus. II, 24, 3. 또한 *Quest.* XLVIII 를 언급하고 있는 W.R.Halliday, *Greek Questions of Plutarch*, p.193을 참조하라.
73) Meyer, 앞의 책 p.281 ; P.Foucart, *Le culte des héros chez les Grecs*, p.12 이하.
74) Herod. I, 66 ; S. Wide, *Lakonische Külte*, p.281 이하에서는 뤼쿠르고스에 관해 유일하게 확실한 것은 그가 스파르타에서 예배로 존경받았다는 것이라고 언급한다. Herod. I, 65-6의 서술은 매우 혼동스럽다. 첫 부분에서 뤼쿠르고스의 개혁은 레온과 헤게시클레스 치세에 이루어졌다고 했으나, 뒷부분에서는 그가 몇 세기 전인 레오보타스 시대에 살았다고 말하고 있다. 헤로도토스는 연대기적으로 불가능하다는 것을 고려치 않고 과거에 생겼던 모든 문제가 뤼쿠르고스에 의해 바로잡아졌을 것이라 생각했었음이 틀림없는 스파르타인들에게서 정보를 잘못 수집했을 것이다.
75) Pyth. I, 120.
76) Frag. 91, *F.H.G.* I, p.57 ; Strabon, VIII, 5, 5(C.366).
77) Beloch, 앞의 책, I, 2, p.255.
78) Frag. 4, *Elegy and Iambus*(Loeb ed.), p.63 ; Platon, *Legg.* I, 624A 참조
79) 앞과 같다.
80) Plut. *Lyc.* I ; Euporus ap. Strabon, X, 4, 19(C. 482) ; Arist. *Pol.* 1271B ; Aelian, V. H. XIII, 23.
81) *Lyc.* I.
82) *Resp. Lac.* X, 8. 그밖에 Platon, *Minos*, 318c. 참조.
83) ap. Strabon, X, 4, 18(C.482).
84) Plut. *Lyc.* I. Beloch, 앞의 책, I, 2, p.256에서는 전체 이야기를 경멸하면서 일소한다. Paus. V, 20, 1 ; P-W의 Kroll이 집필한 'Iphitos'(2) 항목, Ziehen의 'Olympia, c.2525' 항목을 참조.
85) Plut. *Lyc.* I.
86) *Klio*, XII(1912), p.340
87) Plut. *Apoph. Lac.* 228C.
88) 이는 *C.A.H.* III, p.258에 있는 웨이드-게리의 견해이다. 에렌베르크는 *Epitymbion für Swoboda*, p.19에서 뤼쿠르고스와 동일하다고 간주할 수 있는 [혹은 아닌] 입법자의 연대를 기원전 6세기 중반으로 제시하고 있다.
89) Plut. *Lyc.* II. 항상 그렇듯이 이 이야기에 관한 플루타르코스의 신빙성은 의심스럽다. 디오스코리데스(Dioscorides)는 그가 한 눈을 잃은 것이 아니라 치유되었으며, 회복에 대한 감사의 표시로 아테나 옵틸레티스(Athena Optiletis)신전을 건립했다고 한다.
90) A. Andrewes, 'Eunomia', *Class. Quart.* XXXII (1938), p.88 이하.
91) *Lyc.* IX.
92) Review of Ollier's *Le Mirage Spartiate* in *Class. Rev.* XLIX(1935), p.184
93) 'Das Wesen der spartanischen Staatsordnung', *Klio*, Beiheft XLII(1939).
94) Paus. III, 12, 10 ; 18, 8.
95) 같은 부분. 또한 리이크, 앞의 책, I, p.158 이하 참조.
96) Dickins, *J.H.S.* XXXII(1912), p.22 ; Busolt, *Die Lakedaimonier*, p.261.
97) Larsen, *Class. Phil.* XXVIII (1933) ; XXIX(1934).

98) Herod. V, 92 ; Thuc. I, 18 ; Isocrates, Ⅳ, 125 ; Arist. *Pol.* 1312B를 참조하라. *Catalogue of Greek Papyri in John Rylands Library*, p.29, no.18에 따르면, 킬론은 감독관으로 재직한 후에 알렉산드리다스(Alexandridas) 왕과 제휴하여 그리스의 여러 도시에서 참주정을 무너뜨렸다. 이 파피루스는 기원전 2세기 후반의 것이고, 이를 킬론에게 돌리는 것은 공상적인 것일 것이다.[Ehrenberg, *Neugründer des Staates*, p.47]

99) Dickins, *Class. Quart.* V, p.240 이하를 참조하라.

100) S. Luria, 'Der Selbstmord des Königs Kleomenes Ⅰ', *Phil. Woch.* XLVIII(1929), p.27 : J. Wells, 'Some points as to the chronology of the reign of Cleomenes Ⅰ', *J.H.S.* XXV (1905), p.193, G. Dickins ; *J.H.S.* XXXⅡ(1912), p.27 이하.

101) *J.H.S.* XXXⅡ, p.261 이하. 비평에 대한 반론은 같은 책, XXXⅢ(1913), p.111.

102) Platon, *Legg.* Ⅲ, 692E, 698E.

103) Arist. *Pol.* 1301B, 1307A, 1333B ; Thuc. Ⅰ, 128 이하. Meyer, *Rhein. Mus.* XLI, p.578에서는 이 파우사니아스가 할리아르토스(Haliartos) 전투[Xen. Hell. Ⅲ, 5, 25] 후에 망명한 왕이라는 설을 제시한다. 이는 아리스토텔레스가 완전히 틀렸다는 가정을 제외하고는 가능할 법하지 않다.[Gilbert, *The Constitutional Antiquities of Sparta and Athens*(Eng. trans.), p.22. n.2를 참조]

104) XI, 63.

105) Cimon, 16 ; 그밖에 Polyaenos Ⅰ, 41, 3 ; Aelianus *V.H.* Ⅵ, 7 ; Polybios, Ⅳ, 24, 6 ; 단지 다섯 채의 집만 남았다는 것, 즉 다섯 부족 각각에 한 채씩의 집이 남았다는 것은 비현실적인 과장이다.

106) Thuc. Ⅰ, 101. 투리아는 파미소스 강변에 위치한 메세니아의 페리오이코이 도시. 아이타이아는 확인되지 않는다 ; s.v. Steph. Byz.

107) Thuc. Ⅰ, 103에서는 10년이라고 한다. 아마 이것이 옳겠지만, 확실치는 않다.

108) Ⅳ, 80 ; Diod. Sic. XII, 76.

제2장 스파르타인

1) 라콘(Λάκων)이라는 단어는 스파르타인 스스로는 결코 쓰지 않고, 외국인만 썼던 것 같다. Thuc. Ⅲ, 5, 2 ; Ⅷ, 55, 2. 라케다이모니오이(Λακεδαιμόνιοι)는 스파르타인과 페리오이코이를 포함하는 포괄적인 단어였다.

2) Takao Tsuchiya, *An Economoic History of Japan*, chaps. 5 and 6, Trans. *Asiatic Society of Japan*, 2nd ser., vol. XV(1937). Toynbee, *Study of History*, Ⅲ, p.22 이하는 스파르타인들을 오스만 터키인들과 비교하고 있다.

3) 'Die spartanische Agrarwirtschaft', *Hermes*, LVI(1919), p.279.

4) *Flor.* XL, 8(233).

5) *Inst. Lac.* XXII(238E).

6) *Litt.* Ⅸ, 2 ; Schömann-Lipsius, *Griechische Altertümer*, Ⅰ, 4, p.216.

7) Herod. Ⅸ, 35.

8) *Apoph. Lac.* 230D.

9) Dion. XⅦ. 헤카타이오스(Hecataeos)가 항의는 받았지만 공동식사단에 받아들여졌다고 한다. 하지만 분명히 시민권까지 받은 것은 아니었다. Plut. *Apoph. Lac.* 218B. 헤로도토스[Ⅳ, 145 이하]가 전하는바, 스파르타에 받아들여진 미니아인(Minyans)의 존재와 관련

된 사건은 명백히 그들이 페리오이코이 신분을 받았다는 것을 보여준다. 후에 그들이 완벽한 시민권을 원하자, 그들은 과감하게 다루어졌다.〔그들은 처형될 뻔하였으나, 스파르타인 아내들의 책략으로 도망칠 수 있었다-역주〕
10) 이는 마이어가 도달한 결론이다 ; Klio, *Beiheft* LXII, p.22.
11) Plut. *Agis*, XI.
12) *Pol.* 1271A, 1272A.
13) *Resp. Lac.* X, 7.
14) Plut. *Inst. Lac.* 238E.
15) *Flor.* XL, 8(233). 이는 왕위계승자는 훈련을 받지 않아도 된다는 플루타르코스의 진술〔Agesilaos, I〕과 정면으로 배치된다. 이 면제는 맏이가 아닌 왕자들에게는 적용되지 않았던 듯하다.
16) ap. Athen. VI, 271B. 모타케스(mothaces)에 대한 자세한 논의는 96쪽 참조.
17) 주 18)과 같다.
18) *Inst. Lac.* 22, 238F.
19) *V.H.* XII, 43.
20) ap. Athen. VI, 271F.
21) *V.H.* XII, 43.
22) *Lys.* 2.
23) 에렌베르크가 집필한 P-W의 'Mothax' 항목과, Kahrstedt, *Griech. Staatsr.* p.43를 참조. 후자는 스파르타식 훈련과정을 이수한 사람은 누구든지 시민권을 얻을 자격이 있었음을 강조한다.
24) Xen. *Resp. Lac.* III, 3.
25) *Ages.* XXVI
26) Pol. 1270B.
27) Gilbert, 앞의 책, pp.12, n.2와 48, n.2. Wade-Gery in *C.A.H.* III, p.560. 후자는 뤼쿠르고스 체제에서 신시민이 인정되었으며, 구시민은 카르네이아(Carneia) 축제에서 종교적 우선권을 갖는다거나, 장로회에 들어갈 수 있는 권리를 자신들만 갖는 등의 어떤 특권이나 권리를 챙겼을 것이라고 추정한다. 이는 실증할 수 없는 가정에 불과하다. Busolt-Swoboda, *Griech. Staats.* p.662, n.4에서는 이 문제를 상세히 논의하고, 시민들 중에 혈족귀족이 있었음에 틀림없다고 결론을 내린다. 그러나 이들은 다른 시민들에 비해 어떤 정치적 특권이나 이점을 누리지는 못했다. 반면에 Kahrstedt, 앞의 책, p.144에서는 시민들 중에 귀족이 있었다고 보지 않는다. 이는 Meyer, *Forschungen*, I, p.255, n.2에서도 마찬가지이다. 아이스키네스(Aeschines)의 *in Timarch*. 173에서와 폴리비오스〔VI, 10, 9 ; 24, 1〕의 언급, ἀριστίνδην이라는 단어의 사용 등으로 보아 태생에 의해서가 아닌 지혜에 의한 '귀족'은 분명히 있었던 것 같다.
28) Xen. *Resp. Lac.* IX, 4. 에렌베르크가 집필한 P-W의 'Tresantes' 항목.
29) Thuc. V. 34. 그밖에 *Köhler in Sitzungsberichte der preussischen Akademie der Wissenschaften zu Berlin*(1896), p.362, n.1.을 참조하라.
30) 이는 『거울 속 나라의 앨리스(Alice Through the Looking-glass)』에 나오는 어제와 내일은 잼이 제공되지만 오늘은 제공되지 않는다는 식의 똑같이 교묘한 규칙을 상기시킨다.
31) Plut. *Ages.* XXX ; *Reg. et Imp. Apoph.* 191C ; Polyaenos, II, 1, 13.

32) *Od.* XIII, 412 ; Strabon, X, 13(C. 449).
33) Athen. XIII, 566A.
34) Herac. Pont. in Müller, *F.G.H.* II, p.211.
35) *Athen.* XV, 686F.
36) *Fugitivi,* 27(379).
37) *Lyc.* XIV, XV ; *Apoph. Lac.* 227E.
38) Toynbee, *Study of History,* III, p.59, n.1에서는 다음과 같이 말하고 있다 : "물론 이 장 관은… 뤼쿠르고스 체제하에서 스파르타 사회가 도달할 수 있었던 상당한 정도의 성적 자제를 과시하는 것이었다." 또한 그밖에 Italo Lana, 'Sull elegia III, 14 di Properzio', in Rivista di Filologia Classica, XXVI (New series), 1948, p.37 ; Paus. V, 16, 3 ; Pollux, II, 187 ; Plut. *Lyc. et Num. Comp.* 77A ; Seneca, de *Beneficiis,* V, 3.를 참조.
39) Pollux, V, 77.
40) Meier, *Klio,* Beih. XLII, p.51.
41) V. 88. Abrahams, *Greek Dress,* p.39 이하 ; 블랑저(Boulanger)가 집필한 D.S.의 'Vestis' 항목. Euripides, *Androm.* 598에서는 허벅지를 내놓은 여성에 대해 상당히 놀라고 있다. 만약 그들이 완전히 벌거벗었다면 그렇게 묘사했을 것이라고 보는 것이 맞을 것이다.
42) Plut. *Apoph. Lac.* 227F ; 현대의 원시종족에게서도 발견되는 관습이다.〔Westermarck, *History of Human Marrage,* p.197 참조〕
43) Herac. Pont. Fr. 8, *F.H.G.* II, p.211.
44) *Clem. Alex. Paed.* II, 10, 105. 만(Man)이 집필한 P-W의 'Anthina' 항목.
45) *Lyc.* 15. 불행히도 플루타르코스는 스파르타의 정숙함에 대한 묘사를 *Apoph. Lac.* 240C의 일화로 어느 정도 망치고 있다. 심지어 스파르타의 유명한 두 매춘부의 이름─코티나(Cottina) · 올림피아(Olympia)─까지도 알려져 있다.〔Athen. XIII, 574C, D, 591F〕
46) *Apoph. Lac.* 240E.
47) Plut. *Pyrrhos,* XXVII ; Justin, XXV, 41. 스파르타 여자들이 메세니아인의 공격을 격퇴했다는 락탄티우스(Lactantius)의 이야기(*Div. Inst.* I, 20, 29)는 심각하게 받아들일 필요가 없다.
48) Xen. *Hell.* VI, 4, 16.
49) *Legg.* 805D, E.
50) *Resp. Lac.* I, 3, 4.
51) *Pol.* 1269B, 1270A.
52) 이는 Plut. *Ages.* XXXI와 Xen. *Hell.* VI, 5, 28에서 확인된다. Grote, II, p.383, n.3에서는 그녀들의 행동을 두려움 때문이 아니라 분개 때문이었다고 강력하게 변명해 주고 있다. 그러나 "여성들이 적을 본 적이 없었기 때문에, 심지어 연기 나는 광경도 참을 수 없었다(αἱ μὲν γυναῖκες οὐδὲ τὸν καπνὸν ὁρῶσαι ἠνείχοντο, οὐδέποτε ἰδοῦσαι πολεμίους)"는 크세노폰의 말은 혼동할 우려가 없는 것이다. 그녀들은 전에 그와 같은 광경을 본적이 없었기 때문에 집이 불타는 광경을 참지 못하고 공포에 질려 도망쳤다. 남성의 수가 감소하며 그들이 갖게 된 꿋꿋함은 막상 위험에 직면하게 되었을 때는 무너져 내렸다.
53) Plut. *Agis.* IV.
54) Plut. *Apoph. Lac.* 212B.

55) *Legg.* 637C.
56) 앞의 책, 806C.
57) Praefatio 4의 'ad cenam'(저녁식사에)은 아마 전와된 것일 것이다. 와그너(O. Wagner)는 'obscena(불결한・부정한)'라고 추정한다.
58) XIII, 566, 2
59) ap. Athen. XLII, 602E.
60) *Tusc. Disp.* II, 15, 36. 그밖에 Xen. *Ages.* IX, 6을 참조하라.
61) Düntzer and Hellendall, in *Münchener medizinische Wochenschrift,* 1835(Nov. 1929), p.76. 그외에 Busolt-Swoboda, 앞의 책, II, p.702와 nn.4, 5를 참조하라.
62) *Apoph. Lac.* 241B.
63) 앞의 책, 239B. 그외에 Val. Max. VI, 3, 1.(Ext.)를 참조. 아마도 아르킬로코스는 비겁해서가 아니라 방종했기에 처벌되었을 것이다. 어느 쪽이건 그는 스파르타인들에게 바람직하지 않은 존재였고, 그 결과 그는 제거되었다.
64) *Study of History,* III, p.75와 n.4.
65) *Agis,* VII.
66) *Lyc.* XV. 그외에 Nicol. Damas. *F.G.H.* III, p.458을 참조.
67) *Resp. Lac.* I.
68) 이 관습은 Westermarck, 앞의 책, p.175 이하에서 자세히 논의되고 있다.
69) Frazer, *The Golden Bough*('Adonis,Attis, Osiris'), II, p.260 ; Nilsson, Griech. Feste, p.371 이하.
70) 시험결혼은 오늘날까지도 세계 각지에 널리 퍼져 있다.(Nilsson, *Klio,* XII, p.331을 참조)
71) *Apoph. Lac.* 227F. 케일러머(Caillemer)가 집필한 D.S.의 'Dos' 항목.
72) J.L.Myres, *Who were the Greeks?*, p.304.
73) ap. Athen. XIII, 555C.
74) 같은 책에.
75) XIV, 646A. Loeb ed. of Athenaeus(by C. B. Gulik), vol. VI, p.487에 주목하라. 이는 불명료한 문구에 대한 최선의 설명일 것이다.
76) *Resp. Lac.* II, 7 이하 ; *Lyc.* 15 ; Nicol. Damas. *F.G.H.* IV, p.45.
77) 앞의 책, p.130. 그러나 Strabon, XI, 9, 1(C. 515)에서는 '마치 우리시대에 로마의 옛 관습에 따라 카토(Cato)가 아내 마르키아(Marcia)를 호르텐시우스(Hortensius)의 요청에 따라 건네준 것처럼', 두세 명의 자녀를 얻자마자, 아내를 다른 남편에게 주는 것이 타피리(Tapyri)의 관습이었다고 한다.(H.L.Gordon, *Class. Jour.* XXVIII (1933), p.574를 참조)
78) *Rep.* 457~61.
79) *Resp. Lac.* I, 9.
80) Aristoph. *Aves,* 1661F. ; Demosth. *in Macart.* LIV.
81) *Pyrrhos,* XXVI.
82) Plut. *Agis,* III ; Paus. III, 6, 3 ; VIII, 27, 8 ; 30, 3. 파우사니아스는 아크라타토스를 클레오니모스의 아들로 칭하는 실수를 했다.
83) ap. Athen. IV, 142B.
84) 감독관들이 두번째 아내를 맞으라고 압력을 가했던 알렉산드리데스(Alexandrides)의

경우는 예외적이었던 것 같으며, 헤로도토스(V, 41)가 말하듯이 "전혀 스파르타의 관습과 맞지 않는다."

85) XII, 6, B, 8 ; *Encyclop. Britt.*의 'Polyandry' 항목 ; Westermarck, 앞의 책, pp.115 · 450 이하.

86) 'Das spartanische Bevölkerungs Problem', *Hermes*, LXVIII, p.218 이하.

87) 스파르타의 일처다부제의 가능성에 관해서는 Ridgeway, *Early Age of Greece*, II, pp.135, 339를 참조. Nilsson, *Klio*, XII, p.326에서는 일처다부제가 존재했다는 것을 부정한다. 유태인들 사이에서의 역연혼(逆緣婚:죽은자의 형이나 아우가 그 미망인과 결혼하는 관습) 풍습(*Deut*. XXV)이 확실치는 않지만 일처다부제의 흔적일 수도 있다.

88) E. S. Hartland, *Primitive Paternity*, I, p.322 ; II, p.18.

89) *De spec. leg.*, 23(303), Loeb ed. Hruza, *Beiträge zur Geschichte d. griech. u. röm. Familienrechts*, II, p.165, n.20은 어떤 설명도 하지 못하고 있다. 그밖에 W. Erdmann, 'Die Ehe im alten Griechenland', *Münchener Beiträge zur Papyrusforschungen u. antiken Rechtsgeschichte* XX(1934), p.182를 참조.

90) *In Eubul*. XX.

91) Plut. *Themist.* XXXII

92) Plut. *Lyc.* XXVII

93) Hastings, *Encyclopaedia of Religion and Ethics*, 'Death and disposal of dead'(Greek) 항목, IV, p.472 ; D.S.의 'Funus' 항목. Platon, *Minos*, 315D에서는 이 관습이 당대의 아테네에서는 더 이상 실행되지 않는 고대의 것이라고 언급한다.

94) Herod. VI, 58.

95) 121쪽 참조.

96) Erwin Rohde, *Psyche*, p.209, n.3 ; p.360, n.1.

97) Herac. Pont. *F.G.H.* II, p.210, frs. 2, 8.

98) Plut. *Solon*, XXI, 4.

제3장 페리오이코이 · 헤일로타이 · 열등시민

1) P-W의 'Perioikoi' 항목.

2) Herod. I, 166, 175. 분명히 페다시아인(Pedasians)과 그들의 페리오이코이는 같은 위치에 있거나 적어도 우호적인 관계였다. 절박한 위험의 똑같은 놀랄 만한 경고는 그들 모두에게 적용되었던 것이다.

3) 아르고스 : Arist. *Pol.* 1303 A ; Plut. *Moral.* 245F, Paus. VIII, 27, 1 ; 엘리스 : Thuc. II, 25 ; 크레테(가능성은 있으나 확실하지는 않다) : Larsen, 'Perioeci in Crete', *Class. Phil.* XXXI(1936), p.11 ; 테살리 : Xen. *Hell.* VI, 1, 19 혹은 ὑπήκοοι, Thuc. II, 101, IV, 78 ; 키레네 : Herod. IV, 161.

4) *Griech. Wirtschafts-u. Gesellschaftsgeschichte*, p.63 이하.

5) *Od.* IV, 177.

6) *Il.* IX, 484.

7) *Il.* IX, 149.

8) Xen. *Resp. Lac.* XV. 3.

9) *Orat.* XII, 177(270)

10) II, p.367 이하. 참조(2nd ed.).
11) ap. Strabon, VIII, 5, 5(C.365)
12) II, chap.5.
13) Pareti, *Storia di Sparta arcaica*, I, p.206
14) K.J.Neumann, 'Die Entstehung d. spart. Staates', *Hist. Ztschr.* 96(1906), p.52에서 노이만은 공업적인 '폴리스'와 농업적인 '코마이(촌락공동체-역주)' 사이에 도리아 이전 미케네 시대에 이미 존재했다가 단순히 도리아 정복자들에 의해 탈취되었던 뚜렷한 차이를 구별지으려 찾는다.[Busolt-Swoboda, *Griech. Staatsk*, I, p.140, n.2 참조]
15) Niese, *Nachrichten von der Gesellschaft der Wissenschaft zu Göttingen*(1906), p.101 이하 ; Hoffman's review of Meister's Dorer u. Achäer, *Phil. Woch.*(1906), p.1392를 참조.
16) *Hermes*, LIX, pp.49~57.
17) Xen. *Hell.* VI, 5, 25, VII, 2, 2 ; Plut. *Moral.* 346B.
18) Paus. III, 22, 5.
19) *Klio*, Beih. LXII, p.24.
20) II, chap.5. 그러나 그들이 아카이아인이라는 주장이 인상적이고 권위가 있다는 것은 인정해야만 할 것이다. 예를 들면 Beloch, *Griech. Gesch.* I, 1, p.205 ; Busolt-Swoboda, 앞의 책, II, p.638, n.8를 보라.
21) *Grk. Const. Ant.* p.35.
22) *Loc. cit.* p.101 이하.
23) IX, 10, 11.
24) τῶν περιοίκων Λακεδαιμονίων λοιάδες. 251쪽 참조.
25) Pareti, 앞의 책, p.205. 그밖에 Leake, 앞의 책, III, p.28 ; 가이어(Geyer)가 집필한 P-W의 'Skiritis' 항목을 참조.
26) *Griech. Staatsr.* p.75 이하.
27) 어느 정도 빈약하긴 하지만, 그들과 덴마크의 왕의 요우맨(kongelinge bonder) 사이에 유비(類比)를 해볼 수도 있을 것이다.
28) *Staatsform u. Politik*, P.231.
29) 감독관이 페리오이코이를 재판없이 처벌할 수 있었다는 이소크라테스의 말이 정확한지에 대한 논의는 161쪽 참조.
30) II, p.367(2nd ed.).
31) *Panath.* 178.
32) Critias, ap. Athen. XI, 76 ; Aristoph. *Eccles.* 542 ; Pliny, *Hist. Nat.* IX, 60, 3.
33) Herod. VI, 60.
34) VII, 234.
35) VIII, 4, II(C.362)
36) Paus. III, 21, 61. Aymard, *Les premiers rapports de Rome et de la confédération achaienne*, p.250 이하. and map.
37) *Il*, II, 649;*Od.* XIX, 174. 라케다이몬의 100개의 도시는 스트라본, 같은 장소를 참조하라. Niese, 앞의 책(1906), p.101에서는 페리오이코이 도시에 대한 증거를 주의 깊게 검토하고 있다.
38) ap. Athen. XV, 674B.

39) Gilbert, 앞의 책, p.28. *I.G.* V, 1, p.XIV;브란디스(Brandis)가 집필한 P-W의 'Eleutherolakones' 항목.
40) Strabon, Ⅷ, 5, 5(C.366).
41) Paus. Ⅲ, 21, 6.
42) δοῦλοι δημόσιοι, Ephoros, ap. Strabon, Ⅷ, 5, 4(C. 365). δοῦλοι τοῦ κοινοῦ, Paus. Ⅲ, 20, 6. 그외에도 Platon, *Legg.* VI, 776 ; Athen. VI, 263E, 265C를 참조하라.
43) 라코니아와 메세니아의 헤일로타이 사이에는 확실히 분명한 구분이 있었다. 전자는 아르카이오이(ἀρχαῖοι), 즉 오래된 혹은 오래 지속되었던 자들이라 불렸고, 후자는 메세니아코이(Μεσσηνιάκοι)라 불렀다.[Paus. Ⅲ, 11, 8;Thuc. Ⅰ, 101을 참조]
44) *Hermes*, LIV, p.29 이하. 또한 *Griech. Staatsr.* Ⅰ, p.57. 그 외에도 Niese, 앞의 책, p.136 이하를 참조.
45) Ⅲ, 20, 6. 그밖에 Ⅱ, Ⅱ, 584를 참조.
46) Boisacq, *Dict. Etym. de la languè grecque* ; 레크리베인(Lécrivain)이 집필한 D.S.의 'Helotae' 항목과 욀러(Oehler)가 집필한 P-W의 'Heloten' 항목 ; Hampl, 'Die laked. Periöken', *Hermes* LXXⅡ (1937), p.14, n. 2 ; Pareti, 앞의 책, p.194를 참조.
47) 동 앵글리아(East Anglia)의 소택지에서 히어워드(Hereward the Wake)가 그랬듯이 원래의 주민들이 소택지에 마지막 거점을 구축했다고 상정하는 것도 그럴싸하다. 브라시다스 휘하에서 싸워 그 전공으로 해방된 헤일로타이는 자신들이 원하는 곳에 살아도 좋다고 허락받았다.[Thuc. V, 34]
48) Paus. Ⅲ, 21, 6 ; Strabon, Ⅷ, 5, 4(C. 365);Myron, ap. Athen. XIV, 675D;Xen. *Inst. Lac.* 239E. 그외에 Kahrstedt, 앞의 책, p.61 이하를 참조하라. 자유를 부여한 개인의 이름과 함께 해방을 기록한 비문[*I.G.* V, Ⅰ, 1228~32]은 아마도 이 해방을 주관했던 감독관의 이름을 언급한 것일 것이다. 그렇지만 그 이름은 해방된 헤일로타이들이 속해 있던 클레로이의 소유자를 언급하는 것일 거라는 Ehrenberg, *Hermes*, LIX, p.41, n.3의 견해도 참조하라. 이 문제를 명료하게 결론짓는다는 것은 불가능하다.
49) Tyrtaios, fr. 6에서는 제1차 메세니아 전쟁에서 정복당한 이들에 대해 말하며, 그들이 '무거운 짐에 눌린 당나귀처럼 땅에서 산출하는 모든 곡물의 절반을 주인에게 바쳐야 하는 가혹한 숙명을 견디어'내고 있었다고 읊고 있다. 이는 전쟁배상금의 성격을 갖고 있는 일시적인 가혹한 세금일 수 있다. 그보다 후기에도 그 정도로 치러야 했는지는 증거가 없다.
50) *Cleom.* XXⅢ
51) 60므나가 1타란톤. 벨로흐(Beloch)와 탄(Tarn)은 모두 이 금액을 불가능한 수치로 본다.
52) Ⅲ, 83.
53) *Resp. Lac.* VI, 3.
54) Busolt-Swoboda, 앞의 책, p.668, n.5, p.608, n.5와 Kahrstedt, 앞의 책, Ⅰ, p.59에서는 헤일로타이가 가사를 하는 하인으로 고용되었다고 결론을 내리고 있다.
55) 키오스(Chios)인들은 라케다이몬인들을 제외하면 어느 민족보다 많은 노예를 소유하고 있었다는 Thuc. Ⅷ, 40의 언급은 설득력이 없다. 투키디데스는 헤일로타이를 언급하고 있던 것이라 보는 것이 좋을 것이다. 뤼산드로스가 "많은 돈과 노예를 들여와서 스파르타의 가정을 코린토스의 가정처럼 만들었다"는 Andreades, *History of Greek Public*

Finance, p.48의 주장 중 노예에 대한 부분은 완전히 근거없는 것이다.
56) Herod. Ⅶ, 229;Ⅸ, 10. 이들은 아마도 에룩테레스(eructeres: 스파르타의 해방된 헤일로타이)였겠지만 확실치는 않다.[96쪽을 참조]
57) Herod. Ⅸ, 28.
58) Thuc. Ⅳ, 80 ; Ⅶ, 19.
59) Thuc. Ⅶ, 19, 58 ; Xen. *Hell.* Ⅲ, 1 ; Ⅴ, 2 ; Ⅵ, 1.
60) Xen. *Hell.* Ⅶ, 1.
61) 앞의 책, Ⅲ, 5, 12.
62) *Legg.* Ⅵ, 776C.
63) Ⅳ, 80. 이는 투키디데스를 당혹스럽게 만들었던 매우 불가사의한 사건이었다. 아마도 그 수효는 심히 과장되었을 것이다.
64) *Lyc.* XXⅧ
65) Ⅱ, p.378(2nd ed.).
66) 164쪽 참조.
67) ap. Athen. XⅣ, 657D. Müller, *Doric Race*, Ⅱ, p.37 이하 참조.
68) *Inst. Lac.* 239E.
69) Demetrios Ⅰ, *Lyc.* XXⅧ 그밖에 Platon, *Legg.* Ⅶ, 816D를 참조하라. 뮐러(Müller)는 이는 매우 불합리하다고 보아 이 이야기 전체를 받아들일 수 없다고 주장했으며, 모톤(mothon)이라는 우스꽝스러운 춤이 취한 것으로 오인되었을 것이라 보았다. 그럴 수도 있지만, 이 춤에 관해서는 거의 알려져 있지 않고, 또 헤일로타이가 추었는지도 확신할 수도 없다.[Müller, 앞의 책, Ⅱ, p.39. 모톤에 관한 보다 자세한 내용은 190쪽을 참조]
70) Ael. *V.H.* Ⅴ, 1 ; Paus. Ⅳ, 14, 5.
71) Busolt-Swoboda, 앞의 책, Ⅱ, p.669.
72) Strabon, Ⅷ, 5,4(C.365).
73) Ⅳ, 80. 그외에 Ⅰ, 132 ; Ⅳ, 41, 55 ; Ⅴ, 14 ; Ⅶ, 26도 참조하라.
74) Thuc. Ⅳ, 41 ; Ⅴ, 14, 23.
75) Xen. *Ages.* Ⅱ, 24와 *Hell.* Ⅶ, 2, 2에서는 모든 헤일로타이라고 하고 있다. 이는 6,000명이 군에 증원되었다는 *Hell.* Ⅵ, 5, 28의 구절과 부합하지 않는다. 앞의 두 구절은 메세니아인을 가리키는 것일 것이고, 뒤의 것은 라코니아 헤일로타이를 지칭하는 것임에 틀림없다.
76) *Pol.* 1272B.
77) 164쪽 참조.
78) Livy, XXXⅣ, 27.
79) Lenschau, in *Bursian's Jahresberichte*, CCXⅧ (1928), p.17에서는 타렌툼 건설시기를 제1차 메세니아 전쟁 이전으로 놓고 싶어한다. 그러나 전쟁 이후일 개연성이 더 높다. Studniczka, *Kyrene*, p.175에서는 이야기 전체를 부정한다. 그밖에 다음을 참조하라 : Strabon, Ⅵ, 3,2 ; Athen. Ⅵ, 271C, D ; Justin, Ⅲ, 4, XX, 1 ; Arist. *Pol.* 1306B ; Paus. X, 10 ; Diod. Sic. Ⅷ, 21 ; Xen. *Resp. Lac.* Ⅰ, 7 ; Plut. *Lyc.* XV ; Polybios, XⅡ, 5, 6.
80) Gilbert, 앞의 책, p.19에서는 이 축제와 성직으로써 관련되어 있던 신비스러운 아이게이다이(Aegeidai)가 음모에 연루되었고, 그 결과 스파르타에서 추방되었다는 것을 시사하고 있다. 이 추측을 실증할 증거는 없는 듯하다.

81) ap. Athen. Ⅵ, 271C.
82) 즉, 그들은 네오다모데이스가 되었던 것이다. 그들에 관해서는 96쪽 참조.
83) Arist. *Pol.* 1306B. ἐκ τῶν ὁμοίων γὰρ ἦσαν.
84) 찬테(Szante)는 P-W의 'Epeunaktoi' 항목에서 Herod. Ⅳ, 145의 미니아이(Minyae)의 추방의 변형으로 간주한다. Eduard Meyer, *Geschichte des Altertums*, Ⅱ, p.478에서는 오늘날에도 고대인 이상으로 알지 못하고 있고, 역사적으로 별 의미도 없는 일이라고 말하고 있다. 한편 Nilsson, *Klio*, ⅩⅡ, p.308 이하에서는 이 이야기가 매우 의심스럽기는 하지만 아주 불가능한 것 같지는 않고 역사적 사실의 기반도 어느 정도는 있다고 본다. 그리고 Busolt, *Griech. Gesch.* Ⅰ, p.407에서는 특유의 치밀함으로 모든 자료를 정리해 놓았지만, 어떤 결론을 내리는 것은 피하고 있다. 그밖에 Busolt-Swoboda, 앞의 책, Ⅱ, p.658, n.1. Kahrstedt, 앞의 책, p.42에서는 파르테니아이를 무시하고 있다.
85) Xen. *Hell.* Ⅲ, 3, 6.
86) *J.H.S.* ⅩⅩⅩⅢ(1913), p.261. Busolt-Swoboda, 앞의 책, p.659, n.4. 그밖에 Kahrstedt, 앞의 책, p.50 이하도 참조하라.
87) Aristoph. *Equites*, 635, 695 ; Schol. ad 697 ; 그리고 Schol. *ad Plutus*, 279 ; Euripides, *Bacchae*, 1060.
88) *Hell.* Ⅴ, 3, 9. 에렌베르크가 집필한 P-W의 'Trophimoi' 항목, Kahrstedt, 앞의 책, p.53. 그러나 완전히 다른 설명도 있다. Cantarelli, 'I Motaci Spartani', *Rivista di philologia*, ⅩⅧ (1890), p.465 이하에서는 완전히 성공하지는 못했지만, 모타케스가 스파르타식 훈련을 받으며 자란 페리오이코이의 자식이며, 모토네스는 노예의 자식들이라는 것을 보여주려고 애쓰고 있다. 칸타렐리의 해석은 *Phil. Woch.* ⅩⅠ (1891)에서 폰 쉐퍼(von Schoeffer)에 의해 통렬하게 비판받았다. Suidas와 Hesychios, *Etym. Mag.* 모두의 Μόθωνες 항목에서는 그들이 스파르타인의 노예들이라고 서술하고 있다.
89) Thuc. Ⅶ, 58 ; Pollux, Ⅲ, 83.
90) Xen. *Hell.* Ⅲ, 4, 2 ; Plut. *Ages.* 6.
91) Thuc. Ⅶ, 19 ; Ⅷ, 5 ; Xen. *Hell.* Ⅰ, 3, 15 ; Ⅲ, 1, 4 ; 4, 20 ; Ⅴ, 2, 24.
92) 252쪽 참조.
93) ap. Athen. Ⅵ, 271E.
94) 앞의 책, Ⅱ, p.35. 그밖에 Xen. *Hell.* Ⅳ, 5, 14를 참조.
95) 앞의 책, p.54, n.2.
96) 151쪽 참조.
97) Thuc. Ⅴ, 34.
98) M.D.Ginsburg, "Sparta and Judea", *Class. Phil.* ⅩⅩⅨ(1934), p.117.
99) Ⅰ *Macc.* xii. 21-3. 그리고 Joseph. Jud. *Antiq.* ⅩⅡ, 225를 보라.
100) 이 아레우스 왕은 기원전 309년에서 기원전 265년까지 재위했던 아레우스 1세였을 것이다.
101) Joseph. Jud. *Antiq.* 5, 8.
102) Ⅱ *Macc.* Ⅴ, 9.
103) W.O.E.Oesterley, *History of Israel*, Ⅱ, p.256, n.3.
104) *Catholic Encyc.* ⅩⅥ, p. 209. 다음을 참조하라. 에렌베르크가 집필한 P-W의 'Sparta' 항목 ; Renan, *Histoire du peuple d'Israel*, Ⅳ, p.405 ; W.S.Ferguson, *Greek Imperialism*,

p.80. 확실히 스파르타인과 유태인 사이에는 몇몇 유사점이 있다. 예를 들면 카르네이아 (Carneia)축제와 타베르나클레스(Tabernacles)축제 사이의 현저한 유사성이 그것이다. 이 책의 98쪽 참조.

제4장 스파르타의 정치체제(1)-부족 · 왕 · 감독관

1) 초기 판관시대 유태인 사이의 무질서와 왕정성립의 시기와 비교해 보면 놀라운 유사점이 있다.
2) Xen. *Hell.* Ⅲ, 2, 23 ; *Anab.* Ⅱ, 6, 2-4 ; Plut. *Lys.* 14. 그밖에 다음을 참조하라. Gilbert, *Grk. Cons. Ant.* p.54, n.3은 그 어려움에 대한 상세한 논의를 담고 있다. Kahrstedt, *Griech. Staatsr.* pp.205·282 이하 ; B.Fleischanderl, *Die spartanische Verfassung bei Xenophon*, p.39 이하.
3) *Legg.* Ⅳ, 712D.
4) *Pol.* 1294B.
5) 이 난해한 구절에 관한 논의는 129쪽 참조.
6) *Areopag.* LXI(152).
7) *De rep.* Ⅱ, 23.
8) Herod. Ⅴ, 68 ; Steph. Byz. *s.v.* Ὑλλεῖς, Δυμᾶνες. Müller, *Doric Race*, Ⅲ, 5, 2 ; 찬토가 집필한 P-W의 'Dymanes' 항목.
9) *Elegy and Iambus*(Loeb ed.), p.59.
10) Busolt-Swoboda, *Griech. Staatsk.* Ⅱ, p.645의 결론.
11) Paus. Ⅲ, 16, 9. Konosoura 혹은 Konooura.
12) Amyclae, *I.G.* Ⅴ, 26. Neapolis, I.G. Ⅴ, 677, 680. Neopolitai라는 용어가 정확하게 무엇을 뜻하는지는 알아보기란 쉽지 않다. Tod, *A.B.S.A.* Ⅹ, p.77에서는 이들이 '스파르타의 신도시에 사는 이들을 언급하는지 아니면 새로이 시민권을 허용받은 신시민들을 배치하여 그들에게 이름을 붙인 것인지 의문을 제기하고 있다. 그리고 그는 후자에 더 끌리고 있는 편이다. 그외에 Diod. Sic. XIV, 7, 4 ; Athen.Ⅳ, 138A. Wade-Gery, *Class. Quart.* XXXVIII, p.120.
13) 이 문제는 다른 곳에서 보다 자세히 다루어진다. 142쪽 참조.
14) Herod. Ⅰ, 67.
15) Thuc. Ⅴ, 19. 두 명의 왕도 역시 함께 서명하여 17명〔원문에서는 seven으로 표기되었으나 이는 인쇄상의 오식으로 보인다-역주〕이 되었다.
216) Xen. *Hell.* Ⅱ, 4, 38 ; 그러나 아리스토텔레스는 10명이라고 한다, *Ath. Pol.* XXXVIII 4.
17) Plut. *Cimon*, 16 ; Polyaenus, Ⅰ, 41, 3 ; Aelian, *V.H.* Ⅵ, 7.
18) *Griech. Staatsk.* Ⅱ, p.645.
19) *Class. Quart.* XXXVIII p.120, n.7.
20) *I.G.* Ⅴ, Ⅰ, 27.
21) 파레티는 *Rendiconti della R. Accademia dei Lincei*, XIX(1910), p.455 이하에서 파우사니아스가 언급한 네 개의 이름에 뒤메와 네아폴리스가 합해져서 항상 여섯 개가 있었다고 제시하며 아뮈클라이는 무시하고 있다.〔Kahrstedt, 앞의 책, p.18 이하 참조〕
22) ap. Athen. Ⅳ, 141E, F. 그밖에 Kahrstedt, 앞의 책, p.70과 Tod, *A.B.S.A.* Ⅹ(1903), p.75.

23) 에렌베르크가 집필한 P-W의 'Obai' 항목. 여러 견해에 관해서는 Busolt-Swoboda, 앞의 책, II, p.646, n.2.
24) *Lyc.* V.
25) 앞의 책, p.41.
26) *Hist. Ztschr.* XCVI, p.42.
27) 위 각주를 참조.
28) *La polis greque*, p.139.
29) *Griech. Wirtshafts -u. Gesellschaftsgeschichte*, p.205.
30) *Class. Quart.* XXXVIII p.122.
31) *Il.* VI, 192.
32) Paus. IV, 4, 4.
33) 같은 책, 5, 6-7.
34) 같은 책, 5, 8.
35) 같은 책, 14, 3.
36) 같은 책, 30, 3.
37) 같은 책, V, 1, 11.
38) 같은 책, 3, 3.
39) Thuc. II, 80.
40) 쉐퍼가 기술한 P-W의 'Basileus' 항목.
41) C.Klotsch. *Epirotische Geschichte*, p.57.
42) *Homer and Mycenae*, p.219 이하.
43) 같은 저자, *Klio*, XII, p.337.
44) Busolt-Swoboda, 앞의 책, p.340 · 671 이하.
45) 아이게이다이 왕가에 대한 문제가 미해결인 채로 남아 있기는 하나, 이 알 수 없는 가문의 일을 깊이 파고들 필요는 없다고 본다. 쉽게 설명하자면 그들은 테바이 출신이었으며, 아폴론 카르네이오스(Apollon Carneios)의 세습사제들이었다. 스파르타인이 아뮈클라이를 정복할 때 어려움을 겪자, 신탁은 아이게이다이에 도움을 청하라고 충고하였다. 스파르타인은 이들을 아테네에서 찾지 못하고 테바이에서 찾아내었다. 이에 따라 아이게이다이 가문의 티모마코스(Timomachos)는 스파르타로 가서 용기를 잃은 전사들을 조직하여 아뮈클라이를 정복하였다. 이상이 에포로스와 아리스토텔레스의 설명에서 공통으로 나타난다. 다만 아리스토텔레스는 아이게이다이를 아테네에서 찾아내었다고 하는 부분이 다를 뿐이다(Ephoros, fr. 11 ; Arist. fr. 532. Schol. *ad Pind. Pyth.* V, 92, 101 ; Isthm. VII, 18). 이 승전 이후 아이게이다이는 스파르타에 정착하였고, 아폴론 카르네이오스 제식을 들여왔다. 제1차 메세니아 전쟁 때, 이 가문은 스파르타에서 큰 존경을 받았고, "이제 테바이 출신의 카드모스(Cadmos)의 가문의 사람이 아니라 한 사람의 스파르타인인"(Poly. IV, 7, 8) 에우릴레온(Euryleon)은 군의 중심적 지휘관이었다.
메세니아 전쟁이 끝난 후, 스파르타에서의 그들의 지위는 두 왕의 질시 때문에 힘들어졌음에 틀림없다. 그들이 파르테니아이 음모에 연루되었다는 길버트의 가설(*Grk. Const. Ant.* p.19)은 불가능한 것은 아니나, 증거를 내놓을 수가 없다(Gelzer, *Rhein. Mus.* XXVIII, p.13). 아이게이다이가 스파르타에서 '큰 부족'을 형성했다는 헤로도토스의 언급(IV, 149)은 의심스럽다.

무슨 일이 일어났던지 간에, 이 가문이 스파르타를 떠나 테라(Thera) 섬에 정착하면서 [Herod. Ⅳ, 147] 아폴론 카르네이오스 제식도 함께 가져갔다[Pind. *Pyth.* V. 75]는 것은 상당히 분명한 사실이다. Kaibel, *Epigrammata Graeca*, 191, 192에서는 스파르타 '왕들'의 후손이라고 주장하는 제식의 사제들의 비문을 기록한다. 그리고 또한 이상하게도 테살리 아로부터 온 후예라고 하기도 한다. 이 제식은 테라에서 키레네(Cyrene)로 퍼졌는데, 아마도 아이게이다이 가문 사람들에 의해 전파되었을 것이다[Callimachos, *Hymn*, Ⅱ, 72 이하]. 아이게이다이의 후손이라는 핀다로스의 상상적 주장은 *Pyth.* V. 76, ἐμοὶ πατέρες 에서 발견할 수 있다. 하지만 이는 키레네 합창단의 지휘자를 지칭하는 것으로 보는 것이 더 사리에 맞을 것이다[Sandy의 이 부분에 관한 핀다로스의 Loeb판 주석, p.240 ; Studniczka, *Kyrene*, p.73 이하를 참조하라]. 아이게이다이가 '미니아인(Minyans)'의 왕이라는 것[Herod. Ⅳ, 147]은 전적으로 추측이다.[Gilbert, *Studien zur altspartanischen Geschichte*, p.191 이하 ; Fiehn이 집필한 P-W의 'Minyas' 항목을 참조]

Herod. Ⅳ, 149의 언급은 이 가문이 멸문했다는 것을 나타낸 것으로 이해할 수 있다. 그밖에 Momigliano, "Sparta e Lacedemone e una ipotesi sull' origine della diarchia spartane", *Athene e Rome*, XIII(1932), p.4 ; Niccolini, "Il Sinecismo", *Rivista di Storia antica*, IX(1904), p.98.
46) 이 이름의 기원에 관해서는 에포로스가 설명한다. Strabon, Ⅷ, 5, 5(C.366) ; 또한, Paus. Ⅲ, 7, 1을 참조. 그밖에 C. Wachsmuth, *Der historische Ursprüng des Doppelkönigtums in Sparta*를 참조하라.
47) Herod. Ⅶ, 3.
48) Xen. *Hell*. Ⅲ, 3, 2 ; Corn. *Nep. Ages.* 1.
49) Plut. *Lyc.* Ⅲ ; Xen. *Hell*. Ⅳ, 2, 9.
50) Plut. *Lyc.* Ⅵ.
51) Nicol. Damas. *F.G.H.* Ⅲ, p.459에서는 즉위할 때만 맹세를 했다고 말하지만, Xen. *Resp. Lac.* XV, 7에서는 매달이라고 하고 있다. 둘 중에서 크세노폰의 것이 더 믿을 만하다.
52) 이스라엘 왕의 중개적 기능의 예는 대단히 많다. 예를 들어, 민수기 16장 44절 이하 ; 사무엘 하 24장 15절 이하 등을 참조.
53) *Il*. Ⅰ, 313.
54) *Il*. Ⅰ, 443.
55) *Od.* XIX, 110 이하. 아리스토텔레스는 *Pol.* 1285B에서 호메로스에서 묘사된 것 같은 왕들의 권한을 언급하고 있지 않음이 분명하다. 호메로스 시대의 왕은 확실히 '최고 재판관'은 아니었다. 재판은 민회에서 열렸다. 민회에서 재판관 역할을 했던 사람은 귀족이었던 것으로 보인다.[*Od.* Ⅺ, 186] : 다음을 참조하라. Nilsson, *Homer and Mycenae*, p.223 ; Busolt-Swoboda, 앞의 책, p.350 ; Bonner & Smith, *Administration of Justice from Homer to Aristotle*, p.26.
56) *Il*. XII, 310.
57) *Il*. Ⅰ, 163.
58) Herod. V, 75 ; 또, Xen. *Hell*. V, 3, 10을 참조하라. 그러나 플레이스토아낙스 (Pleistoanax) 왕은 기원전 418년 아기스 왕을 돕기 위해 스파르타에서 군대를 긁어모아 달려갔었다.[Thuc. V, 75]

59) Herod. VI, 56.
60) 예를 들어 Agis, Thuc. v, 63 ; Pausanias, Xen. *Hell.* Ⅲ, 5, 25 ; Plut. *Lys.* XXX.
61) *Od.* XI, 298. Farnell, *Greek Hero Cult*, p.175 이하에서는 디오스쿠리 숭배를 상당히 자세히 다루고 있다.
62) Paus. Ⅲ, 1, 5 ; Herod. VI, 52.
63) *The Golden Bough : The Magic Art*, Ⅰ, p.49·262 이하.
64) Herod. V, 75. 전쟁에서 영적 도움을 받는다는 생각은 스파르타인에게만 있는 독특한 것은 아니었다.〔Farnell, 앞의 책, p.196 참조〕
65) Plut. *Lyc.* XXⅡ, Meyer, *Forschungen*, Ⅰ, p.245, n.2에서는 디오스쿠리 전설과 스파르타 2왕제가 밀접한 관련이 있다고 확신하고 있다. 로마의 두 집정관이나 위대한 두 쌍둥이 형제 로물루스(Romulus)와 레무스(Remus)와 비교해 보는 것은 흥미롭고도 시사적일 것이다.
66) *Xen. Resp. Lac.* XⅢ, 2, 8 ; Nicol. Damas. *F.G.H.* Ⅲ, pp.458·114·14 ; Plut. *Lyc.* X XI, XXⅡ ; Athen. XⅢ, 561E ; Thuc. V, 7 ; Polyaen. Ⅰ, 10.
267) δόκανα : Plut. *De frat. amore*, Ⅰ ; Suidas, 도카나 항목 ; 쌍둥이자리를 묘사한 천문학적 그림에서처럼 두 개의 수직막대의 끝을 수평막대로 연결하고 있다. Nilsson, *Minoan-Mycenean Religion*, p.470에서는 이를 설명하기를 디오스쿠리는 스파르타 왕가의 가문신(家門神)이었고, 그 상징은 집을 상징한다고 한다.
68) 프레이저의 『황금가지』에서 왕에 대한 원시부족의 이 같은 태도에 관한 많은 예를 보여준다.
69) 태음력에 비해 태양력이 11¼일 더 많은 현상을 수정하기 위해서 그리스인은 8년 주기를 채택하여 8년마다 윤달을 세 개 끼워 넣었다. 다음을 참조하라 : Frazer, *The Golden Bough*('Spirits of the Corn and the Wild'), Ⅰ, p.82. Unger, 'Zeitrechnung der Griechen u. Römer' in *Müller's Handbuch*, XⅡ, p.732. ἐννέωρος βασίλευε를 "9년 동안 통치하였다"(*Od.* XIX 178)라는 의미로 해석한다면 크레타의 전설적인 미노스(Minos)왕도 역시 8년주기로 통치하였다. Platon, *Legg.* 624A, B ; Meno, 81B ; Strabon, X, 4, 8(C.476) ; Frazer, *The Golden Bough*('The Dying God'), p.68 이하 ; Nilsson, *Klio*, XⅡ, p.339 ; H.G.Thomson, "The Greek Calendar", *J.H.S.* LXⅢ(1943), p.63, δι' ἐνάτου ἔτους 즉, 8년의 간격으로. 영국관습으로는 간격의 한 쪽만을 계산에 넣는 데 반해, 그리스인은 시간간격을 계산할 때 양쪽을 다 포함했다. 프랑스어의 quinzaine이 2주일을 의미하는 것을 생각해 보라 ; Frazer, 앞의 책, p.59, n.1.
70) Plut. *Agis*, XI, 원시부족 사이에서의 유성의 중요성은 프레이저에 의해 논의되었다. 위 각주 참조.
71) H.W.Parke, "Deposing of Spartan Kings", *Class. Quart.* XXXIX(1945), p.106
72) Herod. VI, 61 이하 ; Busolt, *Griechische Geschichte*, Ⅱ, p.573.
73) 앞의 책, p.126, n.1 ; Xen. *Hell.* Ⅲ, 5, 25.
74) Herod. VI, 57.
75) 같은 책, p.56
76) Xen. *Hell.* Ⅲ, 5, 25.
77) Plut. *Agis*, 19.
78) Xen. *Hell.* Ⅲ, 3, 3 ; Plut. *Agis*, 3 ; Paus. Ⅲ, 8, 9. 절름발이 아게실라오스의 경우에

는 의문스러운 점이 있다. 그는 왜 갓난아이가 건강한지, 아니면 불구인지를 알기 위해 갓난아이를 검사하는 '검사관'에 의해 왜 태어났을 때 왜 버려지지 않았을까? Kahrstedt, 앞의 책, p.127에서는 두 왕가는 기술적으로 어느 부족에도 속하지 않았기 때문에 왕가에는 이 관습이 적용되지 않았다고 추정한다. 혹은 아마도 다리불구가 나중에 나타났을 수도 있고, 아니면 스파르타 남성의 수효가 빠르게 감소하고 있었기에 이 법이 엄격히 적용되지 않았을 수도 있다.

79) Arist. *Pol.* 1275B ; Plut. *Apoph. Lac.* 217B, 221B.
80) Herod. VI, 57.
81) Bréhier, "La royauté homérique", *Revue Historique*, LXXXV(1904), p.19.
82) Schömann-Lipsius, *Griech. Altert.* I, 4, p.234. Curtius, "Gesch. des Wegebaues bei den Griechen"(*Abhandlungen d. Berl. Akademie*), 1854, p.246에서는 왕이 세금을 올리기 위해 일종의 옥트로이(octroi)를 통제하기 원한다고 한다. Naber, *Mnemosyne*, IV, p.25와 V, p.139에서는 προσόδων 즉, 국고세입이라 읽으려 한다. Stern, "Zur Entstehung… des Ephorats in Sparta", *Berl. Studien für klass. Philologie*, XV, pt.2, p.30, n.2에서는 ὅρων 즉, 국경을 제시한다.
83) Plut. *Apoph. Lac.* 213D.
84) Plut. *Agis*, XII. 이 뤼산드로스는 404년의 아테네의 정복자였던 뤼산드로스가 아니라 아기스의 실패한 개혁의 지지자였다.[321쪽 참조]
85) Dum, *Entstehung u. Entwicklung d. spartanischen Ephorats*, p.66 ; Kahrstehdt, 앞의 책, p.120. 여기에 대한 비판적인 견해로는 Stern, 같은 논문, p.39 이하.
86) Plut. *Cleom.* V, 2.
87) Herod. VI, 57.
88) Plut. *Lyc.* XII. 이 특이한 경우에 대해 더 알고 싶다면 285쪽 참조.
89) Xen. *Resp. Lac.* XV, 7.
90) Herod. VI, 73.
91) 같은 책, 85~6.
92) Arist. *Pol.* 1271A.
93) Herod. VI, 57 ; Xen. *Hell.* V, 3, 20.
94) Xen. *Resp. Lac.* XV, 3. 왕의 수입의 정확한 성격에 관한 문제는 뒤에 좀더 자세히 다루게 된다. 308쪽 참조.
95) Platon, *Alcib.* I, 123.
96) Herod. IX, 81.
97) Phylarchos, ap. Polyb. XI, 62.
98) Herod. VI, 56.
99) *Resp. Lac.* XV, 4 ; *Ages.* V, 1.
100) 예를 들면 플레이스토아낙스(Thuc. V, 24).
101) Herod. VI, 59.
102) Xen. *Resp. Lac.* XV, 6. 그 외에 Nicol. Damas. *F.G.H.* III, 44, 41을 참조하라.
103) I, 20.
104) VI, 57.
105) Xen. *Ages.* VIII ; *Hell.* V, 3, 20 ; Plut. *Ages.* XIX

106) Polyb. XXIII 11.
107) Plut. *Cleom.* X.
108) Herod. VI, 58 ; 그밖에 Paus. IV, 14, 4를 참조하라. 또 W.S.Ferguson, "The Zulus and the Spartans", *Harvard African Studies*, II(1918), p.197 이하에서는 줄루와 스파르타왕의 장례에 대한 흥미로운 비교를 하고 있다.
109) 예를 들어 마술사가 액막이를 해야 했던 파우사니아스의 영혼은 해외에서 스파르타로 특별히 들어왔는데, 이는 중요한 접촉이었다(Plut. *de sera Num. vind.* 560F). Frazer, *The Golden Bough*('The Scapegoat'), pp.109 · 147에는 소음으로 영혼을 쫓아보내는 많은 사례가 수록되어 있다.
110) XVII 8, 7.
111) Plut. *Ages.* I. 하지만 이 진술은 왕자라 할지라도 훈련을 이수해야 했다는 Stob. Flor. XL, 8의 기록과 직접적으로 상충된다.
112) Xen. *Hell.* VI, 4, 18. 그 외에 Kahrstedt, 앞의 책, p.129 이하, p.135 이하를 참조하라.
113) 또한 Diod. XIX 70, 4를 보라.
114) Plut. *Lys.* XXX ; *Ages.* XX ; *Apoph. Lac.* 282 ; Diod. Sic. XIV, 3. 그밖에 Bazin, *La république des Lac. de Xen.* p.178. Cicero, *De divin.* I, 43을 참조하라.
115) *Lys.* XXVI.
116) 같은 책, XXX. W.K.Prentice, *American Journal of Archaeology*, XXXVIII(1934), p.39 이하에서는 본질적으로 불가능하다고 보아 이야기 전체를 받아들이지 않으며, 정직하기로 소문난 뤼산드로스의 평판과도 맞지 않는다고 하고 있다.
117) 다음을 참조하라 : Kahrstedt, *Griechisches Staatsrecht*, p.237 이하 ; Kuchtner, *Die Entstehung u. ursprüngliche Bedeutung des spartanischen Ephorats* ; Dum, 앞의 책. Stern, "Zur Entstehung u. ursprünglischen Bedeutung d. Ephorats in Sparta", *Berl. Studien für klassische Philologie* ; Meyer, *Forschungen zur alten Geschichte*, I, p.244. Timaeos, *Soph. Lex. Plat.* CXXVIII에서 5명의 선임감독관과 5명의 하급감독관을 언급한 것은 선임감독관 중의 누구라도 전쟁에 종군한다든지 하는 일로 자리를 비우게 되었을 때, 하급감독관이 대리역할을 한다는 것으로서만 설명될 것이다. 이 점에 관해서는 해결이 불가능하다. 이들의 수가 9명이었다는 Etym. Mog.의 'Ephoroi' 항목의 진술은 받아들일 수 없다. 5명이었다는 증거가 매우 명백하기 때문이다.[Solari, *Ricerche Spartane*, p.191 참조]
118) Cyrene, Herac. Pont. IV,5 ; *F.H.G.* II, 212 ; Theras, I.G. XIV, 645 ; Messene, Polyb. IV, 4, 31. 감독관직이 게론트라이(Geronthrai) · 아뮈클라이(Amyclae) · 기티움(gythium) · 에피다우루스(Epidaurus)에 존재했다는 증거는 로마 시대 이후의 것이고, 고대에 만들어졌다는 증거로 받아들일 수는 없다.
119) S.Luria, "Zum politischen Kampf in Sparta gegen Ende des 5. Jahrhds.", *Klio* (1927), p.413. 또한 Frazer, *The Golden Bough* ('The Dying God'), p.58 이하. Hasebroek, *Griech. Wirtschafts -u. Gesellschaftsgeschichte*, p.206을 참조하라.
120) 분명히 이는 감독관이 포고하였던 일이다 : Plut. *Agis*, XVI. 이름을 따서 붙이는 수석 감독관에 대해서는 Thuc. V, 19를 보라.
121) Plut. *Cleom.* 7 ; Paus. III, 26, 1. 또 Cicero, *De divin.* I, 43, 96 참조. Dickins, *Class. Quart.* V, p.240 이하에서는 킬론(Chilon)이 델포이에서 왕의 영향력을 반대급부

로 내세워 크레테의 에페메니데스(Epimenides)를 스파르타로 초빙하여 이 의식을 창설토록 했다고 추정한다.
122) *Doric Race*, Ⅱ. p.119. 또한 E.Meyer, *Rhein. Mus.* XLI (1886), p.583. 그밖에 Stern, 앞의 책, p.25.
123) *Cleom.* Ⅹ.
124) *Resp. Lac.* Ⅷ, 3.
125) *EP.* Ⅷ, 354B.
126) Ⅰ, 68(Satyros).
127) Ⅰ, 65.
128) *Pol.* 1313A.
129) *Lyc.* Ⅶ.
130) 찬토가 집필한 P-W의 'Ephoroi' 항목에서는 이것이 그 기원에 관한 가장 그럴듯한 설명이라고 결론짓고 있다.
131) 웨이드-게리가 집필한 *C.A.H.* Ⅲ, p.527.
132) Meyer, *Forschungen*, Ⅰ, p.245 이하.
133) 이 견해에 대해서는 Neumann, *Hist. Ztschr.* XCⅥ(1906), p.43 이하 ; Beloch, *Bevölkerung der griechisch-römischen Welt*, p.131 이하를 참조하라.
134) Stern, 앞의 책, p.61. Xen. *Resp. Lac.* XV, 7. Ehrenberg, "Der Damos im archaischen Sparta", *Hermes*, LXVⅢ (1933), p.288 이하.
135) Philostratus, *Vita Apoll.*Ⅳ, 31-3.
136) S.Luria, "Asteropos", *Phil. Woch.* XLⅥ (1926), p.710 ; V.Ehrenberg, "Asteropos", *Phil. Woch.* XLⅦ (1927), p.27 ; 니이제(Niese)가 집필한 P-W의 'Asteropos' 항목. 아스테로포스에 대한 견해는 주석가마다 서로 다르다. Stein, *Das spart. Ephor*, p.20에서는 아스테로포스가 감독관이 민회의 의장이 되고 장로회의 한자리를 차지하는 권리를 획득했다고 하고 있다. Frick, *De Ephoris Spartanis*, p.21에서는 그들이 원래 민야인(Minyans)의 대표였고, 아스테로포스가 지도하여 스파르타의 정치체제 내에서 주요한 자리를 얻어냈다고 생각하고 있다. Schaefer, *De Ephoris Spartanis*, p.15에서는 아스테로포스가 감독관직을 민중이 선거로 뽑도록 했다고 생각한다. Gilbert, *Grk. Const. Ant.* p.20에서는 이 마지막 견해에 동의하고 있다. 루리아는 아스테로포스라는 이름의 개인이 존재한 적이 있었다는 자체를 부인하는 반면, 에렌베르크는 이에 동의하기는 하지만 클레오메네스는 분명히 그의 존재를 믿고 있었거나 적어도 믿고 있는 척했다고 보았다.
137) Ⅰ, 68-73.
138) Platon, *Protag.* 343.
139) Ⅰ, 59 ; 또 Ⅶ, 235를 참조.
140) *ap. Arist. Rhet.* Ⅱ, 23, 11. 그 외에 니이제가 집필한 P-W의 'Chilon'(1) 항목을 참조.
141) Solari, 앞의 책, p.175를 참조.
142) Ⅴ, 39.
143) *Pol.* 1294B.
144) *de Ephoris Spartanis*, p.78. Kahtstedt, 앞의 책, p.146 이하에서는 이 문제에 대해 분명한 입장을 취하고 있지는 않으나, 그들이 장로회 구성원과 같은 방식으로 선출되었을 것이라고 암시한다.

145) *Pol.* 1271A.
146) Thuc. V, 36. Xen. *Hell.* Ⅱ, 3, 9. Busolt-Swoboda, 앞의 책, p.686, n.5를 참조.
147) Plut. *Lys.* XXX ;Thuc. V, 19.
148) Xen. *Hell.* Ⅱ, 3, 34, 29.
149) Xen. *Ages.* Ⅰ, 36 ; Paus. Ⅲ, 11, 11 ; Plut. *Cleom.* Ⅷ, *Apoph. Lac.* 232 ; 그 외에 Solari, 앞의 책, p.209 ; 혹은 τὸ ἀρχεῖον, Plut. *Agis,* XVI을 참조.
150) Plut. *Cleom.* Ⅸ. 이 주목할 만한 명령에 대해, 이는 크고 작은 일에 대한 감독관의 권한을 보여주기 위한 것이라는 플루타르코스의 설명은 별로 만족스럽지 않다. 이는 그 이전의 잊혀진 중요한 의식에 연유한 것이었을 수 있다. 정화를 위해 머리를 면도하거나 깎는 것은 널리 알려져 있다. 다음을 참조하라 : Arist. fr. 496 ; Plut. *de sera Num. vind.* Ⅳ ; Antiphanes ap. Athen. Ⅳ, 143A. 또한 Ridgeway, *Early Age of Greece* Ⅱ, p.145와 *A.B.S.A.* XII의 도판 10인 입술 윗부분이 면도된 초기의 테라코타 사진 ; Busolt-Swoboda, 앞의 책, p.685, n.1 ; Solari, 앞의 책, p.289 ; Ehrenberg, *Aspects of the Ancient World,* p.101.
151) Thuc. Ⅰ, 87 ; Xen. *Hell.* Ⅳ, 6, 3.
152) Xen. *Hell.* Ⅵ, 3, 18.
153) Thuc. V, 77.
154) Xen. *Hell.* Ⅱ, 2, 13.
155) 같은 책, V, 2 ; Polyb. LV, 34, 5-6.
156) Xen. *Hell.* Ⅵ, 4, 17.
157) Thuc. Ⅷ, 11 ; Xen. *Hell.* Ⅲ, 1, 1.
158) Xen. *Hell.* Ⅱ, 4, 36 ; *Resp. Lac.* XIII, 5.
159) *Ages.* Ⅳ ; *Praec. reip. ger.* XXI 참조.
160) Plut. *Lys.* XIX.
161) Schol. ad Thuc. Ⅰ, 84.
162) Plut. *Inst. Lac.* 254.
163) Agatharchides ap. Athen. XII, 550C.
164) Xen. *Resp. Lac.* Ⅳ, 3.
165) 같은 책, Ⅷ, 4.
166) 크뤕테이아에 관해서는 164쪽을 보라.
167) Plut. *Lys.* XVI ; *Agis,* XVI ;Diod. Sic. XIII, 106.
168) Xen. *Hell.* Ⅱ, 2, 19 ; Plut. *Agis,* Ⅸ ; Thuc. Ⅰ, 87.
169) 이 문제는 140쪽에서 보다 자세히 다루어진다.
170) Plut. *Agis,* V, 8.
171) Arist. *Rhet.* Ⅲ, 18 ; Plut. *Agis,* XII ; Arist. *Pol.* Ⅱ, 9.
172) Arist. *Pol.* 1275B.
173) Plut. *Agis,* XIX.
174) Arist. *Pol.* 1275B.
175) *Pol.* 1270B. 그 외에 Platon, *Legg.* Ⅲ을 참조.
176) Plut. *Agis,* XVI.
177) 메리트(B.D.Meritt)는 *I.G.* Ⅰ, 2, 76에서 이를 분명히 추론해 내었다. 이 일이 아르

미 주 373

콘 바실레오스(archon basileos)의 의무였다고 추정할 증거는 없다. 수석 아르콘(archon eponymos)이 문제를 민중(demos) 앞에 제시하면, 투표로 윤달을 선포할 권한을 주었던 듯하다. 고우(A.S. Gow)가 Companion to Greek Studies에서 이는 히에로므네모네스(ιερομνήμονες)가 주재하였다고 추정한 것은 확증이 부족하다. 이 행정관들이 아르콘에게 개정 시기가 되었다고 일러주었던 것 같다.

178) 321쪽 참조.
179) 322쪽 참조. 새먼(E.T.Salmon)은 기원전 50년 로마에서 쿠리오(Curio)가 윤달을 끼워 넣으려 했던 아주 유사한 시도를 아게실라오스의 행위와 적절히 대비시켜 제시하고 있다. 신관(pontifices) 중의 하나로 은밀히 카이사르의 이익을 위해 활동하고 있었음이 분명한 쿠리오는 그럼으로써 동시에 호민관으로써의 자신의 임기를 연장하려 했다. 그의 동료 신관은 비록 한 달을 추가하는 것이 기원전 51년부터 이미 늦은 것이었지만, 이를 승인하는 것을 거부했다. 쿠리오는 짐짓 분개한 척하여 공개적으로 정치적 당파를 바꾸어 카이사르에게 갔고, 카이사르는 이에 따라 그의 빚을 갚아주었다. 기원전 1세기의 로마에서는 3년마다 2월 뒤에 윤달을 끼워 넣는 것이 일상적 관행이긴 했어도, 어떤 해에 끼워넣을 것인지 실제적으로 선택하는 것은 신관의 재량이었던 듯하다. 기원전 5세기와 4세기의 아테네에서도 이는 비조직적으로 이루어졌던 듯하고, 스파르타에서도 마찬가지였다고 추정할 수 있을 것이다. 따라서 아게실라오스의 죄는 얼핏보기처럼 그렇게까지 흉악한 것은 아니다. 쿠리오에 대해서는 다음을 참조하라 : Dio Cass. XL, 62, 1 ; Cicero, *Epist. ad fam.* VIII, 5 ; Appian. *Bell. civ.* II, 27 ; Ed. Meyer, *Caesars Monarchie u. das Prinzipat Pompejus*(3rd. ed. 1922), p.260. 윤달넣기에 대해서는 : J.K. Fotheringham, "Cleostratus", *J.H.S.* XL(1919), p.179 ; G.Thomson, "The Greek Calendar", *J.H.S.* LXIII (1943).
180) *Revue de Paris*(1912), p.339.
181) *Ricerche Spartane*.
182) Andreades, *Hist. Grk. Pub. Fin.* p.45.
183) Jaeger, *Paideia*, p.79.
184) *Agis*, XVI.
185) *Cleom.* VIII.
186) Paus. II, 9, 1.
187) 이 점은 불분명하다. 아직도 결론이 나지 못한 논쟁에 관해서는 다음을 참조하라 : P-W의 'Patronomoi' 항목, Solari, 앞의 책, p.179 이하. Busolt-Swoboda, 앞의 책, II, pp.645, 729에서는 클레오메네스가 코메인 뒤메를 폐지하고 아뮈클라이를 이에 대치하였으며, 네아폴리스를 6번째의 대표자 혹은 파트로노모스(patronomos)와 함께 부가하였다고 한다. 옳을 수도 아닐 수도 있는 이 견해를 실증하기 위한 증거는 불충분하다.
188) *Cleom.* XXX.
189) IV, 35.
190) V, 91.
191) *I.G.* V, 1, 65. 기원 1세기 말의 안토니우스 피우스(Antonius Pius) 시대.
192) *Vita Apoll.* IV, 32.
193) Solari, 앞의 책, p.179 ; Gilbert, *Grk. Const.* p.25, n.5.
194) IV, 32.

195) *An seni resp. ger. sit*, XXIV.
196) Demosch. *Encom.* XII ; Photius, 같은 항목.
197) II, p.1 ; *C.I.G.* 1356.
198) Paus. III, 11, 2. Boeckh, *C.I.G.* I, p.605 참조.
199) Joseph. *Jud. Antiq.* XIII, 5, 8.
200) III, 11, 2.
201) *I.G.* V1, 74.
202) *I.G.* V 1, 124.
203) 같은 비문.

제5장 스파르타의 정치체제(2)-장로회 · 민회 ; 민사적 · 사법적 기능

1) Gerousia, Dem. in *Lept.* CVII ; Gerontia, Xen. *Resp. Lac.* X, 1, 3 ; Gerochia, Aristoph. *Lys.* 980. 여러 명칭들에 대해서는 Busolt-Swoboda, *Griech. Staatsk.* p.679, n.4 참조. 확실하지는 않지만 아마도 원래의 혹은 가장 오래된 명칭은 게로키아였던 듯하고, 장로회의 구성원들(gerontes)은 존경받았지만 반드시 노인은 아니었을 것이다. 플루타르코스는 피티아의 아폴론(Pytian Apollon)이 그들을 프레스뷔게네스(πρεσβυγενέες)라고 불렀지만, 후에 뤼쿠르고스가 게론테스라고 불렀다고 덧붙이고 있다. *An seni resp. ger. sit*, 798E. Wilamowitz Moellendorff, *Staat und Gesellschaft der Griechen*, p.84 참조.
2) Plut. *Lyc.* XXVI.
3) Arist. *Pol.* 1270B. 그 외에 Polyb. VI, 10 참조.
4) Schol. ad Thuc. I, 67, 웨이드-게리[*Class. Quart.* XXXVII (1943)]는 기티온(Gythion)의 비문[*I.G.* V, 1, 1114-6]에서 매년 아펠라이오스(Apellaios) 달에 대(大) 민회(μενάλαι ἀπελλαί)를 매월 소민회를 열었다고 '적절히 조건부로' 추정한다. Boisacq, *Dict. Etym.* 'ἀπελλαί' 항목에서는 이 단어를 아폴론과 연결짓고 있으며, 매월 아폴론에게 희생제를 드렸기도 했다.
5) 이는 감독관만이 법안을 제출할 수 있다는 견해[132쪽 참조]와 모순된 것처럼 보인다. 아마도 감독관들은 안건을 장로회에 제출하고 여기에서 승인을 얻으면 최종인준을 위해 민회에 넘겨진 듯하다. 안건제출에 관해서는 Thuc. VIII, 68을 참조.
6) Dem. *in Timoc.* II, 20.
7) 예를 들어 1+2+4+7+14. Platon, *Legg.* V, 8, 738A. Plut. *Lyc.* V를 참조하라. 28이라는 숫자는 소위 '완벽한' 수이다.
8) 예를 들어 플라톤의 『국가론』과 『법률론』, 「다니엘서」에 나타나는 수학적 수수께끼를 생각해 보라. Plut. *Lyc.* V에서는 별로 내켜하지 않으면서, 아마도 라코니아에 관한 전해 지지 않는 논문에서 아리스토텔레스가 알아내어 원래 뤼쿠르고스가 30명을 뽑았지만 2명이 직책을 맡는 것을 겁내어 사퇴했다고 언급하였다고 한다. 이는 더욱 그럴 법하지 않다.[Neumann, *Hist. Ztschr.* XCVI (1906), p.42 참조]
9) Plut. *Lyc.* VI. 그리고 *Agis*, VIII-XI에서는 장로회가 하원에서 동의를 얻은 토지개혁 안건을 거부하였다.
10) Polyb. VI, 45, 5 ; Dion. Hal. II, 14 ; Isocr. XII, 154.
11) Arist. *Pol.* 1275B.
12) Plut. *Inst. Lac.* 239C.

13) Plut. *Inst. Lac.* Ⅶ, 237B, C.
14) 확실히 감독관은 국가에 대한 음모가 포함된 사건에서는 자신들이 이 권한을 가지는 경우도 있었다. 예를 들어 길리포스(Gyllippos), Diod. XIII, 106 ; 토락스(Torax), Plut. *Lys.* XIX ;키나돈, Xen. *Hell.* Ⅲ, 3과 아기스 왕과 그 가족들의 경우. 감독관은 아마 장로회의 형사 법정으로서의 기능도 박탈했던 듯하다. 다음을 보라 : Solari, *Ricerche Spartane,* p.207 ; Dum, *Entstehung u. Entwick. des Spart. Eph.* p.121.
15) Arist. *Pol.* 1270B.
16) Put. *Apoph. Lac.* 217B. 또 Thuc. Ⅰ, 132 참조.
17) *Greek Public Finance,* p.44.
18) *J.H.S.* XXXIII, p.255.
19) Dem. Sceps. ap. Athen. Ⅳ, 141.
20) Arist. *Pol.* 1270B, 1271A ; Plut. *Lyc.* XXVI ;Polyb. Ⅵ, 45, 5.
21) 웨이드-게리는 *Class. Quart.* XXXVII (1943), p.66에서 민회를 가리키는 말로 아펠라(apella)라는 단어가 쓰였다는 증거가 없다는 것을 지적한다. 이 단어는 단수로 쓰인 적이 없다. 라코니아 지방의 기티온에서 발견된 제정 초기 로마의 비문(*I.G.* V, 1, 1144, 1146)에서 이 단어는 매년 열리는 종교적 축제를 가리키는 복수로 쓰였다. Nilsson, *Griechische Feste,* p.464 참조. 헤시키오스(Hesychios)도 이를 복수로 썼다. 길버트는 *Grk. Const. Ant.* p.50에서 아펠라라는 단어의 의미가 보호하기는 하지만, 에클레시아(ecclesia)가 기술적 용어가 아니었다는 데에는 반대한다. 그것이 사실일 수도 있지만, 크세노폰은 적어도 한 번(*Hell.* Ⅲ, 2, 23, Ⅴ, 2, 11) 이를 민회를 묘사할 때 사용하였고, 더 나은 대안이 없으므로 우리가 쓸 수 있는 유일한 단어이다. 아펠라가 쓰이지 않았다고 확언할 수도 없는 반면, 쓰였다고 확신할 수도 없다. 이같은 난감한 상황에서는 에클레시아를 쓰는 편이 나을 것이다. 비록 도리아 방언으로 쓰여진 비문에서는 줄곧 나타났지만, 이런 문맥에서 할리아(ἀλία)라는 단어를 쓰는 것을 정당화해주는 증거도 없다. 헤로도토스(Ⅶ, 134)에 나타난 이 단어의 쓰임은 결정적인 것이 아니다.
22) Arist. *Pol.* 1271A. 그렇지만, 확실치는 않다. 보다 자세한 내용은 45쪽 참조.
23) Plut. *Lyc.* Ⅵ, 2 ; Pelopidas, XVII. 고대 가나안의 단(Dan)과 베쉐바(Beersheba)처럼 에우로타스 계곡 전체를 가리키는 용어일 수도 있다.
24) Thuc. Ⅰ, 87.
25) *Lyc.* Ⅵ.
26) *Class. Quart.* XXXVIII (1944), p.8.
27) *In Timarch.* CLXXX
28) *Praec. ger. resp.* 800 C.
29) Thuc. Ⅰ, 87.
30) *Ath. Pol.* XLV.
31) Thuc. Ⅰ, 87.
32) *Class. Quart.* XXXVII, p.71.
33) Gilbert, 앞의 책, p.51
34) *Staatslehre Aristoteles,* Ⅰ, p.279 이하.
35) Xen. *Hell.* Ⅱ, 4, 38 ; Ⅴ, 2, 32.
36) 앞의 책, Ⅳ, 2, 9 ; Ⅵ, 5, 10.

37) Plut. *Lyc.* XXVI.
38) Herod. VI, 65~66 ; Xen. *Hell.* III, 3, 4.
39) Plut. *Agis*, IX, X.
40) Thuc. V, 34.
41) *Hell.* III, 3, 8. 그밖에 다음을 참조하라 : Gilbert, 앞의 책, p.50, n.2. Busolt-Swoboda, 앞의 책, p.693, n.5. Schömann-Lipsius, *Griech. Altert.* I, 4, p.240. Ollier, *Le Mirage Spartiate*, p.26 ; Glotz, *Histoire Grecque*, I, p.364. 글로츠가 집필한 D.S.의 'Ekklesia' 항목에서는 이 소민회는 왕과 장로회 구성원, 감독관, 명성과 부를 갖춘 선택된 사람들로 이루어졌다고 상정한다.
42) Paus. III, 11, 2 ; W.A. Macdonald, *Political Meeting Places of the Greeks.*
43) *Lyc.* VI.
44) III, 12, 10.
45) Schol. ad Thuc. I, 67.
46) *Class. Quart.* XXXVIII, p.8.
47) Plut. *Agis*, IX-XI.
48) Diod. XI, 50.
49) II, p.357
50) Xen. *Hell.* V, 2, 11 ; VI, 3, 3.
51) *I.G.* V, 1. 133-5. 그외에 Ehrenberg, *Hermes*, LIX(1924), p.27 참조. 이는 ἐπιμελετής τῆς πόλεως라는 명칭에서 나온 그럴듯한 추론이기는 하지만, 매우 불확실하다.
52) 확실치는 않다. 글로츠가 집필한 *D.S.*의 'Epimeletes' 항목 참조.
53) Herod. VI, 57 ; Xen. *Resp. Lac.* XV, 5.
54) Thuc. IV, 53.
55) Thuc. IV, 53.
56) H.W.Parke, "The Evidence for Harmosts in Laconia", *Hermathena*, XLVI (1931), p.31. 그외에 Gilbert, 앞의 책, p.36, n.2 참조. Schömann-Lipsius, *Griech. Altert.* p.216에서는 크롬웰의 소장정치처럼 라코니아 전체가 20개의 군관구로 나뉘어져 그 각각이 지사에 의해 다스려졌다고 추정한다. 불가능한 일은 아니지만, 증거가 없다. Busolt-Swoboda, 앞의 책, p.664에서는 이 문제에 대해 결론을 내리지 않고 있다. 욀러(Oehler)가 집필한 P-W의 'Harmostai' 항목 참조. H. Schaefer, *Staatsform u. Politik*, p.232에서는 감독관이 왕들의 권력을 빼앗아 내었을 때, 왕과 페리오이코이 사이의 개인적 결속이 해체되었고, 지사는 페리오이코이와의 관계에서 감독관을 대리하여 페리오이코이 지역에 파견되었다고 추정한다. 그밖에도 Kahrstedt, *Griech. Staatsr.* p.75 참조.
57) 예를 들어 퀴테라, Thuc. IV, 53 ; 메토네(Methone) - 브라시다스, Thuc. II, 25 ; 튀레아(Thyrea) - 탄탈로스(Tantalos), Thuc. IV, 57 ; 이오니아 - 티브론(Thibron)과 데르킬리다스(Dercyllidas), Xen. *Hell.* III, 1, 4 ; 아티카 - 뤼산드로스, *Hell.* II, 4, 28 ; 올륀토스(Olynthos) - 폴리비아데스(Polybiades), *Hell.* V, 3, 20 ; 헬레스폰트에서는 *Hell.* III, 2, 20 ; IV, 1, 8, 5, 39.
58) Thuc. IV, 132 ; Xen. *Hell.* III, 1, 4.
59) Pollux, VI, 34 ; Plut. *Quaest. Conv.* II, 10, 2(644B) ; *Lys.* XXIII 또 Herod. VI, 60 ; Bielschowsky, *De Spartanorum Syssitiis*, p.21 이하에서는 이 문제가 설득력이 없이 다뤄

지고 있다. 영국왕의 수석 집사직은 왕국내의 최고위 귀족인 노포크 공작이 수행했다는 것을 기억하는 편이 좋을 것이다.
60) Paus. Ⅲ, 12, 1.
61) P. Monceaux, *Les Proxénies greques*, p.146 이하. J.d'André, *La Proxénie*, p.149 이하.
62) Herod. Ⅵ, 57.
63) 앞의 책, p.59, n.3.
64) Monceaux, 위의 책, p.147.
65) H. Swoboda, *Griech. Volksbeschlüsse*, p.140. H.J.W.Tillyard, in *A.B.S.A.* Ⅻ, p.441, 몽소(Monceaux)가 집필한 *D.S.*의 'Proxénie' 항목.
66) Thuc. Ⅴ, 74.
67) Xen. *Hell.* Ⅰ, 1, 35.
68) 앞의 책, Ⅲ, 2 ; Ⅵ, 5.
69) *C.I.A.* Ⅱ, 50.
70) 크렙스(Krebs)가 집필한 *D.S.*의 'Xenelasia' 항목.
71) Isocrates, Ⅺ(Busiris), 17, 18. 그외에 투키디데스 Ⅳ; 132를 언급하고 있는 *Class. Rev.* XLⅢ(1929), pp.52·114 참조.
72) 많은 예가 있다. 예를 들어 Aristoph. *Aves.* 1012 ; Frag. Aristot. 543(ed. Rose).
73) Thuc. Ⅱ, 39.
74) Plut. *Lyc.* XXⅦ.
75) *Resp. Lac.* XⅣ, 4.
76) Bonner and Smith, *Class. Phil.* XXXⅦ(1942), p.113.
77) Plut. *Apoph. Lac.* 218D.
78) Plut. *Apoph. Lac.* 231C에서 언급하고 있는 시게고로스(συνήγορος)는 변호사 혹은 판사 둘 다 가능하지만 아마도 후자를 의미할 것이다.
79) Herod. Ⅵ, 82.
80) Thuc. Ⅰ, 114 ; Ⅱ, 21.
81) 같은 책 Ⅴ, 63.
82) Paus. Ⅲ, 5, 2.
83) 앞의 책, 5. 또, Beloch, *Griech. Gesch.* Ⅲ, 1, p.71 참조.
84) Xen. *Hell.* Ⅲ, 5, 25.
85) Plut. *Apoph. Lac.* 217B.
86) Xen. *Hell.* Ⅲ, 3, 4.
87) Paus. Ⅳ, 18, 4.
88) Plut. *Agis*, XIX. 처형은 항상 밤에 집행되었다는 헤로도토스(Ⅳ, 146)의 단언은 분명히 옛날 방식을 언급하고 있는 것이다. 키나돈과 공범들에 대한 처우(Xen. *Hell.* Ⅲ, 3, 11)는 특별할 정도로 가혹했는데, 이는 틀림없이 불만을 품은 폭도를 진압하기 위한 의도였을 것이다.
89) Thuc. Ⅰ, 134 ; Paus. Ⅳ, 18, 4 ; Strabon, 233, 367.
90) Plut. Pelop. Ⅵ ; Diod. Sic. XV, 20 ; Xen. *Hell.* Ⅴ, 2, 32.
91) Diod. Sic. XV, 24 ; Xen. *Hell.* Ⅴ, 4, 13 ; Plut. *Pelop.* XⅢ.
92) Xen. *Hell.* Ⅴ, 4, 24, 32 ; Plut. *Pelop.* XⅣ ; *Ages.* XXⅣ.

93) Plut. *Agis*, 21.
94) Plut. *Cleom.* VIII.
95) Herod. VI, 62 이하.
96) *Hell*. III, 3, 1f ; Plut. *Ages*. III ; *Alc*. XXIII ;Paus. III, 8, 7 ; Justin. V, 2. 이 악명높은 사건에 대한 현대 학자들의 견해에 대해서는 Beloch, *Griech. Gesch*. I , 2, p.188 참조. 벨로흐는 이 사건 전체를 정당한 계승자에게서 계승권을 박탈하기 위해 날조된 것으로 보고 있다. 니이제가 집필한 P-W의 'Agis' 항목 ; Luria, *Klio*, XXI(1927), p.404 이하 ; H.D.Westlake, in *J.H.S.* LVIII(1938) p.31 이하 ; J.Hatzfeld, in *Revue des études anciennes*, XXXV(1933), p.381 이하. 알키비아데스의 망신거리라면 무엇이든지 믿을 준비가 되어 있던 그로트는 이야기를 전부 받아들이고 있다. 그러나 현대의 다른 학자들은 이 증거를 의심스러워하고, 믿을 수 없는 것으로 간주하는 경향이 있다.
97) Paus. III, 6, 2. 또, 파우사니아스의 진술을 받아들이는 Busolt-Swoboda, 앞의 책, p.673과 파우사니아스가 잘못 기록하고 있다고 보고 이를 받아들이지 않는 Bonner / Smith, 앞의 책, p.129를 참조하라.
98) Panath. CLXXXI.
99) 라슨(Larsen)이 집필한 P-W의 'Perioikoi' 항목. Busolt-Swoboda, 앞의 책, p.664, n.2. 라슨은 이소크라테스의 증거를 채택하지 않고 부졸트는 받아들인다. Ringnalda, *De exerc. Laced*. p.64에서는 지나치게 대담할 정도로 추정하기를 페리오이코이를 헤일로타이로 읽어야 한다고 한다.
100) Panath. LXVI
101) *Antiq. Rom*. XX, 13, 2.
102) Thuc. I , 132 참조.
103) Athen. IV, 140E, 141A.
104) Xen. *Hell*. V, 4, 32.
105) Thuc. V, 72.
106) Xen. *Anab*. I , 1, 9 ; II, 6, 4.
107) *Hell*. III, 1, 8.
108) *Pol*. 1275B. Plut. *Apoph. Lac*. 221B에서는 그들이 매일 착석해 있었다고 한다.
109) *Pol*. 1270B.
110) *C.I.G.* 1364.
111) Plut. *Lyc*. XIII .
112) *Lyc*. XXVIII.
113) 욀러(Oehler)가 집필한 P-W의 'Krypteia' 항목과 지라르(Girard)가 집필한 *D.S.*의 같은 항목. A.Koechly, *de Lacedaemoniorum Cryptia* ; Jeanmaire, "La Cryptie Lacédémonienne", *Rev. ét. gr.* XXVI(1913), p.121 ; H.Wallon, *Explication d'un passage de Plutarque sur une loi de Lycurgue nommée la Cryptie*.
114) *Lyc*. XXVIII .
115) Justin. III, 3.
116) *Rev. ét. gr.* XI(1898), p.31 이하.
117) Plut. *Cleom*. XXVIII.
118) *Rev. ét. gr.* XXVI(1913), p.121.

119) *D.S.*의 'Krypteia' 항목.
120) *Legg.* Ⅵ, 760이하.
121) Pollux, Ⅷ, 105 ; Aesch. *de Falsa Leg.* 167[2년 복무] ; Thuc. Ⅳ, 67 ; Ⅷ, 92 ; Aristoph. *Aves*, 1167.
122) Meier, *Klio*, Ⅻ, p.336.
123) Xen. *Hell.* Ⅲ, 3, 8-9. 여기서 키나돈을 체포했던 청년들은 친위대 지휘관인 히파그레타이(hippagretae)였다고 한다. 그들이 크립테이아를 지휘하기도 했을 가능성도 있다.

제6장 스파르타식 훈련

1) *Lyc.* XVI, 1. 플루타르코스의 언급을 있는 그대로 받아들이고, 이 구절에 깔려 있는 속뜻은 사실 스파르타인이 이 같은 방법을 채택함으로써 아들을 하나 혹은 둘로 제한하고 그 이상의 아들은 제거하여 가족의 크기를 조절했다고 *D.S.*의 'Expositio' 항목을 집필한 험버트(Humbert)의 고심하여 만든 논의를 받아들이지 않는 편이 나을 것이다. 험버트는 스파르타 시민수의 감소를 이 관습에 돌리고 있다. 고대 그리스에서 유아를 유기하는 문제에 관해서는 애매한 면이 있으나, 상당한 정도로 행해지지 않았다는 것은 확실하다. 스파르타에서는 시민의 수가 적어서 가망이 없을 정도로 불구인 아이가 아니라면 버려지지는 않았을 것이 확실하다. "상당수의 여아가 유기되었다"는 에렌베르크의 단언[*Aspects of the Ancient World*, p.98, Oxford, 1946]은 실증이 되지 않는다. 전반적인 유아살해에 대해서는 다음을 참고하라 : A. Cameron, "The Exposure of Children and Greek ethics", *Class. Rev.* XVI (1932), P.105 ; H. Bolkestein, *Class. Phil.* XVII (1922), p.222.
2) 한 장례비문에서 또 다른 스파르타 유모의 이름을 찾아볼 수 있다.[Malicha, *I.G.* Ⅱ, 3, 3111]
3) Plut. *Alc.* Ⅰ.
4) Plut. *Lyc.* XVI. Toynbee, "The growth of Sparta", *J.H.S.* XXXⅢ, p.261에서는 이 연도 수는 아이의 생일부터가 아니라 태어난 해의 공식적인 첫날부터 셈해야 한다고 주장한다. 하지만 이를 뒷받침할 만한 증거는 없다.
5) *Nouvelles recherches sur quelques problèmes d'histoire*, p.75
6) Plut. *Ages.* XXV ; *Apoph. Lac.* 213E. 불행히도 이 이야기의 신빙성에 관해 Val. Max. Ⅷ, 8, 1(Ext.)에서는 소크라테스의 이야기로 얘기하고 있고, 거기에 더해 알키비아데스가 이를 비웃었다는 것도 덧붙이고 있다.
7) Plut. *Ages.* XXXⅡ, 1.
8) Xen. *Resp. Lac.* Ⅱ, 11. duseo, 중내, 소대로 나누는 구분이 같은 의미인 agele와 boua로 나누는 것보다 이해하기가 더 나을 것이다. 그러나 여기에 관한 또 다른 견해로는 Gilbert, 앞의 책, p.63을 참조하라. Nilsson, *Klio*, Ⅻ, p.313에서는 ile가 agelai 중의 불확실한 일부로 이루어진 대대 단위일 것으로 추정한다. 여기에 대해서는 확정적인 결론을 내린다는 것은 불가능하다.
9) Plut. *Lyc.* XVI. 이 도둑질의 실행에 대해 좀더 자세한 언급은 178쪽 참조.
10) Plut. *Inst. Lac.* 237C.
11) Diller, "A New Source on the Spartan Ephebia", *American Journal of Philology*, LXⅡ, 4 (1941), p.499.
12) Stein(ed.), Herod. Ⅱ, p.465.

13) Woodward, *A.B.S.A.* XV, pp.45~48 ; Nilsson, *Klio*, XII, pp.309~311 ; Busolt-Swoboda, *Griech. Staatsk.* pp.695~697 ; Kretschner, *Glotta*, III(1911), p.269.
14) *I.G.* V 1, 296. ἀπὸ μικιχιζομένων μέχρι μελλειρενείας. 멜레이렌(μελλείρην)이 18세를 의미한다는 것은 확실하므로 미키조메노스(μικιζόμενος)는 분명히 15세일 수밖에 없다.
15) Herod. III, 4, 23 οἱ δέκα ἀφ'ἥβης 즉, 28 ; VI, 4, 17 οἱ τετταράκοντα ἀφ'ἥβης 즉, 58. σιδεῦναι. Müller, *Doric Race*, II, p.309. Photius, συνέφηβος 항목. Albert Billheimer, "τὰ δέκα ἀφ'ἥβης", *Trans. Am. Philol. Assoc.* LXXVII(1946), p.214에서는 소년들은 20세가 되어야 '헤본(hebon)'이 되었다고 주장한다. 비록 빌하이머의 견해가 좀더 신빙성이 있기는 하지만 이 점에 관해 어떤 결론을 내린다는 것은 거의 불가능하다. Woodward, *A.B.S.A.* XV, p.48에서는 여러 경기에서 소년들의 승리를 새겨놓은 비문에서 미키조메노이(μικιζόμενοι:미키조메노스의 복수)라는 단어가 놀랄 정도로 자주 나온다고 하면서, 만약 이들이 열 살의 어린아이였다면 그 나이의 우승이란 대단한 일이어서 분명히 기록되었을 것이라 추정한다. 우드워드가 인정하듯이 실상 그 중에서 어린 소년들이 이길 수 있는 기회는 거의 없었다. 비문[*I.G.* VI, 1, 278, 279]에서 나타나는 πρατοπάμπαις와 ἀτροπάμπαις의 정확한 의미는 잘 알 수 없다. 우드워드는 앞의 논문 p.46에서 παῖς 등급에서 첫번째(πρωτο)와 두번째(ἑτερο) 해에 있는 아이를 가리키는 용어라고 추정한다. 이 추정은 별로 도움이 되는 것 같지 않다. 소년들의 나이별 등급에 붙이는 이름들이 다른 진실한 이유는 아마도 다른 모든 언어에서와 마찬가지 이유일 것이다. 즉, 모든 언어에서는 어느 정도 속된 말투로 예를 들어 '젊은 놈'·'자식' 등으로 정확한 의미를 정의하지 않고 부르는 것과 마찬가지일 것이다.
16) Plut. *Lyc.* XVII, '그의 20번째의 생일에', 즉 만 19세에.
17) Bevölkerung. p.148에서는 *I.G.* V 1, 1386을 증거로 제시한다. 이 비문은 2세기 투리아(Thuria)에서 발견된 것이다. 그밖에 폴란트(Poland)가 집필한 *P-W*의 'μελλήφοβος' 항목과 카일러머(Cailemer)가 집필한 *D.S.*의 'Agelai' 항목을 참조.
18) IX, 85.
19) 매컨(Macan)은 헤로도토스를 편집하면서 이 구절에 대한 주석에서 그 난점을 매우 잘 정리해 놓고 있다. 그는 이렇게 고쳐 읽을 수밖에 없다고 동의한다. 이 골치 아픈 단어를 이해함에 헤시키오스[ἴρανες 항목에서 이 단어는 κρατεῖ와 같은 ἄρχοντες 혹은 διώκοντες εἰρηνάζει를 의미한다고 설명한다]가 도움이 되지 않는다는 것은 솔직하게 인정되어야 한다. 헤시키오스는 헤로도토스의 이 구절을 떠올리고서 세 명의 지휘관이 언급된 것이 자신의 정의를 정당화해 준다고 결론지었음에 틀림없다. 만약 그렇다면, 쓰여진 문맥에 관한 재미있는 문제가 발생한다.
20) III, 14, 6.
21) Xen. *Resp. Lac.* IV, 3.
22) Plut. *Lyc.* XXV.
23) *Antiq. Rom.* XX, 13, 2.
24) Xen. *Resp. Lac.* XI, 3.
25) Frazer, *The Golden Bough*('Balder the Beautiful'), II, p.158 ; Robertson Smith, *Religion of Semites*, p.329.
26) *Inst. Lac.* 237B.
27) *A.B.S.A.* XII, p.380 ; *Artemis Orthia*[Dawkins et al.], p.285 이하.

미 주 381

28) 켈로이아 혹은 모아. *I.G.* Ⅴ1, 264 ; 모아는 아마도 무사(μοῦσα:영어식 표기로는 뮤즈, 예술을 담당하는 아홉 여신 중의 하나-역주)의 변형이었을 것이다.
29) *I.G.* Ⅴ1, 258, 316. 이것이 무엇이었는지에 대해 판단하기란 거의 불가능하다. 이것은 긁개, 높은 주두(柱頭), 낫으로 간주되어 왔다[*A.B.S.A.* Ⅻ, p.384]. 구르카족의 쿠크리칼과 아주 흡사한 굽은 단도(ξυήλη)였을 가능성도 높다. 하지만 스파르타 전사들이 보조무기로 휴대했는지는 분명하지 않다.
30) *Ath. Mitt.* XXIX(1904), p.50. 또 Baunack, 앞의 페이지 참조.
31) Paus. Ⅲ, 16, 10.
32) Hyginus, *Fabulae*, CCLXI ; *Artemis Orthia*(Dawkins et al.), p.356 이하.
33) Plut. *Lyc.* XVⅢ ; *Inst. Lac.* 239D ; Lucian, *Anach.* XXXVⅢ ; Nicol. damas. *F.H.G.* Ⅲ, p.458, 114, 11.
34) 프레이저가 파우사니아스 Ⅲ, 16, 10을 편집하며 써놓은 주석에는 여러 예가 있다. 참조할 것.
35) Robertson Smith, 앞의 책, p.321. Toynbee, 앞의 책, Ⅲ, p.77 ; Ⅵ, p.50에서는 그 기원을 원시적인 풍요 기원축제에까지 거슬러 올라가고 있다.
36) *A.B.S.A.* Ⅻ, p.314 ; *Artemis Orthia*(Dawkins et al.), p.404.
37) Philostratus, *Vita Apoll.* Ⅳ, 31-3 ; Libanius, *Orat.* Ⅰ, 23(p.18, Reiske) ; Greg. Naz. *Orat.* Ⅳ, p.109와 XXXIX, p.679 ; Themistius, *Orat.* XXI, 250A ; Tertulian. *ad. mart.* Ⅳ ; 또한 Anton Thomsen in *Archiv für Religionswissenschaft*, IX, p.397 ; Nilsson, *Griechische Feste*, p.109.
38) *Resp. Lac.* Ⅱ, 9 ; 그리고 Plut. *Arist.* XVⅡ ; Platon, *Legg.* Ⅰ, 633B.
39) 190쪽 참조.
40) *Lyc.* XVⅡ.
41) Xen. *Anab.* Ⅳ, 6, 14.
42) Xen. *Resp. Lac.* Ⅵ, 3.
43) *Inst. Lac.* 237A ; *Lyc.* XVI. "아주 소수의 소년들만이 읽고 쓸 수 있었다"[*Aspects of the Ancient World*, p.99]라는 에렌베르크의 단언과 이 이야기를 조화시킨다는 것은 어렵다.
44) *Panath.* 209.
45) 스키탈레에 관한 자세한 것은 273쪽 참조.
46) ap. Athen. XⅢ, 611A.
47) 285C(trans. of Loeb ed.)
48) Sextus Empiricus, Ⅱ, 21.
49) *Apoph. Lac.* 217D.
50) *Lys.* XV.
51) *Lyc.* XXI, 4.
52) ap. Athen. XⅣ, 633A.
53) *Pol.* 1339B.
54) 아리스토텔레스의 말은 *Athen.* XⅣ, 628B에서도 반영되어 있는 것 같다.
55) ap. Athen. XⅣ, 632F.

56) 21쪽 참조.
57) 베터(Vetter)가 집필한 *P-W*, XVI, 861의 'Musik' 항목.
58) Plut. *de Musica*, XIX. J.Curtis, "Greek Music", *J.H.S.* XXXIII(1913), p.35. 테르판드로스의 소위 '불완전한 음계'는 확실히 키타라(cithara) 현의 조율이었다(E F G A B - D E). 커티스는 플루타르코스에 의하면 7현의 악기로 8음계를 연주했다고 하는데 어떻게 그렇게 할 수 있었는지 하는 의문에 대해서 상위 옥타브의 가장 낮은 음은 가장 낮은 현의 배음으로 연주되었다고 해명하고 있다. 바이올린의 경우에는 그것이 가능하지만, 플렉트럼(plectrum)으로 퉁기는 리라의 경우는 어렵고 불만족스러울 수 있다는 점은 주의해야 할 것이다.
59) Terpandros, Plut. *Inst. Lac.* 238C ; Timotheos, 앞의 책 ; *Athen.* XIV, 636E ; Dio Chrys. *Orat.* XXXII ;Paus. III, 12, 8. Boethius, *de Mus.* I, 1에서는 감독관들이 사실상 티모테오스에 적대적인 칙령을 발했다고 공언하는 구절이다. Phrynis, Plut. *Apoph. Lac.* 220C ; 라이나흐(Th.Reinach)가 집필한 *D.S.*의 'Lyra' 항목을 보라. Curt Sachs, *Rise of Music in the Ancient World*, p.216.
60) Athen. XIV, 625F.
61) Athen. XIV, 635D ; Paus. IX, 5, 4.
62) Schol. ad Aristoph. *Acharn.* 14 ; Plut. *De Mus.* XVI ;Schol. ad Pindar. *Ol.* XI, 117.
63) ap. Athen. XIV, 626A.
64) Chamaeleon, ap. Athen. 184D.
65) *Lyra Graeca*(ed. J.M.Edmonds) Alcman, fr. XXXVII, p.79.
66) *Apoph. Lac.* 233F.
67) *Legg.* 666D.
68) Platon, *Legg.* VII, 815 ; Athen. XIV, 631A ; Lucian, *de salt.* VIII ; Strabon, X(C.467) ; Pollux, IV, 99 ; Paus. III, 25.
69) Athen. XIV, 631A. 일부 주석가들이 생각하는 것처럼 5세는 아니다.
70) Plut. *Lyc.* 21 ; *Inst. Lac.* 238B ; Pollux, IV, 107.
71) Xen. *Hell.* VI, 4, 16.
72) Xen. *Ages.* II, 17. 아주 인기있는 이야기이고, 다른 이야기도 여럿 있다.
73) *Rhein. Mus.* LXXXVIII(1929), p.124 이하.
74) Sosibios, ap. Athen. 678B.
75) "A note on the origin of the Spartan Gymnopaediae", *Class. Quart.* XLIII(Jan-April 1949), p.79.
76) Plut. *De mus.* XXVI ;Pollux, V, 79. Athen. XIV, 631B ; J.Jüthner, "Der spartanische Nackttanz", *Wiener Studien*, XXXIV(1912), p.43.
77) Lucian. *De salt.* X, 11.
78) 크루시우스(Crusius)가 집필한 P-W의 'Embaterion' 항목.
79) 확실치 않다. 마리우스 빅토리누스(Marius Victorinus)만이 *Art. Gramm.* I, 11에서 언급한다.
80) Athen. XIV, 630F.
81) *De salt.* X-XII.
82) Lucian. *De salt.* XVI ;Athen. XIV, 630D, E ; Sandys, Pindar(Loeb ed.), p.547 이하.

83) Lucian. *De salt.* II.
84) Cratinus in Meinecke, *Fragmente Comicorum Graecorum*, II, 1, 109 ; Schol. ad Aristoph. *Lys.* 1245.
85) Pollux, IV, 104 ; Hesych. βόλλιχαι 항목 ; 또한 *Hermes*, LXXIX (1930)의 뷜테의 논문 141쪽 참조.
86) Pollux, IV, 104 ; Paus. III, 10, 7.
87) IV, 104.
88) 이는 아마도 크세노폰이 *Resp. Lac.* II, 9에서 언급하는 것일 것이다.
89) Athen. XIV, 618C ; Schol. ad Aristoph. *Plutus*, 279 ; *Eurip. Bacchae*, 1060 ; *Aristoph. Equites*, 697.
90) ap. Athen. XIV, 621D.
91) *A.B.S.A.* XII, p.338 이하, 그리고 도판 X-XII ; 또 Thiele, *Neue Jahrbücher f.d. klassische Altertum*, IX(1902), p.411.
92) Paus. III, 14, 8 ; Cicero, *Tus. Disp.* V, 27, 77 ; Lucian. *Anach.* XXXVIII ;Plut. *Quaest. Rom.* 290D.
93) Herod. VI, 61.
94) *Kleine Schriften*, IV, p.422 이하에 재수록된 *Archiv. f. Religionswissenschaft*, VII (1904), p.281 이하.
95) H.Scholz, *Der Hund in d. griech.-röm. Magie u. Religion*(phil. Diss. 1937), p.17 이하 ; Nilsson, *Griech. Feste*, p.405, n.3.
96) Arnobius, *adv. Nationes*, IV, 25. Clem. Alex. *Cohort. ad Gentes*, II, 8.
97) III, 14, 9.
98) *Quaest. Rom.*(111), 290D.
99) Nilsson, 앞의 책, p.403.
100) Plut. *Alex.* XXXI. 또 Livy, XL, 6 참조. 전투 전에 사람을 희생물로 드렸던 예는 많다. 예를 들어 Salamis, Plut. *Them.* XIII. Robertson Smith, 앞의 책, p.309 참조.
101) Lucian. *Anach.* XXXVIII ;Demet. Phal. *De eloc.* CXXII ;Schol. ad Platon. *Legg.* I, 63C ; Tod, *A.B.S.A.* X(1903), p.63 이하.
102) *Lyc.* XIX, 4 ; *Apoph. Lac.* 228D. 그 외에 E.Gardiner, *Greek Athletic Sports*, p.415 참조.
103) Philostratus, *Gym.* IX.
104) *Resp. Lac.* IV, 6.
105) Platon, Laches, CLXXXIII.
106) Plut. *Quaest. Conviv.* 639F. 그리고 Pelopidas VII, 3 참조. 스파르타에는 레슬링 교사가 없었다.[*Apoph. Lac.* 233E]
107) Paus. III, 11, 2 ; *C.I.G.* 1241, 42, 54, 55. 심판은 이뒤오이(ἴδυοι) 혹은 비뒤오이(βίδυοι)와 관련된 것이 거의 확실하다.
108) *A.B.S.A.* XII, p.450 이하.
109) Hultsch, *Griechische und römische Metrologie*, p.104와 표, p.703.
110) *A.B.S.A.* XXVII, p.231.
111) *Resp. Lac.* II, 12. 또한 Plut. *Lyc.* XVIII, 4 ; *Inst. Lac.* 237B ; Aelian. *V.H.* III, 10, 12.

112) Prot. 225D.
113) 소년애(少年愛, paiderastia)가 도리아인의 특징적인 성향이었다는 견해에 대해서는 Bethe, "Dorische Knabenliebe", *Rhein. Mus.* LXII(1907), p.438 ; Semenov, "Zur dorischen Knabenliebe", *Philologus*, LXX(1911), p.146 ; Wilamowitz-Moellendorff, *Staat u. Gesell. d. Griechen*, p.90. '사랑하는 자(εἰσπνήλας)'와 '사랑받는 자(ἀίτας)'라는 용어에 대한 논의는 Gilbert, *Grk. Const. Ant.* p.65, n.1 참조.
114) *Pol.* 1272A와 Ruppersberg, *Philologus* LXX(1911)의 논문 p.151.
115) *Legg.* 636E.
116) Plut. *Lyc.* XVIII.
117) Plut. *Inst. Lac.* 237C ; Ael. *V.H.* III, 12.
118) *Resp. Lac.* II, 14.
119) H.Volkmann, "Ein Verkannter Strafbrauch der Spartaner", *Archiv für Religionswissenschaft*, XXXII(1935), p.188 참조. 이 관행은 마술적 의미를 포함하는 듯하며, 엄지손가락을 물어줌으로써 적절히 대답하지 못한 아이에게 힘이나 지혜를 전해 주는 의미가 있었던 것으로 보인다. 폴크만은 야만적 종족 사이에 유사한 관행이 있었음을 보여준다.
120) Plut. *Lyc.* XIV ; Nicol. Damas. *F.H.G.* III, p.458, 114, 4.
121) ap. Athen. I, 14E.
122) *Lysist.* 82.
123) IV, 102.
124) XIV, 631C.
125) XVIII, 23. Vergil. *Georg.* II, 487에서는 스파르타 여성들의 타이게토스 산록에서의 바쿠스제를 언급하고 있는데, 아마도 이 행동의 반영인 듯하다.
126) Platon, *Legg.* 806A.
127) Jaeger, *Paideia*, p.81.
128) *Rep.* 548.
129) *Pol.* 1234A.
130) 앞의 책, 1338A.
131) Xen. *Anab.* VII, 3, 7 ; Paus. V, 6, 5 ; Diog. Laert. II, 6, 52.
132) *F.H.G.* II, p.69. Köhler는 *Sitzungsberichte d. preussischen Akademie d. Wissenschaft zu Berlin*(1896)에 수록된 논문 p.361에서 크세노폰의 「스파르타의 국제」는 크리티아스(Critias)의 이전의 저작에 상당부분 의존했다고 주장한다. 참조할 것.
133) 377쪽 참조.
134) Alcib. I, 122D.
135) *Legg.* IV, 712D.
136) Jaeger, *Paideia*, III, p.321.
137) *Legg.* 688C.
138) 653B.
139) Köhler, 앞의 논문, p.365 이하. 쾰러는 이 장을 사실로 받아들이고 있다. Jaeger, *Paideia*, III, p.326에서는 모자의 유사성을 지적한다. *Resp. Lac.* XIV와 *Cyropaedia*, VIII, 8에서 크세노폰은 페르시아인이 초창기의 이상을 잃어버렸다고 비난한다. 그 두 구절을

비교하는 것은 매우 인상적이고, 둘 다 후대에 써넣은 것이라면 특별한 것일 게다. 마찬트(Marchant)는 「스파르타의 국제」의 로엡판 서문에서 기원전 381년 포이비다스(Phoebidas)가 테바이 요새를 점거했던 악평이 자자했던 사건(Xen. *Hell.* V, 2, 22 이하)과 기원전 378년 스포드리아스가 피라이오스를 난폭하게 점령하려 기도했던 이후에 쓰여진 것이라고 추론하고 있다. 스포드리아스는 스파르타에서 기소되었지만 무죄 방면되었다. 크세노폰(*Hell.* V, 4, 22)은 이 사건 전체를 '매우 불법무도한' 것이라고 불렀다. 크세노폰은 모든 그리스인이 그랬듯이 깊이 충격을 받았고, 이 장은 스파르타인의 권력남용에 대한 항의의 표시로 더해진 것이 거의 확실하다.

140) *Pol.* 1294B.

제7장 스파르타의 토지보유 제도

1) VI, 45, 3. Giraud, *Propriété foncière*, p.161 ; Pöhlmann, *Gesch. d. soz. Frage*, I , p.83.
2) 214쪽 참조.
3) Plut. *Inst. Lac.* 231E.
4) *Storia di Sparta arcaica*, I , p.197.
5) VI, 46-7.
6) *Lyc.* XVI.
7) *Griech. Staatsr.* p.16, n.3.
8) *Geschichte des Altertums*, II , p.194.
9) *Étude sur la propriété foncière à Sparte*, p.14 이하.
10) Busolt-Swoboda, *Griech. Staatsk.* II , p.636, n.3.
11) *Legg.* 923C,D. 토인비는 "The Growth of Sparta", *J.H.S.* XXXIII, p.260에서 죽은 보유자의 할당지를 이어받을 성년이 된 아들이 없다면, 그 아들이 성년이 될 때까지 비워두는 것이 아니라 다른 마땅한 사람이 즉시 이를 할당받고, 이 아들은 성년이 되었을 때 비어 있는 땅을 받는 기회를 기다려야했다고 주장한다. 이 견해는 남자아이가 태어났을 때 할당지를 수여받는다는 플루타르코스의 진술에 정면으로 배치되기 때문에 받아들이기 매우 곤란하다. 비록 문제점이 있지만, 후자의 견해가 더 그럴 듯하게 보인다. 그렇게 하는 것이 만약 아버지가 죽었을 때 아이가 아직 어리다면, 그 아이가 공적 봉사를 할 수 있도록 양육해야 하는 어머니에게 주는 일종의 과부 부양금으로서 역할을 하여 국가에 더 유리했을 것이다.
12) Toynbee, 앞의 책, p.259에서는 보유자가 공동식사의 정규분담금을 내지 못하면, 할당지가 국가에 몰수되었다고 주장한다. 이에 대한 증거는 없다. 또한 각각의 할당지는 군에 한 명의 중장보병을 제공하기 위한 것으로 한정되었다는 그의 주장 역시 증거가 없다.
13) Pollux, I , 74.
14) Il. XV, 204. 맏이에게는 마법적인 힘이 속해 있다는 관념은 광범위하게 퍼져 있다. Frazer, *The Golden Bough*('Balder the Beautiful'), I , p.295를 보라.
15) *Doric Race*, II , p.208.
16) XII, 6B, 8 ; 59쪽 참조.
17) 다음의 여러 예가 있다 : Anaxandrides, Herod. V, 39 ; Archidamos와 Lampito, Herod. VI, 71 ; Leonidas, Herod. VII, 205 ; Hippomedon, Polyb. IV, 35 ; Cleonymos와 Chelidonis, Plut. *Pyrrhos*, XXVI ; Agiatis와 Cleomenes, Plut. *Cleom.* I .

18) *Pol.* 1270B.
19) *Pol.* 1309A.
20) *Pol.* 1319A.
21) Dem. *in Lept.* CⅡ ; Plut. *Solon*, XXI ;Wilamowitz-Moellendorff, *Aristoteles u. Athen*, Ⅱ, p.47 참조.
22) Meier-Schömann-Lipsius, *Das attische Recht*, Ⅱ, p.52.
23) Diog. Laert. Ⅰ, 2, 7.
24) XX, 6, 5.
25) *Pol.* 1266B.
26) *Klio*, Beih. XLⅡ(1939), p.36.
27) Isaeus, *de Apoll. Her.* XXX ;Demos. *in Macart.* LXXVI.
28) Dion. Hal. Ⅸ, 22.
29) *Legg.* XI, 923C.
30) 737C. 5040은 1에서 10까지의 모든 숫자를 포함하는 약수(divisor)의 최대가능수이다.
31) *Agis*, Ⅴ ; E.Meyer, *Rhein. Mus.* XLI, p.589에서는 에피타데우스에 관한 이야기와 에피타데우스법을 '인과관계 설명용의 일화(aetiological anecdote)'라고 부르면서, 할당지를 양도할 수 없는 옛 체계가 붕괴된 것을 설명하기 위해 임시변통으로 창작해낸 것으로 본다.
32) 레트라(rhetra)는 '법안'(bill) - 입법화하기 위해 발의된 안건으로 법령이 될 수도 아닐 수도 있다 - 으로도 법령집에 수록되는 법률(law)로도 쓰일 수 있는 광의의 단어이다. Plut. *Agis*, Ⅴ, 8~11에서는 두 가지 의미 모두 쓰이고 있다. 에피타데우스의 레트라는 법률이 되었고, 아기스 4세의 것은 되지 못했다. '신탁(oracle)'이라는 단어 역시 Plut. *Lyc.* Ⅵ에서처럼 엄밀하게 같은 의미로 번역될 수 없다. Wade-Gery, *Class. Quart.* XXX Ⅷ(1944), p.6을 보라. 현대의 어법 역시 정확하지는 않다는 것에 주목할 수 있다. 예를 들면, 1688년의 〈권리장전(Bill of Rights)〉과 1832년의 〈선거법 개정안(Reform Bill)〉.
33) Thuc. Ⅳ, 8 이하. 다음을 참조하라. 니이제가 집필한 P-W의 'Epitadeus' 항목 ; Meyer, *Forschungen*, Ⅰ, p.258 ; Hermann-Thümser, *Lehrbuch d. Griech. Antiq.* Ⅰ, 6, p.259. 에피타데우스가 법안을 제출했을 때, 실제로 감독관이었는지에 대해서는 어느 정도 의문이 든다. ἐπορεύσας라는 단어의 용례는 그가 임기를 마쳤다는 것을 시사한다.
34) *J.H.S.*(1913), pp.272~273.
35) *Class. Quart.* XX, p.186.
36) Andreades, 앞의 책, p.53에서는 이 법에 따라서 부동산을 구입할 수 있게 된 헤일로타이가 부유해졌을 것이라고 추정한다. 이 가정이 사실일 수도 있지만, 그들은 스파르타인이 위신에 관계되어 종사하지 않았지만, 다른 이들에게는 대단히 이익이 많이 남는 무역에서 돈을 벌었다고 보는 편이 더 나을 것이다.
37) *Pol.* 1270A.
38) *F.H.G.* Ⅱ, p.211, 7.
39) Susemihl & Hicks, *The Politics of Aristotle*, p.287.
40) *Pol.* 1319A.
41) 스파르타와 유태인들의 토지체계를 비교해 보면 상당히 유사하다는 것이 드러난다. 가나안 땅이 정복된 뒤에 씨족과 가문에 따라 나누어졌다.[여호수아 14:1-5] 각 가문은

양도할 수 없는 고래의 분배지에 아주 밀접하게 연결되어 있어서, 50년이라는 임대기간 즉, 요벨(안식)의 해까지는 매매가 금지되었다.[레위기 25장] 일가인 사람이 항상 가문의 토지에 대한 선매권이 있었다.[예레미아 32:6] 상속법은 민수기 27:1-5에 설명되어 있다. 여기에서는 아들이 없는 경우, 고인의 형제에게가 아니라 딸에게로 재산이 상속되게 되어 있다.

42) 여기서 쓴 '국가'라는 용어가 만족스럽지 않다는 것은 인정할 수밖에 없다. 왕이 여상속자를 결혼시키는 권한을 갖고 있는 것을 생각해 볼 때, 국가와 왕을 동일시하기 쉽다. 하지만, 상속자 없이 남겨진 토지가 어떻게 처리되었는지 알지 못하기 때문에, 이는 위험하다. 스파르타의 경우 국가란 왕·감독관·장로회와 본 회기에서 입법활동을 하는 민회를 전부 의미한다. 실상 감독관이 국가에 반납된 토지를 처리함으로써 부자가 되었을 가능성이 매우 높다.

43) 스파르타 재정체계의 전반적인 문제점에 대해서는 뒤에 자세히 다루겠다.
44) *Lyc.* VIII.
45) *Legg.* 684D, E.
46) *Archidamos*, XX ; Panath. CLVII 이하.
47) Kessler, *Plutarchs Leben des Lykurgos*, p.38 ; K.J.Neumann, *Hist. Ztschr.* XCVI (1905), p.7. Hermann-Thümser, *Lehrbuch*, p.191.
48) ap. Polyb. VI, 48 ; Strabon, X, 4, 16(C.480).
49) Justin, III, 3.
50) Jardé, *Céreales*, p.113에서는 할당지의 크기를 27내지 36헥타(62.7내지 89에이커)로 계산한다. Kahrstedt, *Hermes*, LIV, p.283에서는 30헥타(74에이커)로 본다. Fustel de Coulanges, *Nouvelles Recherches sur quelques problèmes d'histoire*, p.99는 17~20에이커로 본다 ; Müller, *Doric Race*, II, p.31는 45에이커. E.Meyer, *Gesch. d. Altertums*, II, p.297은 22에이커. Beloch, *Griech. Gesch.* I, 2, 1, p.304는 보리 경작지가 38에이커. Niccolini, "Per la storia di Sparta", *Rend. Ist. Lomb.* XXXVIII(1904), p.538에서는 35½에이커. Duncker, *Über die Hufen der Spartaner*, 25에이커.
51) Athen. VI, 272B,C,D. Michell, *Economics of Ancient Greece*, p.19 이하.
52) 1270A.
53) Polyb. II, 65, 7-10 ; 69,3. Macrobius, *Saturn.* I, 11, 34에서는 나비스가 즉위했을 때, 15,000명에게 땅을 주고 시민을 만들었다고 하는데 불가능한 수치는 아니다.
54) *Philop.* X.
55) Livy, XXXIV, 27, 36.
56) *Agis*, V.
57) Strabon, VIII, 4, 11(C.362).
58) Plut. *Lyc.* XV ; *Lys.* XXX ; *De amor. prol.* II ; *Apoph. Lac.* CCLXXX ; Pollux, III, 48, VIII, 40 ; Aelian. *V.H.* VI, 6.
59) 안드레아즈는 18세기 일본 사무라이가 아주 흡사하다고 본다.[*Revue économique internationale*, Jan. 1931, p.19 이하]
60) *Pol.* 1272A.
61) *Ex comment. Hesiodis*, XX.
62) "Das spart. Bevölkerungsproblem", *Hermes*, LXVIII (1933), p.218 이하.

63) *Das Bauerntum*, p.162.

제8장 스파르타 육해군의 조직

1) 전반적인 면에서는 다음을 참조할 수 있다 : 모든 역사가들이 전투를 기술할 때 나타나는 여러 문제를 다루었다. 하지만 다음의 것은 특히 인용할 가치가 있다. Rüstow u. Köchly, *Gesch. d. griech. Kriegswesen* ; Beloch, *Bevölkerung d. griech.-röm. Welt* ; Busolt, "Spartas Heer und Leuktra", *Hermes*, XL, p.387 ; Cavaignac, *Klio*, XII(1912), p.261 ; Kromayer, "Die Wehrkraft Lakoniens u. seine Wehrverfassung", *Klio*, III(1903), p.173 ; Ringnalda, *de Exerc. Lacedaem.* ; Stehfen, *de Spart. re militari* ; G.C. Stein, *Das Kriegswesen d. Spartaner* ; Trieber, *Zum Kriegswesen d. Spartaner*. 스파르타 군조직과 가장 가깝게 접근한 것은 전사왕들(warrior kings) 휘하의 줄루족(Zulus)의 군조직에서 보인다.[W.S.Ferguson, "The Zulus and the Spartans", *Harvard African Studies*, II(1918), p.197 이하]

2) Tyrtaios, in *Elegy and Iambus*(Loeb ed.), p.59 ; Tyrtaios, fr. I , Diehl, *Anthologia Lyrica Graeca*. 그밖에 다음을 참조하라. Ehrenberg in *Hermes*, LIX(1924), p.24 ; Wilamowitz-Moellendorff, *Sitz.-ber. d. Berl. Akad.*(1918), p.728 이하.

3) Wade-Gery가 집필한 부분인 *C.A.H.* III, p.560, *Class. Quart.* XXXVIII(1944), p.117을 참조하라. 웨이드-게리는 이 '신형군'을 '오바'군이라고 부르면서 5개연대를 오바와 일치시켰다.

4) Schol. ad Thuc. IV, 8. 혹은 에돌로스(Edolos)와 메소아게스(Mesoages). 사리나스는 Schol. ad Aristoph. *Lysist.* 453에 따르면 아리마스(Arimas)일 것이다. 피타네스 로코스가 있었는지는 모든 주석가를 당혹시키는 문제였다. 헤로도토스[IX, 53]는 플라타이아에서의 그 지휘관이 아몸파레토스(Amompharetos)라고 하였지만, 투키디데스[I , 20]는 그와 같은 로코스는 존재했던 적이 없다고 단호하게 부인한다. Gilbert, *Grk. Const. Ant.* p.68, n.4에서는 이 점에 관해서 논의하면서 참조문을 인용한다. 비문[A.B.S.A. XIII, p.213]에 의해 확인되기 때문에, 피타네스 오바는 확실히 존재했었다. 그러나 피타네스 로코스가 있었다고 말할 수는 없다. 그 외에 다음을 참조하라. 노이만(Neumann)은 *Hist. Ztschr.* XCVI(1906), p.42 이하에서, 웨이드-게리는 *Class. Quart.* XXXVIII, p.131에서 투키디데스 당대에 피타테스 로코스가 없었다고 말한 점에서는 그가 옳지만, 존재한 적이 없었다고 부정하는 것은 옳지 못하다고 주장한다. 그 이름이 쓰이지 않는 말이 되기는 했지만, 확실히 플라타이아 전투가 있던 시기에는 쓰이고 있었고 따라서 헤로도토스가 옳았다.

5) Ringnalda, *de Exerc. Lac.* p.9 이하를 참조하라.

6) I , 65. 또 Polyaenos II, 3, 11를 참조하라.

7) 그렇지만 의심스럽다. Pollux, VIII, III을 참조하라.

8) *Apoph. Lac.* 226E.

9) Plut. *Lyc.* XII.

10) *de Spart. re milit.* p.23. 같은 견해가 Ringnalda, *de Exerc. Lac.* p.1 이하에서도 나타난다. 또한 다음을 참조하라 : Rüstow u. Kochly, *Gesch. d. Griech. Kriegswesen*, p.38 ; Stein, *Kriegsw. d. Spart.* p.6 ; Bielschowsky, *de Spart. Syss.* p.32 이하 ; Kahrstedt, *Griech. Staatsr.* p.299.

11) Strat. II, 3, 11.

12) Ⅸ, 10, 11, 28.
13) Xen. *Hell.* Ⅳ, 5, 11.
14) Ⅴ, 68. 이 장의 첫머리에서 전반적인 참조를 위해 적어놓았던 주석가들은 모두 이 전투에 대해 상세히 서술하고 있다. 그밖에 더 추가한다면, W.J.Woodhouse, *King Agis of Sparta and his Campaign in Arkadia in 418 B.C.* (Oxford, 1933) ; A.W.Gomme, *Essays in Greek History and Literature* (Oxford, 1937), p.132 이하 ; Kromayer, *Antike Schlachtfelder*, Ⅳ, p.207 이하 ; 같은 저자, *Klio*, Ⅲ, pp.47 이하 · 173 이하.
15) 아마도 상상력 탓이겠지만, 기하학적인 수열-16, 32, 64, 128-이라고 해야 할 것이 고대군대에서는 일반적이었다. 다음을 보라 : Asclepiodotus, *Tacitica*, Ⅱ, 8 ; Aelian. *Tact.* Ⅸ, 3 ; Arrian. *Ars. tact.* Ⅹ, 2. 편리하게 지휘할 수 있는 최소단위는 16명이었다.
16) Thuc. Ⅶ, 19.
17) Thuc. Ⅳ, 55 ; Ⅴ, 67. 링날다(Ringnalda)가 *de Exerc. Lac.* p.18 이하에서 4,234명이라고 계산한 것은 받아들일 수 없다. 그는 전장에 6개의 로코이만이 있었다고 추정하여 주장하고 있다.
18) 다시 말해 3,000이라는 디오도로스의 추산(XII, 78, 4)의 정확히 절반이다. 이 수치를 받아들이는 것은 불가능하다.
19) 이 계산은 부졸트의 계산과 거의 같은데, 그는 *Hermes*, XL에 발표한 논문 p.418에서 동맹국을 합해서 6,800명이라고 한다. 1만명이라는 뷰리의 계산(*History of Greece*, p.461)은 불가능할 정도로 많은 것이며, 우드하우스(Woodhouse)의 13,060명이나 곰므 (Gomme)의 '11,000명 이상'은 더욱 더 그렇다. Kromayer, *Antike Schachtfelder*, Ⅳ, p.213 에서는 '고작해야' 8천~9천명이라고 하고 있다. 또 Beloch, *Klio*, Ⅵ(1900), p.69를 참조해 보면 그는 크로마이어에 거의 동조하고 있지만, 동맹군의 수효에 대해서는 디오도로스의 수를 받아들인다.
20) Thuc. Ⅴ, 64.
21) 이는 Stein, *Kriegsw. d. Spartaner*, p.8의 결론이다. Stehfen, *de Spart. re mil.* p.15에서는 10개의 로코이가 있었다고 생각하고 있다. 즉, 좌익에 1개, 중앙에 7개, 우익에 2개인데 혹은 만약 2개 로코이가 안전하게 후퇴할 수 있다면 3개였을 수도 있다고 본다. Busolt, *Griech. Gesch.* p.535에서는 우익에 3개 로코이가 있었다면 '소수'라는 말을 붙일 수 없었을 것이라고 하여 이 견해를 반박한다. 링날다(*de Exerc. Spart.* p.20)는 οἱ λοιποι를 ὀλίνοι로 교정해 읽으면 난점이 해결될 것이라고 제안한다. 하지만 어떤 문제든지 주석가가 자기 마음대로 텍스트를 과감하게 바꾸어 읽으면 해결되게 마련이다. 7개의 로코이가 있었다는 투키디데스의 명백한 언급은 받아들여야만 한다. 전투배열에서의 실제적인 배치는 사소한 문제로 우리의 관심을 많이 끌지는 않는다. 크로마이어(*Klio*, Ⅲ, p.192, n.5)는 우익의 2개 로코이는 스파르타인들만으로 구성된 것이 아니고 소수의 스파르타인들로 보강된 혼성군이었다고 상당히 강력하게 주장한다. 그들이 폴레마르코스와 로카고스들에 의해 지휘되었다는 것이 이를 가리킨다고 그는 말하고 있다. 여기에 대해 확정적인 결론을 내린다는 것은 불가능하다. 벨로흐(*Bevölkerung*, p.133 이하)는 모라는 두 개의 로코이로 이루어지는데, 하나는 스파르타인으로 다른 하나는 페리오이코이로 이루어졌다는 이론을 내놓는다. 그에 의하면 제1차 만티네아 전투에서는 6개의 스파르타 로코이와 6개의 페리오이코이 로코이가 있었고, 7번째는 브라시데이오이였으며, 스키리타이는 별동대였다는 것이다. 하지만 모라가 두 개의 로코스로 이루어졌다는 증거는 없다.

22) 우드하우스와 곰므는 모두 이 두 로코이가 우익의 중간에 있었다고 보고, 헨더슨 (Henderson)은 이들이 우익의 맨 끝에 위치했다고 본다. 그렇지만 헨더슨은 7개의 로코 이에 브라시데이오이를 넣어서 세지 않았고, 따라서 아기스가 지휘하는 수는 5개 로코이 가 된다.
23) 우드하우스는 불쌍한 아기스를 복권시키려고 최선을 다하며, 그를 '그리스가 배출해낸 가장 유능한 지휘관 중의 하나'라고 부른다. 그에 대한 기록에 비추어볼 때, 이를 받아들 이는 것은 불가능하다.
24) 플라타이아 전투 직전에 아몸파레토스(Amompharetos)가 퇴각하라는 명령에 불복종한 것이 전장에서의 명령불복종의 또 다른 유명한 예이다.[Herod. IX, 53] 이 두 전투는 군 이 전선에서 교전이 시작되기 직전에 자리를 옮겼다는 면에서 이상할 정도로 비슷하다. 플라타이아에서 스파르타군은 아테네군과 위치를 바꿀 것을 고집했다.[Herod. IX, 46]
25) *Hell.* II, 4, 31. 헤시키오스의 'μόρα' 항목에서는 로코스 대신 쓰인 용어라고 말한다.
26) *Resp. Lac.* XI, 4.
27) τότε μὲν εἰς ἐνωμοτίας, τότε δὲ εἰς τρεῖς, τότε δὲ εἰς ἕξ, 는 모든 주석가들에게 어려운 문제이다. 이 구절은 부대가 1열 혹은 3열 혹은 6열로 나란히 행군하는 것을 의 미할 수도 있다.
28) 벨로흐는 *Bevölkerung*, p.132와 *Klio*, VI(1906), p.58 이하에서 반대의견을 제시하는데, 스파르타인의 성격은 매우 보수적이어서, 군을 재조직한다는 것은 그들과 맞지 않는 일 로 믿을 수 없다고 하였다. Gilbert, *Grk. Const. Ant.* p.71, n.1은 재조직의 가설을 받아 들이지만, 『헬레니카』의 마지막 권에서 명칭의 변화는 '특별한 현상'이라고 한 것에 대해 설명하지 못하고 있다. 그에 대한 논의는 248쪽 참조. 위에 나온 견해는 기본적으로 Busolt, *Hermes*, XL, p.419 이하의 것이다.
29) 뮐러(Müller)의 *Handbuch der klass. Altertumswissenschaft*, IV, 1, "Kriegsaltertümer", p.313.
30) *de Spart. re mil.* p.10.
31) *Klio*, III, p.187.
32) *Resp. Lac.* XI, 9 ; XIII, 6. 마케도니아군에서 아게마는 보통 왕의 근위대를 지칭하는 용어로 쓰였다. 이 사실은 Beloch, *Bevölkerung*, p.134와 *Klio*, VI, p.64에서 스파르타에서도 휘페이스를 가리키는 용어였다고 추정하게 만들었다. Kahrstedt, *Griech. Staatsr.* p.307, n.2에서는 이 ἄγημα τῆς πρώτης μόρας는 휘페이스가 없을 때는 근위대 역할을 했다고 추정 한다. 이는 전장에서 왕을 호위하는 100명의 정예병[로가데스]이라고 하는 것이 더 그럴 듯하다. Toynbee, *J.H.S.* XXXIII, p.262에서는 열을 지어 행군할 때의 선두 에노모티아가 아게마라고 불렸다고 주장한다. 가능성은 있지만, 확실한 증거가 부족하다. 어떤 만족스러 운 결론도 내릴 수가 없다. 드로이젠이 집필한 *P-W*의 같은 항목을 참조할 것.
33) 128명이 4개 에노모티아이 혹은 옛 편제의 2개 펜티코스티아(penticostia)에 상응한다 는 것은 흥미롭다. 하지만 아마도 우연에 불과할 것이다.
34) 크로마이어가 추측한 것처럼[*Klio*, III, p.199].
35) *Bevölkerung*, p.144.
36) *Hell.* VII, 1, 30 ; 4, 20 ; 5, 20.
37) *Hell.* VI, 5, 29. Kromayer, *Klio*, III, p.187에서는 당연히 이를 놀라운 수단으로 간주하 고 아게실라오스가 스파르타인이 어떻게 동의하도록 만들었는지 궁금해 하고 있다. 괴로

운 필요성 때문이었다고밖에는 이 의문에 답할 수 없다. 스파르타는 몰락했고, 특단의 조치가 필요했다.
38) *Hell.* IV, 5, 12.
39) *Pel.* XVIII
40) *Cyr.* VI, 3, 21.
41) *Anab.* III, 4, 21 ; IV, 8, 15.
42) 'Lochoi' 항목. 4개의 로코이에 대한 아리스토파네스의 언급(*Lysist.* 453, *sensu obsceno, et schol.*)은 무시될 수 있을 것이다. 이 구절에 대한 논평은 Ringnalda, *de Exerc. Lac.* p.10 ; Stehfen, *de Spart. re mil.* p.2.
43) Thuc. VI, 43.(Athenian)
44) 같은 책, V, 64.
45) Xen. *Hell.* VI, 4, 17.
46) 같은 책, V, 4, 13. τὰ δέκα ἀφ' ἥβης라는 표현으로 문제의 어려움이 가중된다. 20세가 되는 청년이 헤본(ἥβων)이 되는 것에는 이견이 없지만, τὰ δέκα는 20세에서 29세 사이의 모든 연령집단을 의미하는 것인가 아니면 29세 집단만을 의미하는 것인가? 빌하이머 (Billheimer)는 *Transactions of the American Philological Association*, LXXVII(1946), p.74에서 전자를 지지한다. Xen. *Hell.* IV, 14-16에서는 아카르나니아인이 스파르타를 계속 괴롭히자 그 곳으로 τὰ πεντεκαίδεκα ἀφ' ἥβης가 그들을 요격하기 위해 파견된다. 20세에서 34세에 이르는 연령층이 모두 파견되었던가 아니면 34세 연령층만이었던가? 만약 전자라면 군의 대부분에 상당하는 이들이고, 전체 체계가 흐트러졌을 텐데 그랬을 것 같지는 않다.
47) 하지만 의심스럽다. 이는 전문용어가 아닐 수도 있다.〔Xen. *Hell.* III, 3, 7 ; VI, 5, 29 참조〕
48) 확실치는 않다. Herod. VI, 56.
49) Ringnalda, *De Exerc. Lac.* p.35에서는 Plut. *Ages.* XXVI의 일화가 페리오이코이 중에서 클레로스를 가진 사람들만이 병역의무가 있었다는 것을 보여준다고 지적한다. 그렇지 않았다면 그들 중 일부는 반기를 들었을 것이다. 아마도 추정컨대 클레로스를 보유하지 않은 이들은 네오다모데이스 중의 다른 부대에서 복무했을 것이다.
50) *Pol.* 1270B.
51) VII, 205.
52) Herod. I, 67 ; 후에는 도보였다. Strabon, X, 4, 18(C.481-2). Thuc. V, 72 참조. Dion. Hal. II, 13, 4에서는 그들이 때로는 말을 탔다고 한다. 불가능한 일은 아니지만 그랬을 것 같지는 않다. 왜냐하면 기병대는 거의 활용되지 않았고, 뒤에 보게 되겠지만 별로 효과적이지 않았기 때문이다.
53) Xen. *Resp. Lac.* IV, 3. 그밖에 Plut. *Lyc. Apoph. Lac.* 231B ; Herod. VIII, 124 참조. 토인비〔*J.H.S.* XXXIII, p.255〕는 원래 300개의 씨족(γένη)이 각자 기병을 대는 의무를 가지고 있었다고 추정하지만, 증거부족으로 받아들일 수 없다.
54) 예를 들어 Xen. *Hell.* III, 3, 9.
55) Herod. VI, 56.
56) Plut. *Lyc.* 22 ; *Quaest. Conviv.* II, 5.
57) Herod. IX, 28.

58) Thuc. Ⅶ. 19.
59) *Orat.* XI, 18(Busiris). 그밖에 Plut. *Agis,* XI ; *Lyc.* XXⅦ;Trieber, *Quaestiones Laconicae,* p.57 참조.
60) *Inst. Lac.* 238D, E. 또 Nicol. Damas. *F.G.H.* Ⅲ, p.458, 114, 5 참조.
61) Thuc. V, 68.
62) Xen. *Cyr.* Ⅳ, 2, 1.
63) Thuc. V, 67 ; Diod. Sic. XV, 32. 스키리타이가 반드시 스키리티스에서만 충원되었다고 생각할 필요는 없다. 영국의 콜드스트림 근위연대(British Coldstream Guards)를 상기해 보면 될 것인데, 그 이름은 그들이 원래 모집되었던 작은 마을에서 비롯한다.
64) 게이어(Geyer)가 집필한 P-W의 'Skiritis' 항목 ; Hesychios, 'Skiros' 항목 ; *Class. Quart.* XXXⅧ(1944)에 수록된 웨이드-게리의 논문, p.119 ; *C.A.H.* Ⅲ, p.365 ; Herod. Ⅰ, 66.
65) *J.H.S.* XXXⅢ, p.266, n.80.
66) Thuc. Ⅳ, 80.
67) 같은 책, Ⅶ, 19.
68) 같은 책, Ⅷ, 8.
69) Xen. *Hell.* Ⅲ, 1, 4.
70) 같은 책, Ⅲ, 4, 2.
71) 같은 책, Ⅳ, 25.
72) 같은 책, Ⅲ, 15.
73) 같은 책, V, 2, 24.
74) 같은 책, Ⅵ, 5, 29.
75) *Il.* XⅥ, 212-5. 또, XⅢ, 130 참조.
76) Plut. *Apoph. Lac.* 228D ; *Comp. Lysand. et Sulla,* 477D. 그러나 A.D.Fraser, "The myth of the Phalanx Scrimmage", *Classical Weekly,* XXXⅥ, 2, 12 Oct. 1942에서 전투에서의 팔랑크스에 관한 이 견해를 격렬하게 비판한 것을 참조하라. 프레이저는 팔랑크스는 통상 생각하는 것처럼 밀집된 것은 아니며, 전열의 각 사람은 적수를 맞아 혼자 떨어져 나와 싸웠다는 견해를 제시한다. 이 견해는 독창적이지만, 잘 납득이 가지 않는다. 팔랑크스의 전체적인 위력은 밀집되어 뚫을 수 없는 전열에서 나온다.
77) Herod. Ⅸ, 70.
78) 셀라시아 전투에서 양편 모두 마찬가지였다.〔Polyb. Ⅱ, 67, 2 ; 69, 3. 그밖에 Xen. *Anab.* Ⅶ, 3, 46 참조〕
79) XⅧ, 29-32.
80) 그와 같은 재난의 유명한 예는 기원전 390년 레카이온(Lechaeon)에서 이피크라테스(Iphicrates)가 지휘하는 아테네군이 기병대의 호위없이 행군하던 스파르타의 연대병력을 측면에서 공격하여 분리시켜 놓았던 전투였다. 크세노폰의 기록〔*Hell.* Ⅳ, 5, 11-17〕은 중장보병이 진형을 갖추지 못했을 때 얼마나 무력하며, 경무장 궁수의 공격에 어떻게 궤멸당하는지를 보여준다.
81) G.B.Grundy, *History of the Greek and Roman World,* p.189.
82) Xen. *Resp. Lac.* XI, 7.
83) Wade-Gery, *Class. Quart.* XXXⅧ, p.119에 의하면 합리적인 추리이다.〔Xen. *Hell.* Ⅳ, 5, 10 참조〕

84) *Il.* ii, 362. "인원을 가문별로, 부족별로 배치하여라. 그러면 친족이 친족을, 같은 부족이 같은 부족을 도울 것이다." 확실히 스파르타에서처럼 테바이에서도 이를 현명한 규칙이 아니라고 생각했었다. 테바이의 신성단(Sacred Band, 神聖團)은 서로 관계있는 사람들로 조직된 것이 아니라 '연인들'로 조직되었기 때문이다. "왜냐하면 같은 부족이나 가문의 사람들은 위험이 닥쳤을 때 서로간에 별 가치를 두지 않기 때문이다."[Plut. *Pelop.* XVIII]
85) *Pelop.* XXIII.
86) *Pelop.* XXIII ; *Hell.* VI, 4, 5.
87) Thuc. IV, 55.
88) Plut. *Apoph. Lac.* 234E.
89) 같은 책, 225B.
90) Xen. *Hell.* IV, 2, 5.
91) 같은 책, IV, 2, 16.
92) *Reg. et Imp. Apoph.* 191E.
93) *Il.* XIII, 600.
94) Thuc. IV, 32.
95) Xen. *Hell.* IV, 2, 16.
96) Polyb. XI, 11, 3 ; 12, 4.
97) Thuc. III, 109. H.W.Parke, *Greek Mercenary Soldiers,* p.16 ; G.T.Griffith, *Mercenaries of the Hellenistic World,* p.238 ; B.Müller, *Beiträge zur Gesch. d. griech. Söldnerwesens,* p.17.
98) Thuc. IV, 80 ; V, 6.
99) 아주 불확실하다 ; Xen. *Hell.* IV, 1, 26 ; V, 2, 3 참조.
100) Plut. *Lyc.* XXIII ; *F.G.H.* III, 23.
101) *Resp. Lac.* XI, 4.
102) Paus. IV, 7, 4.
103) Paus. IV, 7, 5.
104) 같은 책, 8, 12.
105) Herod. IX, 49 이하.
106) Thuc. II, 9.
107) 같은 책, IV, 44.
108) Toynbee, 앞의 논문, XXXIII, p.264에서는 아테네가 퀴테라섬을 점령힘으로써 스파르타가 해안을 순찰하기 위해 기병대를 키워야 했던 것으로 보고 있다. 불가능한 이야기는 아니지만, 증거는 없다.
109) Thuc. IV, 96.
110) 같은 책, V, 67.
111) 토인비는 같은 논문 p.264에서 보병 모라는 보병과 기병의 혼성군으로 구성되었다는 주장은 지지할 수 없다고 단정한다.[Xen. *Hell.* IV, 5, 11 ; Plut. *Lyc.* XXIII]
112) 그가 많은 수의 기병대가 있다고 믿게 하기 위해 당나귀・노새・짐말에까지 기수가 타서 마케도니아인을 속였다고 폴리아이노스가 전하는 이야기[*Strat.* II, 1, 17]는 거의 믿을 수 없다.

113) Plut. *Ages.* XVI ; Xen. *Hell.* Ⅳ, 3, 9. 그밖에 Plut. *Apoph. Lac.* 209B, 211F 참조.
114) Xen. *Hell.* Ⅵ, 4, 10.
115) Ⅸ, 4.
116) *Hell.* Ⅶ, 5, 23.
117) 최초로 등자가 기록된 것은 콘스탄티노플의 마우리아(Mauria) 황제(기원 582~602)의 『스트라테기콘(Strategikon)』에서이다 ; Oman, *History of the Art of War*, p.185. 등자가 처음 언급된 것은 기원 477년 중국문학에서였기 때문에 중국에서 전래된 것일 가능성도 있다 ; Toynbee, *Study of History*, Ⅱ, p.164, n.2.
118) Xen. *Resp. Lac.* XI, 2 ; *Hell.* Ⅲ, 4, 22.
119) *Cyrop.* Ⅵ, 2, 26 이하.
120) *Resp. Lac.* XI, 5 이하.
121) Grote. Ⅱ, p.456 이하. Boucher, "La tactique greque à l'origine de l'histoire militaire", *Rev. ét. gr.* XXV(1912), p.302.
122) 이 기동은 '엑셀리그모스'(ἐξελιγμός)라고 불리며, 코로네아(Coronea) 전투에서 아게실라오스에 의해 성공적으로 수행되었다.[Xen. *Hell.* Ⅳ, 3, 18] 또한, Arrian. *Ars tactica*, XXIII, XXIV, XXVII. Themistius, Ⅰ, 2b(ed. Dindorf) 참조.
123) 이 기동은 아스클레피도토스(Asclepidotos, *Tactics*, Ⅹ, 14, Loeb ed.)가 라코니아식 후진이라고 기술하고 있다. "그들은 후미에서 보이던 사람들이 가서 돌격하는 듯하다. 그럼으로써 적을 당황하게 하고, 공포를 불러일으킨다." 이 기동이 어려움은 키노스케팔라이(Cynoscephalae) 전투에서 마케도니아 팔랑크스가 후미에서 소수의 로마군에 의해 공격당했을 때, 잘 나타나고 있다. 빠르게 돌 수 없었고, 또 전면에서도 강한 공격을 받았기 때문에 팔랑크스는 혼란에 빠져버렸다.
124) 지휘관은 항상 부대의 왼쪽에 서 있는데, 왼손의 방패로 보호받기 때문이다. 오른쪽에 있게 되면 보호받지 못하는 우반신이 적의 공격에 노출된다.
125) Xen. *Resp. Lac.* XIII, 6.
126) Xen. *Hell.* Ⅱ, 4, 28 ; Ⅲ, 1, 4 ; Ⅳ, 2, 5.
127) 같은 책, Ⅵ, 4, 14 ; Xen. *Resp. Lac.* XII, 6.
128) *Hell.* Ⅵ, 4, 15, 25.
129) 작전회의가 소집되었을 때, 폴레마르코스와 펜테코스테레스가 참석했다는 기록은 흥미롭다.[Xen. *Hell.* Ⅲ, 5, 22 ; Ⅳ, 5, 7]. 하지만, 분명히 펜테코스테레스보다 상위계급이었던 로카고이에 대한 언론은 없다. 이 같은 생각은 로코스 대신에 모라를 언급하는 크세노폰의 진술과 확실히 일치한다. 로카고스 계급은 폐지되었음이 틀림없다.
130) Xen. *Resp. Lac.* XIII, 1. 크레오다이테스에 대해 더 자세한 것은 152쪽 참조.
131) Plut. *Lyc.* XXII ; *Quaest. Conviv.* Ⅱ, 5.
132) *Resp. Lac.* XIII, 11.
133) Thuc. Ⅴ, 63.
134) Xen. *Hell.* Ⅴ, 3, 8.
135) Diod. ⅩⅣ, 79 ; Xen. *Hell.* Ⅲ, 4, 20 ; Ⅳ, 1, 5, 30, 34.
136) 'scytale' 항목[D.S.는 Martin, P-W는 Oehler가 집필].
137) Xen. *Resp. Lac.* XII.
138) Herod. Ⅶ, 208 참조.

139) *Lyc.* XXII.
140) *Resp. Lac.* XII, 5. δεῖ δὲ οὔτε περίπατον οὔτε δρόμον μάσσω ποιεῖσθαι ἢ ὅσον ἂν ἡ μόρα ἐφήκῃ, ὅπως μηδεὶς τῶν αὐτοῦ ὅπλων πόρρω γίνηται. 이 기묘한, 아마도 전와된 듯한 구절은 모든 번역가와 주석가들의 고민거리가 되어왔다. 로엡판(版)에서 마르챈트(Marchant)는 다음과 같이 옮기고 있다 : "도보로나 [말을 타고] 달려서 연대의 주둔범위를 벗어나지 못하게 되어 있어서, 누구도 자신의 무기에서 떨어질 수 없다." 이는 명료하지 않고, 사실상 이해가 되지 않는다. 올리에(Ollier, *La République des Lacédémoniens*)는 다음과 같이 번역한다 : "하지만 어느 누구도 자신의 무기에서 떨어져 있지 않기 위해 도보로나 [말을 타고] 달려서 모라에 할당된 장소를 떠나서는 안된다." 이는 적어도 뜻은 통한다.
141) ap. Athen. XIV, 630F.
142) *Resp. Lac.* XII, 3. 그외에 Libanius, *Orat. de serv.* II, p.85 참조.
143) *Apoph. Lac.* 232E ; 그밖에 217E, 191E.
144) Aristoph. *Lys.* 107 ; *Equites*, 848.
145) Plut. *Cleom.* II.
146) *Apoph. Lac.* 234D.
147) Xen. *Resp. Lac.* XI, 3 ; Aristoph. *Lys.* 1140 ; Schol. *ad Acharn.* 320.
148) *Apoph. Lac.* 228B.
149) Demosth. *in Conon.* XXXIV.
150) "Fear in Spartan Character", *Class. Phil.* XXVIII(Jan. 1933), p.12.
151) Herod. IX, 46. 그로트는 이 이상한 움직임에 매우 놀랐다. "스파르타사 전체를 통틀어 이와 비슷한 사건도 찾아볼 수 없을 것이다."[cap. 42]. 우드하우스[*J.H.S.* XVIII, 1898, p.44]는 믿을 수 없고 말도 안 되는 이야기라며 아예 이 이야기 전체를 인정하지 않는다. 반면, 현대의 우리가 갖는 회의심을 제외한다면 이 사건의 진실성을 의심할 근거는 없는 듯하다.
152) Herod. IX, 77 ; Thuc. I, 89.
153) 많은 예가 있다 : Thuc. I, 108, 114 ; Herod. VI, 81 ; VII, 148 ; Xen. *Hell.* IV, 4, 19 ; VII, 4, 20.
154) *Ages.* XVII, 6. Polyaenos, *Stra.* II, 1, 14에도 거의 같은 이야기가 나온다.
155) Plut. *Cleom.* IX.
156) *Phaedo*, 68D.
157) *Noct. Art.* XVII, 9.
158) 예를 들어 진짜 '간명한 라코니아식'으로 키노세마(Cynossema)에서 스파르타 함대가 패배했다는 사실을 알리는 급보를 포획하자, 아테네인들은 이를 곧 판독해냈다.[Plut. *Alcib.* XXVIII]
159) "De Scytala Laconica", *Mnemosyne*, XXVIII(1900), p.365 이하. 참조할 것은 많다 : Thuc. I, 131 ; Plut. *Lys.* XIX ; Aristoph. *Lys.* 991 ; Xen. *Hell.* III, 3, 8 ; Arist. *frag.* 466 ; Schol. ad Pind. *Ol.* 154. 신원확인을 위한 부신의 사용과 영수증으로서 쓰이는 것은 여러 곳에서 보이며, 영국에서는 1826년 재무부 계산서로 대체될 때까지였다.[*Encyclop. Britannica*의 'Tally' 항목]
160) Busolt-Swoboda, *Griech. Staatsk.* II, p.714 ; Beloch, "Die Nauarchie in Sparta",

Rhein. Mus. XXXIV(1879), p.117 ; Bauer, "Die Spart. Nauarchen", *Wiener Studien*(1910), p.226 ; Pareti, "Ricerche sulla potenza maritima degli Spartani", *Memorie d. Accad. d. scienze di Torino,* 59 , p.71 ; Solari, *Ricerche Spartane,* pp.1·231 ; 키슬링(Kiessling)이 집필한 *P-W*의 'Nauarchos' 항목 ; 마르틴이 집필한 *D.S.*의 'Nauarchus' 항목 ; Brownson, "The succession of Spartan nauarchs in Hellen. I", *Trans. Am. Philol. Ass.* XXXIV (1903), p.33 ; B.Fleischanderl, *Die spart. Verfass. bei Xen.* p.56[크세노폰의 인용문이 모두 나와 있다] ; Kahrstedt, *Griech. Staatsr.* p.319.
161) 22쪽 참조.
162) *Inst. Lac.* 239E.
163) Herod. VIII, 1.
164) 같은 책, 43.
165) Thuc. I, 94.
166) 같은 책, VIII, 3.
167) Xen. *Hell.* I, 6, 34.
168) 같은 책, I, 24.
169) 같은 책, VII, 1, 12.
170) 276쪽 참조.
171) Xen. *Hell.* II, 1, 12 ; VII, 1, 12 ; Thuc. IV, 11, 4. 그들은 아테네처럼 전선의 장비를 제공하는 자들은 아니었다.
172) Paus. X, 9, 7.
173) 같은 책, V, 1, 27.
174) 같은 책, I, 6, 36.
175) VIII, 99 이하.
176) Plut. *Alc.* XXXV, 4.
177) Herod. VIII, 42.
178) Thuc. II, 66, 80.
179) Plut. *Ages.* X
180) Xen. *Hell.* III, 4, 29.
181) Xen. *Hell.* IV, 4, 19.
182) Beloch, 앞의 책, p.119 참조. 하지만 임기는 전쟁중에는 계속되었다는 견해도 있다 : Solari, *Ric. Spart.* p.8 참조. C.L.Brownson, "The succession of Spartan nauarchs in Hellen. I", *Am. Philol. Ass.* XXXIV(1903), p.33 이하에서는 임기가 일년이었다는 벨로흐의 견해에 동의한다.
183) Xen. *Hell.* II, 1, 7 ; Plut. *Lys.* VII. 텔레우티아스의 경우는 판단하기 어렵다. 그는 분명히 제독에 세번이나 임명되었다. Xen. *Hell.* IV, 4, 19 ; V, 1, 2 ; VIII, 2, 3 참조. 하지만 매우 불확실하다.[Kahrstedt, *Griech. Staatsr.* p.161 참조]
184) *Pol.* 1271A.
185) Diod. XIV, 110. 아게실라오스는 평화조약을 맺는 권한은 라케다이몬인 전체에게 속해 있다고 하며 신중하게 자신의 권한을 부인하였다.[Plut. *Ages.* X]
186) Xen. *Hell.* I, 1, 32.
187) Plut. *Lys.* XX.

188) Thuc. II. 85 ; III. 69. 76 ; VIII. 39.
189) 같은 책. VIII. 39.
190) Xen. *Hell.* IV. 8. 23 ; Diod. XIV. 79. 97.
191) Xen. *Hell.* I. 1. 23.
192) 같은 책. VI. 2. 25.
193) 예를 들어 민다로스 휘하에 있던 히포크라테스(Hippocrates)와 필리포스(Philippos). Thuc. VIII. 99. 히포크라테스가 선임이었다. 칼리크라티다스(Callicratidas) 제독 밑에 있던 클레아르코스(Clearchos)와 에테오니코스(Eteonicos). Diod. XIII. 98. 2. 제독인 포다네모스(Podanemos)가 전사하고 다음 서열인 폴리스(Pollis)가 부상당하자, 확실히 하급 에피스톨레우스였던 헤리피다스(Herippidas)가 지휘권을 넘겨받았다.〔Xen. *Hell.* IV. 8. 11〕
194) Diod. XI. 84 ; Paus. I. 27. 5 ; Thuc. I. 108. 프레이저가 자신이 편집한 파우사니아스 제3권 p.376에서 기티온에 대해 기술한 것을 참조하라.
195) Strabon. VIII. 5. 2(C.363).

제9장 공동식사

1) 모든 저술가들이 거기에 관해 논평하였다. 비록 오래된 책이기는 하지만. Bielschowsky. *De Spartanorum Syssitiis*가 아직도 가장 훌륭하며, 이 제도를 자세히 검증하고 있다.
2) Müller. *Doric Race.* p.260 이하. p.283.
3) 여러 군데에 언급되어 있다. 예를 들어 *Il.* XI. 257 ; XVII. 248 ; *Od.* IV. 621 ; XI. 184. 호메로스 시대와 비교하여 자세히 논평해 놓은 것을 보려면 Finsler, *Neue Jahrbücher für d. klassische Altertum.* XVII(1906). p.313 이하를 보라. 그밖에 Poehlmann. *Gesch. d. soz. Frage.* p.46 이하 참조.
4) Plut. *Lyc.* X.
5) Arist. *Pol.* 1272A.
6) Arist. 위를 보라 ; Athen. V. 186B ; Xen. *Resp. Lac.* III. 5. 5 ; *Hell.* V. 4. 28 ; Dio Chrys. *De regno.* LXXXVII ; Cicero, *Tusc. Disp.* V. 34.
7) *Lyc.* XII.
8) Bielschowsky. *De Spart. Siss.* p.12.
9) *Resp. Lac.* V. 2 ; 또한 VII. 4 ; IX. 4 ; XIII. 7 ; XV. 5.
10) *Resp. Lac.* V. 5.
11) 288쪽 참조.
12) 의심스럽다 : 아마도 스파이레이스(sphaires) 계급에 들어갔을 때, 24세였을 것이다. Bielschowsky. *De Spart. Syss.* p.14에서는 20세가 되어야만 자격이 생긴다고 결론내린다.
13) *J.H.S.* XXXIII(1913). p.261. 시시티온과 대학의 사교클럽을 비교해 보는 것도 흥미롭다.
14) Polemon. ap. Athen. IV. 140C.
15) Herod. VI. 57.
16) *Lyc.* XII.
17) 같은 책.
18) Schol. ad *Legg.* 633A.
19) *De spart. Syss.* p.15. ιε′를 ι′로.

20) *De exerc. Laced.* p.6.
21) *Resp. Lac.* XIII, 1.
22) XV, 5.
23) Plut. *Cleom.* VIII.
24) *Klio*, XII, p.317. 닐손은 Pollux, VI, 34와 Plut. *Quaest. Conviv.* 644B를 인용하지만 확실치는 않다.
25) Plut. *Lyc.* XII.
26) Athen. IV, 139.
27) Athen. IV, 138D.
28) Plut. *Alcib.* XXIII.
29) Plut. *Lyc.* XX ; *Apoph. Lac.* 218B.
30) Xen. *Resp. Lac.* XV, 4.
31) Arist. *Pol.* 1272A.
32) Platon, *Legg.* 636.
33) Theognis, CCCIX.
34) Polyaenos, II, 3, 11.
35) Arist. *Pol.* 1329B.
36) 앞의 책, 1272A.
37) *Primitive Culture in Greece*, p.122.
38) Athen. IV, 173F ; II, 39C 참조.
39) VII, 1, 8. Bielschowsky, *De Spart. Syss.* p.22에서는 이 장소가 확실하다고 받아들이는 것을 주저하면서 회합장소를 확실히 알 수 없다고 한다.
40) Xen. *Resp. Lac.* XV, 4.
41) *Lyc.* XII. 또한 시간은 Schol. *ad Platon, Legg.* I, 223에 따른다.
42) ap. Athen. IV, 131.
43) 그리스 도량형을 현대의 것으로 환산하는 것은 대단히 어렵다. F.Hultsch, *Griech. u. röm. Metrologie*, p.99 이하에서는 아티카 단위로 1메딤노스가 52~53리터에 해당된다고 한다. 피이데반트(O.Viedebantt)가 집필한 *P-W*의 'medimnos' 항목에서는 40.93리터에 해당한다고 본다. 여기에 대해 보다 자세한 정보를 얻고 싶으면 같은 저자의 다음 저술을 참조하라 : "Die athenischen Hohlmasse", *Festschrift für Aug. Oxe.*(Darmstadt, 1938), p.135 이하.
44) Thuc. IV, 16 ; 그밖에 Herod. VII, 187 ; Diog. Laert. VIII, 18 참조.
45) Kahrstedt, "Die spart. Agrarwirtschaft", *Hermes*, LIV(1919), p.284.
46) Herod. VI, 57.
47) IV, 16.
48) ap. Athen. IV, 142D. 이 구절은 조금 애매하기는 하지만, 위에 설명한 것이 최상의 설명일 것이다. 그렇지만 목마르면 누구나 직접 떠서 마실 수 있도록 포도주 단지가 식탁 위에 놓여 있었다는 Athen. X, 432D의 기술과는 거의 합치하지 않는다는 것을 인정해야만 한다. 이 구절에 관해서는 Mueller-Struebing, *Neue Jahrbücher für Philologie*(1878), p.471을 보라.
49) ap. Athen. X, 432D 이하 ; XI, 463E.

50) *Apoph. Lac.* 208, 73.
51) Mueller-Struebing, 앞의 책, p.471 ; K.Kircher, *Sakrale Bedeutung d. Weines im Altertum*, p.59 이하.
52) *De Spart. Syss.* p.26.
53) Xen. *Resp. Lac.* Ⅰ, 2.
54) *Apoph. Lac.* 240D. 그러나 아르키다모스왕으로 바뀌어 나오는 같은 이야기가 있다. *Apoph. Lac.* 218D.
55) Plut. *Apoph. Lac.* 232F. 그러나 Aelian. *V.H.* Ⅱ, 15에서는 클라조메노스인 (Clazomenians)이었다고 한다.
56) *Travels in the Morea*, Ⅱ, p.532.
57) Ⅹ, 1, 6.(C.446)
58) 이 문제는 후에 다시 자세히 논의하게 된다. 302쪽 참조.
59) Plut. *De san. praec.* 128C. 그밖에 *De esu carnis*, 995B ; Pollux, Ⅵ, 57 ; Plut. *Lyc.* Ⅻ.
60) *Lyc.* Ⅻ.
61) Neumann, *Hist. Ztschr.* ⅩⅭⅥ(1906), p.46에서는 시시티온의 군사적 성격이 야전식당 요리로는 훌륭한 이 요리에서 드러난다고 한다.
62) Xen. *Resp. Lac.* Ⅴ, 3.
63) 즉, 아테나이오스는 장인들(τεχνῖται) 중에서 그리스에서 유명한 많은 요리사의 이름들과 그들의 자랑으로 삼는 요리법을 적고 있다. 크레테에서는 공동식사반에 여자지배인이 요리사와 급사를 거느리고 있었다. 스파르타에서도 같은 식이었을 수도 있다.[Athen. Ⅳ, 143B]
64) ap. Athen. Ⅳ, 39C.
65) ap. Athen. Ⅳ, 173F. S.Wide, *Lakonische Külte*, p.278.
66) Athen. Ⅳ, 139D, E.
67) *Lyc.* Ⅻ. 이는 모두 그가 *De recta rut. audi.* 46C, D에서 말한 '순진한 장난'에 속하는 것이다.
68) *Resp. Lac.* Ⅴ, 5.
69) 앞의 책, Ⅴ, 7.
70) Antiphanes ap. Athen. ⅩⅤ, 681C. 그밖에 Phylarchos ap. Athen. Ⅳ, 142~43도 참조하라. 스파르타인이 크레테인처럼[Athen. Ⅳ, 138F] 앉아서 식사했을 것이라는 비일쇼프스키의 추측[*Spart. Syss.* p.20]은 실증이 불가능하다. 크레테와 스파르타의 관습을 밀접하게 연관시켜 비교한다는 것은 매우 위험하다.
71) pro *Murena*, ⅩⅩⅩⅤ.
72) *Agis*, Ⅷ.
73) *Spart. Syss.* p.29 이하. Ringnalda, *De Exerc. Lac.* p.6에서는 이 의견을 받아들인다.
74) *Pol.* 1271A.

제10장 화폐와 공공재정

1) Herod. Ⅶ, 134.
2) Thuc. Ⅴ, 50 ; Xen. *Memor.* Ⅰ, 2, 61. 스파르타인은 대규모의 전(全)그리스적인 경기

에 나가는 것이 금지되었다는 토인비[앞의 책, Ⅲ, P.67]의 단언은 확증될 수 없다. 우승자가 왕의 근위대원이 되었다는 것은 알려져 있는 사실이고, 앞에서 본 것처럼 그들은 분명히 전차경주에서 팀에 들어갔다.

3) Ⅲ, 12, 3.
4) F.B.Jevons, "Iron in Homer", *J.H.S.*(1892), p.25.
5) *Das Eisengeld der Spartaner*. 라움은 이 '낫화폐'를 아르테미스 오르티아 제식(祭式)과 결부시켜 길고 상세하게 논의하고 있지만 그것을 여기에서 자세하게 설명할 필요는 없다. 그것들이 제식의 도구였던 것은 분명하지만, '화폐'처럼 쓰였는지는 약간 의문스럽다. *Artemis Orthia*(Dawkins et al.), pp.312·406. 또 Laum, *Heiliges Gold*, p.155. 라움에 대한 비판은 블링켄베르크(Blinkenberg)의 서평[*Gnomon*, Ⅱ, 1926, p.102 이하]을 참고하라.
6) 아주 의심스러운데, 부메랑과 더 닮은 것처럼 보인다.
7) Pollux, Ⅸ, 77 ; *Etym. Mag. s.v.* Seltman, *Greek Coins*, p.33. 그리스인은 형편없는 어원학자들이었다.
8) H.Berve, *Griechische Geschichte*, Ⅰ, p.160 ; Glotz, *Histoire Grecque*, Ⅰ, p.305 이하. Th. Reinach, *L'Histoire par les Monnaies*, p.28.
9) 페이돈이 역사상의 실존인물인지는 매우 불분명하다. 하제브뢱은 그가 전설상의 인물이라고 본다 : *Griech. Wirt.-u. Gesell.-gesch.* p.285.
10) *Lyc.* Ⅸ. 그밖에 다음을 참조하라 : *Lys.* ⅩⅦ ; Xen. *Resp. Lac.* Ⅶ, 5 ; *Apoph. Lac.* 22 6 ; Pollux, Ⅶ, 105 ; Ⅸ, 79. Ps.-Platonic *Eryxias*, 400B.
11) 아주 불확실하다. 헤시키오스에서만 이 이름이 언급된다. 바빌런(Babelon)이 집필한 *D.S.*의 'Lateres' 항목과 U.Koehler, *Ath. Mitt.* Ⅶ(1882), pp.1·377.
12) *A.B.S.A.* ⅩⅢ, p.173. 하지만 의심스럽다.
13) Plinius, *Hist. Nat.* ⅩⅩⅩⅢ, 43 ; 또, 매팅리(Mattingly)가 집필한 *Oxford Class. Dict.*, 'Coinage, Roman' 항목을 참조.
14) *Apoph. Lac.* Ⅲ, 278.
15) Hültsch, *Griech. u. röm. Metrologie*, pp.502, 535. Viedebantt, *Hermes*, ⅩⅬⅦ(1912), p.586 이하에서는 아이기나 므나를 636.7그램으로 계산한다. 이 문제는 대단히 복잡하다. 레만-하우프트(Lehmann-Haupt)가 집필한 *P-W*, Sppl. Ⅲ의 'Gewiechte' 항목을 참조.
16) 앞의 책, p.535, n.6.
17) *Resp. Lac.* Ⅶ, 5.
18) *Lyc.* Ⅸ.
19) *De Benefic.* Ⅴ, 14, 4. 세네카의 언급은 분명히 Ps.-Platonic *Eryxias*, 400D에서 나온 것이 아니라 Nicol. Damas. *F.G.H.* Ⅲ, p.458, 114, 8에서 온 것이었다. Trieber, *Quaest. Lacon.* p.41 ; Boeckh, *Die Staatshaushaltung d. Athener*(ed. Fränkel), p.693 참조.
20) Seltman, *Greek Coins*, p.256. *C.A.H.*(Plates), Ⅲ, p.10. 포티우스(Photius)가 말한 θιβρώνειον νόμισμα는 티브론(Thibron)이 아시아에서 전쟁중이었던 기원전 399년 지역적인 필요를 위해 찍어냈다고 볼 수밖에 없을 것 같다. 아마도 전쟁에서의 무능력 외에 이것도 그에 대한 비난의 하나였던 것 같고, 그 결과 그는 소환되어 처벌되었다.[Xen. *Hell.* Ⅲ, 1, 8]
21) Herod. Ⅷ, 5.

22) 같은 책, VI, 72 ; Paus. III, 7, 10.
23) Ephoros, in Schol. Aristoph. *Nubes*, 859 ; Thuc. II, 21 ; V, 16.
24) Diod. XIII, 106 ; Plut. *Pericles*, XXII ; *Nicias*, XXVIII.
25) Plut. *Lys*. XVII.
26) 같은 책, XVI, XVII.
27) *Resp. Lac.* VII, 6.
28) ap. Athen. VI, 233F.
29) *Lys*. XVIII. Busolt-Swoboda, *Griech. Staatsk.* I, p.247, n.6 ; II, p.662와 Meier, *Klio*, Beih. XLII, p.61, n.5 참조. 크수티아스(Xuthias)라는 인물이 아르카디아의 테게아에 어느 정도의 돈을 맡겨 자신의 사후에 자식들에게 주게 했다는 Dittenberger, *Sylloge*, III, 1213과 Michel, *Recueil d'Inscriptions Greques*, 1343의 비문은 라코니아의 것인지 불분명하다. Kirchhoff, *Monatsberichte der preussischen Akademie der Wissenschaft zu Berlin*(1870), p.58에서는 아테나이오스에 상기에서 언급한 것이 있다는 것을 강조하면서 크수티아스가 스파르타인이 틀림없다고 추정한다. Meister, *Berichte über der Verhandlungen der sächsischen Akademie der Wissenschaften zu Leipzig*, XXIV, 3(1904), p.266 이하에서는 이 견해를 받아들이기를 주저하고 있으며, 어원학적 견해에서 크수티아스를 스파르타의 페리오이코이 도시출신인 아카이아사람으로 본다. 이 점은 확실한 결론을 내릴 수 없다.
30) *Alcib*. I, 122C.
31) Diod. Sic. VII, 14.
32) VI, 49.
33) *Fabius*, XXVII. *J.H.S.*(1930), p.299의 주석에 나와 있는바, 기원전 635년 이후 시기의 발굴된 지층에서는 쇠꼬챙이들이 발견되지 않았다는 *Artemis Orthia*(Dawkins et al.), p.391의 이전 진술은 교정되어야 한다는 것은 주목된다.
34) Fustel de Coulanges, *Études sur la propriété foncière à Sparte*, p.76 이하에서처럼.
35) σκύταλη 항목, *F.G.H.* II, p.193.
36) *Rep*. 548.
37) *Hist. Grk. Pub. Fin.* p.76.
38) *Pol*. 1271B.
39) Thuc. I, 80. 또 같은 책, I, 141 참조.
40) *Pol*. 1270B.
41) Plut. *Apoph. Lac.* 236B.
42) VIII, 5, 4(C.365).
43) *Alcib*. I, 18.
44) *Griech. Gesch.* p.524, n.3.
45) *La Propiété foncière en Grèce jusqu'à la Conquête romaine*, p.164.
46) *Griech. Staatsr.* pp.15 · 35 · 332.
47) *Hell*. VI, 4, 11.
48) Tod, *A.B.S.A.* X(1903), p.75.
49) Ps.-Arist. *Oecon*. 1347B.
50) *Quomodo Adul*. 64B.
51) Xen. *Hell*. II, 4, 28.

52) Isoc. *Areop.* XXVIII ; Demosth. *in Lept.* X ; Lysias, *in Eratosth.* LIX ; Arist. *Resp. Ath.* XL, 3.
53) Thuc. I, 19.
54) Plut. *Arist.* XXIV.
55) Thuc. I, 140.
56) Plut. *Apoph. Lac.* 219A.
57) Kahrstedt, *Griech. Staatsr.* p.358.
58) Diod. Sic. XV, 51.
59) 같은 책, XIV, 17.
60) *De pace*, XCVII
61) Xen. *Hell.* V, 2, 21.
62) *Hell.* VI, 4, 2. 델로스의 아폴론 신전인지 델포이의 것인지는 확실하지 않다.

제11장 아기스-클레오메네스-나비스

1) Plut. *Cleom.* 18 ; Poly. 4.34.9. 연대는 불명확하다. 어쩌면 기원전 240~239년일 수도 있다.(Beloch, *Griech. Gesch.* IV, pt. I , p.629 참조] πεντε μυριαδας ανδραποδων이라는 표현에서 나오는 ανδραποδες는 누구인가라는 문제가 생긴다. 푸스텔 드 꿀랑쥬는 *Nouvelles recherches sur quelques probl. d'hist.* p.3 이하에서 그들이 스파르타인의 개인노예들일 것이라고 추정하고 있다. 반면에 에렌베르크는 *Hermes* LIX, p.41, n.4에서 그들을 헤일로타이라고 생각한다. 그렇지만 플루타르코스가 말하려 했던 것은 5만명이 노예로 잡혀갔다는 것이라고 보아야 할 것이다. 아이톨리아인이 포로의 사회적 지위를 조사하지는 않았을 것이다.
2) E.Bux, 'Zwei sozialistische Novellen bei Plutarch', *Klio*, XIX(1923), p.413 이하. 플루타르코스는 아기스와 클레오메네스전을 위한 자료를 필라르코스에서 끌어냈는데, 필라르코스는 믿을 만한 자료를 갖고 있었을 수도, 아닐 수도 있다. 북스는 플루타르코스 영웅전의 낭만적인 성격과 이 두 전기의 서술방식의 유사성을 지적한다. 그렇지만 플루타르코스의 증거가 의심스러울지라도 우리가 이용할 수 있는 자료는 그것밖에 없고, 또 기술된 사건들이 본질적으로 불가능했던 것은 아니다.
3) 시시티아의 수효에 관한 문제는 이미 상세하게 논의되었다. 295쪽 참조.
4) 토인비는 아기스와 클레오메네스의 옛 전통에 대한 호소와 로마의 그락쿠스 형제의 호소를 적절히 비교하여 기술하였다.[앞의 책, p.219 참조]
5) 이 사건에 관한 이전의 언급에 대해서는 134쪽 참조. 만약 아게실라오스가 그 해에 자신의 이름을 붙이는 수석 감독관이라면(그런 것 같지만), 한 해 더 직책을 갖겠다는 그의 요구는 더욱더 불법적인 것이었다.
6) *Griech. Gesch.* III, Pt. I , p.328 · 646 이하.
7) "Zur Gesch. d. sozialen Revolution in Sparta", *Klio* 7(1907), p.45 이하.
8) 이는 가장 신빙성이 있는 추정년도이다. Tarn, *C.A.H.* VII, p.752를 참조하라.
9) Plut. *Cleom.* I .
10) Plut. *Cleom.* II .
11) 호분(Hobun)이 집필한 P-W. III, A. 1683의 항목. F.Ollier, "Le philosophe stoicien Sphairos et l'œuvre réformatrice des rois de Sparte, Agis IV et Cléomène III", *Rev. ét. gr.*

49(1936), p.536. M.Hadas, "The Social Revolution in third-Century Sparta", *Class. Weekly*, 26(1932), pp.65 · 73 참조.
12) Ⅶ, 177
13) Athen. Ⅳ, 141 B ; Ⅷ, 334 E. *F.H.G.* Ⅲ, p.20.
14) *Tusc. Disp.* Ⅳ, 24, 53.
15) *Tusc. Disp.* Ⅳ, 24, 53.
16) Plut. *Lyc.* XXXI.
17) Tarn, "Alexander the Great and the unity of mankind", *Proceedings of the British Academy*, 19(1933). J.Bidez, "La cité du monde et la cité du soleil chez les Stoiciens", *Bulletin de l'Académie royale de Belgique*, 18(1932), p.275. Iambulus, Diod. Sic. Ⅱ, 55.
18) *The Hellenistic Age*, p.132
19) *Herodas, Cercidas and the Choliambic Poets*, trans. by A.D.Knox(Loeb ed.)
20) 게르하르트(Gerhard)가 집필한 *P-W*의 'Kerkidas' 항목.
21) Ⅱ, 48-50, 65
22) *de Corona*, CCCXXIV ; Polyb. XVⅡ, 14
23) Ⅵ, 76
24) Ⅷ, 347E ; XⅡ, 554D
25) *Flor.* Ⅳ, 43 ; LVⅢ 10
26) *V.H.* XⅢ, 20
27) 이들의 역할에 관해서는 135쪽 참조.
28) 아기스는 원래 4,500 필지로 나눌 것을 계획했었다는 것을 상기해 볼 필요가 있다. 분명히 메세니아를 상실한 당시에는 그 규모가 너무 컸을 것이다.
29) Plut. *Cleom.* Ⅱ.
30) Rostovtseff, *Social and Economic History of the Hellenistic World*, p.209.
31) Ⅳ, 35, 10.
32) Polyb. Ⅳ, 35, 14.
33) 에렌베르크가 집필한 *P-W*의 'Machanidas' 항목 ; Plut. *Philop.* X ; Pausan. Ⅷ, 50, 2.
34) Homole, "Le roi Nabis", *Bulletin de correspondence hellénistique*, XX(1896), p. 502 ; Mundt, *Nabis König von Sparta* (1903) ; Wölters, "König Nabis", *Ath. Mitt.* XXⅡ(1897), p.139 ; 에렌베르크가 집필한 *P-W*의 'Nabis' 항목 ; Aymard, *Lepremiers rapports de Rome et de la confédération achaienne*, p.33 이하.
35) Polyb. XⅢ, 6 ; XVI, 13 ; XVⅢ, 17 ; Livy XXXIV, 31 ; Diod. Sic. XXVⅡ, 1 ; Paus. Ⅷ, 50.7.10 ; Plut. *Philop.* XⅡ 이하.
36) Hadas, 앞의 책, p.75
37) Plut. *Philop.* 13
38) *The Hellenistic Age*, p.139
39) 확실치 않다. 아마도 지불은 용병의 유지에 필요한 것이었을 테고, 시민에 대해서는 분담하지 않았을 것이다.
40) Livy, XXXⅧ, 34
41) *I.G.* V. I, 4,5
42) Griech. *Volksbeschlüsse*, pp.108 · 136~42 ; *H.J.W.* Tillyard, *A.B.S.A.* 12(1905), p.441

참조. 스파르타가 로마의 호의로 아카이아 연방에서 풀려난 것은 슈보보다를 따른다면 기원전 184~183년이다. 그러나 니이제는 *Geschichte d. Griech. u. makedon. Staaten*, Ⅲ, p.60에서 '뤼쿠르고스' 체제의 회복과 성벽의 재건축시기를 기원전 178년으로 잡고 있다.
43) *pro Flacco*, XXVI, 63
44) Dio. Cass. LXIII, 14
45) A. M. Woodward, in *A.B.S.A.* XIV(1907-8), p.112 이하.
46) 앞의 책.
47) 탄은 *Hellenistic Civilization*, p.220에서 철광이 완전히 생산을 멈추었기 때문일 것이라 추정한다. 그러나 여기에 대한 증거는 없으며, 그같이 풍부한 광산은 계속 생산할 수 있었을 것이라는 것이 보다 더 그럴 듯하다. 이 광산은 오늘날에도 생산을 계속하고 있다.
48) 많은 전거에서 스파르타 지사들이 가혹하고 인망이 없었음을 이야기한다. 예를 들어 [Thuc. Ⅰ, 77, 95 ; Ⅲ, 93 ; Ⅴ, 52]. 외국인을 상대함에 있어 재주와 지혜를 보여준 이는 브라시다스밖에 없었다.[Thuc. Ⅳ, 81]
49) *Lys.* XXX.
50) Herod. Ⅶ, 235.
51) Thuc. Ⅰ, 83.
52) 토인비는 그 의식은 '모든 징후에서 옛것에 집착하는 전형적인 특색 중의 하나로, 병적으로 과장이 되어' 재시행되었다고 말한다.[앞의 책, Ⅵ, p.50]
53) Philostratus, *Vita Apoll.* Ⅳ, 31-3.
54) *Ep.* Ⅷ, 24.

찾아보기

⟨ㄱ⟩

가우가멜라(Gaugamela) 257
감독관(ephoroi) 18 25 36 112 123
거류외인 43
게노스(γένη) 143
게루시아(gerousia) 104
『국가론』 203
기티온(Gythion) 81 280 307

⟨ㄴ·ㄷ⟩

나비스(Nabis) 91 216 222 233 330
네스토르(Nestor) 256
네오다모데이스(Neodamodeis) 96 244 252
대레트라(大rhetra) 18
대지진 38
델포이(Delphoi) 31
도리아(Doria) 30
도리아인(Dorians) 15 16 78
도카나(δόκανα) 114
동등자(homoioi) 35 42 45 161 208
디오게네스(Diogenes) 326~327
디오도로스(Diodoros) 123
디오스쿠리(Dioscuri) 113

⟨ㄹ⟩

라케다이모니아(Lacedaemonia) 42 76
라케다이모니아인(Lacedaemonians) 78 104
라코니아(Laconia) 12 13 20 208
레스케(Lesche) 168

레오니다스(Leonidas Ⅱ) 2세 36 45 54 114 174
레욱트라(Leuctra) 313
레욱트라 전투 40 51 271
레트라(rhetra) 141 142 145
로코스(Lochos) 109 246
뤼산드로스(Lysandros) 114 123
『뤼시스트라타(Lysistrata)』 198
뤼쿠르고스(Lycurgos) 18 26 68 142 156 177 193 282 317
리투르기아(liturgia) 309

⟨ㅁ·ㅂ⟩

메세니아(Messenia) 13 14 17 18 35 42 84 208
모라(mora) 246 261
모타케스(mothaces) 47 96
민회 104 144
『법률론』 203 211 218 285
브라시다스(Brasidas) 86 253
브라시데이오이(Brasideioi) 98 244

⟨ㅅ⟩

셀라시아(Sellasia) 전투 329
소년애(paiderastia) 234
소크라테스(Socrates) 186 201 272
솔론(Solon) 84
스키리타이(Sciritai) 243 245 252
스키리티스(Scritis) 79

스키아스(Skias) 108 149
스키탈레(scytale:부신) 181 273 306
스타시스(stasis) 216
스토아철학 323
스트라본(Strabon) 11 308
「스파르타의 국제」 178 204 247 263 303
스파이로스(Sphaeros) 323
시시티아(syssitia) 240 283

⟨ㅇ⟩
아가멤논(Agamemnon) 73 112
아게실라오스(Agesilaos) 49 51 116 123 131 159 201
아기스 4세(Agis Ⅳ) 59 116 119 131 150 159 216 295 317
아기아다이(Agiadai) 17 111 120
아르키다모스(Archidamos) 38 145
아르테미스 오르티아(Arthemis Orthia) 제단 20 171 176
아리스토텔레스(Aristoteles) 46 50 56 104 146 200
아리스토파네스(Aristophanes) 198
아스테로포스(Asteropos) 128
아우구스투스(Augustus) 82
아이게이다이(Aegeidai) 143
아킬레스(Achilles) 73
아티미아(ἀτιμία) 51
알렉산드로스(Alexandros) 193 257 334
알크만(Alcman) 19 21 22 198
알키비아데스(Alcibiades) 22 154 159 168 175 292 304
에날리오스(Enyalios) 192
에노모티아(enomotia) 240 264
에룩테레스(eructeres) 97 152
에우로타스(Eurotas) 강 171

에우로타스(Eurotas) 계곡 13 17 42 209
에우리폰티다이(Euripontidai) 17 111 120
에이렌(εἴρην) 173 197 283
에클레시아(ecclesia) 104
에파미논다스(Epaminondas) 40 242 256 271
에포로스(Ephoros) 74
에피클레로스(ἐπίκληρος) 64
에피타데우스(Epitadeus)법 208 214 218
열등시민(hypomeiones) 49 91 158 225
오바(oba) 108
용병 220
유태인 98 136
이소크라테스(Isocrates) 74 105 122 160~161 181
2왕제 110 122 140

⟨ㅈ·ㅊ⟩
장로회(gerousia) 104 140
『정치학』 210 231
제1차 만티네아 전투 243 245
제1차 메세니아 전쟁 17 23 29
제2차 메세니아 전쟁 29 31 239
주화소 301
철제화폐 34 291 298

⟨ㅋ⟩
카르네이아(Carneia) 축제 143
카스토르(Castor) 19 113
크레테(Crete) 15 30 82 147 186 217 234 258 287
크륍테이아(crypteia:비밀경찰) 39 87 164 332
크세넬라시아(Xenelasia) 155
크세노폰(Xenophon) 28 46 56 59 62 148 201 238

클레로스(cleros) 208
클레오니모스(Cleonymos) 65
클레오메네스 1세 37 89 157
클레오메네스 3세 85 107 117 125 128 159
　　216 269 295 322
키나돈(Cinadon) 48 81 131 158 216
키케로(Cicero) 57 105 191 294

〈ㅌ〉
타이게토스(Taygetos) 산맥 13~14 168
테르모필레(Termopylae) 12 174 270
테르판드로스(Terpandros) 21 184 185
테바이(Thebai) 56 242
테오폼포스(Theopompos)왕 18 126
투키디데스(Tucydides) 39 89 238
튀르타이오스(Tyrtaios) 23
트레산테스(tresantes) 51

〈ㅍ〉
파르테니아이(Partheniae) 91~92
파우사니아스(Pausanias) 89 106
파트로노모이(patronomoi) 135 328
팔랑크스(Phananx) 254
페리오이코이(Perioikoi) 42 72 148 308 328
페리클레스(Pericles) 155 256
펠라노르(pelanor) 301
펠로폰네소스 동맹 36
펠로폰네소스(Peloponnesos) 전쟁 11 58 129
　　134 156 311
펠로프스(Pelops) 185

폴레마르코스(Polemarchos) 265 285
폴룩스(Pollux) 113
폴리데우케스(Polydeuces) 19
폴리비오스(Polybios) 186 331
퓌로스(Pyrrhos) 316
필레(Phyle) 108
프록세니아(proxenia) 153
플라타이아(Plataea) 전투 119
플라톤(Platon) 56 200 202 304
플루타르코스(Plutarchos) 21 26 27 38 44 53
　　57 59 79 87 126 149 163 193
핀다로스(Pindaros) 27 198
필로포이멘(Philopoemen) 255

〈ㅎ〉
한사(限嗣)상속법 211 214 217
할당지(cleros) 63 226
헤라클레이다이(Heracleidai) 74
헤라클리데스(Heraclides) 53
헤로도토스(Herodotos) 27 44 72 78 81 112
　　115 119 121 238 277
헤일로타이(heilotai) 12 18 42 83 148 208
『헬레니카(Hellenica)』 247
호메로스(Homeros) 15 24
호메로스시대 299
후견인 196
휘포메이오네스(hypomeiones) 95
히아킨티아(Hyacinthia) 92 293
히페이스(ἱππεῖς) 174 251
히피아스(Hippias) 182